职业教育“十四五”规划教材
职业教育课程改革规划创新教材

财经应用文写作

吴进平　陈舒静　周　琳

中国石化出版社
HTTP://WWW.SINOPEC-PRESS.COM
中国经济出版社
CHINA ECONOMIC PUBLISHING HOUSE
·北京·

内　容　提　要

本书涵盖了财经应用文的各个方面，从概述到具体文种的写作方法均有所涉及。首先，介绍了财经应用文的概念、特点、作用与分类，以及写作基础知识，为读者打下理论基础。随后，分章节详细阐述了财经公务文书、财经事务文书、财经宣传文书、财经契约文书、财经活动文书和财经诉讼文书等各类文书的写作要点和技巧。本书还设置了仿真实训项目，通过实际操作提高读者的写作能力。附录部分提供了《党政机关公文处理工作条例》，以供参考。

本书既可以作为职业学校财经商贸大类的教学用书，也可以作为财经专业人员上岗前的培训教材。

图书在版编目(CIP)数据

财经应用文写作 / 吴进平，陈舒静，周琳主编.
北京 ：中国石化出版社，2025. 8. -- ISBN 978-7-5114-8048-4

Ⅰ. F

中国国家版本馆 CIP 数据核字第 202516H33C 号

中国石化出版社出版发行

地址：北京市东城区安定门外大街 58 号
邮编：100011　电话：(010)57512500
发行部电话：(010)57512575
http://www.sinopec-press.com
E-mail：press@sinopec.com
北京艾普海德印刷有限公司印刷
全国各地新华书店经销

*

787 毫米×1092 毫米 16 开本 19.25 印张 485 千字
2025 年 8 月第 1 版　2025 年 8 月第 1 次印刷
定价：56.00 元

《财经应用文写作》编委会

主　编：吴进平　陈舒静　周　琳

副主编：刘　恋　何华姿　马宏林

白玉荣

编　委：陈智英　赖雪娉　王　敏

前言

在经济蓬勃发展、财经活动日益频繁的时代，财经应用文写作能力已成为财经从业者及学生不可或缺的核心竞争力之一。无论是处理日常的财经公务事务、策划营销活动，还是参与财经契约签订与诉讼，都离不开准确、规范、专业的财经应用文写作。为了满足中职学校财经类专业学生对财经应用文写作的学习需求，提升他们的职业素养和综合能力，我们精心编写了这本《财经应用文写作》教材。

本教材系统梳理了财经应用文的各类文种，内容全面且富有针对性。从财经应用文的概述入手，详细介绍了其概念、特点、作用与分类，以及写作的基础知识，为读者奠定了坚实的理论基础。随后，教材分章节深入阐述了财经公务文书、财经事务文书、财经宣传文书、财经契约文书、财经活动文书和财经诉讼文书等各类文书的写作要点和技巧。包括公文、通知、函、公告、通告、公报、通报、请示、批复、意见、纪要、计划、总结、述职报告、会议记录、公示、竞聘演讲词、财经新闻、产品说明书、广告文案、意向书、经济合同、协议书、招标书、投标书、营销策划书、广告策划书、起诉状、申诉状、答辩状、授权委托书等具体文种，几乎涵盖了财经领域所有常见的应用文类型。

本教材不仅注重内容的全面性，更强调理论与实践的紧密结合。书中设置了仿真实训项目，通过模拟真实的财经场景和写作任务，让读者在实际操作中掌握写作技巧，提升写作能力。这种“学中做、做中学”的教学模式，有助于读者更好地将理论知识转化为实践能力，为未来的职业生涯打下坚实的基础。

在编写过程中，我们紧跟时代发展的步伐，纳入了现代财经活动中常用的营销策划书、广告策划书等新型文书。这些文种反映了当前财经领域的最新动态和实际需求，使教材内容更具前瞻性和实用性。同时，我们参考了多部相关教材和著作，汲取了其中的精华，确保了本教材内容的科学性和准确性。

本教材的编写团队由具有深厚专业知识和丰富教学经验的资深教师组成。主要编著者吴进平老师凭借其扎实的财经功底和多年的教学积累，精心构思并编写了全书内容。同校的陈舒静老师也全力配合，在编著期间帮忙搜集和整理部分材料，并承担了部分校对工作，确保了书稿的准确性和完整性。

本教材语言简洁、条理清晰，便于读者学习和掌握。同时，本教材还注重培养读者的思维能力和创新能力，鼓励读者在掌握基础写作技巧的基础上，灵活运用、创新写作，以适应不断变化的财经环境。

我们衷心希望本教材能够成为中职学校财经类专业学生的良师益友，为他们的学习和成长提供有力的支持。同时，我们也期待本教材能够为财经从业人员提供有益的参考和借鉴，助力他们在职业生涯中取得更好的成绩。

在教材的编写过程中，我们得到了许多同行、专家和学生的支持与帮助，在此表示衷心的感谢。由于时间和水平有限，书中难免存在不足之处，恳请广大读者批评指正。

编者

2025 年 7 月 17 日

目录

第一章 财经应用文概述

一家名为“智绿农业”的科技创新型农业企业在政策的春风中迎来了新的发展机遇。这家企业专注于智能农业技术的研发与应用，利用大数据、物联网等先进技术提升农业生产效率，积极响应国家“乡村振兴战略”和“智慧农业”的最新政策导向。

随着技术的日益成熟，智绿农业计划在全国范围内推广其智能灌溉系统和精准施肥技术，但这一宏伟蓝图需要大量的资金支持。正当企业负责人李明为此发愁时，他注意到国家出台了一系列支持农业科技创新的政策，其中就包括了对智能农业项目的专项补贴和税收优惠政策。

李明意识到，要抓住这个机遇，就必须有一份能够充分展示企业实力、技术优势以及项目与国家政策契合度的申请材料。于是，他带领团队，结合公司实际和国家政策导向，精心撰写了一份项目申报书。这份申报书不仅详细介绍了智绿农业的技术创新点、市场前景，还着重突出了项目对推动乡村振兴和智慧农业发展的重要意义，并附上了翔实的数据支持和政策分析。

经过紧张的筹备和多次修改，申报书终于提交成功。不久之后，智绿农业就收到了政府部门的正式通知，他们的项目成功入选，并获得了一笔可观的政策补贴和税收减免。这笔资金如同及时雨，为智绿农业的全国推广计划注入了强劲的动力。

在本章中，我们就将深入探讨财经应用文的概念、特点、作用及分类，以及基础知识。

第一节 财经应用文的概念与特点

情境导入

想象一下，你是一名即将步入职场的财经专业学生，面对纷繁复杂的商业环境，如何准确、高效地传递财务信息将成为你职业生涯中的一项重要技能。财经应用文，就像你在商海航行中的指南针，它不仅规范了财务信息的表述方式，还确保了数据的准确性和沟通的专业性。从一份简单的财务报告到复杂的商业计划书，财经应用文以其严谨的逻辑、清晰的结构和精确的数据，引领你在财经领域稳健前行。

接下来，让我们一起揭开财经应用文的神秘面纱，探索它的概念与独特魅力。

实例阅读

【例文一】

关于合作事宜的询函

××公司：

贵公司近期发布的新产品引起了我方的高度关注。我方认为，双方在产品推广及市场拓展方面存在广泛合作空间。特此致函，希望就具体合作事宜与贵公司进行深入交流。请贵公司回复此函，并安排相关时间进行会谈，共谋发展大计。

××公司市场部

××××年××月××日

【例文二】

关于申请采购新财务软件的请示

公司董事会：

财务部近期发现现有财务软件已无法满足公司日益增长的财务处理需求，存在数据处理缓慢、功能不全面等问题。为提升工作效率，确保财务数据的准确性和及时性，特申请采购一款功能全面、操作便捷的新财务软件。请公司董事会予以审批，并指派相关部门协助完成软件选购及后续安装工作。

财务部

××××年××月××日

任务描述

1. 掌握财经应用文的概念。
2. 了解财经应用文的特点。

必备知识

一、财经应用文的概念

财经应用文是以财经活动为主要内容的应用文体，它是机关、团体、企事业单位及个人在财经领域中，用于反映财经情况、处理财经事务、传播财经信息、协调财经活动以及研究、解决财经实际问题的一种具有特定格式的专业应用文。财经应用文作为应用文的一个重要分支，随着现代市场经济的发展和财经活动的日益频繁而不断发展与完善。

财经应用文在撰写时，需严格遵循国家经济政策、法律法规，并结合经济科学理论，对财经活动进行客观、真实的记录和分析。它不仅要求语言准确、简练、平实、庄重，还强调用语的专业化、表达的数字化和图表化，以及适当使用模糊语言以适应不同情境的需求。在结构上，财经应用文往往呈现出表格化、条文化和模式化的特点，以便于信息的整理和传递。

二、财经应用文的特点

财经应用文写作区别于文学创作和其他应用文写作，财经应用文写作需要深入了解财经应用文的主要特点，还需要认识财经应用文的性质、功能和内容，掌握财经应用文写作的规律规范、要领、要求、方法和技巧。财经应用文写作除具有一般应用文体的属性（如实用性、简约性等），还具有几个显著特点。

（一）专业性

财经应用文的内容深深植根于财务、经济、金融等专业知识之中。无论是财务报告、市场分析、经济预测，还是财经政策解读，都要求作者具备扎实的专业基础和敏锐的行业洞察力。这些文体在阐述问题时，必须运用专业的术语和理论，确保内容的严谨性和准确性。同时，财经应用文的结构和逻辑也体现出专业的思维方式和行业规范，使读者能够清晰地理解文章的主旨和要点。

（二）实用性

财经应用文的撰写目的明确，旨在解决实际问题。无论是请示、报告，还是函件、通知，都是为了满足特定的财经工作需求而撰写的。这些文体在传达信息、汇报工作、协调关系、处理问题等方面发挥着重要作用。它们的内容紧密联系实际，针对性强，能够直接有效地为财经工作提供支持和帮助。

（三）规范性

财经应用文在行文结构、用语表达、数据呈现等方面都遵循一定的格式和规范。这些规范不仅体现了财经工作的严谨性和专业性，也确保了信息的准确性和可读性。例如，财务报告必须按照规定的格式编制，数据必须准确无误；函件必须遵循礼貌、得体的用语表达，确保双方沟通顺畅；通知必须明确、简洁，确保受众能够迅速理解并执行。

（四）针对性

财经应用文的内容针对特定的受众或问题，具有明确的针对性和目的性。不同的受众和问题需要不同的文体及表达方式。例如，向领导汇报工作时，需要采用报告的形式，详细阐述工作进展和成果；与合作伙伴沟通时，需要采用函件的形式，表达双方的意愿和诉求。这种针对性使财经应用文能够更加精准地传达信息，解决问题，提高工作效率。

（五）时效性

财经应用文具有很强的时效性。财经领域的变化日新月异，市场环境、政策法规、经济状况等都在不断发生变化。因此，财经应用文必须及时反映这些变化，为决策者提供最新的信息和数据支持。无论是财务报告、市场分析还是经济预测，都需要在第一时间内完成并发布，以确保其准确性和有效性。同时，财经应用文的时效性也要求其作者具备敏锐的洞察力和快速的反应能力，能够迅速捕捉财经领域的动态变化，并及时将其反映在文体中。

思考题

1. 说说你对财经应用文的初步印象。
2. 财经应用文具有哪些显著特点？

第二节 财经应用文的作用与分类

情境导入

设想一下，你正置身于一个充满活力的中职学校财经专业课堂，周围是同样怀揣梦想的同学，大家对未来充满期待。但你知道吗？在未来的财经职业生涯中，无论是成为会计师、金融分析师，还是投身于企业管理，掌握财经应用文的写作都将是你成功的关键。无论是条理清晰的审计报告，还是严谨周密的投标书，都是你与同事、客户乃至整个行业沟通的桥梁。

那么，财经应用文究竟扮演着怎样的角色呢？财经应用文又是如何分类的呢？让我们一同探索。

任务描述

1. 了解财经应用文的作用。
2. 掌握财经应用文的分类。

必备知识

一、财经应用文的作用

财经应用文是社会经济生活中普遍运用的一种文体，它对现代经济活动的运行和社会经济的发展起着重要的作用。它既是国家机关、企事业单位、社会团体进行行政管理、处理日常事务、传递信息、交流情况、总结经验、记载经济活动的重要工具，也是人民群众表达意愿、交流思想感情、办理事务的重要工具。它的作用主要体现在以下四个方面。

（一）传递财经信息与政策导向

财经应用文作为财经领域的重要沟通工具，其核心作用在于准确、及时地传递财经信息与政策导向。政府、金融机构、企业及市场参与者通过财经应用文发布最新的经济数据、市场动态、政策调整等内容，使相关信息能够迅速覆盖到目标受众。这不仅有助于各方及时了解市场动态、把握经济脉搏，还能为决策层提供有力的数据支持和政策参考，促进经济的健康发展。

（二）规范财经行为与交易流程

财经应用文在规范财经行为与交易流程方面发挥着至关重要的作用。通过制定和发布财经规章制度、交易规则、合同范本等应用性文件，可以明确各方在财经活动中的权利和义务，规范交易行为，降低交易风险。同时，这些文件还为财经活动的参与者提供了清晰的操作指南，使交易流程更加顺畅、高效，有助于维护财经市场的秩序和稳定。

（三）促进财经交流与合作

财经应用文是促进财经交流与合作的重要桥梁。在全球化日益加深的今天，跨国财经交流与合作日益频繁。可以通过撰写专业的财经报告、分析文章、合作意向书等应用文，展示自身的财经实力、专业水平和合作诚意，吸引潜在的合作伙伴或投资者。同时，这些文件还能为双方提供详细的合作框架和条款，为后续的谈判和签约奠定坚实的基础，推动财经合作的深入发展。

（四）提升财经素养与专业能力

财经应用文的撰写和阅读过程也是提升财经素养与专业能力的重要途径。对于撰写者来说，需要深入了解财经领域的专业知识、政策法规和市场动态，才能撰写出准确、有深度的应用文。而对于读者来说，通过阅读这些应用文，可以拓宽视野、增长见识，了解最新的财经理念和实践经验。因此，财经应用文不仅有助于提升个人的财经素养和专业能力，还能促进整个财经行业的知识更新和人才培养。

二、财经应用文的种类

财经应用文使用广泛、种类繁多，可以从不同的角度划分成不同的类别。根据财经应用文使用的范围和功用大致分为以下类别。

（一）财经公务文书

财经公务文书是财经领域中用于处理公务、传递信息、执行政策、管理事务的重要工具，具有正式、规范、权威等特点，是财经工作不可或缺的一部分，比如：

（1）通知和函：通知是上级机关对下级机关、组织对成员或平行单位之间传达要求、布置工作、知照事项的一种下行或平行公文；函是平行机关或不相隶属机关之间，用于商洽工作、询问和答复问题、请求批准和答复审批事项等的一种公文。

（2）公告与通告：公告是党和国家机关、人民团体、企事业单位等向国内外或特定范围内的人群宣布重要事项、政策、法规等的一种公文；通告是在一定范围内公布应当遵守或周知的事项时使用的公文。

（3）公报与通报：公报主要用于对外公布重要事件或成果；通报则用于表彰先进、批评错误、传达重要精神等。

（4）请示与批复：请示是下级机关向上级机关请求指示或批准的文书；批复则是上级机关对下级机关请示事项的答复。

（5）意见和纪要：意见用于对重要问题提出看法和建议；纪要则用于记录会议内容、决议和行动计划等。

（二）财经事务文书

财经事务文书主要用于记录、总结、反映财经工作中的各种事务和活动，是财经工作的重要载体，比如：

（1）计划：用于规划、安排未来的工作目标和任务，是财经工作有序进行的基础。

（2）总结：对过去一段时间内的财经工作进行全面回顾和总结，分析得失、提炼经验。

（3）述职报告：领导干部或工作人员向上级机关或群众汇报自己履行职责情况的文书。

（4）会议记录：记录会议过程、讨论事项、决议等内容的文书，是会议成果的重要体现。

（5）公示：将有关事项向社会或特定群体公开宣告的文书，以增强透明度、接受监督。

（6）竞聘演讲词：在竞聘财经领域相关职位时，用于阐述个人优势、工作思路等内容的演讲文稿。

（三）财经宣传文书

财经宣传文书主要用于传播财经信息、推广产品、塑造企业形象等，是财经领域与社会公众沟通的重要桥梁，比如：

（1）财经新闻：报道财经领域的重要事件、政策、市场动态等信息的新闻稿件。

（2）产品说明书：介绍产品的功能、特点、使用方法等内容的说明书。

（3）广告文案：用于推广企业产品或服务的广告文稿，包括广告标题、正文、口号等元素。

（四）财经契约文书

财经契约文书是财经领域中用于明确双方权利义务、保障交易安全的法律文书，比如：

（1）意向书：双方就某一事项达成初步意向的书面文件，为后续合作奠定基础。

（2）经济合同：明确双方权利义务、约束双方行为的正式法律文书，是财经交易的核心。

（3）协议书：双方就某一具体事项达成协议的书面文件，具有法律效力。

（4）招标书：招标人向投标人发出的邀请其参与投标的书面文件。

（5）投标书：投标人为响应招标人邀请，提交的自己参与投标的书面文件。

（五）财经活动文书

财经活动文书主要用于策划、组织、记录财经领域的各种活动，比如：

（1）营销策划书：用于规划、设计营销活动方案的文书，包括市场分析、目标定位、策略制定等内容。

（2）广告策划书：用于策划广告活动的文书，包括广告目标、创意构思、媒体选择等内容。

（六）财经诉讼文书

财经诉讼文书主要用于处理财经领域的法律纠纷和诉讼案件，是维护财经秩序、保障合法权益的重要手段，比如：

（1）起诉状：原告向法院提起诉讼的书面文件，包括诉讼请求、事实和理由等内容。

（2）申诉状：当事人对已经发生法律效力的判决、裁定等不服，向法院或检察院提出申诉的书面文件。

(3) 答辩状：被告针对原告的起诉状进行答辩的书面文件，用于阐述自己的观点和理由。

(4) 授权委托书：当事人委托他人代为处理法律事务的书面文件，包括委托事项、权限等内容。

(七) 财经报告文书

财经报告文书主要用于反映财经工作的成果、问题、建议等，为决策提供依据和参考，比如：

(1) 财务报告：对企业一定时期内的财务状况、经营成果和现金流量等进行全面总结和分析的报告，为投资者、债权人等提供决策依据。

(2) 市场调查报告：对特定市场进行深入调查和分析后形成的报告，包括市场需求、竞争状况等内容。

(3) 可行性研究报告：对拟建项目在技术、经济、环境等方面的可行性进行全面分析和论证的报告，为项目决策提供依据。

(4) 资产评估报告：对特定资产进行评估后形成的报告，用于反映资产的价值和状况。

(5) 验资报告：对企业注册资本进行验证后形成的报告，用于证明企业的注册资本是否真实、合法。

(6) 审计报告：对企业财务状况进行审计后形成的报告，用于揭示企业的财务状况、经营成果和现金流量等。

思考题

1. 财经应用文在经济社会中扮演着怎样的角色呢？请结合具体实例，阐述财经应用文如何促进信息交流、规范经济行为、服务决策制定，并思考其对企业经营管理的重要性。

2. 财经应用文有哪些主要分类？请列举几种常见的财经应用文类型，并简要说明每种类型的应用文在财经活动中的具体用途。

第三节 财经应用文写作基础知识

情境导入

1.“我局所属××工厂去年借助外部东风，生产一度像穿云燕子，飞向百尺竿头。曾几何时，今春以来，却又像冰山开花似的，一泻千里……”

这段话是从某工业局干部所写的工作总结中摘录的，句子不仅通顺，而且还颇为生动，但是，局长看过后说这样写不对。你能说说理由吗？

2.“蜘蛛在张灯结彩，老鼠在游行示威，麻雀在唱歌跳舞，蛀虫在悠哉地散步……”

这段话是某县粮库检查报告中的摘录，你读了以后，能看出它所反映的事实、程度、范围等方面的情况吗？

任务描述

1. 了解财经应用文写作对各要素的要求。
2. 掌握财经应用文各要素的写作原则及方法。

必备知识

财经应用文的写作要注意把握主题、材料、结构、语言这几个要素。掌握这些要素的要求，才能写出主题明确、材料充实、结构严谨、语言简洁、合乎应用文体要求的各种文书。

一、财经应用文的主题

（一）主题的含义

财经应用文的主题就是通过文章内容所表现出来的核心思想、主要意图、基本观点或要说明的主要问题。

财经应用文的主题是财经应用文的灵魂，它决定着应用文质量的高低、价值的大小、社会作用的强弱。例如，财经应用文主题决定着材料的取舍和使用；统领文章的结构；制约着语言的运用。词语的选择、句式的运用、表达方式的运用都受到主题的制约。

财经应用文的主题形成，往往是“意在笔先”，即根据应用文撰写目的确定主题和文体，并收集、占有和选择材料。

（二）财经应用文主题的要求

写作财经应用文对主题的要求：正确、鲜明、深刻、集中、新颖。

（1）正确是指主题能反映客观实际，符合客观事物发展的规律，具有科学性，符合党和国家的路线、方针、政策，有益于时，有补于世。

（2）鲜明是指作者的基本态度、文章的基本思想十分明确，毫不含糊。对问题的认识，对事物的评价，主张什么，反对什么；应该怎样做，不应该怎样做；解决什么问题，达到什么目的，都要旗帜鲜明地表达出来，不能含糊其词、模棱两可，要用“直笔”。

（3）深刻是在主题正确的基础上，要有思想深度，要反映和揭示客观事物的深层本质，阐明事物之间的必然联系，具有深刻的思想意义和丰富的内涵。

（4）集中是指一篇文章只能有一个主题，材料的使用、谋篇布局、遣词造句，都要为突出这个主题服务。

（5）新颖即主题要有新意，所反映的作者的观点、感受、主张、意见，不落俗套，不拾人牙慧，有自己的独特性，给人以新鲜醒目之感，使人耳目一新。

（三）财经应用文确立主题的原则

（1）工作需要和写作目的。动笔之前，首先要考虑写作的具体目的是什么，主题必须符合行文目的，作者在确立主题时要正确理解和深刻领会办公意图。

（2）符合实际，切实可行。确立主题要立足实际，要从个人、本地区、本部门的实际情况出发，只有这样，所作的指示、所提出的意见和办法、所总结的经验，才能有的放矢，切实可行。

（3）以丰富、真实的材料为基础。必须深入生活，掌握丰富真实的材料，了解全面、真实的情况，才能提炼出正确、深刻的主题。

（四）表现主题的方法

1. 显现法

又叫直接法，它是在文章的某一部位，用明确而简练的语言，直截了当地把主题表述出来。应用文大都采用这种方法。常见的有以下几种方式。

（1）标题明旨，就是在标题中直接点明主题。

（2）开宗明义，就是开门见山，在开头部分亮出观点、点明主题，给人以鲜明的印象，然后再逐步展开阐述。

（3）文中点旨，就是在行文中，当叙述或议论到一定程度的时候，在主体部分自然引出主要论点或中心思想。

（4）篇末结意，就是在文章结尾处，用简明扼要的文字归纳出主题，加深读者的印象。

表明主题有时需要几种方法综合运用。大多数的应用文中，常常是开头点题，结尾重复强调，做到上下呼应、首尾圆合。

2. 对比法

又叫比较法，通过文章不同侧面或不同性质内容的对比来揭示主题。主要有下面两种方法：

（1）抑扬法，指对于要表现的人、事、物采用有扬有抑的方法，形成鲜明的对比，以突出主题。

（2）疏密法。疏，指疏笔，即略写；密，指密笔，即详写。通过略写和详写的鲜明对比，使文章主次分明、中心突出。凡与主题关系密切，就详写；与主题关系不大，就略写。

二、财经应用文的材料

（一）材料的含义

材料是指作者为完成文章的写作，体现自己的写作意图和目的，从实际工作、学习、生活中收集到的或写入文章中的一系列事实根据和理论根据，如人物、事件、数据、例证、原因、道理等。它包括经过作者选择提炼后写进具体文章中的材料，以及作者在写作之前收集积累的原始材料。

材料是写作活动的基础，是构成文章的一个基本要素。应用写作的过程就是作者将各式各样的原始材料进行分析、提炼、综合加工的过程。有了切实、充分、具体的材料，构思才有依托，剪裁加工才有对象，写作活动才得以进行。

（二）材料的采集

1. 材料的采集要求

首先是全面，着眼于一个“博”字。其次是深入，着眼于一个“透”字。最后是细致，着眼于一个“细”字。

2. 材料的采集方法

（1）观察是作者凭借自己的感觉对对象进行有目的、有计划、比较持久的感知，记录所得的材料。这是取得第一手材料的主要途径。

（2）体验即置身于对象所处的环境之中，用整个身心去感受。其价值在于它的“亲历性”。通过体验，获得切身感受，以积累素材。

（3）调查访问即通过向知情人、有经验的人询问以了解真实情况，获得材料。通过综合运用观察、体验、查询、阅读等手段，采用开座谈会、个别访问、现场了解、蹲点调查、问卷调查等方法，有目的、有计划地采集第一手和第二手的材料。

（4）阅读观听就是从各种文献、音像资料中获取材料。通过广泛的阅读，可以掌握大量的知识与信息，从而进行比较、分析、归纳，提炼出正确的决策或论题。可以通过报刊剪贴、复印、录音、录像等手段来获取资料。

（5）计算机检索是当今最便利、最普遍的收集材料的方法。通过计算机网络，可以在很短时间内比较容易地调用所需材料，而且收集保存也极为方便。

（三）材料的选择

材料的选择要掌握以下原则：

（1）符合文章主旨。凡是与主题有关，并能很好表现主题的材料，就选用；凡是与主题无关或似是而非的材料，就舍弃。对已经选定的材料，根据主题需要决定详略。

（2）真实。要确有其人、确有其事，符合实际情况，不能杜撰，也不能夸大或缩小，引文也必须认真核对，绝不能出错。

（3）典型。指材料所具有的代表性和普遍意义，能起到以少胜多、以一当十的作用。选材贵在精，精就精在“典型”上。

（4）新颖。一是新近发生的、别人未曾使用过的、鲜为人知的材料，如新人、新事，新方针、政策，新的统计数字，新成果，新发生的问题等；二是虽为人知，却因被变换角度而具有新意的材料。

（四）材料的使用

选好材料之后，要正确使用，应注意以下几点：

（1）量体裁衣，决定取舍。所谓取舍，针对的是一些法规性、指令性文书，多数材料只是作为写作的依据，不进入正文，虽然通过了挑选，但实际写作过程中还是要舍弃的。“量体裁衣”是根据文章体裁不同，对选定的材料进行不同的剪裁加工。

（2）主次分明，详略得当。使用材料时，能直接说明和表现主题的，应置于主要核心地位；配合或间接说明、表现主题的，应置于次要地位。两者是“红花”与“绿叶”的关系。骨干核心材料，要注意详尽；过渡材料、交代性材料，要相应从略；读者感到生疏或难以把握的材料应详尽，读者所了解或容易接受的材料可从略。

（3）条理清晰，排好顺序。对已选定的材料，应根据事物发展的过程、人们的认识规律或材料之间的逻辑关系排好顺序，将各种不同类型的材料合理搭配，有条不紊地写出来。大多数财经应用文是选择若干材料，从不同角度、不同层次，阐明主题。写作过程中，将同类型的材料结合使用，可以优势互补，提高整体表达效果。常用的结合方式有：理论材料与事实材料结合；具体材料与概括材料结合；文字材料与数字材料结合。

三、财经应用文的结构

（一）结构的含义

结构是指文章内部的组织和构造，是作者按照主题的需要，对材料所进行的有机组合和编排，又称谋篇布局。文章的结构具有两重含义：一是宏观结构，即文章的总体构思、大体框架；二是微观结构，即对文章的层次、段落、开头、结尾、过渡、照应和主次的具体设计。

（二）结构的作用

（1）使文章言之有体。“体”指体裁。财经应用文在长期的写作实践过程中，大都形成了比较固定的结构形态，也叫程式。

(2) 使文章言之有序。合理安排结构，就是根据一定的思路，将零散的材料组织起来，使之条理清晰，成为一个有机的整体。

(3) 使文章言之成文。通过精心安排结构，可以增加文章的文采，从而增强其可读性。

（三）安排结构的原则

(1) 要服从表现主题的需要。主题是作者的写作目的、意图的体现，结构必须服从主题的需要，为表现主题、突出主题服务。例如，怎样安排开头与结尾、怎样划分层次与段落、怎样设置过渡与照应、怎样确定主次与详略，等等，都要围绕主题进行。这样，才能使文章组成一个严谨周密、内容形式统一的有机整体。

(2) 要正确反映客观事物的发展规律和内在联系。财经应用文是对现实生活、客观事物的反映，客观事物总有一个发生、发展、结局的过程，作者对它的认识也遵循一定的规律。这种规律性也就表现为文章结构的基本形式。

(3) 要适应不同文体的要求。文体不同，结构的样式和要求也会不同。财经应用文不同于文学作品，不同类型的应用文体结构方式也存在着区别。

（四）结构的要求

(1) 严谨自然。指文章结构应当严密，顺理成章。要求作者思路清晰、思维严密，以主旨贯穿全文始终、不枝不蔓。层次段落的划分要恰当，组织严密，联系紧凑，脉络畅通，行止自如。过渡和照应要自然，不能刻意雕琢，更不能牵强拼凑。

(2) 完整匀称。指文章各部分要配置齐全、比例协调、详略得当、完整合理、重点突出、符合格式要求。如文章一般都有开头、主体和结尾三部分，三部分比例要协调，主体要内容充实，不能虎头蛇尾或尾大不掉；对并列内容要注意处理好详写和略写的关系，以保证结构的完整和匀称，使之浑然一体。

(3) 清晰醒目。大多数财经应用文不要求行文曲折波澜，而要求纲举目张、清晰醒目，以便读者把握要领或贯彻执行，所以常采用加小标题、写段首撮要、条目式等形式。这在一些法规性文体中最为明显。

（五）结构的内容

1. 层次与段落

层次是文章中作者表达主题的阶段和次序，是文章内容展开的次序。层次体现了事物发展的阶段，是问题的各个侧面和作者思维的过程，又称为“意义段”“逻辑段”“章”“节”等。段落，又称“自然段”，是组成文章、表达思想最基本、相对独立的最小单位。段落的形式是层次的再分割，是文章意思的间歇或转换，以换行为标志。两者有明显的区别，层次侧重于内容的划分，段落侧重于文字形式的表现。有时一个段落恰好是一个层次，有时几个段落表现一个层次或一个段落内有几个层次。安排层次有两种模式。

(1) 纵式，即思路纵向展开的结构方式。具体有两种类型：时间顺序式和逻辑顺序式。时间顺序式是按照事物的生产流程、事情或事件的发展过程或时间的先后顺序安排层次。需要注意的是，采用这种结构方式，不能事无巨细地记流水账，要抓住事物发展的关键环节。逻辑顺序式是按照事理内在的逻辑顺序安排层次。这种逻辑关系表现为现象—本质、原因—结果、宏观—微观、个别——般等。按照这样的关系，先后为序、环环相扣、层层递进地安排结构，就是逻辑顺序。

(2) 横式，即思维横向发展的结构方式。表现在形式上，它是把整体划分为若干相对的层次，各层次之间互不交织、平等并列，从不同方面和角度共同揭示了事物的整体面貌和主旨，或按照空间方位的变换，或按照材料的不同性质和类型，或按照问题的不同侧面等。这种结构形式，在应用写作中运用很广泛，述职报告、调查报告、总结等均可采用。

2. 过渡与照应

过渡是指层次与段落之间的衔接和转换，在文章中起着承上启下、穿针引线的作用。照应是指文章内容的前后呼应和关照，不仅可以使文章结构周密严谨、浑然一体，还能使某些关键内容得到强调，突出主题。

一般情况下，当内容由总到分或由分到总、意思转换以及表达方式变化时，需要安排过渡。过渡的形式有段落、句子或词语。如上下文空隙大、转折也很大，常用过渡段联结。上下文空隙小，多用提示性的句子，如公文中，常有“特此如下通告”“现将有关事项告知如下”“为此，特制定本条例”等作过渡。在意思转折不大的情况下，多用关联词，如“因为”“所以”“但是”等作为过渡词。

在财经应用文中，常用的照应方法有：

（1）首尾照应，即在文章的结尾处，把开头交代的事或提出的问题再次提起，有的进一步加以概括、归纳、补充，如论文、总结、调查报告等。

（2）文题照应，即指在行文中时时照应标题，对主题加以强调、提示。如大多数公文标题中都包含着“事由”，文章内容自然要与标题相照应。

（3）文中照应，即文章自身前后内容间的照应，如某些细节和问题在行文中不断被提起，这样能强化印象，更好地实现作者的表达意图。

3. 开头与结尾

开头是全篇文章的第一步，可以起到统领全篇、展开全文的作用。

常见的开头方式有：

（1）目的式。就是将写作的目的和意义直接说明。一些公文常用这种方式，常用介词“为”“为了”领起。

（2）根据式。就是开头阐明撰文的根据，或引据政策法令和规定指示，或引述全文，或引据事实和道理，常用“根据”“按照”“遵照”等领起下文。

（3）原因式。就是以交代行文的缘由作为开头，常用“由于”“因”“鉴于”等引出原因或简述某种情况作为原因，再引出写作目的。

（4）概述式。就是在开头部分对文章内容的背景、基本情况、主要内容加以概述。采用这一方式能起到提纲挈领的作用。

（5）结论式。就是将结论、结果先作交代，再由果溯因。

（6）提问式。就是开篇提出问题，然后引起下文，常见于调查报告的写作。

（7）引述式。常用于有具体规定格式的文体中，如“合同”，或引述下级来文、上级指示精神，或有关政策法规，以此作为撰文的依据。如批复、函等常用这种方式。

结尾是全文的收束和结局，能帮助读者加深认识、把握全篇、达到预期的写作目的。应用文的结尾讲究言尽意尽，不留“余味”，不添“蛇足”，更不能草率。

常见的结尾方式有：

（1）自然收尾式。就是在主体部分写完之后，事尽言止，自然收结。

（2）总结归纳式。指在主体写完后，对全文的主旨进行简要的概括，总结全文。

（3）强调说明式。就是在应用文的结尾处，对全文的主旨意义、重要性进行强调，以引起读者的注意。

（4）希望号召式。就是在结尾部分提出希望、发出号召、展望未来，以鼓舞斗志。

（5）补充说明式。对与主体内容有关但性质不同的问题或事项作补充交代、说明，以保证内容的完整性，如公文结尾交代施行日期、执行范围、传达对象、与该文规定不符的原有规定如何处置等；有的结尾处说明尚未解决而应另作讨论的问题。

（6）专门结尾用语式。就是在结尾处，采用特定的用语结束全文。

四、财经应用文的语言

写作财经应用文要从以下几个方面注意语言的表述。

（一）准确

准确，就是要正确、恰当无误地表达出所要表达的内容，用词用语含义清楚，概念恰当明确，不产生歧义，不引起误会，无溢美之词，无隐恶之嫌。

要做到语言准确，必须要把握词语的分寸感和合适度。特别是要区分同义词、近义词在适用范围、词义轻重、搭配功能、语体雅俗、词性差别等方面的细微差别。

要做到语言准确，还要注意语意鲜明，不能模棱两可、含糊其词，以免产生歧义，延误工作。如“大致尚可”“有关部门”“条件许可时”“事出有因，查无实据”等表达含糊的词应谨慎使用。

（二）简明

简明指文字的简洁、明白，用较少的文字清楚表达较多、较丰富的内容，要“有话则长，无话则短”。第一，要做到简明，首先要精简文意、压缩篇幅、突出主干，把无关或关系不大的内容删去。第二，要反复锤炼，提高概括能力，杜绝堆砌修饰语，适当使用缩略语，如“五讲四美”等。第三，要推敲词语，锤炼句子，一句话就能表达明白的决不用两句话，一个词能概括清楚的决不用两个词。恰当地运用成语、文言词语等，也有助于语言的简明。第四，要注意用词通俗，不用生僻晦涩的字句。应该指出的是，“简”要得当，不能苟简，要以不妨碍内容的表达为前提，绝不能为简而生造词语、乱缩略、滥用文言，不能让人不明白或产生歧义，引起误解。

（三）平实

财经应用文是为解决实际问题而写的，它的语言重在实用。一个字、一句话，往往至关重要。为了便于读者理解，应用文语言应力求平实。行文时多用平直的叙述，恰当的议论，简洁明了的说明。比如公文，它具有行政约束力和法定的权威性，因此，用语必须朴素、切实，不能浮华失实，不能乱用形容词或俚俗口语。

财经应用文写作要求用语平实，但平实不等于平淡。我国历史上保留下来的许多文章既是应用文，同时又是文学佳作。

（四）得体

财经应用文实用性强、讲究得体，一方面，要适合特定的文体。按文体要求遣词造句，保持该文体的语言特色。如公文宜庄重，调查报告须平实，学术论文应严谨，社交文书需具有较浓的感情色彩，广告就常用模糊的语言，使用说明书则需具体实在，商业交际文书要委婉，合同书则要精确等。另一方面，要考虑作者自己的身份、阅读的对象、约稿的单位、行文的目的，甚至与客观环境的和谐一致，恰如其分。比如需要登报或张贴的，语言要通俗易懂；需要宣读或广播的，语言应简明流畅、便于朗读；书信的写作，要根据远近亲疏、尊卑长幼的关系使用相应的语言。公文的写作要根据不同文种和行文关系而使用相应的语言，否则就不得体。总而言之，作者应有针对性地运用得体的语言取得最佳的表达效果。

五、财经应用文惯用语汇

财经应用文惯用语汇是写作实践的产物，是应用写作实践中常用的习惯用语，这种语言已经约定成俗，得到了广泛的认可和共识。学习掌握这种语言的关键是表达要简明，合乎规范。应用文惯用语汇根据功用不同，可大致分为下列几方面内容。

（一）起始用语

根据、按照、依照、兹、兹因、兹定于、为了、关于、鉴于、由于、据核实。

（二）称谓用语

本、我、贵、你、该、本公司、我厂、我单位、你单位、你局、你公司、贵公司、该项目、该产品。

（三）递送用语

报、呈、送、发、颁发、下达、印发。

（四）经办用语

兹经、业经、已经、即经、前经、业已、报经、经由、未经。

（五）引叙用语

悉、收悉、近悉、欣悉、惊悉、近接、现接、鉴于。

（六）期请用语

即请查照、希即遵照、希、希予、望、希望、请、拟请、恳请、特请、务请、务希、如蒙、勿误。

（七）祈使用语

着、着令、特命、交办、试办、责成、令其、毋违。

（八）谦敬用语

请、承蒙、惠允、惠示。

（九）时限用语

当即、立即、从速。

（十）表态用语

照办、同意、可行、不宜、不予、不可、不同意、遵照执行、拟同意、拟原则同意。

（十一）征询用语

当否、可否、妥否、是否可行、是否妥当、是否同意。

（十二）期复用语

请批示、请批复、请复、盼复、请告知、请批转、请审核。

（十三）回复用语

此复、特此批复、特此函复、收悉。

（十四）结尾用语

为要、为盼、为荷、特此函达、特此证明、此致、特此通知。

思考题

1. 财经应用文的材料选择有哪些原则？
2. 财经应用文的开头和结尾分别有哪些方式？

第二章

财经公务文书

随着国家“碳达峰、碳中和”战略目标的深入实施，政府对新能源产业的支持力度不断加大，出台了一系列扶持政策和专项资金计划，新能源科技公司——绿动未来迎来了前所未有的发展机遇与挑战。该公司敏锐地捕捉到了这一政策红利，决定抓住机遇，扩大生产规模，提升技术创新能力。

然而，资金成为了制约公司发展的瓶颈。公司负责人李总深知，要想在这场绿色革命中脱颖而出，必须得到政府资金的支持。于是，他带领团队深入研究最新政策文件，精心准备了一份请示文书。这份文书不仅详细阐述了公司的技术优势、市场前景以及项目的社会价值，还巧妙结合了国家“双碳”战略目标，展现了项目的深远意义。

经过多轮修改和完善，绿动未来的请示文书终于提交到了相关部门。不久之后，好消息传来，该公司成功获得了政府数百万元的扶持资金。这笔资金如同及时雨，为绿动未来的发展注入了强劲动力。公司不仅顺利完成了生产线升级，还在新能源领域取得了突破性进展。

在本章中，将深入剖析财经公务文书的撰写技巧与应用要点，包括公文的概念、特点、种类、格式要求，以及通知、函、公告、通告、公报、通报、请示、批复、意见和纪要等各类文书的撰写方法和注意事项。通过本章的学习，您将能够掌握公文写作的艺术，为职业发展助力。

第一节 公文概述

情境导入

2025 年初春，李欣加入了 A 市经济发展局，担任局办公室的助理职务。在日常工作中，她频繁地接触到各类公文，从通知到报告，从请示到批复，公文成为她工作中不可或缺的一部分。为了更有效地支持部门的运作，李欣决定深入钻研公文写作的技巧与规范。

什么是公文？你了解公文吗？在生活中接触过哪些公文？

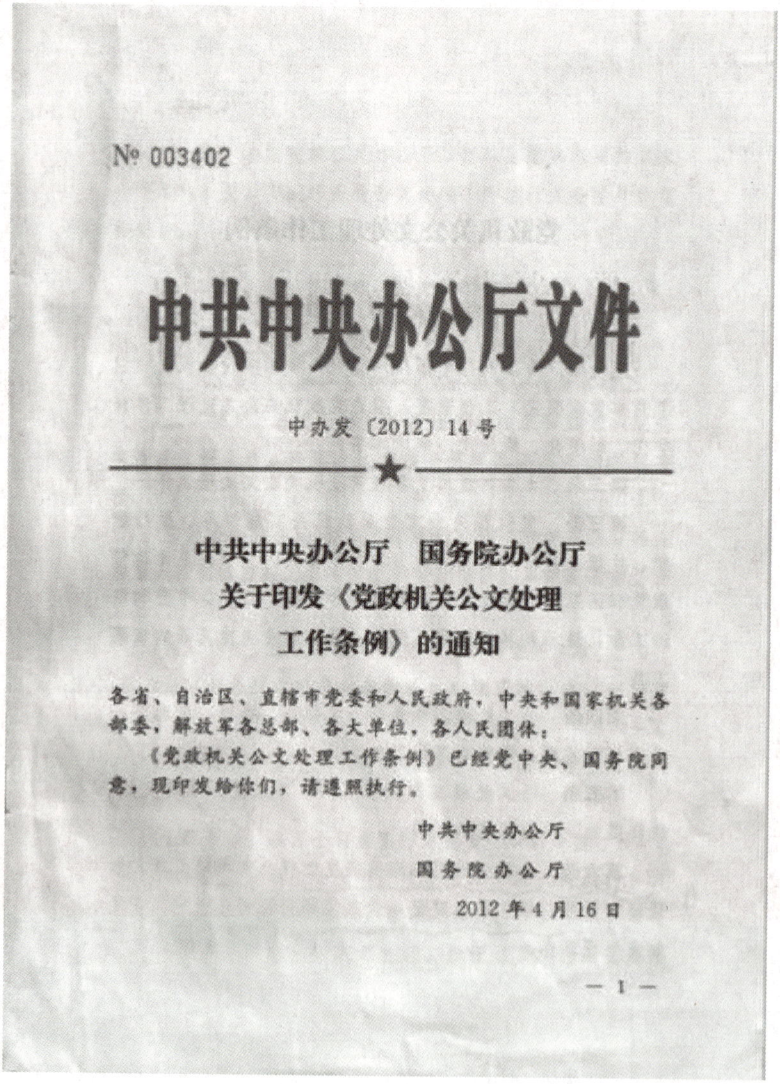
№ 003402

中共中央办公厅文件

中办发〔2012〕14 号

★

中共中央办公厅　国务院办公厅
关于印发《党政机关公文处理
工作条例》的通知

各省、自治区、直辖市党委和人民政府，中央和国家机关各部委，解放军各总部、各大单位，各人民团体：

《党政机关公文处理工作条例》已经党中央、国务院同意，现印发给你们，请遵照执行。

中共中央办公厅

国务院办公厅

2012 年 4 月 16 日

— 1 —

实例阅读

党政机关公文处理工作条例

第一章　总　　则

第一条　为了适应中国共产党机关和国家行政机关(以下简称党政机关)工作需要，推进党政机关公文处理工作科学化、制度化、规范化，制定本条例。

(第二条至第七条略)

第二章　公文种类

第八条　公文种类主要有：

(一) 决议。适用于会议讨论通过的重大决策事项。

[(二)至(十四)略]

(十五)纪要。适用于记载会议主要情况和议定事项。

第三章　公文格式

第九条　公文一般由份号、密级和保密期限、紧急程度、发文机关标志、发文字号、签发人、标题、主送机关、正文、附件说明、发文机关署名、成文日期、印章、附注、附件、抄送机关、印发机关和印发日期、页码等组成。

(第十条至第十二条略)

(第四章至第七章略)

第八章　附　　则

第三十八条　党政机关公文含电子公文。电子公文处理工作的具体办法另行制定。

(第三十九条至第四十一条略)

第四十二条　本条例自2012年7月1日起施行。1996年5月3日中共中央办公厅发布的《中国共产党机关公文处理条例》和2000年8月24日国务院发布的《国家行政机关公文处理办法》停止执行。

任务描述

1. 了解公文的特点和种类。
2. 熟记公文的格式及其编排事项。

必备知识

一、公文的概念

公文是公务文书的简称。它是党政机关、社会团体、企事业单位等用以处理公共事务、开展公务活动的一种具有特定效力和规范体式的文体。它是传达贯彻党和国家方针政策，公布法规和规章，指导、布置和商洽工作，请示和答复问题，报告、通报和交流情况等的重要工具。

公文从内容和形式上至少应该具备两大特征：一是公文的内容必须是公务活动内容的具体反映，作为一种特殊的文种，它是特定的作者为处理公务活动中的问题而撰写的；二是公文在形式上有自己的固定体式，格式上包括哪些要素、这些要素怎么编排，都有一定的规定和要求。可以说，公文是一种程式化程度最强的文种。

二、公文的特点

党政机关、社会团体、企事业单位等日常通用的公文主要有以下四个特点。

（一）鲜明的政治性

公文有传达党和国家政策、法令，处理行政公务的重要职能，它的内容与党和国家的政治生活密切相关，具有鲜明的政治色彩。

（二）法定的权威性和行政的约束力

公文是由法定机关制发的。各级法定机关，在法律规定的职权范围内，按照自己的意志所制发的各种公文，都可以发挥其法定的权威和行政的约束力。

（三）严格的规范性

公文区别于其他文章的一个重要标志就是严格的规范性。严格的规范性包括种类规范、格式规范、行文规范、办理程序规范，并体现在公文形成和处理的整个过程中。首先，在撰拟上，公文有特定的文种名称、法定的写作格式、严格的语言文字规范。其次在传递上，公文有特定的行文关系和行文规则。最后，在公文处理上，公文有特定的办理程序和原则等。公文这些严格的规范，是维护公文的严肃性和准确性、提高公文处理效率的重要保证。因此，任何单位拟写、印发、处理公文，都必须按照这一规范进行，决不允许随心所欲、自行其是，损害公文的规范性。

（四）限定的时效性

所谓时效性，是指公文特别讲究时间性和实际效用。

（1）公文的时间性很强。任何公文都是在一定时间内发挥作用的。公文所处理的事务，都是工作中遇到的具体实际问题，而且需要及时解决，有的甚至刻不容缓，这就有了特定的时间要求。延误时间会影响问题的及时解决，就会影响工作的开展，甚至带来损失和麻烦。

（2）公文都是针对公务活动中特定问题而写的，是以解决实际问题为行文目的。任何一份公文，如果缺乏解决问题的实际效用，就失去了存在的必要性。

三、公文的种类

根据 2012 年 7 月 1 日施行的《党政机关公文处理工作条例》的规定，党政公文种类主要有以下几种。

（一）决议

适用于会议讨论通过的重大决策事项。

（二）决定

适用于对重要事项作出决策和部署、奖惩有关单位和人员、变更或者撤销下级机关不适当的决定事项。

（三）命令（令）

适用于公布行政法规和规章、宣布施行重大强制性措施、批准授予和晋升衔级、嘉奖有关单位和人员。

（四）公报

适用于公布重要决定或者重大事项。

（五）公告

适用于向国内外宣布重要事项或者法定事项。

（六）通告

适用于在一定范围内公布应当遵守或者周知的事项。

（七）意见

适用于对重要问题提出见解和处理办法。

（八）通知

适用于发布、传达要求下级机关执行和有关单位周知或者执行的事项，批转、转发公文。

（九）通报

适用于表彰先进、批评错误、传达重要精神和告知重要情况。

（十）报告

适用于向上级机关汇报工作、反映情况，回复上级机关的询问。

（十一）请示

适用于向上级机关请求指示、批准。

（十二）批复

适用于答复下级机关请示事项。

（十三）议案

适用于各级人民政府按照法律程序向同级人民代表大会或者人民代表大会常务委员会提请审议事项。

（十四）函

适用于不相隶属机关之间商洽工作、询问和答复问题、请求批准和答复审批事项。

（十五）纪要

适用于记载会议主要情况和议定事项。

以上公文，按照行文方向的不同，可以分为上行文、平行文、下行文三大类。

上行文就是下级机关向上级机关呈报的公文。如“报告”和“请示”。

平行文就是同级机关或不相隶属的机关之间往来的公文。如“议案”。

下行文就是上级机关向下级机关发送的公文。如“命令（令）”“批复”等。

“函”“通知”“意见”“纪要”这四个文种较为特殊和复杂，行文方向需要根据公文内容来确定。“函”主要用于同级或不相隶属机关之间，但有时也可以用于上下级之间。“通知”主要是下行文，上级给下级下通知，但有时同级之间也可以使用。“意见”适用于对重要问题提出见解和处理办法，主要是下行文，但也可以作上行文使用。“纪要”适用于记载、传达会议情况和议定事项，从行文关系看，可作平行文或下行文，一般不作上行文使用。

四、公文纸张、排版和印制装订要求

（一）公文用纸主要技术指标

公文用纸一般使用纸张定量为 60～80g/m^2 的胶版印刷纸或复印纸。纸张白度 80%～

90%，横向耐折度≥15 次，不透明度≥85%，pH 值为 7.5~9.5。

（二）幅面尺寸及版面要求

公文用纸采用国际标准的 A4 型纸，其成品幅面尺寸：210mm×297mm。

（三）页边与版心尺寸

（A4 型公文用纸页边及版心尺寸见附一中图 1）

公文用纸天头（上白边）为 37mm±1mm，公文用纸订口（左白边）为 28mm±1mm，版心尺寸为 156mm×225mm。

（四）字体和字号

如无特殊说明，公文格式各要素一般用 3 号仿宋体字。特定情况可以作适当调整。

（五）行数和字数

一般每面排 22 行，每行排 28 个字，并撑满版心。特定情况可以作适当调整。

（六）文字的颜色

如无特殊说明，公文中文字的颜色均为黑色。

（七）制版要求

版面干净无底灰，字迹清楚无断划，尺寸标准，版心不斜，误差不超过 1mm。

（八）印刷要求

双面印刷；页码套正，两面误差不超过 2mm。黑色油墨应当达到色谱所标 BL100%，红色油墨应当达到色谱所标 Y80%、M80%。印品着墨实、均匀；字面不花、不白、无断划。

（九）装订要求

公文应当左侧装订，不掉页，两页页码之间误差不超过 4mm，裁切后的成品尺寸允许误差±2mm，四角成 90°，无毛茬或缺损。

骑马订或平订的公文应当：

（1）订位为两钉外订眼距版面上下边缘各 70mm 处，允许误差±4mm；

（2）无坏钉、漏钉、重钉，钉脚平伏牢固；

（3）骑马订钉锯均订在折缝线上，平订钉锯与书脊间的距离为 3~5mm。

包本装订公文的封皮（封面、书脊、封底）与书芯应吻合、包紧、包平、不脱落。

五、公文的一般格式

公文有统一规定的规范格式。只有熟练而准确无误地把握公文格式，才能写出规范性的公文。根据《党政机关公文处理工作条例》的规定，公文一般由份号、密级和保密期限、紧急程度、发文机关标志、发文字号、签发人、标题、主送机关、正文、附件说明、发文机关署名、成文日期、印章、附注、附件、抄送机关、印发机关和印发日期、页码等组成。

《党政机关公文格式》中将版心内的公文格式各要素划分为版头、主体、版记三部分。公文首页红色分隔线以上的部分称为版头；公文首页红色分隔线（不含）以下、公文末页首条分隔线（不含）以上的部分称为主体；公文末页首条分隔线以下、末条分隔线以上的部分称为版记。页码位于版心外。

（一）版头

版头包括份号、密级和保密期限、紧急程度、发文机关标志、发文字号、签发人和版头中的分隔线。

单一机关行文的公文和联合行文的公文的首页版式见附一中图 2~图 4。

№ 003402

中共中央办公厅文件

中办发〔2012〕14号

★

1. 份号

公文份号即公文印制份数的顺序号。涉密的公文，应当标注份号。一般用 6 位 3 号阿拉伯数字，如“份号 000001”，说明此份公文是这件公文所印制的第一份。标注位置是顶格编排在版心左上角第一行。给公文编份号，主要是便于统计、登记、回收和管理。

2. 密级和保密期限

密级和保密期限即公文的秘密等级和保密的期限。涉密公文应当根据涉密程度分别标注“绝密”“机密”“秘密”和保密期限。公文密级的确定和解密要按国家的有关规定进行。划分秘密等级要宽严适度，既要防止泄密，又不能妨碍工作的开展。有密级的公文亦有保密期限，一般用 3 号黑体字，保密期限中的数字用阿拉伯数字标注。密级和保密期限顶格编排在版心左上角第二行，中间用五星(★)隔开。

3. 紧急程度

紧急程度是公文送达和办理的时限要求。分为“特急”“加急”两种，电报应当分别标注“特提”“特急”“加急”“平急”。紧急程度标注在秘密等级之下，一般用 3 号黑体字，顶格编排在版心左上角。如需同时标注份号、密级和保密期限、紧急程度，应该按照份号、密级和保密期限、紧急程度的顺序自上而下分行排列。

4. 发文机关标志

发文机关标志由发文机关全称或者规范化简称加“文件”二字组成。联合行文时，发文机关标志可以并用联合发文机关名称，一般应当将主办机关名称排列在前；也可以单独用主办机关名称。如有“文件”二字，应当置于发文机关名称右侧，以联署发文机关名称为准上下居中排布。

发文机关标志居中排布，上边缘至版心上边缘为 35mm，推荐使用小标宋体字，字号由发文机关以醒目、美观、庄重为原则酌定，颜色为红色。

5. 发文字号

发文字号由发文机关代字、年份、发文顺序号组成。年份、发文顺序号用阿拉伯数字标注；年份应标全称，用六角括号“〔 〕”括入；发文顺序号，即发文机关本年份所发某一方面内容的公文顺序号。不加“第”字，不编虚位(即 1 不编为 01)，在阿拉伯数字后加“号”字。如“国函〔2011〕141 号”，“国函”是机关代字，“〔2011〕”是年份，141 号是发文顺序号。如果几个机关联合行文，则使用主办机关的发文字号。

发文字号编排在发文机关标志下空二行位置，居中排布。

上行文的发文字号居左空一字编排，与最后一个签发人姓名处在同一行。

6. 签发人

签发人是指签发公文的机关，其领导人在公文上的签名。重要公文和上行文由机关主要负责人签发。由“签发人”三字加全角冒号和签发人姓名组成，居右空一字，编排在发文机关标志下空二行位置。“签发人”三字用3号仿宋体字，签发人姓名用3号楷体字。

如有多个签发人，签发人姓名按照发文机关的排列顺序从左到右、自上而下依次均匀编排，一般每行排两个姓名，回行时与上一行第一个签发人姓名对齐。

7. 版头中的分隔线

发文字号之下4mm处居中印有一条与版心等宽的红色分隔线。

（二）主体

主体包括标题、主送机关、正文、附件说明、发文机关署名、成文日期和印章、附注、附件等。

单一机关行文的公文和联合行文的公文的末页版式见附一中图5~图8。

1. 标题

公文标题由发文机关、事由、文种三部分组成。如《国务院关于机构设置的通知》，其中“国务院”是发文机关，“关于机构设置”是事由，“通知”是文种。有些内容简单的宣告性、知照性公文，则可以省略事由，如《国务院公告》；有些以国家领导人名义发布的公文，发文机关名称须转换成职务名称，如《中华人民共和国主席令》。

标题一般用2号小标宋体字，编排于红色分隔线下空二行位置，分一行或多行居中排布；回行时，要做到词意完整、排列对称、长短适宜、间距恰当，标题排列应当使用梯形或菱形。

拟写公文标题应当注意以下几点：

（1）发文机关要写全称或规范化简称。几个机关联合行文，则主办机关在前，其他机关依次写上。

（2）公文事由是公文主旨的高度概括，要准确、简练，不要过长。

（3）文种选用恰当。根据发文机关和收文机关之间的关系、公文内容选择合适的文种。

（4）标题书写排列要匀称美观，做到上下左右对称，字距行距适中。标题分行书写时要确保词意完整，不能把一个表意完整的词语拆开放在下一行里。

（5）公文标题中一般不使用标点符号，只限于法规、规章名称可加书名号。

2. 主送机关

主送机关是公文的主要受理机关，是负有主办或答复责任的对方机关，应当使用机关全称、规范化简称或者同类型机关统称。

上行公文和特指性下行公文(报告、请示、批复等)，一般只有一个主送机关；对需要同时主送几个机关的公文，可根据需要确定几个主送机关，一般不越级主送；公告、通告和纪要等普发性公文，可以不写主送机关。

主送机关编排于标题下空一行位置，居左顶格，回行时仍顶格，最后一个机关名称后标全角冒号。如主送机关名称过多导致公文首页不能显示正文时，应当将主送机关名称移至版记，标注在抄送处，将“抄送”二字改为“主送”，编排方法同抄送机关。既有主送机关又有抄送机关时，应当将主送机关置于抄送机关之上一行，之间不加分隔线。

3. 正文

正文是公文的主体，用来表述公文的内容。

公文首页必须显示正文。正文一般用3号仿宋体字，编排于主送机关名称下一行，每个自然段左空二字，回行顶格，数字、年份不回行。一般每面排22行，每行排28字。文中结构层次序数依次可以用“一、”“(一)”“1.”“(1)”标注；一般第一层用黑体字、第二层用楷体字、第三层和第四层用仿宋体字标注。正文一般由三部分组成：缘由、事项和结尾。如果有引文，先引标题，后引发文字号。如果公文中有日期，要用阿拉伯数字写明具体的年月日，如：不能把2005年写“05年”。

4. 附件说明

附件说明页版式见附一中图9。

附件，是附在公文之后，随公文一起发出的文件、材料、报表等。附件除附在公文之后，还要在公文中加以说明，即附件说明。附件说明所要标明的是公文附件的顺序号和名称。

在正文下空一行、左空二字编排“附件”二字，后标全角冒号和附件名称。如有多个附件，使用阿拉伯数字标注附件顺序号(如“附件：1. ×××××”)；附件名称后不加标点符号。附件名称较长需回行时，应当与上一行附件名称的首字对齐。附件说明处的标题应与附件本身的标题相一致。

5. 发文机关署名、成文日期和印章

(1) 发文机关署名，署发文机关全称或者规范化简称。

(2) 成文日期，署会议通过或者发文机关负责人签发的日期。联合行文时，署最后签发机关负责人签发的日期。

(3) 印章，公文中有发文机关署名的，应当加盖发文机关印章，并与署名机关相符。有特定发文机关标志的普发性公文和电报可以不加盖印章。

① 加盖印章的公文。

成文日期一般右空四字编排，印章用红色，不得出现空白印章。

成文日期中的数字用阿拉伯数字将年、月、日标全，年份应标全称，月、日不编虚位(即1不编为01)。

单一机关行文时，一般在成文日期之上、以成文日期为准居中编排发文机关署名，印章端正、居中下压发文机关署名和成文日期，使发文机关署名和成文日期居印章中心偏下位置，印章顶端应当上距正文(或附件说明)一行之内。

联合行文时，一般将各发文机关署名按照发文机关顺序整齐排列在相应位置，并将印章一一对应，端正、居中下压发文机关署名，最后一个印章端正、居中下压发文机关署名和成文日期，印章之间排列整齐、互不相交或相切，每排印章两端不得超出版心，首排印章顶端应当上距正文(或附件说明)一行之内。

② 不加盖印章的公文。

单一机关行文时，在正文(或附件说明)下空一行、右空二字编排发文机关署名，在发文机关署名下一行编排成文日期，首字比发文机关署名首字右移二字；如果成文日期长于发文机关署名，应当使成文日期右空二字编排，并相应增加发文机关署名右空字数。

联合行文时，应当先编排主办机关署名，其余发文机关署名依次向下编排。

③ 加盖签发人签名章的公文。

单一机关制发的公文加盖签发人签名章时，在正文(或附件说明)下空二行右空四字加盖签发人签名章，签名章左空二字标注签发人职务，以签名章为准上下居中排布。在签发人签名章下空一行右空四字编排成文日期。

联合行文时，应当先编排主办机关签发人职务、签名章，其余机关签发人职务、签名章依次向下编排，与主办机关签发人职务、签名章上下对齐；每行只编排一个机关的签发人职务、签名章；签发人职务应当标注全称。签名章一般用红色。

特殊情况说明：

当公文排版后所剩空白处不能容下印章或签发人签名章、成文日期时，可以采取调整行距、字距的措施解决。

联合上报的公文，可以由主办机关加盖印章，联合下发的公文，发文机关都应加盖印章。

6. 附注

附注是公文印发传达范围等需要说明的事项，包括注释和特殊要求说明。注释是对正文中难懂的名词术语或不便于说明的事项所作的解释。特殊要求说明则是用于标明有必要说明而其他组成部分中不便于说明的一些特殊事项、特殊要求，如公文的传达范围(“此件发至省军级”“此件可口头传达到群众”)、使用方法(“此件可翻印”)等。如有附注，居左空二字加圆括号编排在成文日期下一行。特殊要求说明标注在注释之下。

7. 附件

带附件公文末页版式见附一中图 10。

附件应当另面编排，并在版记之前，与公文正文一起装订。“附件”二字及附件顺序号用 3 号黑体字顶格编排在版心左上角第一行。附件标题居中编排在版心第三行。附件顺序号和附件标题应当与附件说明的表述一致。附件格式要求同正文。

如果附件与正文不能一起装订，应当在附件左上角第一行顶格编排公文的发文字号并在其后标注“附件”二字及附件顺序号。

(三) 版记

版记包括版记中的分隔线、抄送机关、印发机关和印发日期等。

1. 版记中的分隔线

版记中的分隔线与版心等宽，首条分隔线和末条分隔线用粗线(推荐高度为 0. 35mm)，中间的分隔线用细线(推荐高度为 0. 25mm)。首条分隔线位于版记中第一个要素之上，末条分隔线与公文最后一面的版心下边缘重合。

2. 抄送机关

抄送机关是指不负责答复或主办，但又必须知道公文内容或协助执行的机关，应当使用机关全称、规范化简称或者同类型机关统称。

如有抄送机关，一般用 4 号仿宋体字，在印发机关和印发日期之上一行、左右各空一字编排。“抄送”二字后加全角冒号和抄送机关名称，回行时与冒号后的首字对齐，几个抄送机关之间标逗号，最后一个抄送机关名称后标句号。

如需把主送机关移至版记，除将“抄送”二字改为“主送”外，编排方法同抄送机关。既有主送机关又有抄送机关时，应当将主送机关置于抄送机关之上一行，之间不加分隔线。

3. 印发机关和印发日期

印发机关和印发日期一般用 4 号仿宋体字，编排在末条分隔线之上，印发机关左空一字，印发日期右空一字，用阿拉伯数字将年、月、日标全，年份应标全称，月、日不编虚位(即 1 不编为 01)，后加“印发”二字。

版记中如有其他要素，应当将其与印发机关和印发日期用一条细分隔线隔开。

(四) 页码

一般用 4 号半角宋体阿拉伯数字，编排在公文版心下边缘之下，数字左右各放一条一字线；一字线上距版心下边缘 7mm。单页码居右空一字，双页码居左空一字。公文的版记页前有空白页的，空白页和版记页均不编排页码。公文的附件与正文一起装订时，页码应当连续编排。

六、公文的特定格式

(一) 信函格式

信函格式首页版式见附一中图 11。

发文机关标志使用发文机关全称或者规范化简称，居中排布，上边缘至上页边为 30mm，推荐使用红色小标宋体字。联合行文时，使用主办机关标志。

发文机关标志下 4mm 处印一条红色双线(上粗下细)，距下页边 20mm 处印一条红色双线(上细下粗)，线长均为 170mm，居中排布。

如需标注份号、密级和保密期限、紧急程度，应当顶格居版心左边缘编排在第一条红色双线下，按照份号、密级和保密期限、紧急程度的顺序自上而下分行排列，第一个要素与该线的距离为 3 号汉字高度的 7/8。

发文字号顶格居版心右边缘编排在第一条红色双线下，与该线的距离为 3 号汉字高度的 7/8。

标题居中编排，与其上最后一个要素相距二行。

第二条红色双线上一行如有文字，与该线的距离为 3 号汉字高度的 7/8。

首页不显示页码。

版记不加印发机关和印发日期、分隔线，位于公文最后一面版心内最下方。

(二) 命令(令)格式

命令(令)格式首页版式见附一中图 12。

发文机关标志由发文机关全称加“命令”或“令”字组成，居中排布，上边缘至版心上边缘为 20mm，推荐使用红色小标宋体字。

发文机关标志下空二行居中编排令号，令号下空二行编排正文。

(三) 纪要格式

纪要标志由“×××××纪要”组成，居中排布，上边缘至版心上边缘为 35mm，推荐使用红色小标宋体字。

标注出席人员名单，一般用 3 号黑体字，在正文或附件说明下空一行、左空二字编排“出席”二字，后标全角冒号，冒号后用 3 号仿宋体字标注出席人单位、姓名，回行时与冒号后的首字对齐。

标注请假和列席人员名单，除依次另起一行并将“出席”二字改为“请假”或“列席”外，编排方法同出席人员名单。

纪要格式可以根据实际制定。

附一： 格式表样

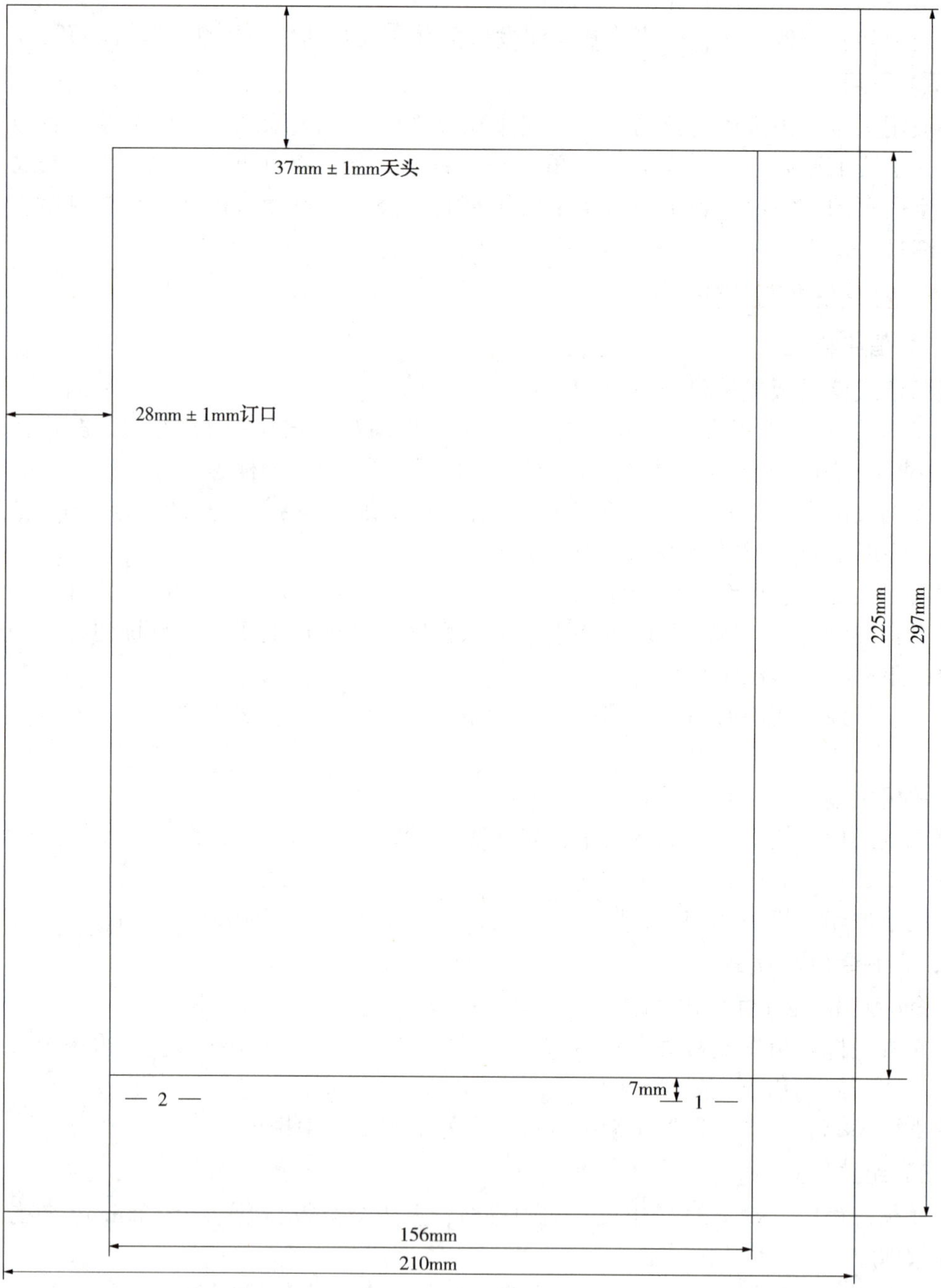

图1 A4型公文用纸页边及版心尺寸

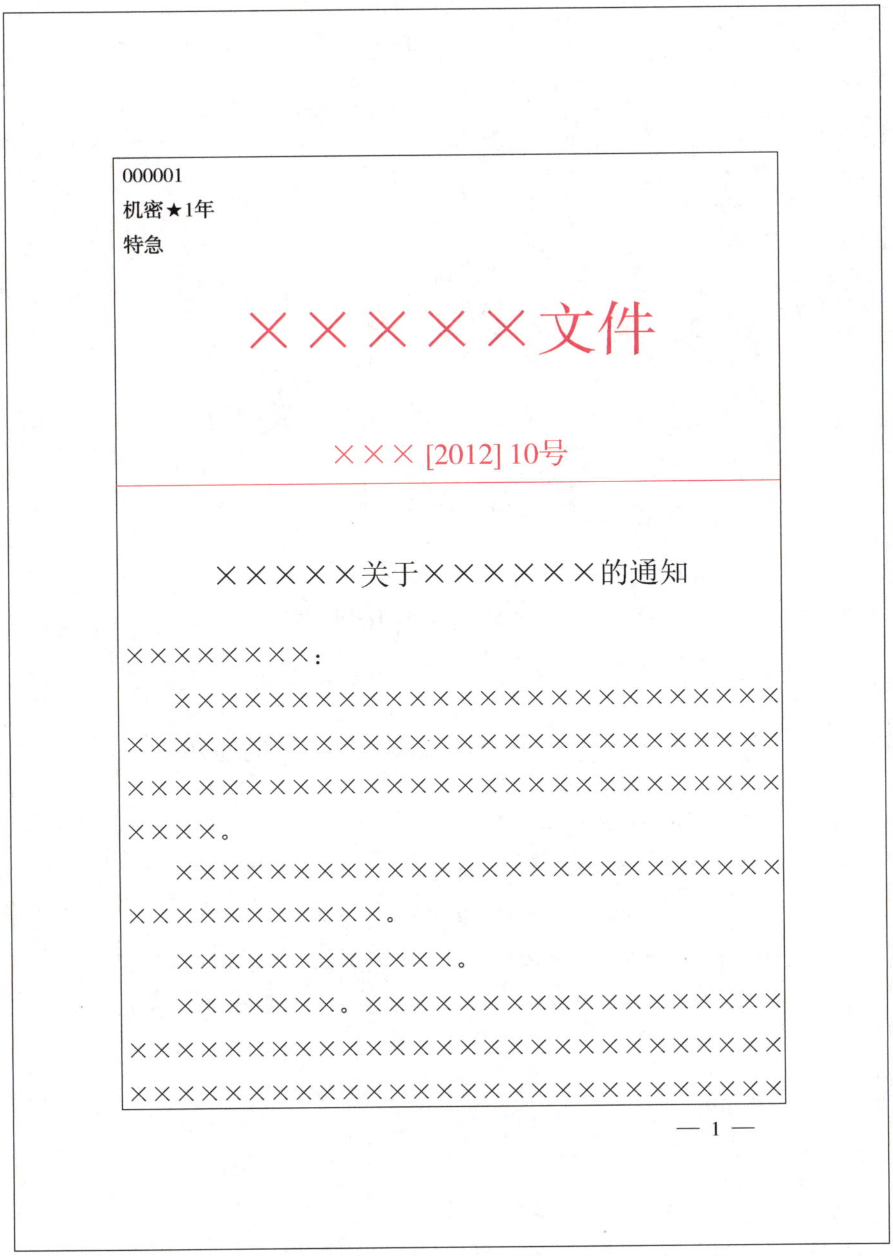
000001

机密★1年

特急

××××××文件

××× [2012] 10号

×××××关于××××××的通知

×××××××××：

××××××××××××××××××××××××××

××××××××××××××××××××××××××××

××××××××××××××××××××××××××××

××××。

××××××××××××××××××××××××××

××××××××××××。

××××××××××××××。

××××××××。××××××××××××××××××

××××××××××××××××××××××××××××

××××××××××××××××××××××××××××

— 1 —

图2 单一机关行文公文首页版式

注：版心实线框仅为示意，在印制公文时并不印出。

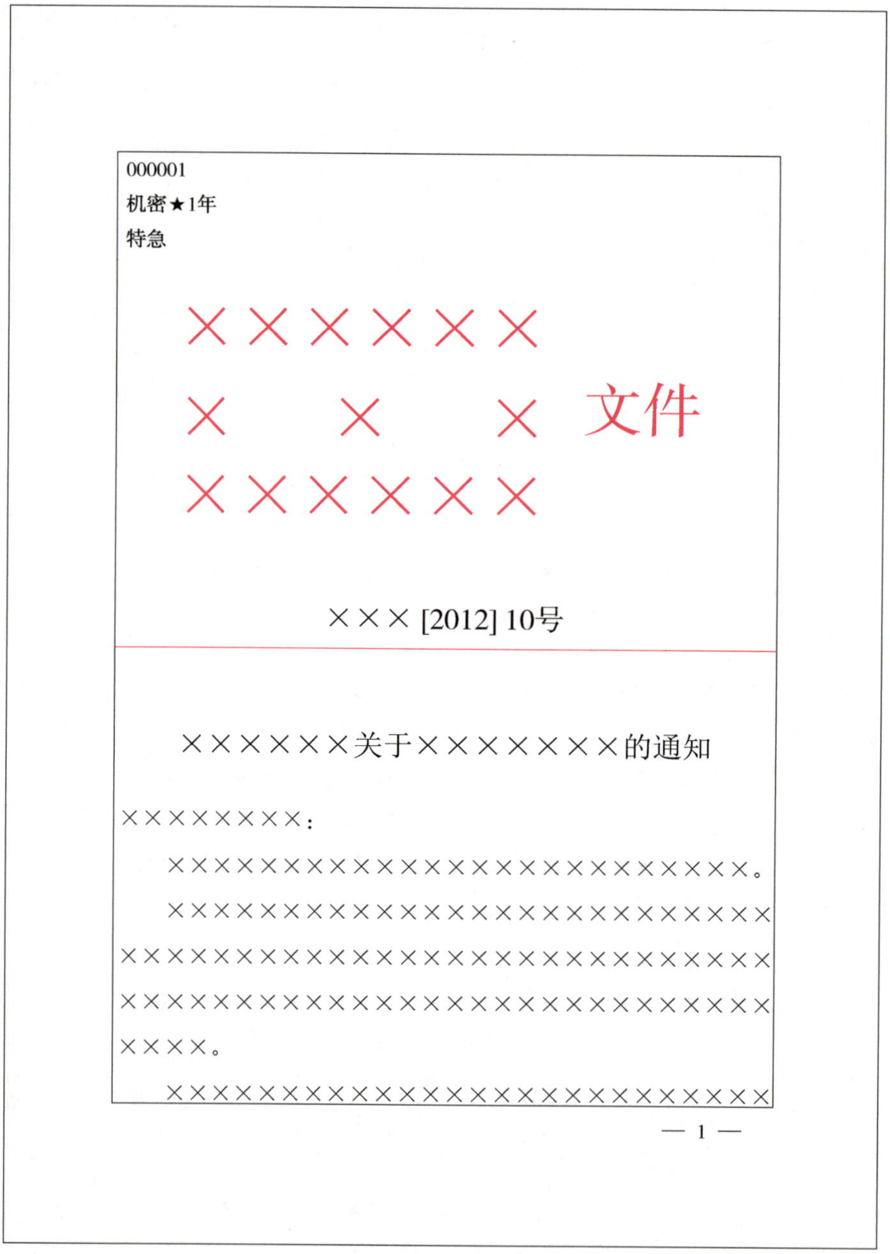

图3　联合行文公文首页版式1

注：版心实线框仅为示意，在印制公文时并不印出。

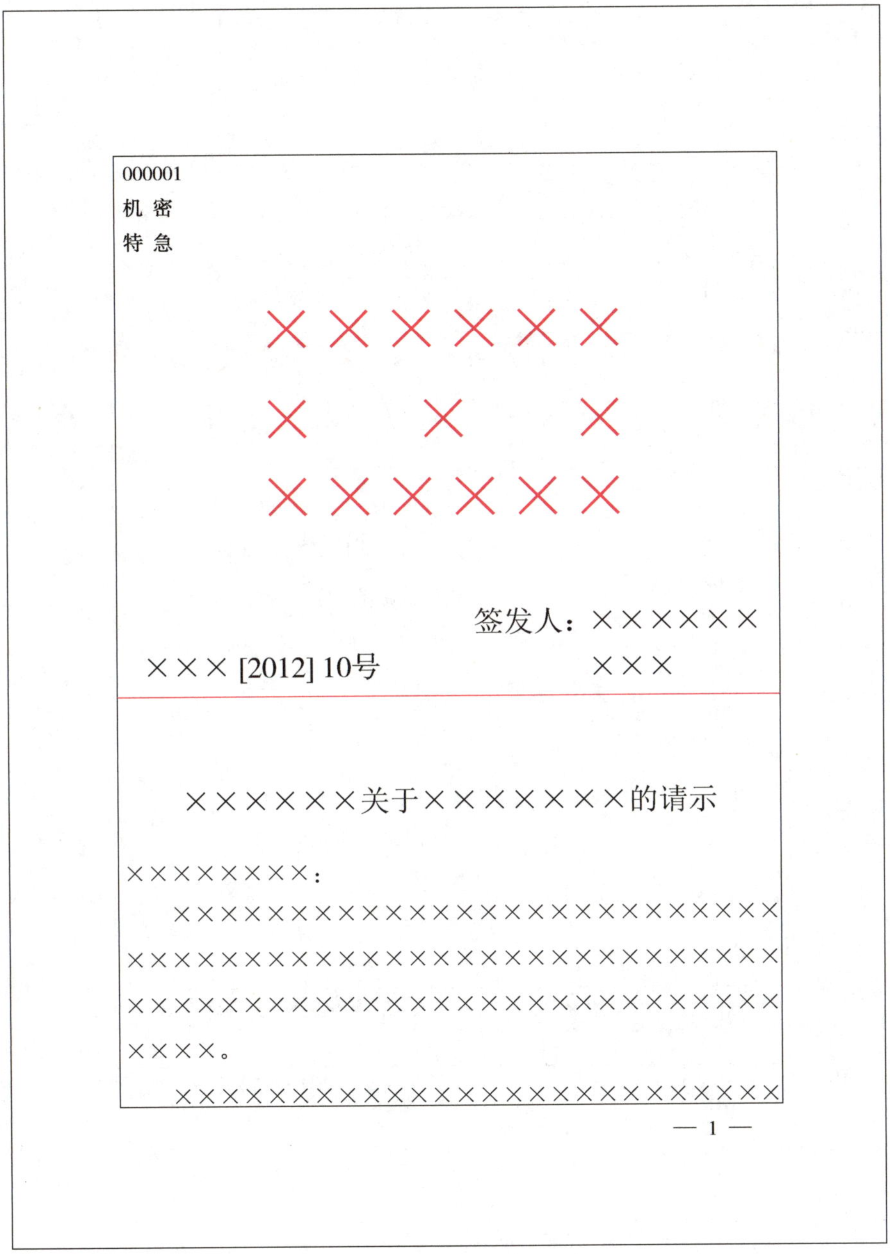

图4 联合行文公文首页版式2

注：版心实线框仅为示意，在印制公文时并不印出。

××××××××××××××××。

××。

中华人民共和国××××部

××部

2012年7月1日

（×××××）

抄送：×××××××××，××××××，×××××，×××××，×××××。

×××××××××　　2012年7月1日印发

— 2 —

图5　单一机关行文公文末页版式1

注：版心实线框仅为示意，在印制公文时并不印出。

××××××××××××××××。

××。

×××××××××××

2012年7月1日

(×××××)

抄送：×××××××××，××××××，×××××，×××××，×××××。

×××××××××　　2012年7月1日印发

— 2 —

图6　单一机关行文公文末页版式2

注：版心实线框仅为示意，在印制公文时并不印出。

××××××××××××××××。

××。

中共中央×××部　中华人民共和国×××部

××部　××部

2012年7月1日

（×××××）

抄送：×××××××××，××××××，×××××，×××××，×××××。

×××××××××　2012年7月1日印发

— 2 —

图7　联合行文公文末页版式1

注：版心实线框仅为示意，在印制公文时并不印出。

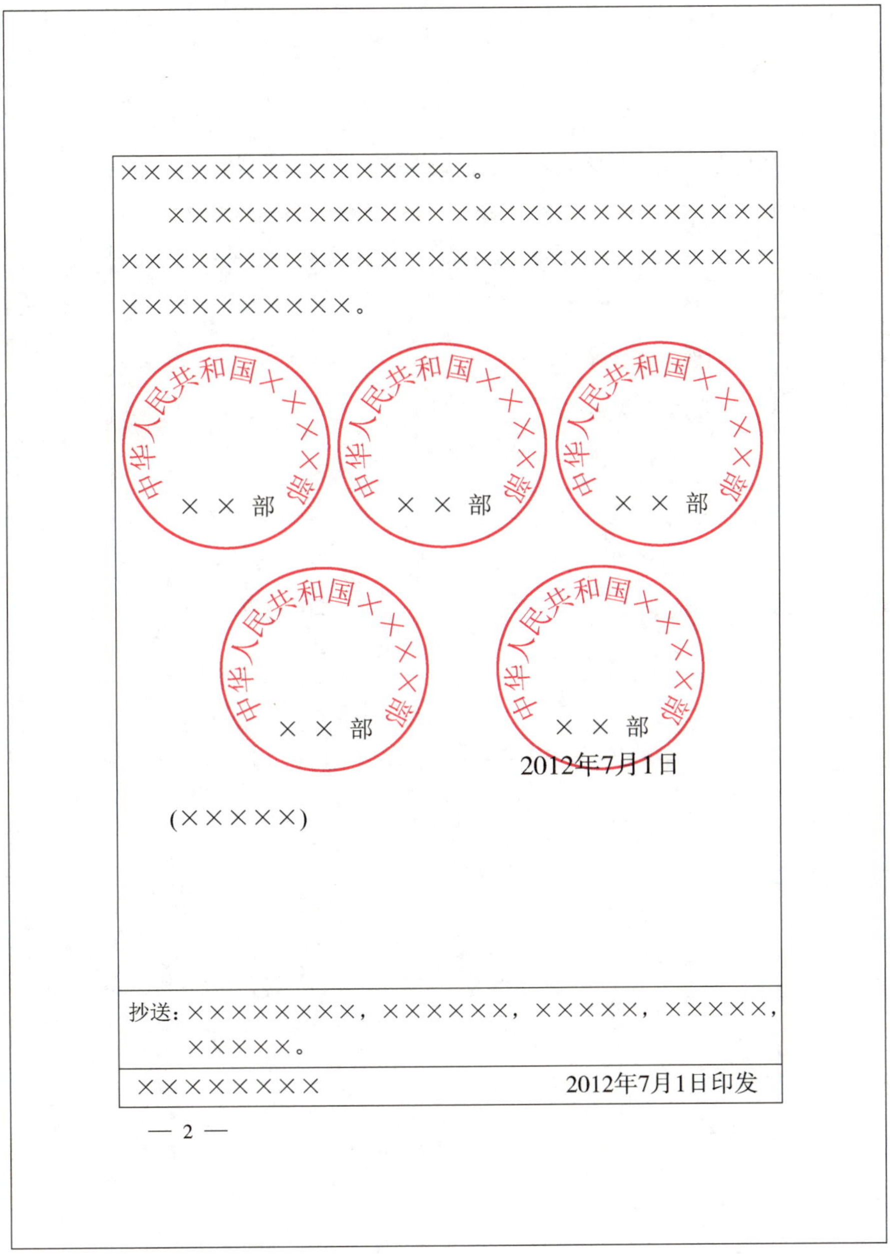

图8 联合行文公文末页版式2

注：版心实线框仅为示意，在印制公文时并不印出。

×××××××××××××××。

××××××××××××××××××××××××××
××××××××××××××××××××××××××××
×××××××××××××。

附件：1. ××××××××××××××××××××××
××××××
2. ×××××××××××××

×××××××
× × × ×
2012年7月1日

(×××××)

— 2 —

图9　附件说明页版式

注：版心实线框仅为示意，在印制公文时并不印出。

附件2

××××××××××××××

××××××××××××××××××××××××××
××××××××××××××××××××××××××××
×××。

××××××××××××××××××××××××××
××××××××××××××××××××××××××××
××××××××××××××××××××××××××××
××××××××××××××××××××××××××××
××××××××××××××××××××××××××××
×××××××××××××××。

抄送：×××××××××，××××××，×××××，×××××，
×××××。

×××××××××　　2012年7月1日印发

— 4 —

图10　带附件公文末页版式

注：版心实线框仅为示意，在印制公文时并不印出。

中华人民共和国×××××部

000001　　　　　　　　　　　　　　×××〔2012〕10号

机 密

特 急

×××××关于×××××××的通知

××××××××：

××××××××××××××××××××××××××
××××××××××××××××××××××××××××
××××××××××××××××××××××××××××
×××××××××××××××××××××××××。

××××××××××××××××××××××××××
××××××××××××××××××××××××××××
××××××××××××××××××××××××××××
××××××××××××××××××××××××。

××××××××××××××××××××××××××
××××××××××××××××××××××××××××
××××××××××××××××××××××××××××
××××××××××××××××××××××××××××
××××××××××××××××××××××××××××
××××××××××××××××××××××××××××
×××××××××××××××××××××××××。

图11　信函格式首页版式

注：版心实线框仅为示意，在印制公文时并不印出。

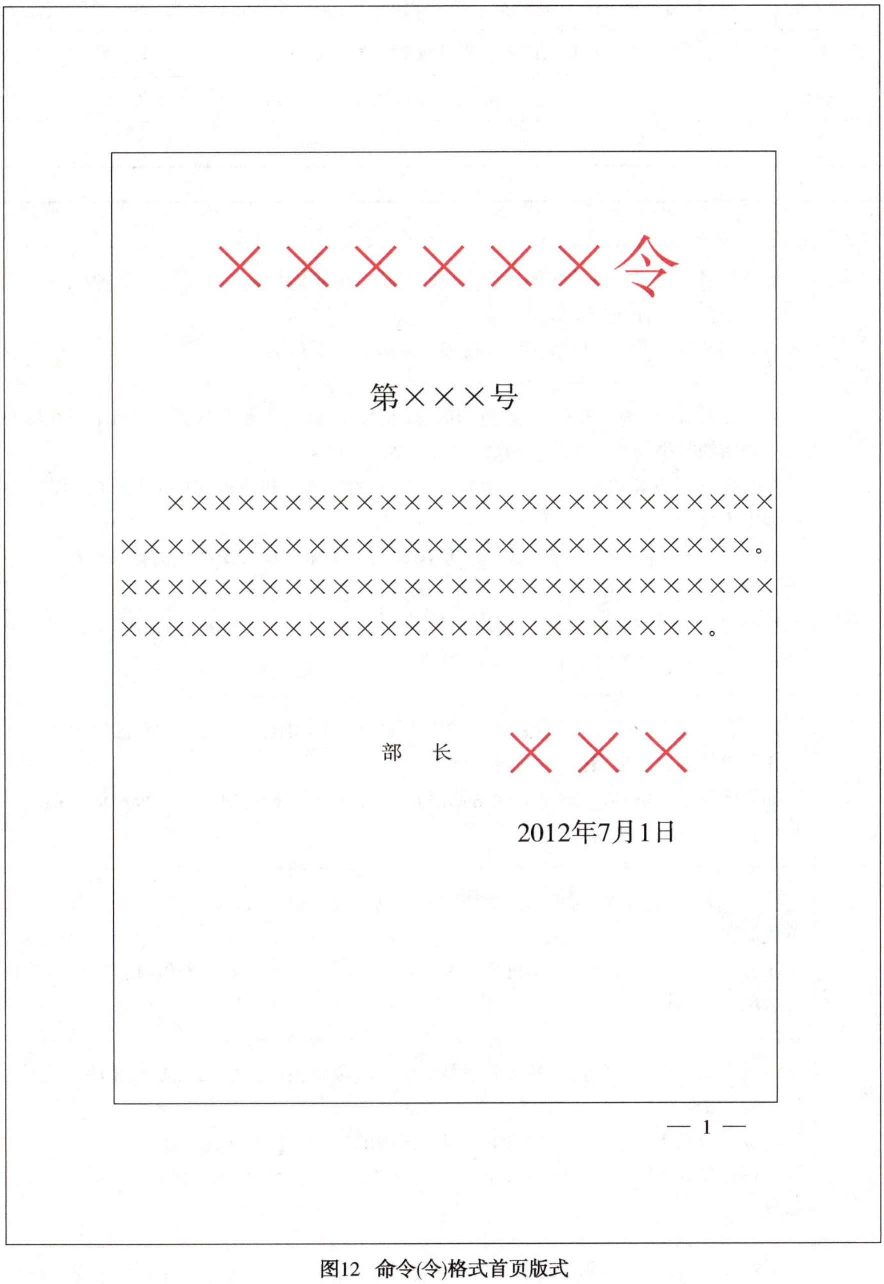

图12　命令(令)格式首页版式

注：版心实线框仅为示意，在印制公文时并不印出。

附二： 格式要素

最新党政机关公文格式要素

	部分	要素
新公文格式要素	版头	份号、密级和保密期限、紧急程度、发文机关标志、发文字号、签发人、分隔线
	主体	标题、主送机关、正文、附件说明、发文机关署名、成文日期、印章、附注、附件
	版记	分隔线、抄送机关、印发机关和印发日期
	其他	页码

公文格式要素	要素简述
份号	份数序号，是将同一公文印制若干份时每份的顺序编号。 涉密公文才需标注份号。 一般用6位3号阿拉伯数字，顶格编排在版心左上角第一行
密级和保密期限	需标注密级(秘密、机密、绝密)和保密期限，一般用3号黑体字，顶格编排在版心左上角第二行。保密期限中的数字用阿拉伯数字标注(如“绝密★3年”)。 “绝密”是最重要的国家秘密，泄露会使国家的安全和利益遭受特别严重的损害(30年上限，核心涉密人员管理)。 “机密”是重要的国家秘密，泄露会使国家的安全和利益遭受严重的损害(20年上限，重要涉密人员管理)。 “秘密”是一般的国家秘密，泄露会使国家的安全和利益遭受损害(10年上限，一般涉密人员管理)
紧急程度	紧急公文应当分别标注“特急”“加急”，电报应当分别标注“特提”“特急”“加急”“平急”。一般用3号黑体字，顶格编排在版心左上角。 如需同时标注份号、密级(和保密期限)、紧急程度，按照份号、密级和保密期限、紧急程度的顺序自上而下分行排列
发文机关标志	单一机关行文：①由发文机关全称或者规范化简称加“文件”二字组成；②发文机关全称或者规范化简称。 联合行文：①同时标注发文机关名称，若加“文件”二字，则居右编排；②也可单独标注主办机关名称
发文字号	由发文机关代字、年份、发文顺序号组成。联合行文时，使用主办机关的发文字号。如“沪府发〔2013〕6号”。 有版头的标注在发文机关标志下，没有版头的标注在公文标题下。 上行文需要在发文字号同一行标注“签发人”，此时，发文字号左空一字编排，签发人右空一字编排
签发人	上行文应当标注签发人姓名，由“签发人”三字加全角冒号和签发人姓名组成，居右空一字。 上行文标注签发人主要为了方便上级机关了解下级机关由谁对上报公文事项负责。 联合行文有多个签发人时，第一个为主办机关签发人，一行两个姓名，回行时与上一行对齐
标题	完整的标题由发文机关名称、事由和文种组成，此三要素中“文种”必不可少省略。 公文的标题除法规、规章名称加书名号外，一般不用标点符号。规章包括：规则、制度、章程、条例、办法、细则、规定、公约、守则等

续表

公文格式要素	要素简述
主送机关	公文的主要受理机关应当使用机关全称、规范化简称或者同类型机关统称。 同类型机关内同级机关之间用顿号分隔，不同类型机关之间使用逗号分隔
正文	公文的主体，用来表述公文的内容。 正文常见错误：错别字，层次不当，字体字号不规范。 文中结构层次序数依次可以用“一、”“(一)”“1.”“(1)”标注
附件说明	公文附件的顺序号和名称。 在正文下空一行、左空二字编排“附件”二字，后标全角冒号和附件名称。 附件名称后不加标点符号
发文机关署名、成文日期、印章	成文日期一般右空四字编排。 单一机关行文时，一般在成文日期之上、以成文日期为准居中编排发文机关署名，印章端正、居中下压发文机关署名和成文日期。 联合行文时，一般将各发文机关署名按照发文机关顺序整齐排列在相应位置，并将印章一一对应，端正、居中下压发文机关署名，最后一个印章端正、居中下压发文机关署名和成文日期，印章之间排列整齐、互不相交或相切。 成文日期中的数字用阿拉伯数字将年、月、日标全，年份应标全称，月、日不编虚位(即 1 不编为 01)
附注	公文印发传达范围等需要说明的事项。 在成文日期下一行、居左空二字加圆括号编排
附件	附件是正文内容的辅助部分，是用来说明、补充、佐证正文的图表、统计数据、情况说明及其他文字材料。 另面编排，并在版记之前，与公文正文一起装订
抄送机关	除主送机关外需要协助执行或者知晓公文内容(不需要答复)的其他机关，应当使用机关全称、规范化简称或者同类型机关统称。 在印发机关和印发日期之上一行、左右各空一字编排
印发机关和印发日期	公文的送印机关和送印日期。 印发机关和印发日期编排在末条分隔线之上，印发机关左空一字，印发日期右空一字，用阿拉伯数字将年、月、日标全，年份应标全称，月、日不编虚位(即 1 不编为 01)，后加“印发”二字

说明：

其他非党政机关单位的公文以 2012 年 7 月 1 日实施的《党政机关公文处理工作条例》及相关解释为依据。

思考题

1. 党政公文有哪些种类？
2. 公文有哪些格式要素？
3. 公文格式在编排上应该注意哪些事项？

第二节 通知和函

情境导入1

2025 年 1 月 24 日，财政部、海关总署、税务总局联合印发《关于调整海南自由贸易港原辅料“零关税”政策的通知》（财关税〔2025〕1 号），自 2025 年 2 月 1 日起实施，一是新增未烘焙咖啡等 297 项商品至“零关税”清单；二是扩大维修情形适用范围，用于维修特定“零关税”商品可免征相关税，未经海关同意及补税，“零关税”零部件不得挪用；三是修改原政策第四条，明确“零关税”原辅料使用、转让等规定；四是其他内容按原规定执行。附件为增补清单。

你知道这份文件怎么拟制吗？

情境导入2

2024 年 12 月 6 日，国务院办公厅发布《国务院办公厅关于同意〈浙江省义乌市深化国际贸易综合改革总体方案〉的函》（国办函〔2024〕93 号），函复强调，国务院原则同意该方案，需认真组织实施。方案实施要以习近平新时代中国特色社会主义思想为指引，贯彻新发展理念，支持义乌在完善市场采购贸易、推动进口贸易创新发展等重点领域先行先试，着力解决深层次体制机制问题，加强内外贸一体化标准建设等。浙江省政府要强化组织领导，积极稳妥推进改革；国家发展改革委要牵头做好指导服务，及时巩固应用改革成果，适时调整完善举措。

为何国务院办公厅选择以函的形式进行答复？你知道函适用哪些情况吗？

实例阅读

【例文一】

国务院批转林业局《关于全国“十二五”期间年森林采伐限额审核意见的通知》

国发〔2011〕3 号

各省、自治区、直辖市人民政府，国务院各部委、各直属机构：

国务院同意林业局《关于全国“十二五”期间年森林采伐限额的审核意见》，现转发给你们，请认真贯彻执行。

森林资源是国家重要的自然资源和战略资源，是满足经济社会发展对林产品需求的物质基础，是发展现代林业，维护国土生态安全，建设生态文明的重要载体。大力加强森林资源保护管理，依法实行采伐限额制度，严格控制森林资源消耗，提高森林资源的利用效益，推进森林经营方案的编制与实施，对于建设完善的林业生态体系、发达的林业产业体系和繁荣的生态文化体系，应对全球气候变化，促进经济社会可持续发展具有重要而深远的意义。

“十二五”期间年森林采伐限额是每年采伐消耗森林、林木蓄积的最大限量，地方各级人民政府和有关部门必须严格执行，不得突破。地方各级林业主管部门要编制省、县两级森林经营规划，引导森林经营者编制森林经营方案；加强对森林采伐限额执行情况的严格监督管理，对乱砍滥伐和超限额采伐的，要依法严肃处理。林业局要对各地执行情况组织定期检查，检查结果上报国务院并通报全国。

国务院

2011 年 1 月 26 日

【例文二】

国务院办公厅关于转发教育部等部门《教育部直属师范大学本研衔接师范生公费教育实施办法》的通知

国办发〔2024〕27 号

各省、自治区、直辖市人民政府，国务院各部委、各直属机构：

教育部、国家发展改革委、财政部、人力资源社会保障部、中国人民银行《教育部直属师范大学本研衔接师范生公费教育实施办法》已经国务院同意，现转发给你们，请认真贯彻执行。2018 年 7 月 30 日经国务院批准、国务院办公厅转发的《教育部直属师范大学师范生公费教育实施办法》同时废止。

国务院办公厅

2024 年 5 月 28 日

【例文三】

司法部　国家档案局关于印发《公证档案管理办法》的通知

司发〔2025〕1 号

各省、自治区、直辖市司法厅(局)、档案局，新疆生产建设兵团司法局、档案局：

为完善公证档案管理制度，有效保护和利用公证档案，根据《中华人民共和国公证法》《中华人民共和国档案法》等法律法规，司法部、国家档案局对《公证档案管理办法》(1988 年 3 月 18 日(88)司发公字第 062 号)进行了修订。现印发你们，请结合实际遵照执行。

司法部　国家档案局

2025 年 5 月 21 日

【例文四】

教育部办公厅　中央宣传部办公厅关于深入实施全国青少年学生读书行动的通知

教基厅〔2025〕1 号

各省、自治区、直辖市教育厅(教委)、党委宣传部，新疆生产建设兵团教育局、党委宣传部，部属各高校党委、部省合建各高等学校党委：

为深入贯彻党的二十大和二十届二中、三中全会精神，全面落实全国教育大会精神，进一步落实教育部等八部门关于印发《全国青少年学生读书行动实施方案》的通知(教基〔2023〕1 号)要求，教育部、中央宣传部决定深入实施全国青少年学生读书行动。现就有关事项通知如下。

一、实施书香校园建设工程

1. 深化阅读活动。将阅读有机融入学校教育教学，与学科教学、汉字书写教学、学生活动相结合，鼓励学校每周开设1—2节阅读课、打造精品阅读课程、开展跨学科主题教学、提供“大阅读”课后服务，开展“每天阅读一小时”“周末阅享半日”行动，保障学生每天在校有固定读书时间，每周末利用半天时间自主沉浸式阅读，让阅读成为常态。深入开展“读经典，我思考”“典耀中华”“书香同行　阅读青春”等丰富多彩的主题阅读活动，打破传统被动的“任务式阅读”，将阅读作为学生身心放松、对话交流的重要方式，建立健全学生阅读长效机制，不断提升学生阅读的主动参与性和自我实践性。

2. 营造书香氛围。发布读书倡议，倡导家长每天陪伴学前儿童阅读图画书或绘本，小学生不断扩大阅读面，初中生学会进行深度阅读，高中生能够进行研究性阅读，大学生能够进行创造性阅读，为终身阅读奠定坚实基础。持续征集全国青少年学生读书行动区域优秀案例，开展学生阅读展示交流，在有关媒体设置青少年学生读书专栏，加大读书行动重点宣传展示力度。加强“书香校园”建设，提高“书香校园”覆盖率，推动每一所学校都成为“书香校园”。

二、实施阅读资源优化工程

3. 丰富资源供给。设立青少年学生阅读专家指导委员会。鼓励相关机构按年度、分年级、分主题编制青少年学生阅读推荐书目，建设覆盖全学段的丰富、适切、优质的青少年阅读资源库，并建立动态更新机制。多方位打造师生阅读空间，加强学校图书馆建设，构建图书馆管理与运作体系，探索设立图书馆专项建设资金，定期更新补充图书资源，提高图书馆利用率和学生借阅率。进一步严把青少年读物内容审核关，在重大工程、重要奖项中加大青少年图书类别比重。

4. 强化阅读推广。充分发挥校长、教师示范引领作用，倡导校长、教师率先读书，形成“校长引领教师读书、教师引领学生读书”的良好氛围。创新开展“一人一本书，送你金钥匙”活动，广泛邀请名师大家荐书领读，重点推出一批名师领读微课。实施青少年阅读大使项目，选拔热爱阅读的青少年作为阅读推广大使，在学校、社区、书店等公共场所举办读书分享会、故事会和朗读活动，发挥榜样示范作用，激励更多公众参与阅读。组织开展跨地跨校跨院的读书联动和分享活动，鼓励支持青少年利用平台分享阅读心得。加强阅读推广队伍建设，鼓励校长、教师、家长、学生以及社会各界志愿者等参与阅读推广工作。

5. 关爱特殊群体。实施“光明未来计划”，支持出版一批盲文版、大字版经典图书，建设视障学生音频阅读资源库，保障视障儿童平等的阅读权益。实施“乡村学校图书馆振兴计划”，支持1万个乡村学校图书馆，同步服务乡村阅读，优化内容供给，完善阅读设施。

三、实施阅读素养培育工程

6. 提升阅读能力。组织专业机构从阅读频率、阅读数量、阅读种类、阅读意识、阅读习惯、阅读能力等多个维度构建青少年阅读指数，科学、全面地评价青少年学生阅读素养水平，实时、动态地追踪青少年学生阅读发展情况，为政策制定与调整、资源优化与配置等提供数据支持。探索将阅读指数纳入学生综合素质评价体系，开展青少年学生阅读素养监测，定期发布区域阅读指数报告。将学生阅读素养情况纳入义务教育优质均衡发展督导评估内容，推动区域读书工作深入开展。

7. 加强阅读指导。加强阅读指导队伍建设，将阅读指导能力纳入教师培训体系，组织覆盖全学段、全学科的教师阅读指导培训，提高教师在阅读课程设计、阅读内容把关、阅读策略供给、阅读指导、阅读评价、运用信息技术支持阅读等方面的专业素养，鼓励教师开展跨学科学习和在线教研活动。重点面向青少年学生，构建中文阶梯阅读标准体系。鼓励学校积极探索家庭亲子阅读指导路径策略，开展培训帮助家长掌握科学的阅读指导方法，提高亲子阅读质量。鼓励高校及相关专业机构开展阅读研究，研究制定阅读指导能力标准，积极开展阅读导师培训和激励活动。

四、实施科技赋能阅读创新工程

8. 强化数智赋能。推动数字阅读和传统阅读相结合，构建“兴趣驱动—场景赋能—成果转化”三位一体阅读生态体系。依托专业机构开发“AI阅读助手”，推动中小学校逐步覆盖AI伴读计划，根据青少年不同年龄、兴趣、基础及发展需求，遴选阅读主题与内容、分析阅读行为与习惯，实现个性化书目推荐、阅读进度监控和详细分析报告生成功能，提高学生阅读效率和兴趣。探索建立阅读素养AI评价模型，利用大数据分析技术量化分析学生阅读表现，为学生提供个性化阅读报告。

9. 优化数字平台。打造国家智慧教育读书平台2.0版，增加平台功能和场景建设，以数字化支撑青少年阅读和终身学习。联合重点网络平台进一步丰富阅读资源，为青少年提供个性化的数字阅读空间，支持电子图书、有声读物、视频讲解等多种阅读形式，完善书签、笔记、标注等功能，实现阅读过程记录，提升阅读的便捷性和连续性。

五、实施阅读成果展示转化工程

10. 加强读思结合。鼓励青少年学生阅读后进行深度思考，以抄录金句、文学创作、戏剧表演、演示实验、发明创造等多种方式展示思考成果，在书香浸润中提升思想境界、增强思维能力、树立远大志向。鼓励学校开展“深度阅读工作坊”“思辨读写”，邀请知名作家、科学家、艺术家等名家作为“思辨导师”与学生交流读书心得，分享思考方法。

11. 推进知行合一。鼓励各地各校与社会机构合作建立阅读实践基地，结合区域历史文化和风土人情打造阅读实践品牌。联合博物馆、文化馆、科技馆、爱国主义教育基地和各类研学基地开展“行走阅读”，鼓励广大师生现场阅读、实地探访，支持青少年参与社区服务、科普活动、创新项目、文化调研等，在阅读中修身养志、锻造本领，提升解决问题能力，增强社会责任感和使命感。

六、组织实施

12. 加强组织领导。由教育部牵头，联合相关部门，组织有关专家，成立深入实施青少年学生读书行动专项工作组，将读书行动与社会主义文化强国、教育强国建设紧密结合，通过阅读筑牢青少年的民族文化根基、提升青少年的综合素质和创新能力，为强国建设提供有力支撑。各地教育行政部门具体负责本地区的实施工作。

13. 健全工作机制。完善学校、家庭、社会协同育人机制，加强与图书馆、出版社、科技企业、公益组织等社会各界的合作，整合优质资源，共同推进阅读资源、平台的开发、建设与推广。鼓励地方政府和社会力量共同投入，形成多元经费保障机制，支持开展各类青少年阅读推广活动。鼓励各地各校结合实际打造读书活动品牌。

14. 强化宣传推广。定期组织青少年学生读书展示交流活动，总结推广省、市、区、校不同层面开展青少年学生读书行动的经验做法和典型成效。面向高校择优推广展示一批书香校园、书香党团班集体、阅读达人等。鼓励支持各地结合实际情况，创新探索深入实施青少年学生读书行动的特色路径，及时提炼有效经验并宣传推广。

教育部办公厅
中央宣传部办公厅
2025 年 5 月 15 日

【例文五】

关于申请随班代培统计工作人员的函（样例）

××函〔2025〕23 号

广东省广州市统计局：

近日，我们从相关渠道获悉，贵市计划于 2025 年 4 月 15 日至 30 日举办新一期“统计工作人员高级研修班”，该研修班旨在通过系统化的课程设置和实战化的教学方式，全面提升统计人员的专业技能与数据分析能力。鉴于国务院于 2024 年 12 月发布的《关于深化××××的意见》对我地区（即湖南省长沙市地区）统计工作提出了更为严格和具体的要求，我们深刻认识到加强统计队伍建设、提升统计人员专业素养的紧迫性和重要性。

此前，我地区虽多次表达组织统计工作人员进行集中培训的意愿，但因资源调配困难及师资力量有限，相关培训计划一直未能顺利实施。现贵市即将启动的统计工作人员高级研修班，不仅课程设置科学合理，涵盖了统计学理论、数据分析软件应用、统计法律法规等多个方面，而且师资力量雄厚，汇聚了众多在统计领域具有深厚造诣的专家教授，这正契合我地区统计人员能力提升的迫切需求。

因此，我们特此致函，恳请贵市能接纳我地区十名优秀统计工作人员随班学习，并委托贵市进行为期半个月的代培。我们承诺，所选派的统计工作人员均具备扎实的统计学基础和良好的学习能力，定能珍惜此次学习机会，认真听讲，积极参与研讨，努力提升自我。

我们坚信，此次随班代培不仅将极大提升我地区统计人员的业务能力和工作效率，为推进我地区统计工作的高质量发展注入新的活力，同时也将为双方统计工作的交流与合作搭建一个更加紧密和务实的平台。对于代培期间产生的所有费用(包括但不限于学费、住宿费、交通费、伙食费等)，我们将严格按照贵市的相关规定和要求，及时、足额拨付，确保代培工作的顺利进行。

恳请贵市统计局领导考虑并批准我们的申请。如有任何疑问或需进一步沟通之处，敬请随时与我们联系。我们期待着贵市的积极回复，并愿意就此事进行进一步的沟通和协商。

盼复。

湖南省长沙市统计局(印章)

2025 年 2 月 20 日

【例文六】

关于同意接受随班代培统计工作人员的复函(样例)

××函〔2025〕45 号

湖南省长沙市统计局：

贵局《关于申请随班代培统计工作人员的函》(××函〔2025〕23 号)收悉。经我局研究决定，现就有关事项回复如下：

一、原则同意

我局原则同意贵局关于选派十名优秀统计工作人员参加我局于 2025 年 4 月 15 日至 30 日举办的“统计工作人员高级研修班”的申请。此次研修班旨在提升统计人员的专业技能与数据分析能力，与贵局加强统计队伍建设的目标高度契合。

二、代培安排

1. 课程设置：研修班课程将涵盖统计学理论、数据分析软件应用、统计法律法规等多个方面，确保学员能够全面系统地提升统计工作能力。

2. 师资力量：我局将邀请在统计领域具有深厚造诣的专家教授授课，确保教学质量和效果。

3. 学习管理：我局将为贵局学员提供必要的学习资料，安排专人负责学员的学习管理和考勤记录，确保学员能够顺利完成学习任务。

三、费用事宜

关于代培期间产生的费用，我局将严格按照相关规定和要求执行。请贵局在收到本复函后，及时与我局联系，明确费用标准和支付方式，以便我们做好相关准备工作。

四、其他事项

1. 请贵局在收到本复函后，于 2025 年 3 月 15 日前将选派学员的名单、简历及照片等相关资料发送至我局指定邮箱(statistics_gz@ 163. com)，以便我们做好学员报名和入学准备工作。

2. 学员在研修班期间应遵守我局的各项规章制度，积极参与学习和研讨活动，确保学习效果。

感谢贵局对我局统计工作的支持和信任。我们期待通过此次随班代培，加强与贵局在统计工作领域的交流与合作，共同推动统计工作的高质量发展。

此复。

广州市统计局(印章)

2025 年 2 月 25 日

【例文七】

关于请求协助提供年度经济数据分析报告的函(样例)

××函〔2025〕31 号

××省统计局：

近年来，我市经济持续稳定发展，商业活动日益繁荣，为更好地把握经济发展态势，科学制定下一步商务发展规划，现急需一份全面、详尽的年度经济数据分析报告。据我们了解，贵局作为全省经济数据统计的权威机构，不仅拥有丰富的数据资源，还在数据分析方面具有深厚的专业实力。

鉴于此，我们特向贵局发出此函，恳请贵局能够协助提供2024年度江苏省及南京市的经济数据分析报告。报告内容最好能涵盖但不限于以下几个方面：

1. 宏观经济指标分析，如GDP增长率、人均可支配收入等；

2. 产业结构分析，特别是服务业、高新技术产业等对我市经济发展的贡献率；

3. 消费市场动态，包括消费品零售额、电子商务发展情况、消费者信心指数等；

4. 外贸进出口情况，包括进出口总额、主要贸易伙伴、出口产品结构等；

5. 投资环境分析，包括固定资产投资、招商引资情况、重点项目建设进展等。

我们深知，贵局在日常工作中承担着繁重的统计任务，但我们相信，贵局的专业分析和数据支持将对我市商务工作产生极大的推动作用。因此，我们恳请贵局能够优先考虑我们的请求，并在条件允许的情况下，尽快向我们提供上述分析报告。

为确保数据的安全性和保密性，我们承诺将严格按照国家相关法律法规和贵局的相关规定，妥善保管和使用贵局提供的数据和分析报告，不将其用于任何非法或未经授权的目的。

如有任何疑问或需要进一步沟通的地方，敬请随时与我们联系。我们期待着贵局的积极回复，并愿意就此事进行进一步的沟通和协商。

衷心感谢贵局长期以来对我市商务工作的支持和帮助！

江苏省××市商务局（印章）

2025年3月10日

【例文八】

关于提供年度经济数据分析报告的复函（样例）

××函〔2025〕15号

××市商务局：

贵局《关于请求协助提供年度经济数据分析报告的函》（××函〔2025〕31号）已收悉。经我局认真研究，现就有关事项回复如下：

一、报告准备情况

我局高度重视贵局的请求，并已着手准备2024年度江苏省及南京市的经济数据分析报告。报告将依据我局掌握的最新、最全面的经济数据，进行深入的分析和解读，力求为贵局提供一份准确、翔实、有参考价值的报告。

二、报告内容概述

根据贵局的具体需求，我局将重点分析以下方面：

1. 宏观经济指标，包括GDP增长率、人均可支配收入等，以反映经济整体运行状况；

2. 产业结构分析，特别是服务业、高新技术产业等对经济发展的贡献率，以揭示经济发展的动力来源；

3. 消费市场动态，包括消费品零售额、电子商务发展情况、消费者信心指数等，以评估消费市场的活跃度和潜力；

4. 外贸进出口情况，包括进出口总额、主要贸易伙伴、出口产品结构等，以分析国际贸易对经济发展的影响；

5. 投资环境分析，包括固定资产投资、招商引资情况、重点项目建设进展等，以评估投资对经济增长的拉动作用。

三、报告交付时间与方式

我局计划在2025年3月底前完成报告的编制工作，并通过电子邮件方式将电子版报告发送至贵局指定的联系人邮箱。同时，如有需要，我局也可安排专人将纸质版报告送至贵局。

四、数据安全与保密

我局将严格遵守国家相关法律法规和保密规定，确保报告数据的安全性和保密性。请贵局在接收和使用报告数据时，同样遵守相关规定，确保数据的合法使用。

五、后续合作与交流

我局愿与贵局建立长期的合作关系，共同推动南京市乃至江苏省的经济发展。未来，我局将继续为贵局提供及时、准确的经济数据分析服务，并期待在更多领域开展合作与交流。

感谢贵局对我局工作的信任和支持！如有任何疑问或需要进一步沟通的地方，敬请随时与我们联系。

××省统计局(印章)

2025 年 3 月 15 日

【例文九】

国务院办公厅关于同意《浙江省义乌市深化国际贸易综合改革总体方案》的函

国办函〔2024〕93 号

浙江省人民政府、国家发展改革委：

你们关于浙江省义乌市深化国际贸易综合改革总体方案的请示收悉。经国务院批准，现函复如下：

一、国务院原则同意《浙江省义乌市深化国际贸易综合改革总体方案》(以下简称《方案》)，请认真组织实施。

二、《方案》实施要坚持以习近平新时代中国特色社会主义思想为指导，深入贯彻党的二十大和二十届二中、三中全会精神，完整准确全面贯彻新发展理念，坚持以开放促改革，建设更高水平开放型经济新体制，深入实施“八八战略”，支持义乌深化重点领域和关键环节改革，在完善市场采购贸易方式、推动进口贸易创新发展、充分发挥综合保税区功能、推动完善跨境电商规则等方面先行先试，着力解决深层次体制机制问题，加强内外贸一体化标准建设，推进“一带一路”沿线合作，创新支持中欧班列高质量发展，为我国转变贸易发展方式、加快建设贸易强国探索经验，为拓展国内国际市场、畅通国内国际双循环作出更大贡献。

三、浙江省人民政府要切实加强对义乌市深化国际贸易综合改革工作的组织领导，细化工作方案，强化任务落实，积极稳妥推进改革任务实施，指导义乌市做好各项改革探索的具体落地工作，充分调动广大干部参与改革的积极性、主动性和创造性。要坚持底线思维，加强重大风险识别及防范，做好风险管控和应对处置。重大事项及时请示报告。

四、国家发展改革委要牵头做好指导服务，会同国务院有关部门按照职责分工抓好任务落实，按照国家有关规定积极支持浙江省义乌市深化国际贸易综合改革，加强统筹协调和指导评估，帮助解决《方案》实施中遇到的困难和问题。要及时巩固应用改革成果，总结提炼行之有效的经验做法，条件成熟的形成制度规范并复制推广，对未达预期的举措适时调整完善。凡涉及调整现行法律或行政法规的，按法定程序经全国人大常委会或国务院授权后实施。

国务院办公厅

2024 年 12 月 6 日

任务描述

1. 了解通知的种类。
2. 掌握通知的一般写法。
3. 了解函的特点和种类。
4. 熟记函的写作要素。

必备知识

一、通知的概念

通知适用于发布行政法规和规章，传达要求下级机关执行和有关单位周知或者执行的事项，批转下级机关公文，转发上级机关、同级机关和不相隶属机关的公文，任免和聘用干部等。

二、通知的适用情况

通知是使用频率最高、适用范围最广的一种公文。

通知适用情况主要有：

（1）发布规章，批转、转发公文，具有“运载功能”。

（2）布置工作、传达要求下级办理和执行的事项，具有“指挥功能”。

（3）任免和聘用干部等，具有“凭信功能”。

（4）告知一些需要周知而不需要执行的事项，具有“告知功能”。

三、通知的种类

（一）颁转性通知

颁转性通知包括“批转”“转发”“印发”文件。颁转性通知都带有附件，而且附件的作用往往比通知本身更重要。

（二）指示性通知

指示性通知是指上级向下级布置某项工作、下达任务、作出规定，提出开展工作的具体要求所使用的通知。这类通知具有较强的指令性和约束力。

（三）知照性通知

知照性通知是指上级向下级或不相隶属的机关告知某些仅需知道而不需要直接执行或办理的事项的通知。如任免和聘用干部，成立、调整或撤销机构，启用或作废印章等。

（四）会议通知

会议通知是召开会议前，告知有关单位或人员出席会议所使用的通知。

四、通知的写法

（一）标题

标题由发文机关名称、事由、公文种类三部分组成。并根据内容的不同，在标题中加一些特殊字样。

（1）如果是颁转性通知，根据具体情况，在标题事由中要写明“颁发”“发布”“公布”“批转”“转发”“印发”等字样。

（2）如果是两个或两个以上单位联合发布的，可以在“通知”之前加上“联合”的字样。

（3）如果通知的事项很急迫或很重要，可以在“通知”前加上“紧急”或“重要”的字样。

（4）如果是对前不久发出的通知进行补充说明的，可加“补充”的字样。

（5）如果是预先告知，以后还要正式发文详细说明的，可加“预备”字样。

通知的标题要特别注意简练，尤其是多层转发文件，应避免连用两个“关于”和几个“通知”，以免累赘拗口。

（二）正文

通知的正文，一般由通知缘由、通知事项、结尾三部分组成。

1. 通知缘由

通知的缘由一般用于说明制发通知的原因、目的、依据等。

（1）颁转性通知，简要说明被颁转文件的由来。

（2）指示性通知，可简要分析形势，指出以往工作中取得的成绩和仍然存在的问题，说明所布置工作的重要性。

（3）规定性通知，往往从解决问题或从贯彻落实上级的指示精神入手，说明制发通知的目的。

（4）知照性通知，一般说明制发通知的目的、依据或直接进入主体部分。

（5）会议通知，通常直接说明为什么召开会议。

2. 通知事项

这部分要详细说明通知的具体内容。

（1）颁转性通知，一般写“现将××（单位）××（文件）转发你们，请认真贯彻执行”；有的需要加批示性意见。

（2）指示性通知，要具体说明所布置的任务，阐明开展工作的指导思想和内容、范围、要求、原则、方法、步骤以及注意事项等。

（3）规定性通知，要把规定的政策、法规和意见表达清楚。

（4）知照性通知，说明需要周知的事项。

（5）会议通知，要详细说明会议名称、主办单位、会议时间、会议地点、会议主要内容、与会人员的条件和人数、参加会议的准备工作（如需要发言、送交的材料和物品等）以及其他有必要说明的事项（如食宿费用、联系方式、会后活动等）。

3. 结尾

通知的结尾要根据具体情况而定。需要提出希望和要求的，可以用“以上各项请认真贯彻落实”“请即遵照执行”“以上请转知所属执行”“请（即请、希望）依照（遵照、参照、比照）执行”“请将贯彻落实情况报告我局（部、处）”等。不提出希望要求的，可用“特此通知”。有些通知，希望和要求已经在通知事项中说清楚了，可不再单独使用固定用语。

五、函的概念

函是适用于不相隶属机关之间商洽工作、询问和答复问题、请求批准和答复审批事项时所使用的一种公文。

根据《党政机关公文处理工作条例》的相关规定，函这一文种主要用于不相隶属的机关之间进行工作交流。例如，在湖南省长沙市统计局《关于申请随班代培统计工作人员的函》（××函〔2025〕23 号，主送“广东省广州市统计局”）中，尽管湖南省长沙市统计局与广东省广州市统计局分别属于不同的行政区划，存在行政层级上的差异，但在该函的具体行文中，长沙市统计局是基于提升统计人员能力的需求，向广州市统计局提出随班代培的申请，双方是基于业务上的合作与交流，而非直接的隶属关系，因此选择了“函”作为商洽工作的文种。

函是一种通用性较强的公文，有时可以代替批复、通知等，用于下行，如《国务院办公厅关于同意<浙江省义乌市深化国际贸易综合改革总体方案>的函》（国办函〔2024〕93 号，

2024 年 12 月 6 日，主送“浙江省人民政府、国家发展改革委”），这里所用的“函”具有“通知”的功能。当然，能够用函而不用批复、通知等，那还是考虑到函的“商洽工作，询问和答复问题，答复审批事项”的特性。类似情况在《国务院公报》中经常可见。

六、函的特点

（一）方向的多样性

平行性是函的基本特点，是说它主要适用于同级或不相隶属的机关之间。有时上下级之间也用，但是往往只用于商量、询问一般性事项，不具有指示、指挥的作用，约束力不强，不同于通知、决定和批复等。

（二）范围的广泛性

函的适用范围比较广泛，既可用于不相隶属单位之间商洽工作，询问、答复问题，告知事项；又可用于向有关业务主管部门请求批准有关事项和答复审批事项；还可用于上下级之间的一般性的公务联系。但其内容一般是较小事宜，是担负着对较小事宜进行处理的多种功能，被称为“公文的轻骑兵”。

（三）语气的平和性

函主要用于同级之间或不相隶属单位之间办理公务。双方不是领导和被领导的关系，甚至有时是不相往来的，所以在语言上尽量避免生硬，要用平和的态度和语言，使全文显得尊重平和、恳切真诚。

七、函的分类

按照行文方向，可分为致函、复函；按照内容和用途可分为商洽函、询问函、申请函和告知函。

（一）致函和复函

1. 致函

致函是指发文机关向对方机关提出询问或请求批准而主动发出的函。如《关于申请随班代培统计工作人员的函》（××函〔2025〕23 号）是致函。

2. 复函

复函是指答复致函事宜的函。

致函与复函，二者是对应的关系，就像请示与批复的对应关系。如《关于申请随班代培统计工作人员的函》和《关于同意接受随班代培统计工作人员的复函》，《关于请求协助提供年度经济数据分析报告的函》和《关于提供年度经济数据分析报告的复函》就是对应的关系。

（二）商洽函、询问函、申请函和告知函

1. 商洽函

商洽函主要用于商洽、请求协助解决某一问题。如人员调动、联系参观、请求帮助支援等，如《关于申请随班代培统计工作人员的函》。

2. 询问函

询问函在上下级或同级之间均可使用，如上级向下级询问工作情况或某一具体事情，下级向上级及主管部门询问有关方针政策和工作中遇到的界限不明确的问题等。如江苏省南京市商务局在编制年度商务发展规划时，对 2024 年度江苏省及南京市的经济数据

分析有特定需求，但不确定具体数据获取渠道或分析方法时，即可向江苏省统计局发送询问函，明确提出请求协助提供数据分析报告的需求，并说明报告的具体内容和期望的交付方式。江苏省统计局在收到询问函后，通过复函形式给予明确答复，详细说明报告的准备情况、内容概述、交付时间与方式等，从而建立起有效的上下级沟通机制。

3. 申请函

申请函(也称请批函)是向有关主管职能部门请求批准事项的函。如向工商部门请求办理营业执照；向城建部门请求用地；向税务部门请求减免税；向财政部门请求拨款；向教育部门请求社会力量办学；向新闻出版行政部门请求办理准印证；向文化行政部门请求给予社团登记；向公安部门请求刻制公章等。只要与这些主管部门之间不存在上下级隶属关系，就得用“函”来行文。

需要注意，同是请求批准的内容，如果审批权限在不相隶属机关的业务主管部门，要用平行文“函”；如果审批权限在上级机关，就要用“请示”了。相应地，上级机关对请求批准的事项的回复，用“批复”，不相隶属机关的业务主管部门对请求批准事项的回复，使用商洽性的平行文“函”。如《关于同意接受随班代培统计工作人员的复函》(××函〔2025〕45号)，受文单位是湖南省长沙市统计局，广东省广州市统计局与湖南省长沙市统计局之间是不相隶属关系，所以用函，而不能用请示。

函在公文往来中比较简便灵活，使用广泛，如果不了解函的性质，简单地认为函可以代行请示、批复、通知的功能，而不探究行文机关之间的隶属关系，就会出现误用现象。在实际应用中，不少单位在不相隶属机关之间行文时，不问对象、不看内容，动不动就是“通知”“请示”“批复”。例如，某一小学校门口有个公交站台，新近又增加了一条线路，由于车辆靠站频繁，乘客上下车拥挤，严重影响了小学生进出校门的安全，学校与公共汽车公司交涉，想让它把站台挪挪地方，就写了一份《关于要求公交站台移位保障师生安全的请示》，汽车公司则来了个“批复”，两个不相隶属的单位，如此行文，显然不合规范。

4. 告知函

告知函用于机关、单位或团体之间传达信息、说明情况或告知事项。它通常用于通知对方某种情况的发生、变化或决策结果，以使对方了解并作出相应准备或调整。告知函具有正式性、明确性和沟通性等特点，能够有效确保信息的准确传递和双方的理解一致。在撰写告知函时，应明确说明告知事项、原因、依据及希望对方采取的行动，语言要简洁明了，格式要规范标准。

八、函的写法

(一)致函

正文结构与请示相似，由三部分组成。

1. 致函缘由

致函缘由需要写明要商洽、询问、申请、告知事项的基本情况，有的写明依据、目的或要求，然后用过渡词“为此”“为×××”，使原因、目的更加明晰，自然过渡到致函的具体事项。

2. 致函事项

致函事项需要具体写明商洽要求、询问内容、请求批准的内容或告知内容。

3. 结语

商洽函、询问函常用“请予函复”“请研究函复”“望予函告”“请复函告知”“盼复”“请速回复”“即请函复”“请予研究并复”等期复用语。申请函常用“可否，请予审批”“可否，请函复”等征询期复用语。告知函常用“特此函告”“特此函达”等。

（二）复函

正文结构与批复相似，由三部分组成。

1. 复函缘由

复函的开头一般是引叙来文，“你局（单位）《××××××》（××函〔××××〕×号）收悉”，然后以“经研究，现函复如下”过渡到事项部分。

2. 复函事项

这部分主要针对商洽、询问、请批的内容作出答复（告知函不需复函）。内容较多时，可分条陈述，应答复得具体、明确。

3. 结语

复函的结语一般用“特此函复”“专此回复”“特此函答”“此复”等。也可以省略结语。但不能使用“此致敬礼”之类的寒暄语体。

九、函的写作注意事项

（一）要做到平等相待，以诚相商

函是代表机关向外联系工作、商洽事项、请求帮助的，要让对方理解、接受、支持，取得圆满效果，就要以诚恳、平易的态度，用恳切朴实的语言与对方洽谈协商有关事宜，不可打官腔、强加于人，避免使用“你们要（不要、必须应该、注意）”等带指示性语气的词语以及“承蒙关照”“此致敬礼”之类客套、寒暄语体。

上行函要表现出坦诚的品格，下行函要表现出谦逊的作风，平行函要以礼相待，这是函应有的行文风格。如果双方中有一方不采取合作、平等的态度，缺乏诚意，不仅会使商洽事项泡汤，而且会破坏双方的团结协作关系。

（二）要做到开门见山，目的明确

函不能跟平常写信一样寒暄问候、拉家常、长篇大论，要把商量的事项和询问的问题开门见山地直接提出，并要主动爽快地把问题症结和自己的处理意见、要求告诉对方，做到叙事清楚、说理有节。不可漫无边际地东拉西扯，也不要委婉隐晦、闪烁其词，不故作姿态，也不曲意逢迎。

（三）要推断对方心理，注意写法技巧

函的撰写应根据具体内容，通过推断对方见函后的心理，来选择不同的写法。如答复函，假若属于肯定性的，开头就可以直接答复问题，再叙述其他有关事宜，这样既能使对方充分掌握复函内容，也能促进单位间的密切合作；假若属于否定性的，开头就不宜直接提出否定内容，而应先简明、恳切地说明理由，最后表明否定态度，这样能取得对方谅解，感到否定是正常的、合理的，不致产生误解和反感。

十、 函的格式模板

要点	模板(一)
标题：	×××单位关于×××的函
发文字号	×××[××××]×号
主送机关：	______：
正文： 缘由	为______________________________，
事项	______________________。
结束语	特此商洽，盼予函复。
发文机关：	××××××
成文日期：	××××年×月×日

要点	模板(二)
标题：	×××单位关于×××的函
发文字号	×××[××××]×号
主送机关：	______：
正文： 缘由	根据 ____________，为 __________，现函告如下：
事项	一、________________________ 二、________________________ 三、________________________
发文机关：	××××××
成文日期：	××××年×月×日

思考题

1. 拟写颁转性通知的标题应注意哪些问题？
2. 不同类型通知的“通知事项”部分怎么写？
3. 函有哪些分类？
4. 复函在写作时一般包括哪几项内容？

第三节 公告与通告

情境导入1

在 2025 年 1 月，随着新一年企业运营周期开启，市场监管迎来关键节点。众多企业需按规定进行信息公示，以保障市场交易的公平透明。此时，国家市场监督管理总局发布一则重要公告，明确 2024 年度企业年报公示工作全面启动。公告详细说明了年报对象涵盖的各类市场主体，规定了具体的时间范围，强调了逾期后果。这一举措旨在强化企业信用监管，为市场参与者提供准确信息，助力营造健康有序的市场环境。

你知道对于这样重大的决定，国家机关应采用哪种公文形式向国内外正式宣布吗？是的，这种重大决定需要国家机关以“公告”的形式向国内外宣布。

情境导入2

2024 年 6 月，国家聚焦经济高质量发展，大力推动税收政策优化。为切实减轻企业税负、激发市场活力，财政部联合国家税务总局深入研究后，制定了一套全新的增值税留抵退税政策方案。6 月 15 日，政策细节已完备。考虑到该政策涉及面广、影响重大，需确保各级税务部门、广大企业能及时了解并准确执行，财政部和国家税务总局决定将新政策的适用范围、申请条件、退税流程及自 2024 年 7 月 1 日起正式施行等关键信息向全社会公布，以保障政策平稳有序落地。

面对这样一项重要的税收政策调整，你知道财政部和国家税务总局适合采用哪种公文形式来公布并推行吗？是通告、通知，还是公告？

实例阅读

【例文一】

国家药监局　海关总署关于允许进口牛黄试点用于中成药生产有关事项的公告

（2025 年第 25 号）

为进一步贯彻落实《中共中央　国务院关于促进中医药传承创新发展的意见》《国务院办公厅关于全面深化药品医疗器械监管改革促进医药产业高质量发展的意见》，扩大境外优质药材资源进口，满足临床用药需求，服务中医药产业高质量发展，依据《中华人民共和国药品管理法》《进口药材管理办法》《进出境中药材检疫监督管理办法》等有关规定，现将允许进口牛黄试点用于中成药生产的有关事项公告如下。

一、开展牛黄进口使用试点

对于来自不存在疯牛病疫情禁令国家(地区)，且符合我国海关检疫要求和药品质量检验要求的牛黄，允许其试点用于中成药生产。试点时限设定为自本公告发布之日起2年，到期后根据试点工作情况，逐步在全国范围内推进牛黄进口使用相关工作。

(一) 试点区域。为稳妥推进牛黄进口用于中成药生产相关试点工作，结合区域改革发展需求，确定如下试点区域：北京、天津、河北、上海、浙江、江西、山东、湖南、广东、四川、福建、广西等12省(自治区、直辖市)。

(二) 牛黄进口申请人的要求。牛黄进口申请人应当为试点区域内处方含牛黄的中成药品种的药品上市许可持有人。进口的牛黄除进口申请人自用于相关中成药的生产外，同一集团公司试点区域内的控股企业也可使用已进口的牛黄。集团内部应当明确界定各企业在牛黄进口及使用过程中的责任和义务，确保进口的牛黄仅用于集团内部指定企业相关中成药的生产，不得对外销售。

(三) 进口牛黄存放加工要求。进口牛黄应当符合《进出境中药材检疫监督管理办法》有关要求，并在进境动植物检疫许可证列明的企业存放和加工。

二、牛黄进口通关要求

(一) 进口牛黄应当来自海关总署网站公布的《获得我国检疫准入动植物源性药材种类及输出国家地区名录》中的国家(地区)，并来自经海关总署注册登记的境外牛黄生产企业。

(二) 牛黄进口前应当依法办理进境动植物检疫审批手续，取得《中华人民共和国进境动植物检疫许可证》。

(三) 牛黄的进口(含从境外进入海关特殊监管区域)应当从试点区域相应的药品口岸通关，海关负责在境外进入海关特殊监管区域或者保税监管场所进口检疫。试点区域相应的口岸药品监督管理部门负责出具通关单，口岸药品检验机构或者指定的药品检验机构负责进口牛黄的口岸检验，海关在海关特殊监管区域或者保税监管场所进入国内环节验核通关单。企业不得在海关特殊监管区域内开展牛黄制剂的生产加工。

(四) 首次进口牛黄，申请人应当按照《进口药材管理办法》规定向试点区域省级药品监督管理部门报送相关资料，详细说明境外牛黄产地加工的情况，并取得《进口药材批件》。

(五) 进口牛黄的抽样、检验和通关，由各口岸相对应的口岸药品检验机构或者指定的药品检验机构和口岸药品监督管理部门承担。河北省的牛黄进口检验由北京市药品检验研究院承担，由北京市药品监督管理局出具通关单；江西省的牛黄进口检验由上海市食品药品检验研究院承担，由上海市药品监督管理局出具通关单。河北、江西省药品监督管理局负责本辖区牛黄首次进口申请的审批和进口通关后的监管。

三、药品上市许可持有人相关要求

(一) 使用进口牛黄生产中成药的药品上市许可持有人，应当将药品生产质量管理体系向境外牛黄产地加工(包括但不限于牛黄摘取、阴干、储存等)环节延伸，从源头加强牛黄质量控制，确保牛黄质量安全。

(二) 药品上市许可持有人应当建立进口牛黄的追溯体系，覆盖产地加工、进口、运输、储存、投料等环节，应当制定相应管理制度和存放加工操作规程，投料用于中成药生产的进口牛黄应当专库(或专柜)储存、专人管理、专账记录。

(三) 使用进口牛黄生产中成药的生产企业应当设置单独的生产设备，不得与其他品种共线生产。

四、监督管理要求

相关省级药品监督管理部门要加强对牛黄进口及使用进口牛黄生产中成药的监管，督促企业建立完善进口牛黄的追溯体系。

试点区域省级药品监督管理部门应当将上述要求及时通知本行政区域内相关药品上市许可持有人，并督促做好有关工作，切实加强监督管理。

原《国家药品监督管理局关于进一步加强牛源性及其相关药品监督管理的公告》（国药监注〔2002〕238号）与本公告不一致的，以本公告为准。

特此公告。

附件：《国家药监局　海关总署关于允许进口牛黄试点用于中成药生产有关事项的公告》政策解读

国家药监局

海关总署

2025年4月18日

【例文二】

全国人民代表大会常务委员会公告

〔十四届〕第十号

湖北省人大常委会决定罢免蒋超良的第十四届全国人民代表大会代表职务。贵州省人大常委会决定罢免丁雄军的第十四届全国人民代表大会代表职务。中央军委政治工作部军人代表大会决定罢免苗华的第十四届全国人民代表大会代表职务。吉林省人大常委会决定接受刘化文辞去第十四届全国人民代表大会代表职务。依照《中华人民共和国全国人民代表大会和地方各级人民代表大会代表法》的有关规定，蒋超良、丁雄军、苗华、刘化文的代表资格终止。依照《中华人民共和国全国人民代表大会和地方各级人民代表大会选举法》的有关规定，蒋超良的第十四届全国人民代表大会常务委员会委员、全国人民代表大会农业与农村委员会副主任委员职务相应撤销。

截至目前，第十四届全国人民代表大会实有代表2925人。

特此公告。

全国人民代表大会常务委员会

2025年4月30日

【例文三】

中国人民银行　中国证监会公告

〔2025〕第8号

为贯彻落实党的二十届三中全会精神，加快多层次债券市场发展，构建同科技创新相适应的科技金融体制，加强对国家重大科技任务和科技型中小企业的金融支持，完善长期资本投早、投小、投长期、投硬科技的支持政策，现就支持发行科技创新债券有关事宜公告如下：

一、丰富科技创新债券产品体系，加快构建多层次债券市场

（一）金融机构、科技型企业、私募股权投资机构和创业投资机构（以下简称股权投资机构）等三类机构可发行科技创新债券，募集资金用于支持科技创新领域投融资。

（二）商业银行、证券公司、金融资产投资公司等金融机构可发行科技创新债券，聚焦主责主业，发挥投融资服务专业优势，依法运用募集资金通过贷款，股权、债券、基金投资，资本中介服务等多种途径，专项支持科技创新领域业务。

（三）科技型企业可发行科技创新债券，募集资金用于科技创新领域的产品设计、研发投入、项目建设、运营、并购等。

（四）具有丰富投资经验、出色管理业绩、优秀管理团队的股权投资机构，可发行科技创新债券，募

集资金用于私募股权投资基金的设立、扩募等。

（五）发行人可灵活选择发行方式和融资期限，创新设置债券条款，包括含权结构、发行缴款、还本付息等安排，更好匹配资金使用特点及融资需求。

二、完善科技创新债券配套支持机制，为科技创新债券融资提供便利

（六）优化科技创新债券发行管理流程，提升融资效率，支持发行人根据资金使用特点，灵活分期发行。简化科技创新债券信息披露规则，发行人可与投资人约定豁免相关披露信息。金融机构发行科技创新债券可采用余额管理方式。

（七）创新科技创新债券信用评级体系，信用评级机构可根据股权投资机构、科技型企业及科技创新业务的特点，打破传统以资产、规模为重心的评级思路，合理设计专门的评级方法和评级符号，提高评级的前瞻性和区分度。

（八）建立科技创新债券专项承销评价体系和做市机制，组织做市商为科技创新债券提供专门做市报价服务，建立承销、做市联动机制。提高科技创新债券承销、做市在承销商、做市商评价体系中的权重。

（九）各类金融机构、资管机构和社会保障基金、企业年金、保险资金、养老金等可投资科技创新债券。鼓励创设科技创新债券指数以及与相关指数挂钩的产品。

（十）完善科技创新债券风险分散分担机制，商业银行、保险公司、证券公司等金融机构和专业信用增进机构、担保机构等可根据自身风险定价能力和管理水平，通过开展信用保护工具、信用风险缓释凭证、信用违约互换合约、担保等业务，支持科技创新债券发行和投资交易。

（十一）有条件的地方可依托自身财力，设立风险补偿基金或者出台其他优惠政策措施，为科技创新债券提供贴息、政府性融资担保等支持措施。

（十二）加强科技创新债券的事中事后管理，确保募集资金用于支持科技创新领域发展。将科技创新债券纳入金融机构科技金融服务质效评估。

（十三）银行间债券市场与交易所债券市场自律组织要加快完善科技创新债券配套规则，相关市场基础设施机构可为科技创新债券提供专门的发行、交易、登记托管、清算结算等服务，适当减免相关服务费用。

中国人民银行

中国证监会

2025 年 5 月 6 日

【例文四】

中共××市委组织部关于拟提拔任用市管领导干部任前公示的通告

××组发〔2024〕52 号

为进一步推进干部选拔任用工作的民主化、科学化，根据《党政领导干部选拔任用工作条例》等有关规定，经××市委研究决定，现将拟提拔任用的张伟等 4 位同志予以公示，广泛征求广大干部、群众的意见。现将有关事项通告如下：

一、公示对象基本情况(略)

二、反映问题的方式：在公示期限内，任何单位或个人均可通过来信、来电、来访或网络举报的方式，向中共××市委组织部反映公示对象在德、能、勤、绩、廉等方面存在的问题。反映问题应坚持实事求是的原则，具体、真实、准确，并尽可能提供线索或证明材料。以单位名义反映问题的应加盖公章，以个人名义反映问题的提倡署本人真实姓名及联系方式，以便调查核实。

三、公示时间：自 2024 年 9 月 20 日起至 2024 年 9 月 26 日止，共 5 个工作日。

四、公示联系处室和受理方式：

联系处室：中共××市委组织部干部监督科

受理电话：123-××××-××××

举报网站：http：//www.zzb.xxxx.gov.cn/jb

邮政编码：××××××

电子邮箱：zzbjbk@xxxx.gov.cn

欢迎广大干部群众积极参与监督，对公示对象提出宝贵意见。中共××市委组织部将认真对待每一条反映，及时组织调查核实，确保干部选拔任用工作的公正性和严肃性。

特此通告。

中共××市委组织部（印章）

2024年9月20日

【例文五】

昆明市人民政府关于严格规范商业综合体及专业市场建设管理的通告（样例）

昆××〔2025〕35号

为进一步优化城市空间布局，提升城市功能品质，促进商业健康有序发展，保障市场开办者、经营者及消费者的合法权益，根据《中华人民共和国城乡规划法》《中华人民共和国土地管理法》《云南省城乡规划条例》《昆明市城乡规划条例》《昆明市××××管理条例》等法律法规，以及《昆明市××××规划（2021—2035年）》《昆明市人民政府办公厅关于××××的实施意见》（昆××〔2024〕42号）等相关政策要求，现将有关事项通告如下：

一、全市各级人民政府、各开发（度假）区管委会、各相关部门必须严格执行城乡规划、土地利用总体规划、商业网点布局规划等法定规划，以及《昆明市城乡规划条例》等相关规定。任何单位和个人不得擅自更改经批准的商业网点规划；确需调整的，须按法定程序报批。

二、新建、改建、扩建商业综合体及专业市场项目，应符合商业网点布局规划、城市设计及控制性详细规划要求，并依法依规办理规划、国土、住建、环保、商务等相关审批手续。未经批准，一律不得擅自开工建设。

三、规划、自然资源、住建、商务、生态环境、市场监管等部门应严格按照职责分工，加强对商业综合体及专业市场项目的审批监管。对违法违规审批行为，将严肃追究相关责任人的法律责任。

四、自本通告发布之日起，各级人民政府、各开发（度假）区管委会应加强对商业综合体及专业市场建设活动的监管，严禁以租地等方式违规建设市场。对未经批准擅自建设的项目，由自然资源部门依法查处土地违法行为；由城管综合执法部门依据《中华人民共和国城乡规划法》等相关法律法规进行查处，责令限期拆除违法建设；纪检监察部门将对相关责任人进行问责处理。

五、各级人民政府、各开发（度假）区管委会应按照城市更新改造及违法建筑整治工作的要求，组织清理、整治各类违规建设的商业综合体及专业市场项目。

六、对在商业综合体及专业市场建设管理中滥用职权、玩忽职守、徇私舞弊的工作人员，依法给予行政处分；构成犯罪的，移送司法机关追究刑事责任。

七、鼓励新闻媒体和社会各界对违法建设商业综合体及专业市场的行为进行监督、举报。

举报电话：××××-××××××××

城管综合行政执法部门：×××××××

商务部门：×××××××

特此通告。

昆明市人民政府（印章）

2025年3月20日

【例文六】

武义县第六届桐琴蜜梨文化节开幕式交通临时管制通告（样例）

×××〔2024〕42号

为确保武义县第六届桐琴蜜梨文化节开幕式顺利进行，保障活动期间道路交通安全与秩序，根据《中华人民共和国道路交通安全法》的相关规定，武义县公安局决定对桐琴镇部分道路实施临时交通管制措施。现将有关事项通告如下：

一、管制时间：2024年8月10日上午7时至下午1时。

二、管制路段：

1. 长安西街（自五金大道交叉口以西至桐琴老街交叉口）
2. 王赵路（自永武二线交叉口至赵宅工业区路段）
3. 连滨北路
4. 江滨东路
5. 城南大道（自桐琴大桥至永武二线交叉口）
6. 中横北路
7. 湖山路（全段）
8. 喜悦广场周边道路至G25长深高速武义服务区连接线

三、管制要求：在上述管制时段内，除持有开幕式专用通行证的车辆外，禁止一切社会车辆驶入管制路段。请过往车辆提前规划绕行路线，避免因管制造成不便。

四、特殊车辆通行：执行紧急任务的警车、消防车、救护车及工程抢险车，凭有效证件可在确保安全的前提下通行管制路段。

五、请广大市民及过往车辆驾驶人给予理解和支持，自觉遵守本通告规定，服从现场交通管理人员的指挥。对于违反本通告规定，擅自进入管制区域的车辆，公安机关交通管理部门将依据相关法律法规予以处理。

特此通告。

武义县公安局（印章）

2024年8月5日

任务描述

1. 了解公告的概念和特点。
2. 熟悉公告的一般写法。
3. 了解通告的概念和特点。
4. 掌握通告的一般写法。

必备知识

一、公告的概念

公告是国家机关向国内外宣布重要事项或者法定事项所使用的一种公文。

二、公告的特点

（一）郑重性

公告是国家机关向国内外宣布重要事项或法定事项所使用的一种公文，一般企事业单位不得随便使用，行文十分郑重。

（二）公开性

公告是面向国内外，无阅读范围限制，更无密级，是公开性最强的公文。

三、公告的分类

（一）宣布重大事项的公告

在正式文书中，宣布重大事项的公告扮演着至关重要的角色。以例文一为例，国家药监局和海关总署通过公告形式，正式宣告了允许进口牛黄试点用于中成药生产有关事项，这一举措体现了国家对扩大境外优质药材资源进口，满足临床用药需求，服务中医药产业高质量发展的决心。

此外，例文三中，中国人民银行和中国证监会的公告通过支持发行科技创新债券，展示了国家对重大科技任务和科技型中小企业的金融支持力度。例文四中，中共××市委组织部的任前公示通告，则是干部选拔任用工作民主化、科学化的重要体现，广泛征求群众意见，确保选拔的公正性和严肃性。

综上所述，宣布重大事项的公告是政府机构、党组织等向公众传达重要决策、措施或人事变动的正式渠道，具有权威性和法律效力。

（二）宣布重要法定事项的公告

这类公告如《中华人民共和国××××部公告》。

四、公告的格式与写法

公告一般由标题、正文、落款构成。公告与通告一样没有主送机关。

（一）标题

1. 完全式标题

完全式标题是由发文机关、事由和文种组成，如《中国××省××市人民政府关于××市城市规划设计国际招标公告》。

2. 非完全式标题

非完全式标题是由发文机关和文种组成，如《中华人民共和国××××部公告》。

（二）正文

一般由发文缘由、公告事项和结语构成。

（1）发文缘由要简要写明事项的法律依据或原因等。

（2）公告事项要具体，如果内容较多，可分条列项。

（3）结语通常使用“特此公告”。

（三）落款

发文机关署名和成文日期与一般公文相同。

五、公告的写作要求

（1）公告必须行文庄重，内容清晰，文字简短。

（2）要注意防止滥用公告。级别不够或未经授权的单位不能乱发公告；可以用通知、启事等行文的，不能乱用公告行文。

六、通告的概念

通告是适用于在一定范围内公布应当遵守或者周知的事项的公文。

七、通告的特点

（一）使用的普遍性

通告的使用范围广泛，除各级政府及其部门可使用外，各企事业单位、社会团体等都可使用。

（二）内容的广泛性

通告的内容可以是国家的法令、法规、政策，也可以是社会生活中的具体事务，涉及面很广。

八、通告的分类

（一）法规、政策类通告

在一定范围内公布政府的法规、政策，要求下级和群众遵守、执行，如《昆明市人民政府关于严禁违法建设商品交易市场的通告》。

（二）具体事务类通告

在一定范围内公布需要周知或办理的事项，如《中共××市委组织部关于拟提拔任用市管领导干部任前公示的通告》。

九、通告的格式与写法

通告的正文一般由缘由、事项、结尾与结语四部分构成。特别说明的是，通告一般没有主送机关。

（一）缘由

这一部分主要阐明发布通告的依据、目的、原因或意义。此后用“特此通告如下”等过渡语引出通告事项。

（二）事项

这部分是通告的主体，要条理清楚、交代明白，可一气呵成，也可分条列项。

（三）结尾

有的提出执行要求，有的发出号召，有的表示希望，有的说明生效时间，有的以通告的最后一条自然收尾。

（四）结语

结语一般为“特此通告”，也可不写。

十、公告与通告的区别

（一）发文内容不同

公告旨在宣布重要事项和法定事项；通告则是公布应当遵守或周知的事项，而且业务性强。通告的使用频率也比公告高。

（二）行文范围不同

公告的告晓对象广泛，即国内外；通告的告知范围限在一定范围内，即社会的有关方面。

（三）制发单位级别不同

公告的发文机关级别高，一般由国家一级机关发布；通告的发文机关级别较低，一般来说，行止性通告、办理性通告多由政府机关发布，知照性通告任何企事业单位均可发布。

(四) 发布方式不同

公告多用登报、广播的方式发布；通告可用文件形式印发，也可登报、广播或张贴。

十一、通告的写作要求

(1) 不要把“通告”写成“通知”。

(2) 发文目的要明确。

(3) 通告事项要符合政策规定。

(4) 通告语言要通俗简洁。通告多用张贴和登报的方式发布。要注重语言的通俗和简洁，简单明了，篇幅更不宜过长，以利张贴和阅读。

思考题

1. 公告标题的写作形式有哪几种？
2. 公告正文一般包括哪些内容？
3. 通告有哪些特点？
4. 通告一般怎么写？

第四节 公报与通报

情境导入1

2023 年 3 月 5 日至 13 日，第十四届全国人民代表大会第一次会议在北京盛大召开。这一盛会承载着全国人民的期望，关乎国家未来发展方向与民生福祉。会议期间，各项重要决策、政策方向以及发展规划等关键信息备受瞩目。为了让民众全面了解会议情况，相关信息以公报形式及时、准确地向社会公布。

你知道什么是公报吗？公报适用哪些情况？

情境导入2

2024 年 1 月，国家税务总局发布了关于某知名企业偷税漏税问题的通报。该企业为谋取私利，采用隐蔽手段逃避纳税义务，严重违反税收法律法规。税务部门经细致调查，掌握了确凿证据，依法对其作出严肃处理。此次通报旨在以儆效尤，维护税收公平与市场秩序，也提醒企业要依法诚信经营。

你知道通报是一种什么样的公文吗？哪些情况适合用通报呢？

实例阅读

【例文一】

中国共产党第二十届中央纪律检查委员会第二次全体会议公报

（2023 年 1 月 10 日中国共产党第二十届中央纪律检查委员会第二次全体会议通过）

中国共产党第二十届中央纪律检查委员会第二次全体会议，于 2023 年 1 月 9 日至 10 日在北京举行。出席这次全会的有中央纪委委员 127 人，列席 207 人。

中共中央总书记、国家主席、中央军委主席习近平出席全会并发表重要讲话。李强、赵乐际、王沪宁、蔡奇、丁薛祥、李希等党和国家领导人出席会议。

全会由中央纪律检查委员会常务委员会主持。全会全面贯彻习近平新时代中国特色社会主义思想，深入贯彻落实党的二十大精神，研究部署 2023 年纪检监察工作，审议通过了李希同志代表中央纪委常委会所作的《深入学习贯彻党的二十大精神，在新征程上坚定不移推进全面从严治党》工作报告。

全会认真学习、深刻领会习近平总书记重要讲话。一致认为，讲话从新时代新征程党和国家事业发展全局的高度，深刻分析大党独有难题的形成原因、主要表现和破解之道，深刻阐述健全全面从严治党体系的目标任务、实践要求，对坚定不移深入推进全面从严治党作出战略部署。讲话高屋建瓴、思想深邃、内涵丰富、论述精辟，充分彰显了习近平总书记高瞻远瞩的战略眼光、无私无我的崇高境界、深切真挚的人民情怀、直面问题的使命担当，具有很强的政治性、指导性、针对性，是深入推进新时代党的建设新的伟大工程的根本遵循，为做好新时代新征程纪检监察工作提供了根本指引。习近平总书记对纪检监察干部队伍寄予殷切期望，提出明确要求。要深入学习贯彻习近平总书记重要讲话精神，自觉把思想和行动统一到党中央决策部署上来，在新时代新征程上一刻不停推进全面从严治党，把党的伟大自我革命进行到底。

全会指出，各级纪检监察机关要把学习贯彻党的二十大精神作为当前和今后一个时期的首要政治任务，深学习、实调研、抓落实，把党的二十大精神学深悟透、融会贯通、落实落地，转化为深入推进新时代新征程纪检监察工作高质量发展的强大奋进力量，转化为坚定不移正风肃纪反腐的具体行动，转化为坚定维护党的先进纯洁、永葆党的生机活力的实际成效。要深入贯彻落实党的二十大关于全面从严治党战略部署，深刻领悟"两个确立"的决定性意义，增强"四个意识"，坚定"四个自信"，坚定不移担负"两个维护"重大政治责任；始终坚持正确政治方向，坚定不移用习近平新时代中国特色社会主义思想统领纪检监察一切工作；学习党章、尊崇党章，坚定不移履行党章赋予的职责；时刻保持解决大党独有难题的清醒和坚定，坚定不移推动健全全面从严治党体系；敢于斗争、善于斗争，坚定不移推动正风肃纪反腐向纵深发展，更好担负起党和人民赋予的使命责任。

全会强调，2023 年是贯彻党的二十大精神的开局之年，是实施"十四五"规划承前启后的关键一年，是为全面建设社会主义现代化国家奠定基础的重要一年。做好纪检监察工作，要坚持以习近平新时代中国特色社会主义思想为指导，全面贯彻落实党的二十大精神，坚决贯彻坚定不移全面从严治党战略部署，认真落实健全全面从严治党体系任务要求，深入开展党风廉政建设和反腐败斗争，深入推进新时代新征程纪检监察工作高质量发展，为全面建设社会主义现代化国家开好局起好步提供坚强保障。

第一，围绕落实党的二十大战略部署强化政治监督。坚定维护党中央集中统一领导，推动各级党组织加强党的政治建设，提高政治判断力、政治领悟力、政治执行力，确保全党在政治立场、政治方向、政治原则、政治道路上同以习近平同志为核心的党中央保持高度一致。严明政治纪律和政治规矩，及时发现、着力解决"七个有之"问题。推进政治监督具体化、精准化、常态化，围绕完整准确全面贯彻新发展理念、加快构建新发展格局、着力推动高质量发展等重大战略部署，围绕党中央因时因势作出的决策部署加强监督检查，确保执行不偏向、不变通、不走样。

第二，推动完善党的自我革命制度规范体系。促进完善党内法规制度体系，研究修订党纪处分条例，推进反腐败国家立法，不断健全完善纪检监察法规制度体系。按照党统一领导、全面覆盖、权威高效的要求，推动完善纪检监察专责监督体系、党内监督体系、各类监督贯通协调机制和基层监督体系，形成监督合力。把日常监督做细做实，使监督常在、形成常态。强化对“一把手”和领导班子监督，督促其严于律己、严负其责、严管所辖。加强与审计机关协调配合，用好审计监督成果。压实全面从严治党政治责任，用好问责利器，既防止问责乏力，也防止问责泛化。

第三，有力发挥政治巡视利剑作用。突出政治巡视定位，全面贯彻中央巡视工作方针，把“两个维护”作为根本任务，把严的要求贯彻到巡视全过程各环节。修订巡视工作条例，制定中央巡视工作五年规划。统筹安排常规巡视、专项巡视、机动巡视和巡视“回头看”，有序推进中央巡视，扎实做好二十届中央第一轮、第二轮巡视。加强巡视整改和成果运用，完善巡视巡察上下联动工作格局。

第四，持续深化落实中央八项规定精神、纠治“四风”。严肃整治损害党的形象、群众反映强烈的享乐主义、奢靡之风，对顶风违纪行为露头就打、从严查处，坚决防反弹回潮、防隐形变异、防疲劳厌战。紧盯反复性顽固性、改头换面、隐蔽隐性问题，加大查处问责力度，坚决破除特权思想和特权行为。重点纠治形式主义、官僚主义，紧盯贯彻党中央重大决策部署不担当、不用力，对政策举措和工作部署片面理解、机械执行、野蛮操作，玩忽职守不作为，任性用权乱作为，权力观异化、政绩观扭曲、事业观偏差等问题，深挖根源、找准症结，精准纠治、增强实效。坚持纠“四风”树新风并举，教育引导党员干部牢记“三个务必”，推进作风建设常态化长效化。

第五，全面加强党的纪律建设。强化经常性纪律教育，融入日常管理监督，促进党员干部增强纪律意识，把党的纪律规矩刻印在心。高度重视年轻领导干部纪律教育。督促指导发生重大违纪违法案件的相关单位党委(党组)召开专题民主生活会，举一反三、以案明纪。严格执行党的纪律规定和规章制度，对违反党纪的问题，发现一起坚决查处一起。精准运用“四种形态”，落实“三个区分开来”，激励干部敢于担当、积极作为，实现政治效果、纪法效果、社会效果有机统一。

第六，坚决打赢反腐败斗争攻坚战持久战。坚持不敢腐、不能腐、不想腐一体推进，更加有力遏制增量，更加有效清除存量。严查重点问题，坚决查处政治问题和经济问题交织的腐败，坚决防止领导干部成为利益集团和权势团体的代言人、代理人，坚决防止政商勾连、资本向政治领域渗透等破坏政治生态和经济发展环境；突出重点领域，深化整治金融、国有企业、政法、粮食购销等权力集中、资金密集、资源富集领域的腐败；紧盯重点对象，把党的十八大以来不收敛不收手、胆大妄为者作为重中之重，严肃查处领导干部配偶、子女及其配偶等亲属和身边工作人员利用影响力谋私贪腐问题。坚决整治各种损害群众利益的腐败问题。坚决查处新型腐败和隐性腐败。坚持受贿行贿一起查，加大对行贿行为惩治力度，营造和弘扬崇尚廉洁、抵制腐败的良好风尚。深化反腐败国际合作，持续开展“天网行动”，一体构建追逃防逃追赃机制。

第七，深入推进纪检监察体制改革。巩固拓展改革成果，一体深化推进党的纪律检查体制改革、国家监察体制改革、纪检监察机构改革，健全统筹推进“三项改革”的领导体制和工作机制。完善派驻监督体系机制，推进派驻机构、派出机构全面运用监察权。通过改革推进力量和资源整合，推动完善信息沟通、线索移送、措施配合、成果共享工作机制。健全党纪国法相互衔接、权威高效的执行机制。

第八，锻造堪当新时代新征程重任的高素质纪检监察干部队伍。强化政治建设，发挥中央纪委常委会表率作用，带动全系统做遵规守纪的模范，打造对党绝对忠诚的纪检监察铁军。强化能力建设，发扬斗争精神，坚定斗争意志，增强斗争本领，用好深学习、实调研、抓落实工作方法，打造敢于善于斗争的纪检监察铁军。强化廉洁建设，把一体推进“三不腐”理念贯穿自身建设，对执纪违纪、执法违法现象零容忍，坚决清除害群之马，坚决防治“灯下黑”，打造自身正自身硬的纪检监察铁军。

全会号召，要更加紧密地团结在以习近平同志为核心的党中央周围，沿着党的二十大指引的方向，弘扬伟大建党精神，自信自强、守正创新，踔厉奋发、勇毅前行，以一往无前的奋斗姿态、永不懈怠的精神状态履职尽责，不断取得全面从严治党、党风廉政建设和反腐败斗争新成效，为全面建设社会主义现代化国家、全面推进中华民族伟大复兴而团结奋斗！

【例文二】

中美建交公报

（1979 年 1 月 1 日）

中华人民共和国和美利坚合众国商定自一九七九年一月一日起互相承认并建立外交关系。

美利坚合众国承认中华人民共和国政府是中国的唯一合法政府。在此范围内，美国人民将同台湾人民保持文化、商务和其他非官方关系。

中华人民共和国和美利坚合众国重申上海公报中双方一致同意的各项原则，并再次强调：

——双方都希望减少国际军事冲突的危险。

——任何一方都不应该在亚洲-太平洋地区以及世界上任何地区谋求霸权，每一方都反对任何国家或国家集团建立这种霸权的努力。

——任何一方都不准备代表任何第三方进行谈判，也不准备同对方达成针对其他国家的协议或谅解。

——美利坚合众国政府承认中国的立场，即只有一个中国，台湾是中国的一部分。

——双方认为，中美关系正常化不仅符合中国人民和美国人民的利益，而且有助于亚洲和世界的和平事业。

中华人民共和国和美利坚合众国将于一九七九年三月一日互派大使并建立大使馆。

【例文三】

中国共产党党内统计公报

中共中央组织部

截至 2023 年 12 月 31 日，中国共产党党员总数为 9918.5 万名，比 2022 年底净增 114.4 万名，增幅为 1.2%。

中国共产党现有基层组织 517.6 万个，比 2022 年底净增 11.1 万个，增幅为 2.2%。其中，基层党委 29.8 万个，总支部 32.5 万个，支部 455.4 万个。

一、党员队伍情况

党员的性别、民族和学历。女党员 3018.5 万名，占党员总数的 30.4%。少数民族党员 759.2 万名，占 7.7%。大专及以上学历党员 5578.6 万名，占 56.2%。

党员的年龄。30 岁及以下党员 1241.2 万名，31 至 35 岁党员 1119.6 万名，36 至 40 岁党员 1086.4 万名，41 至 45 岁党员 945.9 万名，46 至 50 岁党员 907.1 万名，51 至 55 岁党员 940.5 万名，56 至 60 岁党员 890.7 万名，61 岁及以上党员 2787.2 万名。

党员的入党时间。新中国成立前入党的 6.8 万名，新中国成立后至党的十一届三中全会前入党的 1286.3 万名，党的十一届三中全会后至党的十八大前入党的 6014.2 万名，党的十八大以来入党的 2611.2 万名。

党员的职业。工人（工勤技能人员）664.3 万名，农牧渔民 2607.5 万名，企事业单位、社会组织专业技术人员 1619.0 万名，企事业单位、社会组织管理人员 1145.3 万名，党政机关工作人员 764.5 万名，学生 277.1 万名，其他职业人员 776.4 万名，离退休人员 2064.4 万名。

二、发展党员情况

2023 年共发展党员 240.8 万名。

发展党员的性别、民族、年龄和学历。发展女党员 110.5 万名，占 45.9%。发展少数民族党员 25.2 万名，占 10.5%。发展 35 岁及以下党员 198.3 万名，占 82.4%。发展具有大专及以上学历的党员 128.0 万名，占 53.1%。

发展党员的职业。工人（工勤技能人员）15.8 万名，农牧渔民 37.5 万名，企事业单位、社会组织专业技术人员35.1万名，企事业单位、社会组织管理人员26.7万名，党政机关工作人员11.9万名，学生91.9万名，其他职业人员21.8万名。在生产、工作一线发展党员127.6万名。

三、党内表彰情况

2023年全国各级党组织共表彰先进基层党组织13.8万个，表彰优秀共产党员69.3万名，表彰优秀党务工作者19.9万名。全年颁发“光荣在党50年”纪念章79.5万枚。

四、申请入党情况

截至2023年底，全国入党申请人2098.0万名，入党积极分子1054.7万名。

五、党组织情况

党的地方委员会。全国共有党的各级地方委员会3199个。其中，省(区、市)委31个，市(州)委397个，县(市、区、旗)委2771个。

城市街道、乡镇、社区、行政村党组织。全国9125个城市街道、29620个乡镇、119437个社区、488959个行政村已建立党组织，覆盖率均超过99.9%。

机关、事业单位、企业和社会组织党组织。全国共有机关基层党组织77.1万个，事业单位基层党组织99.7万个，企业基层党组织160.0万个，社会组织基层党组织18.3万个，基本实现应建尽建。

(注：本公报部分合计数或相对数由于单位取舍不同而产生的计算误差均未作机械调整。)

【例文四】

关于表彰××省××市中级人民法院李华同志先进事迹的通报

法发〔2025〕××号

全国地方各级人民法院：

××省高级人民法院报送的××市中级人民法院李华同志的先进事迹材料，经我院认真审阅，认为其事迹突出，具有显著的示范引领作用，现转发给你们，供学习借鉴。

李华同志自投身司法事业以来，始终坚守法治信仰，忠诚履职尽责，展现了一名新时代司法干部的优秀品质。她政治立场坚定，对党忠诚，坚决贯彻执行党的路线方针政策，在司法工作中始终保持正确的政治方向；她业务精湛，勤奋好学，不断提升自身法律素养和审判能力，成功审理了一系列重大疑难案件，为维护社会公平正义作出了突出贡献；她工作作风扎实，勇于担当，面对繁重的审判任务，从不言苦言累，经常加班加点，确保案件及时高效审结；她心系群众，司法为民，始终把人民群众的利益放在首位，耐心倾听群众诉求，积极为群众排忧解难，赢得了人民群众的广泛赞誉；她廉洁自律，清正廉洁，严格遵守法官职业道德和廉洁司法规定，自觉抵制各种诱惑，保持了司法干部的良好形象。

李华同志的先进事迹，是新时代人民法院干部的优秀代表，是践行社会主义核心价值观和司法为民宗旨的生动体现。为表彰先进，树立榜样，进一步激发全国法院干部的工作积极性和创造性，最高人民法院决定对李华同志予以通报表扬。希望全国法院系统全体干部以李华同志为榜样，学习她坚定的理想信念、精湛的业务能力、扎实的工作作风、深厚的为民情怀和廉洁的司法品格，不断提高自身素质，努力提升司法水平，为推动人民法院工作高质量发展作出新的更大贡献。

表扬先进典型，弘扬正能量，是加强法院队伍建设、提升司法公信力的重要举措。希望各地法院高度重视先进典型的选树和宣传工作，深入挖掘和宣传本地法院干部的先进事迹，定期向最高人民法院报送优秀典型材料，共同营造学习先进、崇尚先进、争当先进的良好氛围。

附件：××省高级人民法院关于××市中级人民法院李华同志先进事迹的报告

最高人民法院(印章)

2025年3月××日

【例文五】

国务院关于对“十四五”前期节能减排工作成绩突出的省级人民政府给予表扬的通报

国发〔2025〕××号

各省、自治区、直辖市人民政府，国务院各部委、各直属机构：

节约资源和保护环境是我国的基本国策。“十四五”规划实施以来，各地区、各部门积极响应党中央、国务院的号召，将节能减排工作作为推动经济高质量发展、促进生态文明建设的关键举措，采取了一系列有力措施，取得了阶段性显著成效。在“十四五”前三月及前期推进过程中，全国单位国内生产总值能耗持续下降，主要污染物排放总量得到有效控制，为完成“十四五”节能减排目标奠定了坚实基础，也为全球应对气候变化贡献了中国力量。

省级人民政府作为本地区节能减排工作的责任主体，在推动节能减排工作中发挥了至关重要的作用。为表彰先进，树立典型，进一步激发各地区推进节能减排工作的积极性和创造性，国务院决定，对在“十四五”前期节能减排工作中成绩突出的河北、浙江、福建、江西、湖南、重庆、四川、宁夏8省(自治区、直辖市)人民政府，予以通报表扬。这些地区在节能减排政策制定、技术创新、产业升级、监管执法等方面取得了突出成绩，为全国节能减排工作提供了宝贵经验和示范。

希望受到表扬的地区珍惜荣誉，再接再厉，继续发挥模范带头作用，在节能减排工作中不断取得新的更大成绩。同时，也希望其他地区以受到表扬的地区为榜样，学习借鉴其先进经验和做法，结合自身实际，加大节能减排工作力度，推动本地区节能减排工作再上新台阶。

各地区、各部门要深入贯彻落实党的二十大和二十届二中、三中全会精神，牢固树立新发展理念，坚持绿色发展、循环发展、低碳发展，把节能减排作为推动经济转型升级、实现高质量发展的重要抓手。要进一步加强组织领导，完善政策体系，强化监管执法，推动技术创新，确保“十四五”节能减排目标如期实现，为建设美丽中国、推动全球可持续发展作出更大贡献。

国务院

2025年3月××日

【例文六】

××县市场监督管理局关于××超市销售过期食品事件的情况通报

×市监字〔2025〕3号

各超市、商场、食品经营单位，各市场监管所：

2025年1月15日，我局接到消费者举报，称在××超市购买到过期食品。接到举报后，我局立即组织执法人员前往该超市进行检查。经核实，该超市确实存在销售过期食品的行为，涉及过期面包、酸奶等食品共计5个品类，货值金额达2000余元。这些过期食品被摆放在正常销售区域，与未过期食品混杂在一起，存在严重的食品安全隐患。

事件发生后，我局高度重视，局长×××立即作出指示：“要迅速查清事实，依法严肃处理，保障消费者的合法权益，同时要对全县食品经营单位进行全面排查，防止类似事件再次发生。”分管副局长×××第一时间带领执法人员赶赴现场，对过期食品进行了封存，并对超市相关负责人进行了询问调查。

经调查，该超市在食品进货查验、日常检查等环节存在严重漏洞，未能及时发现并下架过期食品。超市管理人员食品安全意识淡薄，对过期食品的危害认识不足，未能严格履行食品安全管理职责。

此次事件发生后，我局迅速采取了以下措施：

1. 对××超市立案调查，依据《中华人民共和国食品安全法》相关规定，拟对该超市作出没收违法所得、处以5万元罚款的行政处罚。

2. 责令××超市立即停止销售过期食品，对店内所有食品进行全面清查，下架并销毁所有过期食品。

3. 要求××超市加强对员工的食品安全培训，提高员工的食品安全意识和责任意识，建立健全食品安全管理制度，严格落实进货查验、日常检查等制度。

截至1月20日，该超市已按照我局的要求完成了整改，对所有过期食品进行了销毁，并对员工进行了食品安全培训。目前，该超市已恢复正常营业，但仍在我局的重点监管之下。

××超市销售过期食品事件的发生，暴露了部分食品经营单位在食品安全管理方面存在的严重问题。一方面，食品经营单位主体责任落实不到位，对食品安全重视不够，缺乏有效的食品安全管理制度和措施；另一方面，也反映出我们在日常监管工作中还存在一些薄弱环节，监管力度还需进一步加大。

针对此次事件，为进一步加强食品安全监管，保障消费者的合法权益，经局务会议研究，作出如下工作要求：

1. 对全县所有超市、商场、食品经营单位开展为期一个月的食品安全专项整治行动，重点检查食品进货查验、保质期管理、储存条件等情况，严厉打击销售过期食品等违法行为。

2. 加强对食品经营单位的培训指导，提高食品经营单位的食品安全管理水平和责任意识，督促其严格落实食品安全主体责任。

3. 加大食品安全宣传力度，通过多种渠道向消费者宣传食品安全知识，提高消费者的自我保护意识和辨别能力。

希望全县各食品经营单位要吸取××超市销售过期食品事件的深刻教训，严格遵守食品安全法律法规，切实履行食品安全主体责任，确保所销售的食品安全可靠。

××县市场监督管理局（印章）

2025年1月22日

任务描述

1. 了解公报的特点。
2. 熟悉常见公报的一般写法。
3. 了解通报的特点和分类。
4. 掌握通报正文的一般写法。

必备知识

一、公报的概念

公报也称新闻公报，是一种适用于公布重要决定或者重大事项的报道性公文。它是党政机关经常使用的重要文种，也是应用写作的重要文体之一。

二、公报的分类

根据公报发布的内容，公报大致可以分为三类。

（一）会议公报

会议公报是官方用于报道重要会议或会谈情况及决定的正式文件。例如，《中国共产党第二十届中央纪律检查委员会第三次全体会议公报》，该文件详细阐述了会议的主要任务、成果及决定，于2024年1月10日由相关会议审议通过。

（二）事项公报

事项公报是党政机关向公众通报重大情况、事件、决策、事项、措施或文件时采用的一种正式公文。以《中华人民共和国国务院公报》为例，它作为政府出版物，自1955年起由国务院办公厅编辑出版，面向国内外公开发行。该公报上刊登的行政法规、规章文本被视为标准文本，与其他正式文件具有相同的法律效力，是了解国家政策、法规的重要渠道。

（三）联合公报

联合公报是一种特殊用途的公报，是指两个或两个以上的国家、政府、政党或其代表就有关重大国际问题、事件的会谈进展、经过、达成的协议等所发表的正式文件，是用以表明双方或多方对同一问题的共同看法的报道，或是经过谈判达成的具有承担权利和义务的协议文书。如《中美建交公报》(1979 年 1 月 1 日)。

三、公报的特点

（一）权威性

公报的发布机关级别一般比较高，以国家的名义或以较高级别的各级政府的名义。公报所涉及的是公众或国内外普遍关心和瞩目的重大事件或重要决定。

（二）公开性

公报是公之于众的文件，无须保密，一般没有主送机关、抄送机关，而是普告天下、一体周知。

（三）新闻性

公报的内容都是新近发生的事件或新近作出的决定，属于公众关心、应知而未知的事项，要求制作和发布迅速、及时，因此又具有新闻性特点。

四、公报的写法

不同的公报写法不同。

（一）会议公报

会议公报是官方用于报道重要会议或会谈情况及决定的正式文件。例如，《中国共产党第二十届中央纪律检查委员会第二次全体会议公报》，该文件详细介绍了中国共产党第二十届中央纪律检查委员会第二次全体会议于 2023 年 1 月 9 日至 10 日在北京举行的情况。会议贯彻党的二十大精神，部署 2023 年纪检监察工作，强调全面从严治党，提出八项重点任务，号召团结奋斗，为全面建设社会主义现代化国家提供保障。

1. 标题

一般由会议名称和文种组成。如《中国共产党第二十届中央纪律检查委员会第二次全体会议公报》，“中国共产党第二十届中央纪律检查委员会第二次全体会议”是会议名称，“公报”为文种。

2. 题注

题注是会议通过的日期，如《中国共产党第二十届中央纪律检查委员会第二次全体会议公报》的题注是“2023 年 1 月 10 日中国共产党第二十届中央纪律检查委员会第二次全体会议通过”。

3. 正文

正文部分主要是会议情况，内容较多时，分条列项来写。

(1) 开头，交代会议召开的时间、地点，出席、列席会议的人员和人数，会议的主持单位、发表讲话的人；

(2) 主体，是会议的主要内容，“会议听取、讨论了什么”“会议审议通过了什么”“会议指出什么”“会议提出什么”“会议强调什么”等；

（3）结尾，一般发出号召、提出希望等。

（二）事项公报

如政府公报，结构写法比较简单：

（1）标题：×××政府公报。

（2）题注：××××年×月×日　第×号(期)。

（3）目录：一定时段内，政府工作的相关重要文件。

（4）内容：各个文件的具体内容。

（三）联合公报

1. 标题

标题一般由双方或多方、事由和“公报”组成，如《中华人民共和国和××××共和国关于进一步加强战略伙伴关系的联合公报》，双方名称“中华人民共和国和××××共和国”，事由是“关于进一步加强战略伙伴关系”，文种“公报”。

2. 题注

题注是在小括号内注明发布公报的时间。

3. 正文

正文主要是公报双方或多方达成具体协议。

五、通报的概念

通报是上级机关对下级机关进行表彰先进、批评错误、传达重要精神或者告知重要情况时所使用的一种公文。通报是知照性的下行文，一般在机关、团体、企事业单位内部使用，如有需要往往抄送上级领导机关，扩大宣传教育的范围。

六、通报的特点

（一）典型性

通报的事项要具有典型性，并非任何事情都可通报，要看事情的大小轻重。典型的事情往往具有普遍的代表意义，典型的好人好事是指一般条件下人们可以做到却没有做到的事情；典型的错误或不良倾向是指那些本来可以杜绝却没有杜绝，发生后影响比较大的事情。通报典型的事情可以引起人们的思考，提高人们的思想觉悟和认识水平。否则，如果是一般化的事情，就难以引起人们的注意和思考，也就失去了通报的意义。

（二）教育性

通报表彰先进，可以树立好的榜样，使人们见贤思齐；通报典型的错误或不良倾向，可以防微杜渐，引以为戒。所以，无论是先进的事情，还是错误的事情，都具有突出的教育意义。

（三）时间性

通报的时间性很强，只有迅速及时地将榜样或者教训披露出来，才能有针对性地指导当前的工作，不至于失去一个“典型”。如果已经成了“旧闻”，再去通报，不但不易引起人们的兴趣和注意力，教育意义也不大了。

七、通报的分类

（一）按通报的内容性质分类

1. 表彰性通报

表彰性通报是表彰先进集体或先进个人的通报。这种通报，通过报道具有典型性的好人好事或在同行业中工作成绩突出的集体，树立典型，推广经验，鼓励先进，弘扬正气，以达到教育群众的目的。如最高人民法院《关于表彰××省××市中级人民法院李华同志先进事迹的通报》是表彰先进个人的通报；《国务院关于对“十四五”前期节能减排工作成绩突出的省级人民政府给予表扬的通报》(国发〔2025〕××号)是表彰省级人民政府的通报。

2. 批评性通报

批评性通报是批评有关单位或个人的错误或不良倾向的通报。这种通报，通过揭露具有典型性的错误事实和不良倾向，分析问题发生的原因，指出造成的严重后果，从而引起有关方面的重视，引以为戒，如《××县市场监督管理局关于××超市销售过期食品事件的情况通报》。

3. 情况性通报

情况性通报是指传达上级机关及其他方面的重要精神或重要情况的通报。上情下达的通报是为了使下级干部群众了解全局，统一认识，自觉地与上级协调一致，以推动工作的开展。如《省税务局关于税务经费清理检查情况的通报》，是××省税务局在税务经费清理检查活动结束后，把检查情况汇总，对税务经费使用当中存在的问题向全系统进行了全面通报。某些重要情况的通报，如《××县教育局关于××第二小学学生食堂发生食物中毒事件的情况通报》，是对出现的严重情况所作的通报，以此引起相关部门对学生饮食安全卫生问题的高度重视和严密监管。

（二）按通报写作形式的不同分类

1. 直述式通报

直述式通报即直接叙述被通报事件，如例文五和例文六都是此类。

2. 转述式通报

把下级单位报来的通报、报告、简报等文件，加上批语，转发给有关单位，可以用转述式通报。对被通报事件来讲这是间接叙述形式。如最高人民法院《关于表彰××省××市中级人民法院李华同志先进事迹的通报》就是一份转述式通报。××省高级人民法院在系统内部通报了××市司法干部李华同志的模范事迹，同时抄报了最高人民法院，最高人民法院认为这件事很有典型意义和宣传价值，于是将××省高级人民法院的通报加上批语转发给全国地方各级人民法院，扩大了宣传教育的范围。

八、通报的写法

虽然通报的写作目的有别、所含内容不同，各种通报的具体写法也各异，但从通报的写作规律来看，不管什么种类的通报，它的正文一般都由四部分组成，或叫“通报四要素”。

（一）介绍通报事项的基本情况和主要事实

这是“叙事”部分。

(1) 表彰性通报，一般要写明先进单位或先进个人的主要事迹、主要情节过程或主要做法，概括出值得人们学习的主要事实。

(2) 批评性通报，则要写清不良现象或者事故发生的时间、地点，涉及的单位和人员，经过、结果和影响等。

(3) 情况性通报，则要写清情况的概貌、工作的成绩、问题或事情的发展过程等。

这一部分，要根据通报的主旨写得简明扼要、详略得当、重点突出。凡是能反映问题实质、与表现通报主旨有密切关系的情节、事实要详写，与表现主旨关系不大的一般情况则要略写或不写。要使人看了后能确切地了解通报事项的实际面貌，为引出下文的分析、评论和处理决定打下基础。

（二）对通报事项进行分析评论

这是“说理”部分。

（1）表彰性通报，主要是分析先进典型所体现出来的可贵精神和教育意义。

（2）批评性通报，主要是分析问题产生的原因，揭示出错误的实质及其危害，概括出教训所在。

（3）情况性通报，则要指出通报情况的本质或特征，阐明其中所包含的意义。

（三）说明处理结果或提出处理意见

（1）表彰性通报，一般说明给予有关人员或单位什么具体的表彰或奖励。

（2）批评性通报，则说明给予什么处分或处罚。

（3）情况性通报，一般没这项内容。

这一部分，有的可以单独列为一段写，有的也可以与第一部分或第二部分并在一起。

（四）发出号召，提出希望和要求

（1）表彰性通报，往往要求和号召人们向先进学习。

（2）批评性通报，则要求人们从通报事件中吸取教训，引起警惕，杜绝和防止类似问题再次发生，有的也可针对通报事件所反映出来的问题作出防范规定。

（3）情况性通报，常常针对通报的情况，对下一阶段如何开展工作提出具体意见。

总之，这一部分要牢牢把握分寸，提出的要求既不能过高，也不能过低，要恰如其分、有针对性，还不能像指示或全面部署工作。只能是针对通报的经验或教训提出某一方面的要求。

九、撰写通报的注意事项

（一）行文要及时

通报的时间性较强，写作要及时迅速，从而可以及时指导当前工作，否则，就不能起到很好的教育作用。

（二）事例要真实、典型

通报所报的事例应当是真人真事，不能有半点虚假，否则不但会影响教育效果，还会有损发文单位的声誉。因此，在写通报前，一般要调查、核对事实，做到准确无误。此外，还应注意事例的典型性。无论是表彰还是批评，其事例应让人感到确实值得学习或引以为戒。如果某人犯了一点小错误，就将其通报批评，会给人以小题大做的印象。

（三）详略要得当

通报的事例是写作重点，固然要多用笔墨，但要注意详略得当。若过于简单，变成抽象的概述，人们难以受到教育，产生不了爱憎之情；若过于详细，将“通报”写成近似“通告”或“报告文学”，又会使人难以把握要领。

（四）要突出教育性，注意掌握政策

通报与决定不同，它不是一种行政命令，它最主要的特点是教育性，在写作中要注意突出这一特点，在写通报中的处理意见时，必须注意政策，掌握好分寸，使处理决定与事实、政策相一致，做到合情合理，否则，既对当事人不利，又难以服众。

十、通告、 通知与通报的区别

通告、通知与通报是使用范围非常广、使用频率较高的三种很重要的公文文体。这三种公文文体有时被错用是因为它们的用法和适用范围十分接近。为了充分发挥这三种文体在实际工作中的重要作用，我们不但要了解这三种文体的共同点，而且要搞清楚这三种文体的不同点。

（一）通告、通知与通报的共同点

共同点主要体现在“通”字上。而“通”的含义：一是传达；二是普遍。

1. 周知性

从其概念上看，通知用于上级机关“传达要求下级机关办理和需要有关单位周知或者执行的事项”；通告用于“公布社会各有关方面应当遵守或者周知的事项”；通报用于“表彰先进、批评错误、传达重要精神、交流重要情况”。可见，不管通知、通告，还是通报的事项都是在一定范围内需要周知的。

2. 下行文

从公文的行文方向上看，通告、通知、通报都是下行文，即上级机关对其所属下级机关自上而下的发文。因此，这三种公文都反映了上级机关对于下级机关工作的领导与指导，传达了制文机关对于某项工作问题所作的决策和意见，体现了法定的权威和效力。

3. 适用广泛

从公文的适用范围上看，这三种公文运用都十分广泛。在行政机关或企业单位团体都可通用。

（二）通告、通知与通报的不同点

虽然这三种文体有许多共同点，但又有较大的区别。只有掌握了这三者的不同，才能准确地将它们区别开来。具体有以下不同。

1. 发文的目的不同

通告、通知是让下级了解上级指示精神，告诉其应知或应办的事项，如转发文件、传达精神、布置工作、发布规章、增设机构、通报情况、任免和聘用干部、召集会议等。通报则是要通过典型事例或具体情况来教育有关人员以便改进工作。

2. 收文机关不同

通告、通报的收文机关大半是泛指的；通知则有明确的收文机关，并且大都用于相隶属的上下级之间，如需要制发机关的上级或平级以及不相隶属的下级知道通知的内容，在抄送时，应标明抄送机关。

3. 保密程度不同

虽然“通”带有“传达”和“普遍”的意思，但这“普遍”有一定的范围界限，一般来说，通告的内容不具有保密的性质，即使不在其范围之内知道了也无所谓。而通知和通报的内容，有时是带有保密性质的，有时甚至是绝密，从这一点来看，这三种文体保密程度是不同的。

4. 要求程度不同

一般来说，通告和通报只需知道即可、往往不带有具体的执行事项。而通知除知照性通知外，大都带有必须遵照执行的事项或办理期限。

思考题

1. 请阐述会议公报的一般写法。
2. 政府公报的格式要素怎么安排？

3. 通报有哪些分类？

4. 通报的正文一般怎么写？

5. 通报与通知、通告有哪些区别？

第五节 请示与批复

情境导入1

2023年秋季，随着经济复苏步伐加快，××市商务局积极响应政策号召，策划并启动了一系列促进消费、扶持中小企业的专项活动。从举办大型展会到线上营销支持，各项举措有效提振了市场活力，但也导致预算执行超预期，特别是场地租赁、宣传推广等费用显著增加。为确保后续活动持续高效推进，××市商务局于2023年11月15日向市政府提交请示，申请追加预算50万元，以缓解当前资金压力。

你知道请求上级拨款的公文应以什么文种行文吗？怎么拟制这份公文呢？

情境导入2

根据上面"情境导入1"环节中的案例，××市市政府收到××市商务局《关于申请追加预算的请示》后，于2023年11月20日作了答复，同意追加预算50万元。

你知道××市市政府又是以什么文种行文的吗？怎么拟制这份公文呢？

实例阅读

【例文一】

辽宁省沈阳市财政局文件

沈××〔2024〕15号　　　　签发人：李××

关于申请增加2024年社区养老服务设施建设专项资金的请示（样例）

辽宁省财政厅：

随着我市人口老龄化进程的加快，社区养老服务需求日益增长。为进一步提升我市社区养老服务水平，完善社区养老服务设施建设，根据《辽宁省关于××××的实施意见》（××〔2023〕28号）文件要求，我市计划在2024年新建和改造一批社区养老服务设施。

目前，经详细调研和规划，我市2024年社区养老服务设施建设预计总投资1200万元，资金来源主要包括地方财政配套600万元、社会捐赠100万元等，但仍存在资金缺口500万元。具体项目情况如下：

新建社区养老服务中心：计划在和平区南湖街道、铁西区兴华街道等5个社区新建养老服务中心，每个中心建设面积约为800平方米，配备基本的生活照料、康复护理、文化娱乐等设施。预计每个中心建设费用为150万元，共计750万元。

改造现有社区养老服务站点：对大东区万泉街道、皇姑区黄河街道等10个现有社区养老服务站点进行改造升级，包括房屋修缮、设备更新、环境优化等。预计每个站点改造费用为45万元，共计450万元。

为确保社区养老服务设施建设项目的顺利实施，保障老年人能够享受到更加优质、便捷的养老服务，特向省财政厅申请增加2024年社区养老服务设施建设专项资金500万元。

妥否，请批复。

沈阳市财政局(公章)

2024年3月20日

【例文二】

齐齐哈尔市人民政府

齐××〔2024〕28号　　签发人：王××

关于拨付冬季供暖设施抢修专项资金的请示(样例)

黑龙江省人民政府：

我市在2023年12月至2024年2月期间遭遇了极端严寒天气，气温持续低于历史同期平均水平，最低气温达到零下35摄氏度。受此极端天气影响，我市部分老旧小区的供暖设施出现严重损坏，供暖管道冻裂、锅炉故障等问题频发，导致多个区域供暖中断，受影响居民达38000余户，涉及人口约120000人。

此次供暖设施损坏情况具有以下特点：一是损坏范围广，涵盖了全市多个老旧社区；二是损坏程度深，部分供暖管道因冻裂变形严重，锅炉设备关键部件损坏，修复难度较大；三是影响时间长，由于天气持续严寒，抢修工作面临极大困难，部分区域供暖中断时间长达一周以上，给居民生活带来了极大不便。

为尽快恢复供暖，保障居民正常生活，市、区政府迅速采取了一系列应急措施。一方面，组织供暖企业紧急调配抢修队伍，24小时不间断开展抢修工作；另一方面，积极协调物资供应，确保抢修所需的管材、配件等物资及时到位。同时，通过社区宣传、媒体公告等方式，及时向居民通报抢修进展情况，做好居民安抚工作。

截至目前，虽然大部分受损供暖设施已修复，但仍有部分老旧小区的供暖管道因地下管线复杂、施工难度大等，抢修工作进展缓慢。经专业机构评估，要彻底完成剩余抢修工作，还需资金200万元。目前，我市已自筹资金80万元，但仍有120万元的资金缺口。

为解决剩余供暖设施抢修资金问题，确保所有受损供暖设施尽快恢复正常运行，保障居民温暖过冬，特向省政府申请拨付冬季供暖设施抢修专项资金120万元。

当否，请批复。

齐齐哈尔市人民政府(印章)

2024年3月10日

【例文三】

辽宁省财政厅文件

辽××〔2024〕30号

关于沈阳市申请增加2024年社区养老服务设施建设专项资金的批复(样例)

沈阳市财政局：

你局《关于申请增加2024年社区养老服务设施建设专项资金的请示》(沈××〔2024〕15号)收悉。经研究，现批复如下：

一、同意增加你市2024年社区养老服务设施建设专项资金500万元。随着人口老龄化的加剧，提升社区养老服务水平、完善养老服务设施建设是保障老年人生活质量的重要举措，你市积极推进相关工作，具有重要的现实意义。

二、你市要严格按照相关规定管理和使用这笔专项资金，确保专款专用。要建立健全资金管理制度，加强对资金使用情况的监督和检查，提高资金使用效益，杜绝截留、挪用等违规行为。

三、对于新建和改造的社区养老服务设施项目，要严格按照规划和标准组织实施，确保工程质量和安全。要加强对项目实施过程的监管，及时掌握项目进展情况，协调解决项目实施中出现的问题。

四、项目完成后，你市要及时组织验收，并将项目实施情况、资金使用情况和取得的成效等形成书面报告，报送省财政厅备案。

希望你市充分利用好这笔专项资金，扎实推进社区养老服务设施建设，进一步提升社区养老服务水平，为老年人创造更加优质、便捷的养老环境。

特此批复。

辽宁省财政厅
2024年3月28日

【例文四】

黑龙江省人民政府

黑××〔2024〕35号

关于对齐齐哈尔市人民政府冬季供暖设施抢修专项资金请示的批复（样例）

齐齐哈尔市人民政府：

你市《关于拨付冬季供暖设施抢修专项资金的请示》（齐××〔2024〕28号）收悉。经研究，现批复如下：

省政府高度重视你市冬季供暖设施抢修工作，充分理解极端严寒天气给供暖设施带来的严重损坏以及给居民生活造成的不便。保障居民温暖过冬是民生大事，及时修复受损供暖设施对于维护社会稳定和居民正常生活至关重要。

鉴于你市在应对此次极端严寒天气过程中，积极组织抢修工作，采取了一系列有效措施，且已自筹部分资金，但仍存在资金缺口的情况，省政府同意拨给你市冬季供暖设施抢修专项资金120万元，用于完成剩余受损供暖设施的抢修工作。

你市要严格按照相关规定管理和使用这笔专项资金，确保专款专用，提高资金使用效益。要加强对抢修工作的监督和检查，保证抢修工程质量，尽快恢复所有受损供暖设施的正常运行，切实保障居民温暖过冬。同时，要总结经验教训，进一步完善供暖设施应急预案，提高应对极端天气的能力，避免类似情况再次发生。

特此批复。

黑龙江省人民政府
2024年3月20日

任务描述

1. 了解请示的概念和特点。
2. 掌握请示的一般写法。
3. 了解请示与报告的区别。

4. 了解批复的特点。

5. 掌握批复的一般写法。

必学知识

一、请示的概念

请示是下级机关向其上级机关请求指示、批准所使用的一种祈复性公文。

二、请示的特点

（一）祈复性

请示是用来请求上级解决问题的，上级则针对请示问题作出明确的批复。

（二）单一性

请示行文必须坚持“一文一事”的原则，即一事一请示，在一个请示里只能请求解决一个问题，如果有多个问题，则应该对应使用多个请示。

请示一般只写一个主送机关，如需同时送其他机关，应当用抄送形式。

（三）时间性

请示所涉及的问题，一般都是急需解决的。上级接到请示后，必须及时作出答复，一般不能拖延，否则延误下级工作的开展。因此请示时间性较强。

（四）隶属性

请示特别强调必须按照上下级的直接隶属关系来进行，即下级机关向所隶属的上级机关发文请示，不能向非隶属关系的机关发文请示。因为只有相隶属的上级机关才有权利答复其下级机关的请示事项。

三、请示的适用情况

下级机关遇到新情况、新问题，因无章可循而没有对策或没有把握，需要上级机关给以指示时，可使用请示。

下级机关对有关方针、政策和上级机关发布的规定、指示有疑问，需要上级机关给予解答时，可使用请示。

下级机关之间在较重要的问题上出现意见分歧，需要上级机关裁决时，可使用请示。

下级机关在处理较为重要的事件和问题时，因涉及有关方针政策必须慎重对待，需要报请上级机关批准时，可使用请示。

下级机关在工作中遇到问题，虽然有解决的办法，但受职权、条件的限制，没有权力或没有能力实施这些办法，需要上级机关帮助解决时，可使用请示。

四、请示的分类

（一）请求指示的

请求指示的请示侧重于上级的指导性意见。对工作中有疑难问题需要上级解答；出现新情况、新问题而又无章可循，需要上级指明办法；下级内部发生意见分歧，无法统一，需要上级裁决等就用请求指示的请示。

（二）请求批准的

请求批准的请示侧重于寻求上级机关核准。对某一问题已有明确的处理意见，但需要上级认可后才能实施；工作中有困难需要上级提供物质援助；遇到上级主管部门明确规定必须经过审批才能办理的事情，都要使用请求批准的请示。

五、请示的写法

请示一般由发文机关标志、发文字号、签发人、首页红色分隔线、标题、主送机关、正文、发文机关署名、成文日期、印章等组成。

请示的正文一般应写明三个方面的内容。

（一）请示缘由

首先，写明请示的缘由，即“为什么请示”。简要写明提出请示的依据、背景，交代清楚情况或问题。理由要充分，语言要简洁明了。

（二）请示事项

其次，写明请示的事项，即“请示什么问题”。如果是请求上级解答疑难问题的，要讲清楚具体什么疑问；如果是请求上级批准某种意见、措施的，就要将本机关的意见和打算写具体；如果是请求上级帮助解决某一困难的，就要把需要提供的具体帮助写明白。

（三）祈请答复

最后，一般用具有高度概括性的结语明确要求上级给予回答、批复。常用的结语有：“以上妥否，请批复”“当否，请批复”“是否妥当，请指示”“以上意见当否，请核示”“如无不妥，请批准”“以上问题如何处理，请指示”“如无不妥，请批转有关单位执行”等。

六、写作注意事项

（一）情况要确凿，理由要充分

写请示要陈述情况，作为请求批准和答复的理由。请示中所陈述的情况必须确凿无误，决不能为了谋求批准而无中生有编造假情况，夸大困难和问题。同时，写请示是为了得到上级的批准和答复，因此，还应该在保证情况属实的基础上，力求把理由阐述充分，这样才能保证达到预期的目的。

（二）态度要恳切，语气要谦和

请示是上行文，是下级向上级提出要求，自然要礼貌些，即使请示的问题十分重要、紧迫，很需要引起上级重视并让上级尽快答复，但也只能通过充分的理由和恳切的态度引起上级的重视，而不能采用命令式的语气。

（三）要坚持一文一事和主送一个机关的原则

拟写请示要坚持“一文一事”的原则，即一篇请示只写一件事，不能同时写性质不同的几件事。否则，会因涉及范围广、牵扯问题多，使上级机关不易及时处理，以致延误答复时间。同时不得在报告等非请示性公文中夹带请示事项。

请示还应注意只能主送一个机关，不能多头主送。

多头主送的弊端较多：一是不便于明确答复责任，可能引起几个被请示机关互相依赖，甚至互相推诿，以致贻误工作；二是如果多方给予答复，意见稍不一致，下级就会无所适从，也不利于开展工作。因此即使受双重领导的机关向上级请示问题，也应根据请示的内容，分清主次，只确定一个主送机关，必要时抄送另一个上级机关。

七、请示与报告的区别

（一）请示与报告的相同点

1. 二者行文关系相同

都属于上行文，即都是有隶属关系的下级机关向上级机关发送的文种。

2. 二者文体格式相同

这两种公文除具有其他公文格式外，都应有“签发人”。

（二）请示与报告的不同点

1. 行文目的不同

报告属于阅件，请示属于办件。报告不要求上级批复，它仅仅是向上级汇报工作、反映情况等；请示则要求上级给予答复，要有回音。

2. 内容容量不同

报告的内容容量比较广泛，涉及的面可大可小、篇幅可长可短，形式也可多样。即使是一事一报的专题报告，内容也比较详尽、具体，容量也比较大。而请示的内容比较单一，一文一事，篇幅一般比较短。

3. 行文时间不同

报告可在事前行文，也可在事中行文，也可在事后行文；请示则必须在事前行文，绝不允许“先斩后奏”。

4. 结语不同

请示的结语常用“当否/妥否，请批复”这样固定的结语；而报告的结语由于报告的内容呈多样性，所以写法比较灵活，往往视内容而定。

八、批复的概念

批复是上级机关针对下级机关的请示事项给予答复时所使用的一种公文。

九、批复的特点

（一）单一性

批复的单一性体现在两个方面：一是行文关系上，只能主送给请示单位。如果所答复的问题具有普通的意义，需要让其他下级机关知道，一般用抄送形式，而不像“通知”那样多头主送。二是写作内容上，内容单纯，针对性强，一般只对请示事项作出答复，批复回答的内容不能超出请示问题所涉及的范围。

（二）指导性

批复是上级机关针对下级的请示提出具体的处理办法和决策意见的公文，它对下级机关所请示的工作，具有明显的指导作用，下级接到上级的批复，就要依照批复精神开展工作。

（三）权威性

批复发自领导机关，而在职权上对其下级机关具有法定的管辖权，所以批复对下级来说具有权威性。

（四）被动性

无论在什么情况下，都是请示在前，批复在后。上级机关不会主动发出批复，因此批复属于被动性行文。

十、批复的分类

（一）请求指示的批复

请求指示的批复是指对下级机关要求解答、裁定和指导的问题的批复。

（二）请求批准的批复

请求批准的批复主要针对下级机关请求批准的事项进行认可和审批，带有表态性和手续性。

十一、批复的写法

批复的正文，一般由引语、批复意见和结语三部分组成。

（一）引语

批复的开头是“引语”。通常是引叙对方的来文，写明是对什么请示的批复，使受文单位一看就知道批复的针对性。引叙对方来文时，必须引出对方来文的标题和发文字号。引语的一般写法是：“你单位《×××关于……的请示》（××字〔××××〕×号）收悉。”

（二）批复意见

批复意见，即对对方请示的问题所作的答复和指示。这一部分是核心，要根据有关的政策、法令、规章制度以及实际情况对下级提出的请示事项作出恰当、明确的答复。

有些批复比较简短，而有些政策性比较强、涉及的问题比较重大复杂，批复意见就比较长。如果表示否定的意见时，不能仅仅用“不同意”三字就打发了下级，除了提出明确的否定性意见，还须说明充分的理由，具体讲清依据什么政策、规定等。必要时还应简明地引述原文的条款，以使下级明白上级不同意的原因，易于下级接受。

（三）结语

批复的结语，一般用“特此批复”或“此复”等词语以加强语气，收束全文。有的也可以提出与批复内容有关的其他要求和希望，如“专款专用，不得挪作他用”“请遵照执行”之类。

十二、写作注意事项

（一）批复要及时，态度要明朗

下级机关的请示，一般都是有急需解决的问题才写的，上级机关接到请示后，要迅速及时地给予答复，以免延误下级的工作。同时，作出答复意见，态度一定要明朗，不能含糊其词、不置可否。

（二）要严格掌握政策，防止出现偏离政策的现象

写作批复一定要有强烈的政策观念，所答复的问题，如果涉及已有的政策规定，就要严格按政策规定作答，不能偏离政策另搞一套。同时，批复中引用文件时，也要认真查对原件，防止出现差错，造成矛盾。

思考题

1. 请示有哪些特点？
2. 请示一般有哪些内容？
3. 写请示应注意哪些事项？
4. 请示与报告的主要区别是什么？
5. 批复有哪些特点？
6. 批复的开头引语怎么写？

第六节 意见和纪要

情境导入1

为贯彻落实《国务院关于深化考试招生制度改革的实施意见》国发〔2014〕35号，促进学生全面发展、健康成长，教育部向各省、自治区、直辖市教育厅(教委)，新疆生产建设兵团教育局，部属各高等学校就加强和改进普通高中学生综合素质评价提出一系列意见。

显然，教育部下发的公文形式是“意见”，意见适用哪些情况呢?

情境导入2

为规范新就业形态劳动用工管理，统一裁审法律适用标准，2025年1月20日，××省人力资源和社会保障厅联合省高级人民法院、省总工会召开“××××权益保障研讨会”。省、市两级劳动监察部门负责人、劳动争议仲裁机构骨干、中级人民法院民事审判庭法官及美团、顺丰等平台企业法务代表共50余人参会。会议聚焦外卖骑手劳动关系认定、共享员工社保缴纳、算法取酬法律性质等6项争议焦点展开研讨，就“不完全符合劳动关系情形”的权益保障路径形成共识。会后发布《××××权益保障研讨会会议纪要》，为同类案件处理提供指引。

你知道什么是会议纪要吗？如何拟制会议纪要呢?

实例阅读

【例文一】

教育部、国家市场监管总局关于加强校外培训机构规范管理的意见(样例)

教监管〔20××〕4号

为切实减轻中小学生课外负担，保障学生身心健康和全面发展，维护教育培训市场秩序，现就加强校外培训机构规范管理提出如下意见：

一、提高站位，强化责任担当

各地教育、市场监管部门要充分认识规范校外培训机构工作的重要性，将其作为深化教育改革、促进教育公平的重要任务。地方各级政府分管领导要牵头建立联席会议机制，定期研究解决突出问题。教育行政部门要统筹协调培训机构审批、师资监管及教学内容审核；市场监管部门需严格准入登记，强化广告、价格、合同等执法检查。培训机构法定代表人须签订规范经营承诺书，对办学安全负第一责任。

二、明确标准，健全监管体系

1. 准入管理。严格执行“证照齐全”原则，学科类培训机构须同时取得办学许可证和营业执照(民办非企业单位登记证书)，非学科类机构需完成经营范围备案。

2. 师资核查。学科类教师须具备相应教师资格证，外籍教师需持有工作许可及教学资质证明，所有教师信息须在机构醒目位置公示。

3. 资金监管。推行"一课一消"预收费模式，培训费用通过银行托管账户划转，单次收费不得超过3个月或60课时，严禁"超期收费""捆绑销售"。

三、聚焦安全，严控办学风险

1. 场所安全。培训场所须符合消防、环保标准，人均面积不低于3平方米，不得使用居民住宅、地下室等违规场地，2024年底前完成全面排查整改。

2. 内容安全。严禁超标超前教学、虚假宣传升学率，学科类培训不得在节假日、寒暑假开展，线上培训每课时不超过30分钟、课程间隔不少于10分钟。

3. 应急机制。建立突发事件应急预案，每半年开展1次消防演练，发现意识形态风险、群体性纠纷等须在1小时内上报属地教育、公安部门。

四、从严执法，落实问责机制

1. 联合检查。省级部门每季度开展1次"双随机、一公开"抽查，市县两级每月巡查不少于10家机构，重点核查隐形变异培训、虚假广告等问题。

2. 信用惩戒。对违规机构实施"黄牌警告-红牌停业"分级处置，通过国家企业信用信息公示系统公示违法记录，对负责人实施行业禁入。

3. 责任倒查。对因监管不力导致重大安全事故的，依法追究属地政府分管领导及部门负责人责任，构成犯罪的移送司法机关。

五、加大投入，提升保障水平

1. 财政支持。2024年起，省级财政设立校外培训治理专项经费，重点支持监管平台建设、师资培训、家长教育等项目。

2. 数字赋能。2024年6月底前建成全国统一校外培训监管平台，实现机构资质、课程备案、资金流动等全流程数字化监管。

3. 家校协同。学校每学期至少开展2次家庭教育指导，引导家长理性选择培训机构，畅通"违规培训随手拍"举报渠道，经查实给予举报人奖励。

本意见自发布之日起施行，各地需结合实际制定实施细则，确保政策落实到位。

教育部

国家市场监管总局

20××年×月×日

【例文二】

浙江省人民政府关于进一步深化跨境电商综试区建设的实施意见(样例)

浙××〔2024〕8号

各市、县(市、区)人民政府，省政府直属各单位:

近年来，我省跨境电商综试区建设成效显著，形成"六体系两平台"核心架构，培育跨境电商企业超5万家，2023年进出口总额突破6000亿元，占全国比重超15%。但仍存在部分问题：跨境电商企业合规成本较高，中小微企业融资难、回款周期长；海外仓布局分散，智能化水平不足；跨境物流通道存在"卡脖子"环节，国际航空货运能力亟待提升；数字贸易规则对接滞后，数据跨境流动安全机制不完善等。为加快培育外贸新动能，推动跨境电商高质量发展，现提出如下意见：

一、指导思想和基本原则

(一) 指导思想

以党的二十大精神和数字经济创新提质"一号发展工程"为指引，聚焦"地瓜经济"提能升级"一号开放工程"，深化制度创新、数字赋能、生态构建，打造全球跨境电商产业高地。通过优化监管服务、强化金融支持、完善基础设施，推动"浙江制造"通过跨境电商渠道高效链接全球市场，助力构建双循环新发展格局。

（二）基本原则

1. 创新驱动，数字赋能。运用区块链、人工智能等技术提升通关、结汇、退税效率。

2. 市场主导，政府引导。发挥企业主体作用，强化政策精准供给。

3. 风险可控，安全有序。建立全链条风险防控体系，保障数据安全与交易合规。

4. 开放合作，全球布局。深化与 RCEP 国家合作，拓展“一带一路”新兴市场。

二、具体内容及相关政策

（一）优化跨境电商监管服务

1. 推广“跨境电商+海外仓”出口退税无纸化申报，2024 年实现全省覆盖。

2. 建立跨境电商企业“白名单”制度，对合规企业优先提供 AEO 认证、简化通关手续。

3. 支持杭州、宁波试点“9610”与“9710”“9810”出口业务合并申报，降低企业申报成本。

（二）强化金融支持与风险保障

1. 设立省级跨境电商专项信贷资金池，2024 年规模不低于 50 亿元，重点支持中小微企业融资。

2. 鼓励金融机构开发“跨境贷”“信保贷”等产品，允许企业凭跨境电商订单申请贷款。

3. 推动出口信用保险覆盖跨境电商全模式，对年出口额 1000 万美元以下企业保费补贴比例提高至 60%。

（三）完善跨境物流基础设施

1. 2025 年前建成 10 个省级公共海外仓，单个海外仓面积不低于 1 万平方米，配套智能化仓储管理系统。

2. 支持宁波舟山港拓展“义新欧”班列跨境电商专列，2024 年新增国际货运航线 5 条。

3. 对跨境电商物流企业购置新能源运输工具给予 30%购置补贴。

（四）推动数字贸易规则对接

1. 依托中国（浙江）自由贸易试验区，探索数据跨境流动“负面清单”管理模式。

2. 支持杭州、宁波建设跨境电商数字服务平台，实现与海外电商平台数据直连。

3. 建立跨境电商知识产权保护联盟，对海外维权成功企业给予 50%费用补贴。

（五）培育跨境电商产业生态

1. 对年交易额超 10 亿元的跨境电商平台给予最高 1000 万元奖励。

2. 支持高校开设跨境电商相关专业，2024 年新增实训基地 20 个。

3. 举办“浙江跨境电商博览会”，打造全球跨境电商资源对接平台。

三、配套措施

（一）深化“一区一策”改革

1. 各综试区需结合本地产业特色制定实施方案；

2. 杭州综试区重点发展数字营销、跨境支付；

3. 宁波综试区强化港口物流、大宗商品跨境电商；

4. 义乌综试区深化“市场采购+跨境电商”融合；

5. 省商务厅每季度开展改革成效评估，对创新成果显著的综试区给予专项激励。

（二）加强人才支撑

1. 将跨境电商人才纳入省级重点人才工程，对引进的高端人才给予最高 100 万元安家补助。

2. 鼓励企业开展“跨境电商+小语种”复合型人才培养，政府按培训费用的 50%给予补贴。

（三）强化风险防控

1. 建立跨境电商风险监测预警系统，对年交易额超 5000 万元企业实施动态监管。

2. 联合海关、税务、外汇等部门开展“跨境电商护航行动”，2024 年开展专项整治不少于 4 次。

本意见自 2024 年 5 月 1 日起施行，由省商务厅会同省财政厅、杭州海关等单位负责解释。

浙江省人民政府（章）

2024 年 3 月 15 日

【例文三】

江苏省人民政府专题会议纪要(样例)

(2024年2月20日)

2月15日，许昆林省长主持召开专题会议，研究长三角生态绿色一体化发展××××建设问题。省政府秘书长陈建刚、副秘书长吴永宏，省发展改革委主任李侃桢、省交通运输厅厅长吴永平出席会议。会议听取了省发展改革委关于示范区智慧物流体系建设方案的汇报，与会同志就相关问题进行了深入讨论。

会议指出，示范区智慧物流体系建设是推动长三角物流降本增效、促进区域经济协同发展的关键举措，对提升供应链韧性、服务实体经济、实现"双碳"目标具有重要意义。需强化顶层设计，创新政策机制，打造全国智慧物流标杆。会议原则同意《长三角生态绿色一体化发展××××建设实施方案》，并明确以下事项：

(一) 成立智慧物流体系建设领导小组

由常务副省长马欣任组长，省发展改革委、交通运输厅、财政厅、自然资源厅、工信厅、商务厅负责人为成员。由省发展改革委牵头，联合上海青浦区、浙江嘉善县政府成立联合工作专班，建立季度调度机制，确保2024年6月底前完成首期项目清单落地。

(二) 划定智慧物流核心功能区

1. 确定苏州吴江、上海青浦、浙江嘉善三地交界区域为智慧物流核心区，重点建设；

2. 吴江汾湖智慧物流枢纽(占地2000亩)，打造无人仓储、智能分拣中心；

3. 青浦长三角数字供应链创新港，聚焦跨境电商物流；

4. 嘉善绿色配送示范区，推广新能源物流车应用。

(三) 创新物流用地供给模式

1. 支持物流企业通过"先租后让"方式取得用地，租赁期5年，租赁期满考核达标后办理出让；

2. 对智慧物流项目用地指标单列管理，2024年省级统筹安排新增建设用地指标500亩；

3. 鼓励利用存量工业用地建设多层立体仓库，容积率上限提高至3.0。

(四) 加大财政金融支持力度

1. 省级财政设立2亿元智慧物流专项基金，对无人配送、智能仓储等示范项目给予最高30%投资补贴；

2. 对物流企业购置新能源运输设备，按购置价20%给予补贴，单家企业年度补贴上限1000万元；

3. 推动设立长三角智慧物流产业基金，首期规模不低于10亿元，重点投向物流科技初创企业。

(五) 构建数据共享平台

1. 依托省大数据管理中心，建设示范区物流数据交换平台，2024年年底前实现三地海关、税务、交通等部门数据互通；

2. 推广电子运单、智能合约应用，对接入平台的企业给予每单0.5元数据服务费减免；

3. 建立物流信用评价体系，对AAA级企业优先安排绿色通道通行。

(六) 强化人才技术支撑

1. 支持东南大学、同济大学等高校在示范区共建物流工程实验室，2024年新增联合培养研究生50名；

2. 对引进的物流领域高端人才，给予最高150万元安家补贴及3年免租人才公寓；

3. 举办长三角智慧物流创新大赛，设立500万元奖金池，推动5G、区块链等技术在物流场景落地。

出席：省政府办公厅××，省发展改革委××，省交通运输厅××，省财政厅××，省自然资源厅××，省工信厅××，省商务厅××，苏州市政府××，上海青浦区政府××，浙江嘉善县政府××。

【例文四】

粤港澳大湾区数字经济与实体经济融合发展研讨会会谈纪要(样例)

(2024年11月8日)

(一)会议基本情况

粤港澳大湾区数字经济与实体经济融合发展研讨会于2024年11月5日至11月8日在广州市召开。

本次会议由中山大学岭南学院教授林毅夫倡议,并与香港科技大学(广州)教授张立新、澳门科技大学教授李行伟、深圳大学教授陈国栋共同发起,委托广东省工业和信息化厅主办,广州市人民政府承办。

出席会议的代表共45名,其中正式代表38名,包括香港8名、澳门3名、广东27名;特邀代表7名,涵盖国家发展改革委、工业和信息化部、国务院港澳办等单位代表,以及腾讯、华为等企业高管。

会议全程在务实高效、开放包容的氛围中进行,与会代表围绕"数实融合赋能湾区高质量发展"主题展开深入研讨,充分交换意见,形成多项共识。代表们对会议组织安排及后勤保障给予高度评价,认为此次会议为大湾区数字经济协同发展提供了重要平台。

(二)主要研讨内容

1. 区域发展概况交流

(1)香港代表介绍"智慧金融+实体产业"融合经验,重点分享供应链金融平台服务制造业案例;

(2)澳门代表阐述"数字文旅+会展经济"创新模式,提出跨境数据流动便利化需求;

(3)广东代表汇报"产业集群数字化转型"进展,展示东莞智能制造、佛山泛家居产业数字化成果。

2. 数实融合路径分析

(1)聚焦人工智能、工业互联网、区块链等技术在制造业、服务业的落地场景;

(2)对比三地数据跨境流动规则差异,探讨建立大湾区数据分级分类管理机制;

(3)分析中小企业数字化转型痛点,提出"政府补贴+服务商让利+金融机构支持"联合解决方案。

(三)重要决议事项

1. 启动大湾区数实融合创新示范工程

(1)2025年前遴选20个跨境数实融合项目,涵盖智能制造、跨境电商、智慧物流等领域;

(2)成立由三地高校、企业、行业协会组成的联合推进小组,广东省工信厅牵头建立季度调度机制。

2. 共建大湾区数字经济标准体系

(1)联合编制《粤港澳大湾区××××互联互通规范》《××××安全评估指南》等5项标准;

(2)设立标准化技术委员会,由香港科技大学(广州)、澳门科技大学、华为、腾讯等单位专家组成。

3. 设立大湾区数实融合产业基金

(1)首期规模50亿元,重点投向关键技术攻关、数字化改造服务商、跨境数据服务平台;

(2)鼓励港澳资本参与基金运作,对投资湾区项目的境外资金给予10%税收返还。

(四)后续行动计划

1. 2025年3月底前完成首批示范项目申报与评审;

2. 2025年6月举办大湾区数字经济与实体经济融合创新大赛;

3. 建立三地数据跨境流动"白名单"制度,2025年年底前实现100家企业数据合规互通。

(五)致谢

与会代表对广东省人民政府、广州市人民政府的精心筹备表示感谢,对支持单位(国家发展改革委、工业和信息化部、国务院港澳办)及合作企业(腾讯、华为、中国电信)的积极参与致以诚挚谢意。

附件:会议代表名单(略)

抄送:国家发展改革委、工业和信息化部、国务院港澳办、广东省人民政府办公厅、广州市人民政府办公厅。

广东省工业和信息化厅(公章)

2024年11月8日

任务描述

1. 了解意见的特点。
2. 熟悉意见的一般写法。
3. 了解纪要的特点。
4. 掌握纪要的一般写法。

必备知识

一、意见的概念

意见是适用于对重要问题提出见解和处理办法的一种公文。意见可作上行文，也可作下行文、平行文。

二、意见的特点

（一）行文方向的多向性

意见既可由上级机关对下级机关提出指导性、规定性意见；还可用于下级机关对上级机关提出建设性的意见；也可用于平级机关之间相互行文。

（二）内容的针对性

意见往往就工作中急需解决的问题或必须克服的倾向而制发，所以它提出的问题要及时，分析问题要结合实际，提出的见解、办法要对症下药、有的放矢。

（三）作用的多样性

意见的适用范围比较广泛，既有报请性，又有指挥性，还有用于平级机关或不相隶属机关之间的给对方提供建设性的参考意见。意见作为上行文时，类似于请示，可向上级机关汇报提出对某个重要问题的见解和处理意见，如果上级机关认可，则可以批复给下级机关贯彻执行，但只限于对重要问题提出见解和处理办法。意见作为下行文，可对下级机关布置工作，明确处理问题的办法，具有操作性。

三、意见的分类

按照意见的内容与性质，意见可以分为以下四类。

（一）建议性意见

建议性意见是下级机关就其业务范围之内的某一问题，向上级机关提出建议性意见，供上级机关参考，作为上级机关制定相关政策的依据。如教育部、卫生部《关于加强学校卫生防疫与食品卫生安全工作的意见》。

（二）指导性意见

指导性意见是上级机关针对下级工作所出现的问题，阐明基本原则，提出解决办法和执行要求，对下级机关的工作给予具体指导。如《山东省人民政府关于进一步深化省以下财政体制改革的意见》。

（三）实施性意见

实施性意见一般是为贯彻落实某一重要决定或中心工作所制定的实施方案，它重在阐发上级的有关精神，使下级单位对上级单位的文件精神有更深入的理解，同时提出较为具体的行动方案和工作安排。实施性意见属下行文，如《教育部关于在中小学幼儿园广泛深入开展节约教育的意见》。

（四）参考性意见

参考性意见是平行机关和不相隶属机关之间就某些工作提出的供对方参考的建设性的见解或可行性方案，如《关于××××的意见》。

四、意见的写法

（一）标题

意见的标题常见写法是由发文机关、事由和文种组成，如《教育部关于在中小学幼儿园广泛深入开展节约教育的意见》。

（二）发文字号

直接发布的意见，其发文字号为一般公文的发文字号。

（三）主送机关

分为两种情况：需要转发的意见，没有主送机关这一项，但转发该意见的通知，要把主送机关写清楚；直接发布的意见，要有主送机关，主送机关的排列方法和一般公文相同。

（四）意见的正文

1. 开头

概述发文缘由，说明发文依据，包括发布意见的背景、根据、目的、意义等，回答“为什么提意见”。最后以“现提出以下意见”“特制定本实施意见”等过渡性语句转入下文。

2. 主体

这是意见的核心部分，主要是对有关问题或工作提出见解或处理办法。内容较单纯集中的，主体部分直接写见解即可；内容繁多的，涉及重要问题或全局性工作的，既要提出总的、原则性的要求，还要提出具体可行的实际操作办法，并常采用条款式写法。

3. 结尾

（1）对于下行意见，一般写清意见提出者的要求、希望即可，如“以上意见，望各单位结合本部门的实际情况，制定相应措施，认真贯彻执行”“请认真贯彻落实”等。

（2）对于上行意见，呈报性建议意见可用“以上意见供领导决策参考”“以上意见供参考”作结。

（3）呈转性建议意见均用“以上意见如无不妥，请批转×××执行”之类语句作结尾。

（4）也可以自然收尾，不加结束语。

（五）落款

可在正文右下方署上成文时间，并加盖发文机关印章。

五、意见写作的注意事项

（1）必须具有明确的政策依据与法规依据

（2）应从实际出发。

（3）意见的内容应明确具体，即工作目标明确、政策界限清楚、措施办法具体。

（4）意见最重要的是讲究建设性与可行性。

六、纪要的概念

纪要是适用于记载会议主要情况和议定事项的公文。

“纪”是记录；“要”是要点，“纪要”就是记录要点。也就是把会议的目的、主要议程、活动经过、基本精神和主要结论记录下来的文件。

七、纪要的特点

（一）纪实性

纪要是根据会议实况概括整理而成的文件，既能真实地记述会议的基本情况，又能准确地反映会议的主要精神和议定事项；既可以重点传达多数人的统一认识，又可以全面表述少数人的不同见解，对于人们如实地了解会议的内容和结果具有重要作用。

（二）提要性

纪要要求真实准确地反映会议情况，绝不意味着有闻必录、事无巨细地都写进纪要里。所谓纪要，就是要求对会议情况和议定事项作集中、概括、简要的反映。撰文者要善于分析、综合会议讨论的各种意见，大胆地剔除那些远离会议中心和要点的琐碎意见和枝节问题，按照一定的逻辑顺序编排要点，提纲挈领地反映会议的基本精神和主要成果。

（三）指导性

纪要是与会单位及其下属贯彻落实会议精神和议定事项的重要依据，它对于指导人们统一思想、协调行动、努力做好有关工作具有很大作用。特别是一些重要的工作会议纪要，它本身就具有很强的行政权威，可以直接指挥有关机关和人员的行动。即使是一些学术会议纪要，对于人们统一思想、更新观念也具有重要的导向作用。

八、纪要的分类

根据会议的性质，纪要主要分为两类。

（一）工作会议纪要

工作会议是指以总结工作、布置工作任务、研究解决工作中的问题为主要内容的会议。用于传达工作议定事项和主要精神的纪要，称为工作会议纪要。

工作会议纪要既反映与会者对工作的统一认识，又反映会议对工作的部署、要求以及对党和国家方针政策的具体贯彻意见。因此，是一种指示性的纪要，一般带有很强的行政约束力，如《××省人民政府专题会议纪要》。

（二）学术会议纪要

学术会议是专门研究或座谈讨论某一方面学术问题的会议。用于反映学术会议召开情况和研讨结果的纪要，称为学术会议纪要。

学术会议纪要一般不带有布置具体工作的性质，也没有必须执行的行政效力，通常只发挥其参考性的指导作用，因此，它是一种通报型的纪要，如《××××应用文研讨会会谈纪要》。

九、纪要的写法

会议纪要的格式与其他公文不完全一致。它一般以会议的名义而不以机关单位的名义制发，因此，可以不编发文字号，也可以不加盖公章。它一般由三部分组成。

（一）标题

（1）一般情况下，会议纪要的标题由会议名称和文种两部分构成，如《××省人民政府专题会议纪要》，会议名称是"××省人民政府专题会议"，文种是"纪要"。

（2）如果会议的全称较长，可以用简称代替。

（3）有些小型工作研究性质的会议，其纪要也可以用会议研究的中心议题作为事由，拟写成与其他公文相似的标题，即"关于××××××的纪要"。

（二）正文

纪要的正文通常由三部分组成。

1. 开头

开头一般简明扼要地介绍会议概况。这个概况包括会议的指导思想、目的，会议的组织者或主持者，会议的时间、地点和名称，与会人员、会议安排的主要议程和主要收获。有时还可写明会议召开的依据、背景以及会议的评价等。这一部分像新闻中的导语，要写得简明概括。

2. 主体

主体记述会议的内容要点，包括会议研究的问题、讨论的意见、议定的事项以及会后的任务和要求等。这一部分是纪要的核心，反映会议议定的事项和主要精神，这是"要"之所在，也是写好会议纪要的关键。一般来说这一部分的内容较多，要从会议宗旨着眼，对材料进行一番选择、取舍、分类、归纳，使之能够有概括性和条理性。除此之外，还要注意以下三点。

第一，要把握好对结构的安排。在结构安排上常见的有以下三种形式。

(1)综合叙述式，即把会议情况、会议发言、讨论意见综合到一起，概括地叙述出来。这种写法大多用于小型会议。

(2) 归纳分类式，即把会议研究的问题、讨论的意见按照不同的类别分条列项，或用数字标目，或以小标题分节，分别加以叙述。

(3) 发言记录式，即按会议发言的先后顺序，把每个人的发言要点写出来。采用这种写法，要在发言内容之前写上发言者的姓名。这种方法常用于座谈会、讨论会纪要。有些会议纪要也可把(2)(3)两种方法结合起来，先分出类别、列出小标题，然后在每个标题之下再按发言先后顺序写出每个人的意见。无论采用哪种写法，都要条理清晰地将会议的中心内容和主要精神突出出来。

第二，注意使用集团式称谓。纪要是以会议的名义表述的，所以在行文中一般要使用集团式称谓。如"会议认为""会议要求""会议决定""会议强调""与会代表一致认为"等。这些称谓用语的作用是多方面的，它使纪要除了陈述性语言外，另增加了具体描述的意味，使内容显得更为真实具体；它作为段落开头，很自然地承启上下文，使段落眉目清晰，行文活泼。

第三，撰稿人要做好充分的思想准备。

(1) 要自始至终参加会议，听取、熟悉会议的各项议程，对关键性观点、词语、数据加以注意。

(2) 组织做好会议记录、会议简报。

(3) 对有关情况作周密细致的调查研究。

(4) 将初稿交与会人员讨论、修改，请会议领导过目，以纠正失误、补充遗漏。

3. 结尾

会议纪要的结尾有多种写法：

(1) 有的提出希望、发出号召，要求有关单位认真传达会议精神，努力完成会上提出的各项任务。

(2) 有的向有关部门提出建议。

(3) 有的列出会上尚未得到解决的问题，供以后继续研究探讨。

(4) 有的对为会议提供帮助或作出贡献的有关单位和人员提出表彰或表示感谢。

(5) 还有的在主体最后一个问题写完之后，全文便随之自然收尾。

(三) 日期

会议纪要的日期可以写在正文的右下方，也可以写在标题的正下方。一般的会议纪要写会议通过的日期，重要的会议则可写有关领导同意签发的日期。

十、纪要的写作注意事项

(一) 要突出会议的中心和要点

纪要，顾名思义就是记述要点，反映会议的中心内容和主要精神。因此，写纪要时一定要对会议内容加以提炼、概括，紧紧抓住会议的中心议题，分清主次，突出重点，真正做到确记其“要”。

(二) 要忠实于会议内容

纪要既然是一种纪实性公文，那么它就必须如实地反映会议情况，准确地传达会议的基本精神。纪要中引述代表的意见，不能断章取义或加以篡改。

(三) 要条理化、理论化

纪要不是纯客观地依样画葫芦地反映会议情况，而必须加以概括整理。对复杂的会议过程、庞杂的讨论意见，要加以归纳，使之条理化。对代表的意见，要尽力给予理论上的概括，使之上升到政策的、理论的高度。

思考题

1. 意见分为哪几类？
2. 意见的正文一般应怎么写？
3. 会议纪要有哪些特点？
4. 会议纪要的标题与一般公文标题有何不同？
5. 会议纪要的正文如何拟写？

第三章

财经事务文书

农业科技企业——绿野生态在国家乡村振兴战略的引领下蓬勃发展，这家企业以智能农业技术为核心，通过物联网、大数据等手段提升农业生产效率，市场前景广阔。然而，随着业务的快速扩张，绿野生态急需资金支持以扩大生产规模和技术创新。

恰逢国家出台支持农业科技型企业发展的最新政策，明确提出金融扶持措施。绿野生态的财务总监张明迅速抓住这一机遇，带领团队深入研究政策文件，结合公司实际，撰写了一份翔实、专业的融资计划书。计划书中，他们不仅展示了公司的技术优势和市场前景，还强调了项目对乡村振兴战略的积极贡献，并附上了详尽的数据支持。

经过数月的精心准备，融资计划书终于定稿。张明带着这份凝聚团队智慧与政策精髓的计划书，成功吸引了多家金融机构的关注。最终，绿野生态与一家国有银行达成合作，顺利获得数千万元信贷支持，为企业的未来发展注入了强劲动力。

在本章中，我们将深入探讨计划、总结、述职报告、会议记录、公示及竞聘演讲词的撰写技巧与应用要点。通过实例分析，助您掌握这些文书的精髓，提升财经工作的效率与质量。让我们一同走进财经事务文书的世界，感受文字背后的智慧与力量。

第一节 计划

情境导入

王宇作为G公司业务部的经理，他深知自己肩负着带领团队推动业务发展的重要使命。为了做好2024年的管理工作，确保业务部在新的一年里能够披荆斩棘、取得更为优异的成绩，他早早地开始筹备规划。王宇仔细回顾了2023年业务部的工作情况，深入分析了其中的优势与不足，同时紧密结合2024年公司制定的发展总目标，经过深思熟虑、反复研讨，精心制定了2024年业务部的工作计划。

你会拟制计划吗？如果你是王宇，会怎样作一份本部的工作计划呢？

实例阅读

【例文一】

2024—2025学年第一学期学校工作计划

新的学期即将开启，为切实做好本学期的各项工作，推动学校持续、稳定、健康发展，现结合学校实际情况，拟定本学期工作计划如下。

一、指导思想

秉持“求真务实、开拓创新、追求卓越”的办学理念，强化学校管理，深化教育教学改革，努力营造积极向上、和谐有序的校园氛围，全面提升学生的综合素质和学校的整体办学水平，为学校的长远发展奠定坚实基础。

二、主要工作目标与工作措施

（一）强化安全管理，构建平安和谐校园

1. 完善安全责任体系

学校校长与分管安全副校长、各部门负责人，分管副校长与各年级组长、班主任签订详细的安全责任书，明确各级安全职责，将安全责任细化到每一个岗位、每一个人。同时，建立安全责任追究制度，对因工作不力导致安全事故的个人进行严肃问责。

2. 加强校园安全巡查

实行24小时校园安全巡查制度，安排专人负责校园重点区域（如教学楼、宿舍、食堂、实验室等）的巡查工作。增加巡查频次，特别是在课间、午休、晚自习等关键时间段，确保及时发现并排除安全隐患。此外，定期对校园设施设备进行安全检查和维护，保障其正常运行。

3. 开展安全教育活动

通过主题班会、安全知识讲座、应急演练等多种形式，广泛开展交通安全、消防安全、食品安全、防溺水安全等方面的教育活动，提高学生的安全意识和自我保护能力。本学期计划开展至少4次安全知识讲座和2次应急演练。

（二）加强教师队伍建设，提升教师专业素养

1. 实施教师培训计划

制定系统的教师培训计划，定期组织教师参加各类培训活动。一方面，邀请教育专家来校讲学，传授先进的教育教学理念和方法；另一方面，选派优秀教师到知名学校跟岗学习，借鉴先进的教学经验和管理模式。同时，鼓励教师参加线上培训课程，不断拓宽知识面和视野。

2. 开展教学研讨活动

以学科组为单位，每周组织一次教学研讨活动，围绕教学中的热点、难点问题进行深入探讨。鼓励教师分享教学心得和经验，共同解决教学中遇到的问题。此外，定期举办教学观摩课、示范课活动，为教师提供相互学习和交流的平台。

3. 建立教师激励机制

完善教师绩效考核制度，将教师的教学成果、科研能力、师德表现等纳入考核指标体系，充分调动教师的工作积极性和主动性。设立优秀教师奖、教学成果奖等，对表现突出的教师进行表彰和奖励。

（三）注重学生品德教育，促进学生全面发展

1. 加强思想道德教育

将思想道德教育贯穿于教育教学的全过程，通过思想品德课、主题班会、社会实践等途径，培养学生的爱国主义、集体主义精神和社会责任感。引导学生树立正确的世界观、人生观和价值观，养成良好的道德品质和行为习惯。

2. 开展心理健康教育

建立健全心理健康教育体系，配备专业的心理健康教师，开设心理健康教育课程。设立心理咨询室，为学生提供心理咨询服务，帮助学生解决学习和生活中遇到的心理问题。定期开展心理健康讲座和心理测评活动，提高学生的心理素质和应对挫折的能力。

3. 推进校园文化建设

加强校园文化建设，营造积极向上、富有特色的校园文化氛围。开展丰富多彩的校园文化活动，如文艺汇演、体育比赛、书法绘画展览等，丰富学生的课余生活，培养学生的兴趣爱好和特长。同时，注重班级文化建设，打造具有个性的班级文化，增强班级凝聚力和向心力。

（四）深化教学改革，提高教学质量

1. 优化教学管理模式

加强教学常规管理，严格执行教学计划和教学大纲，规范教师的教学行为。建立健全教学质量监控体系，定期对教学质量进行检查和评估。加强对课堂教学的指导和监督，提高课堂教学效率。

2. 推进课程改革

积极探索适合学生发展的课程体系，加强校本课程建设。结合学校实际和学生需求，开发具有特色的校本课程，如科技创新、艺术鉴赏、传统文化等。同时，推进国家课程的校本化实施，提高课程的针对性和实效性。

3. 加强教学研究

鼓励教师开展教学研究活动，积极探索教学规律和方法。设立教学研究课题，组织教师参与课题研究，以研促教，提高教师的教学水平和科研能力。定期举办教学研究成果交流会，推广优秀教学研究成果。

（五）做好毕业班工作，提升学校升学质量

1. 制定科学备考计划

毕业班教师要深入研究考试大纲和命题趋势，制定详细的备考计划。合理安排教学进度，注重基础知识的巩固和拓展，加强对学生解题能力和应试技巧的训练。定期召开毕业班教师研讨会，分析教学情况，解决备考过程中遇到的问题。

2. 加强心理辅导和激励

关注毕业班学生的心理健康，及时发现并解决学生的心理问题。通过开展心理辅导讲座、个别谈心等方式，帮助学生缓解学习压力、增强学习信心。同时，建立激励机制，对成绩优秀和进步显著的学生进行表彰和奖励，激发学生的学习动力。

3. 加强与家长的沟通合作

定期召开毕业班家长会，及时向家长反馈学生的学习情况和在校表现。与家长共同探讨教育方法，形成家校教育合力。鼓励家长为学生提供良好的学习环境，共同促进学生的成长和发展。

[学校名称](章)

2024年9月1日

【例文二】

×××财政厅2025年1—3月工作计划(样例)

2025年1—3月是确保全年财政工作开好局、起好步的关键时期。财政厅在这三个月的主要任务是：在持续推进财政改革的同时，紧密围绕促进经济稳定增长、保障和改善民生、防范财政风险等重点工作，加强财政收入组织，优化财政支出结构，提高财政资金使用效益，确保一季度财政收支平稳运行，为全年财政工作奠定坚实基础。

在促进财政收入增长、保障重点支出、提升财政管理水平上，要取得明显成效；在深化财政改革、加强财政监督上，要迈出坚实步伐；在应对经济下行压力、防范财政风险上，要采取有效措施。要做到"一个稳定增长，两个有效保障"：2025年1—3月全省财政收入要实现稳定增长，确保同比增长5%以上；有效保障民生领域重点支出，有效保障重大项目和重点工程的资金需求。围绕这个总的目标，要重点抓好以下几项工作：

(一)强化财政收入征管，确保收入稳定增长

1. 加强税收征管

从1月初开始，联合税务部门全面加强税收征管工作。密切关注重点税源企业的生产经营和纳税情况，建立健全税源监控体系，及时掌握税源动态变化。加强对增值税、企业所得税等主要税种的征管，开展专项税收清理行动，严厉打击偷逃税行为，确保税款及时足额入库。同时，积极培育新兴税源，加大对新兴产业、小微企业的扶持力度，促进税收可持续增长。

2. 挖掘非税收入潜力

全面梳理非税收入项目，加强国有资源(资产)有偿使用收入、行政事业性收费等非税收入征管。规范非税收入征收行为，严格执行"收支两条线"管理规定，确保非税收入及时足额上缴财政。加强对非税收入执收单位的监督检查，防止乱收费、乱罚款等现象的发生。

(二)优化财政支出结构，保障重点支出需求

1. 保障民生领域支出

加大对教育、医疗、养老、就业等民生领域的投入。1—3月，确保教育支出达到×亿元，重点支持农村义务教育薄弱学校改造、学前教育发展等项目；医疗卫生支出达到×亿元，提高城乡居民基本医疗保险补助标准，加强基层医疗卫生服务体系建设；社会保障和就业支出达到×亿元，做好困难群众基本生活保障和就业创业扶持工作。

2. 支持重大项目和重点工程

合理安排资金，保障重大基础设施项目、产业升级项目等重点工程的顺利推进。1—3月，计划安排专项资金×亿元，支持交通、能源、水利等基础设施建设；安排产业发展资金×亿元，推动传统产业转型升级和新兴产业发展壮大。

3. 严格控制一般性支出

严格执行中央八项规定及其实施细则精神，大力压缩"三公"经费等一般性支出。加强对机关事业单位办公经费、会议费、差旅费等的管理，严格控制支出规模和标准。2025年1—3月，省级"三公"经费预算压减×%。

(三)深化财政改革，提升财政管理水平

1. 推进预算管理制度改革

进一步完善预算编制、执行和监督机制，提高预算的科学性、准确性和透明度。加强预算绩效管理，建立健全绩效评价指标体系，对重点项目和专项资金开展绩效评价，将评价结果与预算安排挂钩，提高财政资金使用效益。

2. 加强地方政府债务管理

严格规范地方政府债务举借、使用和偿还行为，防范债务风险。加强对地方政府专项债券项目的管理，提高债券资金使用效率。1—3 月，做好 2025 年新增地方政府专项债券发行准备工作，确保债券资金及时用于支持重点项目建设。

(四) 加强财政监督，确保财政资金安全

1. 开展财政专项资金检查

组织对民生领域、重大项目建设等重点专项资金开展专项检查，重点检查资金使用是否符合规定用途、是否存在截留挪用等问题。对发现的问题及时进行整改，严肃追究相关人员的责任。

2. 强化财政资金日常监管

建立健全财政资金监管长效机制，加强对财政资金分配、拨付、使用等各个环节的监管。利用信息化手段，实现对财政资金的实时监控和动态管理，确保财政资金安全规范运行。

(五) 做好调查研究，为财政决策提供依据

围绕当前财政工作中的重点、难点问题，深入开展调查研究。1—3 月，组织多个调研小组，分别就财政收入增长潜力、财政支出结构优化、财政风险防范等问题进行调研。通过实地走访、数据分析等方式，掌握第一手资料，提出针对性的政策建议，为财政决策提供科学依据。

(六) 加强队伍建设，提高财政干部素质

1. 开展业务培训

制定详细的业务培训计划，组织财政干部参加各类业务培训，重点培训财政改革、预算管理、税收征管等方面的知识和技能。通过培训，提高财政干部的业务水平和综合素质。

2. 加强党风廉政建设

加强对财政干部的廉政教育，提高廉洁自律意识。建立健全廉政风险防控机制，加强对财政权力运行的制约和监督，确保财政干部廉洁从政。

×××财政厅(章)

2025 年 1 月 1 日

任务描述

1. 了解计划的特点。
2. 掌握计划的写法。

必备知识

一、计划的概念

计划是为完成一定时期的工作而事前拟定目标任务、措施步骤和要求的事务文书。

计划使用频率很高。常见的安排、打算、规划、设想、要点、方案等都属于计划的范畴，只是由于内容和成熟程度不同而选用了不同的名称。计划对整个工作有着重要的指导、推动和保证作用，制定计划也是一种科学的预见。

二、计划的特点

(一) 预想性

计划的预想性是其他应用文体所不具有的。制定计划需要进行调查研究，如上一阶段的工作情况怎样、实施计划的内部条件和外部环境如何等，并以此为依据确定工作目标、具体做法及实施步骤。但由于计划毕竟是对未来工作的设想，对可能遇到的新

情况以及实施步骤、完成时间，都难以完全预想得到，因此，计划不能定得过死，要留有余地，在实施过程中一旦发现与实际有不符的地方，或出现新情况，便须做出切合实际的修改。

（二）指导性

计划一旦成文，就会对实践起一种指导和约束作用。制定计划是为了克服工作盲目性。从应用上说，计划有上级下发的计划和单位自行制定的计划。上级下发的计划可以勾勒发展蓝图、明确工作目标、提出步骤措施，目的是指导所属单位，使其不至于盲目冒进或偏离工作方向，能始终朝着既定目标去做；而本单位制定的计划，目的也在于控制方向、规模、速度，使任务能保质、保量地按时完成。

（三）可操作性

再好的计划也只有能付诸实施才有价值。因此，计划必须定得具体明确、切实可行、符合实际。目标定得过高，无法实现和完成；定得过低，计划又无法起到指导、激励作用。计划的步骤、措施、要求、时限不但要写得具体、细致，还要便于检查督促、对照落实。离开实践或操作性差的计划，将是毫无价值的一纸空文。

三、计划的种类

按照不同的标准，计划有不同的种类。

（1）按性质分，有综合计划、专项计划等。

（2）按内容分，有工作计划、生产计划、学习计划、科研计划等。

（3）按范围分，有国家计划、单位计划、部门计划、科室计划、班组计划、个人计划等。

（4）按时间分，有长期计划、年度计划、季度计划、月计划等。

（5）按形式分，有条文式计划、表格式计划和文表结合式计划等。

根据计划的性质、范围、作用等分类，计划还有下列不同的名称。

（1）规划，是范围较广、内容较概括及时间较长的长远计划，如《××市城市发展十年规划》。

（2）方案，是对某项比较重要的工作，从目的、要求和措施办法到总体进度作全面安排的计划，如《××局五年发展规划总体方案》。

（3）安排，是对短期内某项工作进行具体布置的计划，如《2024—2025 学年第一学期学校工作安排》。

（4）设想，是初步的、尚未成熟的或比较粗略的长远计划，如《关于机构改革的初步设想》。

（5）打算，是对短期内的某项工作的要点式计划。如《××学校秋季校运会的打算》。

（6）要点，是对某一时期的工作任务作原则性的指导，并提出具体要求及主要措施。如《教育部 2024 年工作要点》。

四、计划的写法

计划一般由标题、正文、落款三部分组成。

（一）标题

计划的标题一般由单位名称、期限、计划内容和文种组成，如《××公司 2025 年度工作计划》。有时可根据具体情况省略标题中的某些要素，或省略单位名称，或省略时限。如《2025 年大学生就业工作计划》省略了单位名称；《××商场接待方案》省略了时限。

如果计划还需要讨论通过，应在标题后或下一行用括号注明“草案”“初稿”“讨论稿”等字样。

（二）正文

计划的正文一般包括前言、主体和结尾三部分。

1. 前言

前言一般是概述制定计划的指导思想、依据或背景，即说明“为什么做”的问题。

前言是计划的纲领，是导语，不宜作过多的阐述，点到即止。

2. 主体

主体是计划的重点部分，一般包括目标任务、措施步骤等内容，即要说明“做什么”“怎么做”的问题。

（1）目标任务

目标任务，即给实施的工作定下指标，从数量、质量和时间上提出的具体要求，要具体明确、切合实际。因此，要交代清楚在什么时间内，完成哪些任务，实现什么目标。

（2）措施步骤

措施是完成任务或实现目标而采取的办法，步骤是从时间上把工作的进程加以安排，这部分要说明任务的分工、采取的措施、时间进度等。每项内容要具体、落实，才能保证计划有条不紊地执行。

3. 结尾

结尾可展望计划实施的前景、表达决心或发出号召、提出希望和要求等。

也有的计划没有结尾，主体部分写完就自然结束。

（三）落款

落款写明计划制定者的名称和具体日期。

思考题

1. 计划有哪些种类？
2. 计划的标题一般包括哪几部分？
3. 计划的正文包括哪三部分？

第二节 总结

情境导入

2025年一季度，财经市场波动频繁，行业竞争越发激烈。李阳身为K公司投资分析部负责人，带领团队积极应对。他们深入研究市场动态，精准把握投资机会，成功为公司完成了多个重要投资项目的分析与决策，助力公司获得可观收益。但在工作中，也因对部分新兴投资领域的风险评估不够全面，导致个别项目收益未达预期。一季度工作已落幕，李阳意识到有必要好好总结，明确得失，为后续投资工作积累经验、规避风险。

李阳将做出一份怎样的工作总结呢？

实例阅读

【例文一】

××市商务局2025年1—3月工作总结

2025年1—3月，我局在市委、市政府的坚强领导下，在省商务厅的精心指导下，紧紧围绕全市经济社会发展大局，积极应对复杂多变的国内外经济形势，扎实推进商务领域各项工作。全体干部职工齐心协力、奋勇拼搏，较好地完成了阶段性工作任务。现将1—3月工作总结如下：

一、加强组织领导，明确工作责任

为确保各项工作有序推进，我局成立了以局长为组长的工作推进领导小组，定期召开工作会议，研究解决工作中存在的问题。各科室明确职责分工、细化工作任务，形成了主要领导亲自抓、分管领导具体抓、工作人员全力抓的工作格局。同时，建立了工作考核机制，对工作进展情况进行定期检查和督促，确保各项工作落到实处。

二、主要工作完成情况

（一）促进消费市场稳定增长

1. 开展促消费活动

为激发市场活力，促进消费增长，我局联合相关部门和企业，在元旦、春节期间开展了“迎新春促消费”系列活动。通过发放消费券、举办购物节、开展特色促销活动等方式，有效拉动了消费。1—3月，全市社会消费品零售总额实现[具体金额]亿元，同比增长×%。

2. 培育消费新业态新模式

积极推动线上线下融合发展，鼓励传统商贸企业开展数字化转型。支持电商平台拓展业务，发展直播电商、社区电商等新业态。1—3月，全市网络零售额达到[具体金额]亿元，同比增长×%。

（二）推动外贸进出口平稳发展

1. 加强外贸企业服务

深入外贸企业开展调研，了解企业生产经营情况和面临的困难问题，及时协调解决。组织企业参加各类国内外展会，帮助企业拓展市场。1—3月，全市外贸进出口总额达到[具体金额]亿元，同比增长×%。

2. 优化外贸结构

鼓励企业加大技术创新和产品研发力度，提高产品附加值和竞争力。支持企业开展跨境电商业务，推动外贸新业态发展。1—3月，全市跨境电商进出口额达到[具体金额]亿元，同比增长×%。

（三）加强招商引资工作

1. 精心策划招商活动

制定了详细的招商引资工作计划，围绕我市主导产业和新兴产业，策划了一系列招商活动。组织参加了[具体展会名称]等重点展会，积极开展项目对接和洽谈。1—3月，全市新签约招商引资项目[具体数量]个，总投资达到[具体金额]亿元。

2. 优化营商环境

持续深化“放管服”改革，提高政务服务效率。加强项目跟踪服务，及时解决项目落地过程中存在的问题。建立了招商引资项目库和企业库，为精准招商提供了有力支撑。

（四）推进电子商务发展

1. 完善电商基础设施

加快农村电商服务站点建设，提高农村电商服务水平。1—3月，新建农村电商服务站点[具体数量]

个，总数达到[具体数量]个。加强电商物流配送体系建设，推动快递企业与电商企业合作，提高物流配送效率。

2. 开展电商培训

组织开展了多期电商培训班，培训电商从业人员[具体人数]人次。培训内容包括电商运营、网络营销、直播带货等方面，有效提高了电商从业人员的业务能力和水平。

三、工作亮点与创新

(一) 创新促消费模式

联合金融机构推出了“消费贷”产品，为消费者提供消费资金支持。同时，开展了“绿色消费季”活动，引导消费者树立绿色消费理念，促进了绿色消费市场的发展。

(二) 加强外贸综合服务

建立了外贸综合服务平台，为中小外贸企业提供一站式服务。平台整合了通关、物流、金融等服务资源，降低了企业运营成本，提高了企业进出口效率。

(三) 优化招商引资方式

采用“云招商”模式，通过线上视频会议、网络直播等方式开展招商推介和项目洽谈。打破了地域限制，提高了招商效率，吸引了更多优质项目落地。

四、存在的问题与不足

(一) 消费市场增长动力不足

受居民收入增长放缓、消费信心不足等因素影响，消费市场增长面临一定压力。部分传统商贸企业经营困难，转型升级步伐较慢。

(二) 外贸发展面临挑战

国际贸易保护主义抬头，贸易摩擦不断，对我市外贸出口造成了一定影响。企业面临原材料价格上涨、物流成本增加等问题，利润空间受到挤压。

(三) 招商引资项目落地难度较大

部分项目在落地过程中存在土地、资金、环保等方面的问题，导致项目推进缓慢。同时，招商引资竞争日益激烈，优质项目资源相对稀缺。

五、下一步工作计划

(一) 持续促进消费市场繁荣

加大促消费活动力度，结合重要节假日和消费热点，策划开展更多形式多样、内容丰富的促消费活动。推动传统商贸企业转型升级，培育壮大消费新业态新模式。

(二) 推动外贸高质量发展

加强外贸企业服务，帮助企业应对贸易摩擦和困难挑战。鼓励企业加大技术创新和品牌建设力度，提高产品附加值和竞争力。积极拓展多元化国际市场，降低市场风险。

(三) 提高招商引资成效

加强项目策划和包装，提高项目的吸引力和可操作性。加大项目跟踪服务力度，及时解决项目落地过程中存在的问题。创新招商引资方式，加强与行业协会、商会等机构的合作，拓展招商渠道。

(四) 加强商务领域监管

加强市场监测和调控，维护市场秩序。加强安全生产监管，确保商务领域安全生产形势稳定。加强商务诚信体系建设，营造诚实守信的市场环境。

2025 年 1—3 月，我局在商务领域取得了一定的成绩，但也存在一些问题和不足。在今后的工作中，我们将继续发扬奋发有为、求真务实的工作作风，不断开拓创新，努力推动商务工作再上新台阶，为全市经济社会发展作出更大贡献。

××市商务局

2025 年 3 月 31 日

【例文二】

××区财政局2025年1—3月工作总结

（2025年3月31日）

2025年1—3月，在区委、区政府的坚强领导下，在上级财政部门的精心指导下，我局深入贯彻落实党的财经方针政策，紧紧围绕全区经济社会发展大局，积极履行财政职能，扎实推进各项工作，为全区经济社会平稳健康发展提供了坚实的财力保障。截至3月底，全区一般公共预算收入完成×亿元，同比增长×%；一般公共预算支出完成×亿元，同比增长×%。

一、深化财政改革，完善管理机制

新一届局领导班子全面梳理财政工作现状，深入分析面临的形势和问题，及时调整和完善工作思路。结合全区实际，明确了“强化财政保障、优化支出结构、深化财政改革、提升管理水平”的工作目标，为全年财政工作指明了方向。围绕这一目标，全局上下团结协作、开拓创新，在财政收入组织、资金保障、财政改革等方面取得了新成效，为全区经济社会发展提供了有力支撑。

二、突出工作重点，推动财政工作取得新成效

（一）加强财政收入征管

1. 强化税收征管

联合税务部门，加强对重点税源的监控和分析，加大税收征管力度。开展税收专项清理行动，对房地产、建筑等行业进行重点检查，堵塞税收漏洞。1—3月，全区税收收入完成×亿元，同比增长×%。

2. 挖掘非税收入潜力

加强国有资源（资产）有偿使用收入、行政事业性收费等非税收入征管。规范非税收入征收行为，严格执行“收支两条线”管理规定，确保非税收入及时足额上缴财政。1—3月，非税收入完成×亿元，同比增长×%。

（二）优化财政支出结构

1. 保障民生领域支出

加大对教育、医疗、养老、就业等民生领域的投入。1—3月，教育支出完成×亿元，重点支持农村义务教育薄弱学校改造、学前教育发展等项目；医疗卫生支出完成×亿元，提高城乡居民基本医疗保险补助标准；社会保障和就业支出完成×亿元，做好困难群众基本生活保障和就业创业扶持工作。

2. 支持重大项目和重点工程

合理安排资金，保障重大基础设施项目、产业升级项目等重点工程的顺利推进。1—3月，安排专项资金×亿元，支持交通、能源、水利等基础设施建设；安排产业发展资金×亿元，推动传统产业转型升级和新兴产业发展壮大。

（三）深化财政改革

1. 推进预算管理制度改革

进一步完善预算编制、执行和监督机制，提高预算的科学性、准确性和透明度。加强预算绩效管理，建立健全绩效评价指标体系，对重点项目和专项资金开展绩效评价，将评价结果与预算安排挂钩。

2. 加强地方政府债务管理

严格规范地方政府债务举借、使用和偿还行为，防范债务风险。加强对地方政府专项债券项目的管理，提高债券资金使用效率。做好2025年新增地方政府专项债券发行准备工作，确保债券资金及时用于支持重点项目建设。

（四）加强财政监督

1. 开展财政专项资金检查

组织对民生领域、重大项目建设等重点专项资金开展专项检查，重点检查资金使用是否符合规定用途、是否存在截留挪用等问题。对发现的问题及时进行整改，严肃追究相关人员的责任。

2. 强化财政资金日常监管

建立健全财政资金监管长效机制，加强对财政资金分配、拨付、使用等各个环节的监管。利用信息化手段，实现对财政资金的实时监控和动态管理。

（五）提升财政服务水平

1. 优化办事流程

简化财政业务办理流程，提高办事效率。推行“一站式”服务，方便单位和群众办事。加强财政窗口建设，提高服务质量。

2. 加强政策宣传

通过多种形式宣传财政政策法规，提高社会各界对财政工作的理解和支持。及时解答单位和群众关心的财政问题，营造良好的财政工作环境。

三、强化队伍建设，转变干部作风

（一）加强学习培训

组织干部职工参加各类业务培训和学习交流活动，提高干部职工的业务能力和综合素质。鼓励干部职工参加学历教育和职业资格考试，不断提升自身水平。

（二）强化作风建设

严格落实中央八项规定及其实施细则精神，坚决反对形式主义、官僚主义。加强廉政教育，提高干部职工的廉洁自律意识。建立健全工作责任制，加强对工作落实情况的监督检查，确保各项工作任务按时完成。

四、下半年主要工作举措

下半年，我局将按照区委、区政府的总体要求和统一部署，深入贯彻落实上级财政工作会议精神，以更加饱满的热情、更加昂扬的斗志、更加务实的作风，全面推进财政各项工作，确保圆满完成全年目标任务。

1. 加强财政收入组织

密切关注经济形势和税收政策变化，加强收入分析和预测。加大税收征管力度，挖掘非税收入潜力，确保财政收入稳定增长。

2. 优化财政支出结构

坚持厉行节约，严控一般性支出。加大对民生领域、重大项目和重点工程的支持力度，提高财政资金使用效益。

3. 深化财政改革

持续推进预算管理制度改革、地方政府债务管理改革等财政改革事项，不断完善财政管理体制机制。

4. 加强财政监督

加大对财政资金使用情况的监督检查力度，严肃财经纪律。加强对财政干部的廉政教育和管理，确保财政资金安全规范运行。

5. 提升财政服务水平

进一步优化办事流程，提高服务质量。加强与部门和单位的沟通协调，主动服务全区经济社会发展大局。

2025 年 1—3 月，我局在财政工作中取得了一定的成绩，但也存在一些问题和不足。在今后的工作中，我们将继续发扬艰苦奋斗、勇于担当的精神，不断开拓创新，努力推动财政工作再上新台阶，为全区经济社会发展作出更大贡献。

任务描述

1. 了解总结的特点和分类。
2. 掌握总结的写法。

必备知识

一、总结的概念

总结是单位或个人对过去一段时间内的工作、学习或思想进行回顾、检查、分析，从中找出成绩与问题、经验与教训，作出指导性结论，并使之条理化、系统化的一种事务文书。我们常说的“小结”“体会”实际上也是总结，但涉及范围较小、内容比较简单。总结在现实工作中应用范围很广、使用频率很高。

二、总结的种类

根据不同的标准，把总结划分为不同的类型：

（1）按内容划分，可以分为工作总结、学习总结、思想总结、生产总结等。

（2）按时间划分，可以分为年度总结、季度总结、月份总结、阶段总结等。

（3）按范围划分，可以分为系统总结、单位总结、班组总结、个人总结等。

（4）按功能划分，可以分为汇报性总结和经验性总结。

（5）从总结内容的涵盖面看，还可以分为综合性总结和专题性总结。

① 综合性总结是单位、部门或个人对一定时期内各方面工作的全面总结。这类总结涉及面广、内容详细，能够展现以往工作的全貌，既包括工作开展的基本情况、经验和体会，也包括工作中存在的问题、不足和今后的努力方向。综合性总结主要用以向上级单位汇报工作和指导本单位或个人的工作实践。如《××区财政局 2025 年 1—3 月工作总结》（2025 年 3 月 31 日）。

② 专题性总结是单位或个人就某项具体工作或专项活动进行的总结。这类总结内容单一、具体，并且多数情况下以总结典型经验、做法为主。因此这类总结针对性强、富有指导意义，在实际工作中也比较常见，如《××公路管理局 2024 年党建工作总结》。

三、总结的作用

（一）有利于提高认识水平

总结有利于检验指导思想或方针、政策的正确性和落实情况，实现从感性到理性、从实践到理论的飞跃，提高思想认识。

（二）有利于提高决策水平

通过总结，可以从中获取经验、吸取教训、明确方向，为领导层决策提供参考和依据，提高决策水平，指导今后工作。有利于在以后工作中发挥优势，纠正错误，克服盲目性，增强自觉性，进一步做好工作。

（三）有利于沟通交流

通过总结，有利于上下级单位间相互沟通，统一认识，促进工作；也有利于不同单位间增进了解，肯定成绩，找出差距，交流经验，取长补短，以期共同提高。

四、总结的特点

（一）回顾性

总结是对已经过去的一定时间段内的工作进行回顾、检查和研究，看到成绩与经验，找出不足与教训，用以指导以后的工作。总结是在事后进行的。

（二）客观性

总结是对过去确实发生过的事情进行回顾、分析，因此它必须以客观事实为依据，真实、客观地分析情况，一切从实际出发，绝不可歪曲甚至篡改事实。只有在客观事实基础上总结出的经验和教训，才是真正有规律性的东西，才具有指导工作的意义和价值。

（三）指导性

总结的目的不是留恋怀旧，也不是陶醉于过去的成绩中，而是通过对过去工作的回顾，找出经验，发现不足，从中总结出有规律性的东西，用以指导今后的工作实践，这是总结的出发点和归宿，因此，指导性是总结的最主要的特点。

（四）理论性

既然总结的目的在于指导工作，那么总结的内容就不能是对工作事实、成绩的堆砌，以及对有关材料、数据的简单罗列，而是要上升到一定的高度，对大量的工作材料进行分析思考，从感性认识上升到理性认识，体现出规律性和理论性，从而指导今后的工作。

五、总结的写法

总结一般可分为标题、正文、落款三部分。

（一）标题

总结的标题根据内容范围、目的的不同，可分为以下两种形式。

1. 公文式标题

这类标题一般由单位名称、时限、内容和文种组成，如《××公路管理局2024年党建工作总结》。也可以根据情况有所删减，或由单位名称、内容和文种组成，或由内容和文种组成，如《仓库管理员工作总结》。这种标题形式庄重、醒目，适合于综合性和专题性工作总结。

2. 文章式标题

常用的有单标题和双标题两种。

（1）单标题，往往直接概括总结的内容，鲜明地表现出总结的主题，如《坚持向财务管理要效益》《围绕产品特点搞好结构调整》，这种标题形象、扼要，适合于经验性总结。

（2）双标题，由正题和副题组成，正题一般揭示总结的内容，点明观点，突出主题；副题一般补充说明单位名称、时限、内容及文种，如《挖潜力、促效益、补损失——××厂××××年工作总结》，这种标题全面、形象，适合于经验性总结和内容有特点的工作总结。

（二）正文

总结的正文一般包括基本情况概述，成绩、做法、经验和体会，存在的问题、不足和今后打算、努力方向几部分内容。

1. 基本情况概述

这一部分概括叙述工作的基本情况，包括工作开展的背景、内外部环境、主客观条件、总结的时限和范围、成绩，以及对工作情况的总体评价等。并不是每篇总结对这几方面都有涉及，可以根据总结的内容有所侧重，但要实事求是、中肯贴切、简洁精练。这是总结的引言、总提，起着开宗明义、提纲挈领的重要作用。

2. 成绩、做法、经验和体会

这是总结的主体部分，需要结合充分的事实、典型的材料和确凿的数据，具体详细地阐述工作所取得的成绩、采取的主要措施和做法，以及实际工作中的切身体会和具有典型意义的经验。由于总结的角度和侧重点不同，这一部分的具体内容和结构安排差别比较大。

总的来说，有以下几种主要形式。

（1）以成绩为纲。首先，把工作成绩分成几个方面，按主次轻重排列；然后，具体介绍所采取的措施、主要做法；最后，写体会。这种写法比较适合专题性总结的写作。

（2）以工作为纲。首先，把工作分成几个方面；然后，在每项工作中，结合具体事实分析工作是如何开展的，包括曾经面临的形势、遇到的困难和采取的主要措施，写明所取得的成绩；最后，写体会。这种写法常用于综合性总结中。

（3）以经验、体会为纲。这种写法即把总结的经验或体会分条列项，把成绩、做法融入其中。常用于经验性总结的写作。

这一部分内容涉及面广，时间跨度大，无论采用哪一种写法，都既要做到条理清楚、逻辑严密，又要实事求是、事理结合；既要立足全局、提纲挈领，又要精微细致、解剖麻雀。

3. 存在的问题、不足和今后打算、努力方向

除经验性总结外，一般总结在阐述了成绩、做法、经验和体会后，还要指出工作中存在的问题和不足，提出改进的措施，明确今后的努力方向和打算。这一部分内容虽不需要十分详细，但要具体实在，切不可笼统、抽象，敷衍了事，做表面文章。

（三）落款

落款位于正文右下方，包括单位名称和成文日期。如果标题中已有单位名称，只写明成文日期即可。

六、总结的写作要求

（一）做好材料的积累

“巧妇难为无米之炊”，对于写总结来说，如果不能充分地积累、占有材料，作者就会陷入“无米之炊”的困境。因为材料是作者分析、研究问题的基础和前提。只有具备了大量的、有代表性的材料，作者才能全面、正确、深刻地揭示出经验、教训等“有规律性的东西”，为今后的工作实践指明方向。否则，作者就会脱离实际、摆架子、做样子、闭门造车，分析问题隔靴搔痒，阐述观点见解肤浅，展望未来目光短浅，甚至以空洞虚假的、错误有害的所谓的“规律”将未来的工作实践引入歧途。因此作者在写总结之前，一定要深入实际调查研究，积累和具备丰富的材料。可以通过工作计划、会议记录、有关的公文、工作日记、大事记等途径积累材料。在积累材料的过程中，既要有文字材料，又要有数字材料；既要有概括的、“面”上的材料，又要有具体的、“点”上的材料；既要有实际工作的材料，又要有工作背景的材料。

（二）突出重点，写出特点

写总结一定要结合本单位的实际情况，总结出新鲜的、反映单位特点和个性的经验和教训。有些总结，观点浮泛、见解一般、面貌雷同，除了单位名称和具体数字外，几乎一模一样。即便是同一单位的总结，除了日期以外，也基本上年年相似、岁岁雷同。这样的总结对实际工作还有什么指导意义呢？造成这种现象的原因是多方面的，或是目的不明确，或是材料不充分，或是其他原因，但最主要的还是重点不突出、特点不鲜明。要解决这一问题，首先，从结构的安排、材料的选择、叙述的详略上突出重点和主要工作。从重点和主要工作的全过程，包括部署工作的指导思想、目标、措施和步骤，以及最终的实施结果和效果，分析工作所取得的成绩，总结取得成绩的经验和体会。其次，对做得比较出色的、有特点的、有深刻认识和体会的工作，要写出独到的经验和体会。

（三）观点、材料相统一

写总结既不是甲乙丙丁、一二三四般地罗列材料，也不是蜻蜓点水、天马行空似的大发议论，而是把观点和材料统一起来、结合起来，以观点统率材料，以材料说明观点。在工作中取得了什么成绩？有什么体会？有哪些教训？总结不是干巴巴地概括出这些内容。而是要以典型、准确、生动的事实和严密的逻辑推理来说明每项成绩是怎么取得的，为什么有这些体会，教训是怎么得来的。只有这样，读者才能从中受到启发，总结才能有说服力，才能对今后工作有指导意义。

思考题

1. 总结有哪些特点？
2. 总结的双标题怎么写？
3. 总结的正文一般包括哪些内容？

第三节 述职报告

情境导入

程兴是D市新任交通局局长，一年来，他带领全局致力于D市及整个地区城市之间的现代化交通规划与管理工作，取得了初步的成果。年末，他要向上级组织和领导陈述自己本年度履行岗位职责情况，于是他开始回忆一年来的工作，整理自己的思路……

你知道什么是述职报告吗？在述职报告中要陈述什么呢？

实例阅读

【例文一】

××公司财务总监2024年1—3月述职报告

各位领导、各位同事：

我是[姓名]，现任××公司财务总监。2024年1—3月，在公司董事会的正确领导下，我与财务团队全体成员团结协作，认真履行岗位职责，积极推动公司财务管理工作的有序开展，较好地完成了各项工作任务。现将这三个月的履职情况报告如下：

一、加强学习，提升专业素养

作为公司财务总监，我深知学习的重要性，始终将学习放在重要位置，不断提升自身专业素养和综合能力。一方面，加强政治理论学习，积极参加公司组织的政治学习活动，深入学习党的方针政策，增强政治意识和大局观念，确保财务工作与公司发展战略保持高度一致。另一方面，注重财务专业知识的学习更新，密切关注财税政策变化和行业发展趋势，参加各类财务培训课程和研讨会，学习先进的财务管理理念和方法，不断完善知识结构，提高财务管理水平和决策支持能力。

二、真抓实干，财务工作成效显著

（一）资金管理方面

面对复杂多变的市场环境和公司业务发展的资金需求，我始终坚持“资金安全、流动高效”的原则，加强资金统筹管理。合理安排资金收支，优化资金配置，确保公司日常运营和项目建设的资金需求。1—3月，公司资金周转率较去年同期提高了×%，资金使用效率显著提升。积极拓宽了融资渠道，与多家银行建立了良好的合作关系，成功获得了×亿元的授信额度，为公司的发展提供了坚实的资金保障。同时，加强应收账款管理，加大催收力度，应收账款回收率达到了×%，有效降低了坏账风险。

（二）财务预算管理方面

组织编制了2024年度财务预算，明确了公司的经营目标和财务收支计划。加强预算执行监控，定期对预算执行情况进行分析和评估，及时发现并解决预算执行过程中存在的问题。通过严格的预算管理，有效控制了公司成本费用，1—3月，公司三项费用（管理费用、销售费用、财务费用）较去年同期下降了×%，为实现公司年度利润目标奠定了坚实基础。

（三）财务风险管理方面

建立健全财务风险预警机制，加强对公司财务风险的识别、评估和控制。密切关注宏观经济形势和市场变化，及时调整财务策略，降低市场风险对公司的影响。加强对债务风险的管理，合理安排债务规模和结构，确保公司债务风险可控。1—3月，公司资产负债率保持在×%的合理水平，财务风险总体可控。

（四）财务信息化建设方面

积极推动公司财务信息化建设，引入先进的财务管理软件，实现财务数据的集中管理和共享，提高了财务工作效率和数据准确性。通过财务信息化建设，加强对公司财务业务的实时监控和分析，为公司决策提供更加及时、准确的财务信息支持。

三、团队建设与协作

注重财务团队的建设和培养，通过组织内部培训、业务交流等活动，提高团队成员的专业素质和业务能力。加强团队文化建设，营造团结协作、积极向上的工作氛围，增强团队的凝聚力和战斗力。在工作中，与其他部门密切配合，加强沟通协调，共同推进公司各项工作的顺利开展。积极参与公司重大决策的讨论和制定，从财务角度提供专业的意见和建议，为公司的发展提供有力的财务支持。

四、坚持原则，廉洁自律

在工作中，我始终坚持原则，严格遵守财务法规和公司的各项规章制度。认真执行财务审批流程，确保每一笔财务支出都合法合规。坚持廉洁自律，自觉抵制各种诱惑，做到公私分明，不以权谋私。加强对财务团队的廉政教育，提高团队成员的廉洁意识和职业道德水平，确保财务工作的公正、透明。

五、存在的不足与改进措施

回顾这三个月的工作，虽然取得了一定的成绩，但也存在一些不足之处。例如，在财务风险管理方面，还需要进一步加强对市场风险的预判和应对能力；在财务信息化建设方面，还需要不断优化系统功能，提高数据分析和利用水平。针对这些问题，我将在今后的工作中采取以下改进措施：一是加强对宏观经济形势和市场动态的研究，建立更加完善的市场风险预警机制，提高公司的风险应对能力；二是加大对财务信息化建设的投入，持续优化系统功能，加强数据分析人才的培养和引进，提高财务数据的分析和利用价值。

六、下一步工作计划

下一步，我将继续带领财务团队，围绕公司的发展战略和经营目标，重点做好以下工作：一是进一步加强资金管理，优化资金配置，提高资金使用效率；二是持续加强财务预算管理，严格控制成本费用，确保公司年度利润目标的实现；三是不断完善财务风险管理体系，加强对各类风险的识别、评估和控制；四是加快财务信息化建设步伐，提升财务工作的智能化水平。

总之，在今后的工作中，我将继续加强学习，不断提高自身素质和业务能力，带领财务团队为公司的发展作出更大的贡献。

特此报告，请审查。

述职人：[姓名]

2024年3月31日

【例文二】

××市商务局局长×××2024年1—3月述职述廉报告

各位领导、各位同志：

为深入贯彻落实党风廉政建设责任制，进一步增强廉洁从政意识，提升履职尽责能力，按照市委、市政府的统一部署和要求，现将我2024年1—3月履职及廉洁自律情况报告如下：

一、建立健全廉政机制，筑牢思想防线

（一）强化思想认识

局党委高度重视党风廉政建设工作，将其视为推动商务工作健康发展的重要保障。充分利用局党委会、中心组学习会、干部大会等形式，组织全体党员干部深入学习党风廉政建设相关文件精神，重点学习《中国共产党廉洁自律准则》《中国共产党纪律处分条例》等党内法规，以及商务领域相关法律法规。共组织集中学习×次，开展专题研讨×次，引导党员干部深刻认识新形势下保持清正廉洁作风的重要性和紧迫性。同时，推行"每周一学"制度，每周通过内部工作群推送廉政学习资料，督促党员干部自主学习，累计推送学习资料×余篇。

（二）凝聚工作合力

将党风廉政建设工作与商务业务工作同部署、同落实、同检查、同考核。年初，局党委专门召开会议研究党风廉政建设工作，制定详细的工作计划和责任清单，明确班子成员和各科室的廉政职责。今年1—3月，局党委共召开×次专题会议研究党风廉政建设工作，及时解决工作中存在的问题。通过明确责任分工，形成了"一把手"负总责、班子成员各负其责、科室负责人具体落实的工作格局，凝聚了全局上下共同推进党风廉政建设的强大合力。

（三）严格责任追究

建立健全党风廉政建设责任追究制度，对在党风廉政建设工作中失职渎职、违规违纪的党员干部，严肃追究责任。加强对廉政责任落实情况的监督检查，定期对各科室廉政工作开展情况进行考核评估，将考核结果与干部评先评优、选拔任用挂钩。1—3月，对×个科室的廉政工作进行了专项检查，对发现的问题及时进行了整改，确保了党风廉政建设责任落到实处。

二、聚焦商务重点领域，加强廉政风险防控

（一）项目审批监管到位

商务领域项目审批涉及资金多、环节复杂，是廉政风险防控的重点。在项目审批过程中，我们严格执行"阳光审批"制度，优化审批流程，明确审批标准和时限，实行网上审批和电子监察，确保审批过程公开透明。加强对项目申报企业的资质审核和实地考察，对不符合条件的企业坚决不予审批。1—3月，共审批商务项目×个，涉及资金×万元，未出现违规审批现象。

（二）资金使用管理规范

加强对商务专项资金的管理和监督，建立健全资金管理制度，规范资金使用流程。严格执行资金审批程序，确保资金使用的合理性和安全性。加强对资金使用情况的跟踪问效，定期对项目资金使用情况进行审计和检查，及时发现和纠正问题。1—3月，共安排商务专项资金×万元，用于支持企业开拓市场、发展电子商务等，资金使用效益明显提高。

（三）执法监督严格公正

在商务执法工作中，坚持依法行政、公正执法，加强对执法人员的培训和管理，提高执法人员的业务水平和廉洁自律意识。严格执行执法程序，规范执法行为，加强对执法过程的监督和制约，防止执法不公、执法不严等问题的发生。1—3月，共开展商务执法检查×次、查处违规案件×起，有效维护了市场秩序。

三、深化作风建设，提升服务效能

（一）优化服务流程

以"放管服"改革为契机，进一步优化商务服务流程，简化办事环节，提高办事效率。推行"一站式"服务，实行首问负责制、限时办结制等服务承诺制度，为企业和群众提供更加便捷、高效的服务。1—3

月，共受理各类商务服务事项×件，按时办结率达到×%。

（二）加强作风建设

深入开展作风整治专项行动，坚决反对形式主义、官僚主义，切实解决工作中存在的“庸懒散拖”等问题。加强对干部职工的日常管理和监督，建立健全考勤制度、请销假制度等，严肃工作纪律。通过开展廉政教育、谈心谈话等活动，引导干部职工树立正确的价值观和权力观，增强服务意识和责任意识。

（三）积极回应社会关切

重视人大代表、政协委员的建议和提案办理工作，将其作为了解民意、改进工作的重要途径。1—3月，共收到人大代表建议×件、政协委员提案×件，我们及时与代表委员沟通联系，认真研究办理，办复率达到×%，代表委员满意率达到×%。同时，积极通过政务网站、社交媒体等渠道，及时发布商务工作动态和政策信息，回应社会关切，增强商务工作的透明度和公信力。

四、拓宽监督渠道，强化民主监督

（一）严格民主生活会制度

认真落实民主生活会制度，会前广泛征求意见，深入开展谈心谈话，认真撰写对照检查材料；会中严肃开展批评与自我批评，敢于揭短亮丑，不回避矛盾和问题；会后认真抓好整改落实，确保民主生活会取得实效。今年1月，局党委召开了民主生活会，班子成员之间坦诚相见，相互提出了×条批评意见，并制定了详细的整改措施，目前正在逐步落实中。

（二）加强党内监督

充分发挥党支部的战斗堡垒作用和党员的先锋模范作用，加强对党员干部的日常监督管理。定期开展民主评议党员活动，组织党员对班子集体和党员个人进行评议，提出意见和建议，促进党内监督经常化、制度化。1—3月，各党支部共开展民主评议党员活动×次，收集意见建议×条。

（三）主动接受社会监督

积极聘请商务行风监督员，定期召开行风监督员座谈会，听取他们对商务工作的意见和建议。加强对商务工作的宣传报道，主动接受社会各界的监督。目前，已聘请行风监督员×名，召开行风监督员座谈会×次，收到意见建议×条，对合理建议及时进行了采纳和整改。

五、个人廉洁从政情况

（一）严格遵守廉洁自律规定

始终严格遵守党的政治纪律、组织纪律、廉洁纪律、群众纪律、工作纪律和生活纪律，自觉遵守廉洁从政的各项规定。坚持做到公私分明，不利用职务之便谋取私利，不接受服务对象的礼品、礼金和宴请。严格执行个人重大事项报告制度，如实报告个人有关事项。

（二）自觉接受组织和群众监督

主动接受组织和群众的监督，积极配合纪检监察部门的工作。定期向局党委和纪检监察部门汇报个人廉洁从政情况，自觉接受民主评议和廉政测评。在工作中，坚持民主集中制原则，重大事项集体研究决定，不搞“一言堂”。

（三）积极履行“一岗双责”

作为单位主要负责人，认真履行党风廉政建设“一岗双责”，既抓好业务工作，又抓好党风廉政建设工作。定期研究分析党风廉政建设形势，加强对班子成员和干部职工的廉政教育和监督管理，做到业务工作和党风廉政建设工作两手抓、两手硬。

六、工作成效与不足

（一）工作成效

1—3月，通过加强党风廉政建设和作风建设，全局干部职工的工作积极性和主动性明显提高，商务工作取得了显著成效。全市社会消费品零售总额达到×亿元，同比增长×%；外贸进出口总额达到×亿美元，同比增长×%；实际利用外资达到×亿美元，同比增长×%。同时，商务系统的党风廉政建设得到了进一步加强，未发生违规违纪问题。

（二）存在不足

在工作中也存在一些不足之处，如廉政风险防控机制还不够完善、个别干部职工的廉洁自律意识还有待进一步提高、工作创新力度还不够大等。针对这些问题，我们将在今后的工作中采取有效措施，加以改进。

七、下一步工作计划

下一步，我将继续带领全局干部职工，深入贯彻落实党风廉政建设责任制，不断加强廉政风险防控，持续改进工作作风，努力推动商务工作再上新台阶。一是进一步完善廉政风险防控机制，加强对重点领域和关键环节的监督管理；二是加强廉政教育，提高干部职工的廉洁自律意识；三是加大工作创新力度，积极探索商务工作的新思路、新方法，为全市经济社会发展作出更大贡献。

以上报告，请审查。

述职人：×××

2024 年 3 月 31 日

任务描述

1. 了解述职报告的特点。
2. 掌握述职报告的写法。

必备知识

一、述职报告的概念

述职报告是领导干部向所属的职工或上级组织和领导陈述自己任期内履行岗位职责情况的一种自我评述性的事务文书。

述职述廉报告实际上属于述职报告，只是根据社会形势的需要，廉政建设成为领导干部岗位职责中非常重要的一个方面，所以，在写作述职述廉报告时廉政工作是重要内容。

二、述职报告的作用

述职报告是管理和考核干部的重要方式之一。对个人来说，撰写述职报告，可对自己的任职情况加以回顾和反思，有利于自审和提高，也有利于改进工作；对于一个单位或部门来说，要求领导干部撰写述职报告，利于考核干部，也便于群众民主监督。

三、述职报告的特点

（一）真实性

述职报告作为人员考核、评优、晋升的重要依据，要求述职者必须客观真实地陈述履行岗位职责情况，包括取得的成绩、犯过的错误及存在的不足。对写入述职报告中的材料，作者必须严格把关、精心筛选。既不允许添枝加叶、随意夸大和缩小，更不允许虚构编造、无中生有。力求做到成绩不夸大，问题不缩小，缺点不回避。只有这样才能把过去一段时期内工作的方方面面真实准确、完整无缺地展现在组织人事部门和广大群众面前，以使他们了解述职者履行岗位职责的情况，给予客观公正的评价，最终确定述职者的考核成绩。

（二）述评性

一方面，述职者要完整客观地叙述自己在一定时期内履行岗位职责的情况，向有关方面报告自己的工作实绩。所谓工作实绩，是指报告人在一定时期内，按照岗位规范的要求，为国家做了些什么事情、完成了什么指标、取得了什么效益、有些什么成就和贡献、工作责任心如何、工作效率怎样，实实在在地反映出来。

另一方面，述职者还要依据岗位规范和职责目标，对自己任期内的德、能、勤、绩、廉等方面的情况，作自我评估、自我鉴定、自我定性。

（三）标准性

述职者在进行自我评价鉴定时都有标准，标准就是述职者所在岗位的行为规范、岗位职责、目标任务。

行为规范是从事某一职业一般的行为准则，如会计人员有特定的行为规范，教师也有基本的行为准则；岗位职责是对某一岗位工作人员的基本要求；目标任务则是衡量述职者履行岗位职责的更为具体、明确的目标。每个岗位对述职者在一定时期内要达到的目标、完成的任务都有质或量的要求。

这三个标准从不同层面概括了述职者所应遵循的原则和达到的要求。

四、述职报告的种类

根据不同标准，述职报告可分为不同种类。

（1）从内容、性质来看，可分为综合性述职报告和专题性述职报告。

（2）从用途来看，可分为晋职述职报告和例行述职报告。

（3）从时间来看，可分为任期述职报告和年度述职报告，即一年一度履行岗位职责情况的报告。

五、述职报告与个人总结的区别

述职报告和个人工作总结是使用比较频繁的两种事务文书，都是对过去工作进行回顾，总结经验、教训，都用于个人，因此，人们在使用时常常将两者混为一谈。要准确掌握它们的写法，关键在弄清两者的区别。

（一）概念不同

述职报告和个人工作总结在概念的本质上有所不同。述职报告是各类公职人员向所在单位的组织、人事部门、上级机关和职工群众，如实陈述本人在一定时期内履行岗位职责情况的一种事务文书。《孟子·梁惠王下》说：“诸侯朝于天子，曰述职。述职者，述所职也。无非事者……”可见，所谓述职就是陈述职守，报告职责范围内的工作，而不涉及与本职无关的事项。而个人工作总结则是个人对做过的某一阶段的工作进行的系统的回顾、分析，从中找出收获、经验教训及带有规律性的认识的一种事务文书。

（二）撰写目的不同

述职报告是通过陈述个人德、能、勤、绩等方面的具体材料和数据，说明履职情况，为群众评议与上级有关部门选拔、考核、奖罚提供依据，而且有利于述职者进一步明确职责，总结经验、吸取教训、提高素质、改进工作。个人工作总结是通过回顾工作，肯定成绩，找出不足，总结出带有规律性的理性认识，借以指导今后的工作，同时，也有助于针对性地解决工作中存在的问题，不断提高自身的工作能力。

（三）回答的问题不同

述职报告要回答的是有什么职责、履行职责如何、是如何履行职责的、称职与否等问题。既要表述履行职责的结果，展示履行职责的过程，又要介绍履行职责的出发点和思路，还要申述处理问题的依据和理由。而个人工作总结是对一项工作或一段时间里的工作给予的归纳，它要回答的是做了哪些工作、有哪些成绩、取得了哪些经验、存在哪些不足、要吸取什么教训、今后有何打算等问题。

（四）写作侧重点不同

述职报告必须以履行职责情况，报告德、能、勤、绩、廉为主，重点在于展示履行职责的思路、过程和能力，要回答称职与否。仅限于职责的范围之内，围绕职责这个基点精选材料，职责范围外的概不涉及。而个人工作总结一般以归纳工作事实、汇总工作成果为主。重点在于阐述主要工作，取得的成绩都可以归纳在总结之中。

（五）表达方式不同

述职报告采用夹叙夹议的方式，运用叙述和议论，还辅以适当的说明。回顾工作情况，主要用叙述；分析问题、评价成绩时，用议论；需要交代某些情况时，用说明。而总结一般采用概括叙述的方式，不要求展示工作过程，只需归纳工作结果。

（六）格式要素不同

书面的述职报告有主送机关，口头的述职报告有开头称谓，结束时有结束语，一般是在指出存在的问题后，阐述自己的态度，欢迎大家对自己的述职报告进行评议，常用“以上报告请批评指正”“述职至此，谢谢大家”“专此报告，请审阅”等结束语。而个人总结没有主送机关或开头称谓，结束时也没有结束语，一般在指出存在问题后，写上下一步的工作打算、努力方向及解决问题的措施，就自然结束。

六、述职报告的写法

述职报告通常由标题、主送单位(或称谓)、正文、落款四部分构成。

（一）标题

述职报告的标题形式有以下几种：

（1）以文种作标题，如《述职报告》。

（2）由述职者职务、姓名+文种作标题，如《××局局长×××述职报告》。

（3）由述职者职务、姓名+期限+文种作标题，如《××学院院长×××2024年度述职报告》。

（4）由期限+文种作标题，如《2024年上半年述职报告》。

（5）由“我”+文种作标题，如《我的述职报告》。

（6）双标题形式，如《求真务实，与时俱进——我的述职报告》。

（二）称谓

称谓写明报告对象或主送机关，如“各位领导、同志们”“××组织人事部”“××董事会”等。

（三）正文

正文一般由开头、主体和结尾三部分组成。

1. 开头

首先，概述任职的自然情况，即任职时间、任何职务、所负责的具体工作、岗位目标等，也可进行简短的自我评价，给听众或领导总体印象。要写得集中概括、简明扼要。往往以“按照岗位规范，现将我×年来履行岗位职责的情况报告(陈述)如下：”过渡到主体部分。

2. 主体

主体主要报告履行职责的具体情况，内容包括：任职期间所做的主要工作，取得的主要成绩；存在的问题、缺点；个人的认识和体会，主要经验、教训；今后的工作设想。要写得具体充实，条理清楚，有理有据。

3. 结尾

结尾通常用惯用语收束，如“特此报告”“以上报告，请领导和同志们批评指正”“以上报告请审查”“以上是我的述职报告，谢谢各位”“特(专)此报告，请审查”等。

（四）落款

落款是在正文末尾右下方，署上“述职人：姓名”，署名下方写上成文日期。

七、述职报告写作注意事项

述职，已成为我国各级领导干部、公务员、军队干部和专业技术人员例行或任期满后拟晋升而进行考核的一种重要形式。述职报告的写作者也不仅仅局限于那些具备应用写作能力的文秘人员，而是具有较大的普遍性。述职报告的写作有一些需要注意的事项，也是有些人写作时容易出问题的地方。

（一）实事求是，忌“邀功”

领导干部的述职报告，应当是主要反映“本人”在组织赋予的职权范围内所进行的实践活动。哪些是自己亲自主持完成的、哪些是自己参与决策的、哪些是在自己领导或指导下完成的，都应当分别写清楚，不能含混。坚持实事求是的原则，写“自己”，而不是写“自己”领导的这个“班子”。对自己的成绩和荣誉既不能虚夸，也不要过谦；对问题和失误，既不回避，也不无限上纲。本着成绩找够、问题谈透的原则，不能把所属的整个单位和所属人员取得的成绩统统归为己有。对自己工作中的失误，主要找主观原因，少谈或不讲客观理由。

（二）概述，忌“细谈”

述职报告中的叙事有别于一般记叙文写作中的叙事，不能像记叙文那样详写事情发展变化的具体过程，描绘复杂、曲折的情节，而是有显著的概括性，写作时，应抓住事件的基本环节进行概括性的介绍和叙述。

（三）有的放矢，忌“不合时宜”

述职报告写作中的“不合时宜”主要表现在：一是拟晋升副教授述职，却同时讲到中级职称以前的成绩，甚至个别人把自己干行政工作期间的荣誉也叙述其中；二是某些担任了一定行政职务的人，在拟晋升专业技术职称的述职中过多地叙述自己的行政工作和管理能力，甚至是所属单位和所属人员的成绩；三是个别人在某种专题性述职中，谈了很多任期内的其他事情。这些述职者运用这些不合时宜的述职内容，只不过是想给听众、读者使“障眼法”，让听众、读者觉得他的成绩很多，功劳不小。而真正了解职称考核条件的人就知道，这种述职其实是“徒劳无功”的。能否晋升技术职称，主要是看述职者在任现职期间的专业技术成绩、成果是否符合晋升的标准与条件，而其他时间的任何内容均不作为晋升的成绩、成果。

（四）掌握写法，忌“务虚论职”

在实践中，不少述职报告不是在述职而是在论职，有的述职者在述职报告中用相当的篇幅来谈自己对本职工作的认识。

（五）行文庄重，忌“浮夸”

述职报告是述职者面对听众作正式、庄重的汇报，写作时要注意措辞严谨、用语朴实、语气谦恭，言辞不渲染、不溢美、不夸张，不说过头话。

思考题

1. 述职报告有哪些特点?
2. 述职报告与个人工作总结有哪些区别?
3. 述职报告在写作时有哪些注意事项?
4. 述职报告一般写哪些内容?

第四节　会议记录

情境导入

2024 年 3 月 12 日上午 9 点，S 市财政局在局机关 3 楼会议室召开全市财政系统预算绩效管理工作推进会。此次会议旨在提升全市财政资金使用效益，推动预算绩效管理工作再上新台阶。张华局长在会上发表重要讲话，全面部署下一阶段工作任务。会议由预算科科长陈宇主持，办公室文秘林悦负责记录，全市各级财政部门相关负责人准时参会。

如果你是会议记录员，知道如何做会议记录吗?应该注意哪些问题呢?

实例阅读

【例文一】

S 市财政局预算绩效管理工作推进会会议记录

一、会议基本信息

会议时间：2024 年 3 月 12 日上午 9 点

会议地点：S 市财政局 3 楼会议室

参加人员：张华(局长)、陈宇(预算科科长)、林悦(办公室文秘)、赵刚(绩效管理科科长)、孙莉(监督检查科科长)、周强(各区县财政局代表)

会议主持人：张华(局长)

记录人：林悦

二、主要议题

探讨如何提升全市财政资金使用效益，推进预算绩效管理工作。

三、会议内容

张华：今天把大家召集过来，主要围绕预算绩效管理工作推进展开讨论。目前我市预算绩效管理工作取得了一定成效，但也存在不少问题，下面先请赵刚科长说说当前工作的状况和问题。

赵刚：目前我们在预算绩效目标设定上，部分项目目标不够清晰明确，指标难以量化，导致后续绩效评价困难。在绩效监控环节监控力度不够，一些项目执行过程中出现偏差未能及时发现和纠正。而且绩效评价结果应用不充分，与预算安排挂钩不够紧密，没有充分发挥绩效评价的导向作用。

孙莉：从监督检查角度看，部分单位对预算绩效管理工作重视程度不够，存在敷衍了事的情况。一些工作人员业务能力不足、对绩效管理的流程和方法不熟悉，影响了工作质量。另外，在绩效信息公开方面，公开内容不够详细、及时，公众参与度不高。

周强：在各区县，预算绩效管理工作进展不平衡。有的区县已经建立了较为完善的绩效管理体系，而有的区县还在摸索阶段。而且区县之间缺乏有效的沟通交流机制，难以共享好的经验和做法。

陈宇：针对这些问题，我觉得，首先要加强培训，提高工作人员的业务能力和水平。可以组织全市范围内的预算绩效管理业务培训，邀请专家授课，让大家系统学习相关知识。其次，要进一步完善绩效管理制度，明确各环节的操作规范和标准，加强对制度执行情况的监督检查。

林悦：我认为可以建立绩效管理信息化平台，实现绩效目标设定、监控、评价等全流程信息化管理，提高工作效率和数据准确性。同时，通过平台公开绩效信息，方便公众查询和监督。

张华：大家的发言都很有针对性。接下来，我们要重点做好以下几方面工作：一是强化培训，制定详细的培训计划，确保培训质量；二是完善制度，结合实际情况，修订和完善预算绩效管理制度；三是加快信息化平台建设，争取尽快投入使用；四是加强区县之间的交流合作，建立定期沟通机制。陈宇科长负责牵头制定培训计划和完善制度，林悦负责信息化平台建设的具体工作，孙莉科长加强对各区县工作的指导和监督。

散会(上午11时30分)

主持人(签名)：张华

记录人(签名)：林悦

【例文二】

××区财政局第3次局务会议记录

时间：2024年2月28日9：00—11：30

地点：财政局3楼第一会议室

出席人：李××(局长)、陈××(副局长)、赵××(预算科科长)、周××(办公室主任)、孙××(国库科科长)、各科室负责人及业务骨干代表。

缺席人：王××(因公赴省厅参会)、张××(病假)

主持人：李××(局长)

记录人：周××(办公室主任)

一、报告

1. 陈××副局长报告2024年预算执行情况

通报1—2月全区一般公共预算收入完成进度(同比增长8.2%)，重点支出领域(教育、医疗、乡村振兴)资金拨付情况。

指出当前问题：部分项目资金支付进度滞后，个别部门存在预算执行率偏低现象。

2. 赵××科长传达《财政部关于进一步加强××××的通知》，强调文件核心要求：严控新增隐性债务、规范专项债券资金使用、强化风险预警机制。

二、讨论

围绕如何落实财政部通知精神，优化2024年债务管理及预算执行效率展开讨论，重点议题包括：

1. 如何平衡债务风险防控与重点项目资金需求；

2. 如何通过绩效评价倒逼预算执行提速；

3. 是否需调整部分专项资金分配机制。

三、决议

1. 组织专题学习

3月5日、6日下午分两批次开展全员培训，由预算科牵头解读通知精神，各科室负责人需结合业务提出落实方案(3 月 8 日前提交)。

2. 强化预算执行动态监控

国库科牵头建立“周调度、月通报”机制，对支付进度低于 60%的项目启动预警，并联合绩效科开展实地督查。

3. 优化债务管理流程

成立债务管理专项小组(组长：陈××)，3 月底前修订《地方政府××××使用细则》，明确“负面清单”和绩效目标挂钩机制。

4. 严控新增支出事项

2024 年起，除民生保障类项目外，新增支出需经局党组会审议并报区政府备案，原则上不再追加非刚性支出预算。

5. 建立跨部门协作机制

由办公室牵头，联合预算科、国库科每季度召开部门联席会议，协调解决预算执行中的堵点问题。

散会(上午 11：30)

主持人(签名)：李××

记录人(签名)：周××

备注：

1. 会议决议需形成正式文件，由办公室于 3 月 1 日前印发至各科室；

2. 各责任科室须于 3 月 15 日前提交阶段性落实情况报告。

任务描述

1. 熟悉会议记录的特点。
2. 掌握会议记录的写法。

必备知识

一、会议记录的概念

会议记录是在会议过程中，由专门的记录人员把会议情况和会议内容如实笔录而形成的书面材料。会议情况包括：会议组织情况、会议内容、与会者的发言、会议成果等。

二、会议记录的特点

(一) 原始性

会议记录是对会议议程和发言内容的原始性记载，由记录员随着会议进程作同步记录，不得歪曲、作假，不掺杂个人主观评价。

(二) 凭据性

会议记录是了解、检查会议情况，传达会议精神，汇报会议情况，执行会议决议等的真实依据。会议记录交主持人认可签名后，便可立卷存档，成为文献资料，以供日后查考、研究。

(三) 规范性

会议记录不对外公布，也不作内部交流，要求使用统一的记录专用笺、记录格式和规范的记录字体等，甚至对记录用笔都有严格规定。

三、会议记录的种类

从反映会议情况和内容的详略程度划分，会议记录可分为以下几种。

（一）详细记录

这种记录要求详细记录会议的全过程，包括会上发言、不同意见、争论和会议决议，有的还记录发言人的语态动作。重要会议要采用详细记录。

（二）摘要记录

这种记录只对会上发言要点、结论、决议作记录，与议题无关的话题可以不记。

（三）音像记录

利用音像设备录制会议过程。对会议记录而言，录音、录像通常只是手段，最终还要将录下的内容还原成文字。

四、会议记录与会议纪要的区别

会议记录和会议纪要都和会议有关，三者存在着先后关系：会议–会议记录–会议纪要，即先有会议，然后有会议记录，再依据会议记录制发会议纪要。很显然，会议记录与会议纪要是不同的两个概念，是不同的两个文体。主要区别如下。

（一）性质不同

会议记录是会议情况的原始记载，属于事务文书；会议纪要只记要点，是对会议情况的综合与概括，摘要发布会议主要内容和主体精神，是法定的党政公文。

（二）载体样式不同

会议纪要作为一种法定公文，其载体为文件，享有《党政机关公文处理工作条例》所赋予的法定效力。会议记录的载体是会议记录簿。

（三）功能不同

会议记录是内部人员了解、检查会议情况，传达会议精神，执行会议决议等的原始依据，一般不公开，无须传达或传阅，只作资料存档；会议纪要通常要求在一定范围内传达或传阅，要求有关单位知晓，并照此办理，贯彻实施。

（四）适用对象不同

作为历史资料的会议记录仅供内部使用，不对外公布，只是有条件地供查阅者使用；作为公文的会议纪要，具有传达告知功能，因而有明确的读者对象和适用范围。

五、会议记录的写法

会议记录一般由标题、开头（会议组织情况）、主体（会议内容）、结尾和审阅签名五部分组成。

（一）标题

标题一般是由开会单位、会议名称、文种构成，如《××大学校长办公会记录》；有的由会议内容、文种构成，如《关于加强学生思想工作座谈会记录》。

（二）开头（会议组织情况）

开头主要包括会议时间、会议地点、出席人、缺席人、列席人、主持人、记录人、议题等内容。每项分行依次排列，具体要求如下：

（1）会议时间。即会议召开的具体时间（年、月、日、时，几点至几点）。

(2) 会议地点。即会议召开的具体地点(哪一间会议室)。

(3) 出席人。即按照规定必须参加的人员。一般由出席人亲自签到，也可由记录人记录。

(4) 缺席人。写明缺席人的姓名和缺席原因。

(5) 列席人。即不属于会议正式成员，但与会议有关的各方面人员。写明姓名、职务或单位名称，可由列席人亲自签到，也可由记录人填写。

(6) 主持人。一般写明姓名，在姓名前冠以职衔。

(7) 记录人。写明姓名。

(8) 议题。即会议围绕讨论的主题内容，议题多的可分条列项写出。

(三)主体(会议内容)

这是会议记录的主体内容，包括主持人开场白、大会主题报告、讨论发言、会议决议、会议涉及的其他主要内容、重要领导的指示等内容。要按会议议程和发言顺序，记录发言人姓名和发言内容，可详细记录，也可摘要记录。

(四) 结尾

一般另起一行，空两格写“散会”字样。有的在后面注明会议结束时间，写在小括号里。

(五) 审阅签名

在会议记录的右下方，由会议主持人和记录人签名，以示负责。审阅签名相当于公文的落款。

六、会议记录的基本要求

(1) 准确写明会议名称(要写全称)，开会时间、地点，会议性质。

(2) 详细记下会议主持人、出席会议应到和实到人数，缺席、迟到或早退人数及其姓名、职务，记录者姓名。如果是群众性大会，只记参加的对象和总人数，以及出席会议的较重要的领导成员即可；如果是某些重要的会议，出席对象来自不同单位，应设置签名簿，请出席者签署姓名、单位、职务等。

(3) 忠实记录会议上的发言和有关动态。会议发言的内容是记录的重点。其他会议动态，如发言中插话、笑声、掌声、临时中断以及别的重要的会场情况等，也应予以记录。多数会议只记录发言要点，即把发言者讲了哪几个问题，每一个问题的基本观点与重要事实、结论，对别人发言的态度等，作摘要式的记录，不必“有闻必录”。某些特别重要的会议或特别重要人物的发言，需要记下全部内容。

(4) 会议记录要求忠于事实，不能夹杂记录者的任何个人情感，更不允许有意增删发言内容。

(5) 快速是对记录的基本要求。

思考题

1. 会议记录有哪些特点？
2. 会议记录与会议纪要有什么区别？
3. 会议记录的开头、结尾分别需要写哪些内容？

第五节 公示

情境导入

2024 年 2 月，中国电信 JN 分公司为落实集团《中层管理人员选拔任用管理办法》，启动年度公开选拔工作。此次竞聘面向全公司开放市场经营部、政企客户部等 10 个部门副职岗位，经资格审查、笔试(2 月 25 日)、面试(3 月 2 日)及党委综合评议，最终确定 10 名拟聘人选。根据《JN 分公司选拔任用公示制度》，现将名单及主要业绩(详见附件)公示，公示期自 3 月 10 日至 16 日。如有异议，请实名向纪委办公室(电话：0531-860×××××)或人力资源部反映。

你知道公示适用什么情况吗？如何写公示呢？写公示应注意什么问题呢？

实例阅读

【例文一】

公　示

根据《中国电信 JN 分公司中层管理人员选拔任用实施细则》及 2024 年度公开选拔工作安排，经资格审查、笔试、面试、民主测评及党委集体研究，确定以下 10 名同志为拟聘任中层管理人员，现予以公示：

姓名	性别	出生年月	现任职部门	拟聘岗位
王强	男	1988.05	网络运维部	网络运维部副经理
李芳	女	1990.11	市场经营部	市场经营部副经理
张伟	男	1987.03	政企客户部	政企客户部副经理
陈静	女	1989.07	客户服务部	客户服务部副经理
赵磊	男	1991.02	财务部	财务部副经理
周敏	女	1986.09	人力资源部	人力资源部副经理
吴昊	男	1985.12	综合管理部	综合管理部副经理
郑洁	女	1992.04	渠道运营中心	渠道运营中心副经理
刘涛	男	1989.08	云计算事业部	云计算事业部副经理
王莉	女	1990.03	创新业务部	创新业务部副经理

公示期：2024 年 3 月 10 日至 16 日(5 个工作日)

意见反馈：

受理部门：JN 分公司纪委办公室、人力资源部

接待时间：工作日 8：30—12：00，14：00—17：30

联系方式：

纪委办公室：电话 0531-860×××××，邮箱 jnjw@ctc.com

人力资源部：电话 0531-860×××××，邮箱 jnhr@ ctc. com

说明：公示期间，如对拟聘人选有异议，请以书面形式实名反映，匿名材料不予受理。

中国电信 JN 分公司党委(章)

2024 年 3 月 10 日

【例文二】

政府采购预中标公示

（2024 年第 12 号）

项目名称：××市人民医院医疗设备采购项目(第二批)

招标编号：××ZC-2402-037

评标工作已结束，根据评审结果，经××市政府采购监管部门批准，现公示如下：

预中标人：××市康达医疗器械有限公司

预中标金额：人民币壹仟贰佰捌拾万元整(￥12800000.00)

主要中标标的：

1. 64 排螺旋 CT 系统(型号：CT-6400)1 套
2. 全自动生化分析仪(型号：BioChem-800)2 台
3. 便携式超声诊断仪(型号：UltraSound-500)5 台

公示期：2024 年 3 月 12 日至 19 日

公示说明：

1. 本公示不具有中标公告和中标通知书的法律效力；
2. 对评审结果如有异议，请于 2024 年 3 月 18 日 17：00 前以书面形式(加盖单位公章或个人签名)向以下部门反映：

受理部门：××市政府采购中心监督科

联系电话：0532-859×××××/0532-859×××××

电子邮箱：xxzfcgjd@ ×××. gov. cn

逾期未提交或未按要求提交的异议材料不予受理。

特此公示。

××市政府采购中心(章)

2024 年 3 月 12 日

任务描述

1. 了解公示的特点。
2. 掌握公示的写法。

必备知识

一、公示的概念

公示是党政机关、企事业单位、社会团体等事先预告群众周知，用以征询意见、接受群众监督、改善工作的一种文体。

二、公示的特点

（一）公开性

公示的内容是要向一定范围内或特定范围内的人员公开出来的，是要让大家知道和了解的，具有较强的透明度。

（二）事先性

公示的对象是在正式生效之前进行公示，公示结束才会生效。

（三）周知性

公示的内容是广而告之的，是让干部群众了解，从而参与其事。

（四）民主性

民主性是指公示的过程与结果，都是公开、公平、公正的，都是有群众参与和监督，并为他们认可的，接受群众的监督是公示的目的所在，任何人都可以行使监督的权利。

（五）反馈性

公示期间，如果对公示的内容存在异议，任何人都可以提出意见，而且公示单位接到意见后应及时调查核实、研究、讨论，作出反馈。

三、公示的写法

公示一般包括标题、正文和落款三部分。

（一）标题

公示的标题有完全式和省略式两种。

（1）完全式：单位+事由+文种。

（2）省略式：

① 单位+文种；

② 事由+文种；

③ 文种。

（二）正文

1. 开头

开头交代公示的原因、依据。有承启句如“现公示如下：”引出下文公示事项。

2. 主体

主体部分主要是公示事项，写清公示人或事情的相关情况。可用文字叙述，也可图表或文表结合。内容较多，以附录的形式发布。

3. 结尾

结尾包括结束语“特此公示”和公示的起止时间及反馈意见的联系方式。

（三）落款

单位名称和发布时间，加盖公章。如果标题有发布单位，落款可省略。

四、公示的写作注意事项

（一）内容单一，主旨突出

公示要坚持“一文一事”的原则，公示内容单一，不可在一个公示里公示不属于同一情况的其他事项。公示的重点是公示事项，其余可略去。

（二）客观叙述，语言平实

公示不同于“通知”，也不同于“请示”“报告”之类的文体，它旨在告知群众将要生效的事项，征询群众意见，接受群众监督，应以客观介绍为主，不议论，不带感情色彩。

思考题

1. 公示有哪些特点？

2. 公示的标题、正文怎么写？

第六节 竞聘演讲词

情境导入

2024年2月，中国电信JN分公司启动市场部经理岗位公开竞聘工作。王磊作为公司骨干员工，入职8年来累计完成营收目标超2亿元，主导的智慧社区项目获集团创新金奖。在竞聘演讲现场，他结合行业趋势与公司战略，提出“三维一体”市场拓展方案，涵盖政企客户深度运营、家庭市场生态构建及数字化服务升级路径。面对评委与同事，王磊以“用数据说话，以创新破局”为核心理念，全面阐述自己对岗位的认知与履职规划。

竞聘演讲词怎么写才能更好地展示自己？

实例阅读

电信支局长竞聘演讲稿

尊敬的各位领导、同事们：

大家好！

今天，我怀着对电信事业的满腔热忱，站在这里竞聘支局长岗位，恳请得到大家的支持与信任。

我叫张明，32岁，中共党员，本科学历，2015年加入中国电信JN分公司，现任城区营业部业务主管。十年间，我从一线装维员成长为业务骨干，先后主导完成5G基站覆盖攻坚、智慧社区项目落地等重点项目，累计发展政企客户超200家，带领团队连续三年超额完成营收目标。这些经历让我深刻理解了支局工作的核心价值——既是服务群众的“最后一公里”，也是企业发展的“前沿阵地”。

若我有幸竞聘成功，将从以下四方面开展工作：

一、聚焦服务提质，打造“零投诉”标杆

建立“1小时响应、24小时解决”的故障处理机制，对装移修工单实行“优先级+限时办结”管理。针对老年用户推出“上门教学+子女远程绑定”服务，对中小企业客户定制“网络优化+信息化解决方案”套餐，通过差异化服务降低投诉率。

二、深化融合营销，激活市场新动能

依托支局网格化优势，推行“全员营销+场景化推广”模式。例如：在社区开展“宽带义诊”活动，同步推广千兆套餐；针对沿街商铺推出“云监控+商户金卡”组合产品；联合物业打造“智慧家庭体验角”，通过沉浸式营销挖掘潜在需求。

三、强化队伍建设，锻造攻坚铁军

实施“青蓝计划”，通过“老带新+轮岗实训”提升团队技能；设立“创新提案奖”，鼓励员工提出流程优化建议；建立“客户评价+业绩考核”双维度激励机制，让能者多得、优者上位。

四、践行协同作战，服务全局战略

坚决落实公司“云改数转”战略，配合上级完成老旧小区光纤改造、农村5G覆盖等任务；定期向分公司汇报支局经营数据，提出区域市场分析报告；主动对接政企部、客响中心等部门，形成“前端需求+后端支撑”的高效协同机制。

古人云：“志不强者智不达，言不信者行不果。”无论竞聘结果如何，我都将以归零心态扎根岗位。若获信任，必当以实干担当使命，用数据说话、用业绩交卷；若未如愿，亦将全力配合新班子工作，为支局发展添砖加瓦！

我的演讲完毕，谢谢大家！

张明

2024 年 2 月 20 日

任务描述

1. 掌握竞聘演讲词的一般写法。
2. 了解竞聘演讲词的写作要求和需要注意的问题。

必备知识

一、竞聘演讲词的概念

竞聘演讲词是竞聘者为了实现竞聘上岗的目的在竞聘会议上向与会者发表的一种阐述自己竞聘条件、竞聘优势，以及对竞聘职务的认识，被聘任后的工作设想、打算等的一种文书。

竞聘演讲词又叫竞聘演讲稿、竞聘词、竞聘报告，或叫竞聘讲话稿。它是为通过自由竞争形式达到被聘用之目的而写作的应用文体，是竞聘演讲的书面文字材料。演讲稿的好坏直接决定了演讲的成功与失败。

二、竞聘演讲词的特点

（一）竞争性

竞聘演讲的一个重要特征就是具有竞争性，要凸显“人无我有，人有我优，人优我特”的竞争优势。

（二）鼓动性

竞聘演讲词要吸引人、感染人，就需要一定的鼓动性。

（三）自评性

在竞聘演讲词中要全面而公正地评价自己。

三、竞聘演讲词的种类

一般按职位类别进行分类，有机关干部竞聘演讲稿、企业干部竞聘演讲稿、事业干部竞聘演讲稿等。

四、竞聘演讲词的格式与写法

竞聘演讲词在结构上一般由标题、称谓、正文、落款等部分组成。

（一）标题

（1）以文种为标题，如“竞聘演讲稿”。

（2）以竞聘职位和文种为标题，如“电信支局长竞聘演讲稿”。

（二）称谓

一般写“尊敬的各位领导、同志们”，后加冒号。

（三）正文

正文部分一般包括以下内容：

（1）问候并表达谢意。“大家好！首先感谢×××给了我这次竞聘的机会！”

（2）接下来介绍自己的年龄、政治面貌、学历、现任职务、工作经历等一些基本情况。

（3）阐述自己的竞聘优势，如政治素养、业务能力、工作成绩、工作经验和水平等。

（4）阐述被聘任后的工作设想、打算等。

（5）最后是结尾，表明竞聘的决心、信心和请求等。

（四）落款

在右下方写姓名和时间。（演讲时不需要读出来）

五、竞聘演讲的要求

（一）气势要先声夺人

竞聘演讲的一个重要特征就是具有竞争性，而竞争的实质是争取听众的响应和支持。做到这一点的有效方法之一就是要有气势，“气盛言宜”。这气势不是霸气、骄气、傲气，而是浩然正气。有了渊博的才识、正大的精神及对党的事业和人民深厚的感情，作者就不难找到恰当的语言表达形式。

（二）态度要真诚老实

竞聘演讲其实就是“毛遂自荐”。自荐，当然应该将自己优良的方面展示出来，让他人了解自己。但要注意的是，在“展示”时，态度要真诚老实，有一分能耐说一分能耐，不能为了自荐成功而说大话、谎话。

（三）语言要简练有力

老舍先生说：“简练就是话说得少，而意包含得多。”竞聘演讲虽是宣传自己的好时机，但也决不可“长篇累牍”。应该用简练有力的语言把自己的思想表达出来。

（四）内心要充满自信

著名演说家戴尔·卡耐基曾说过：“不要怕推销自己。只要你认为自己有才华，你就应该认为自己有资格担任这个或那个职务。”当你充满自信时，你站在演讲台上，面对众人，就会从容不迫，就会以最好的心态来展示自己。当然，自信必须建立在丰富的知识和经验的基础上。这样的自信，才会成为你竞聘的力量，变成你工作的动力。

六、竞聘演讲词的写作要求

（一）围绕一个中心

写好竞聘演讲稿的核心问题是竞聘者对自己竞聘的岗位要有全面深刻的理解与认识，要围绕着竞聘岗位写文章，对岗位认识理解的层次不同，标准、起点不同，那么演讲稿的质量则不同。

首先，对竞聘岗位的理解与认识要有一定的高度。如竞聘某学院图书馆馆长这个岗位时，仅仅理解为图书馆馆长的职责是完成图书馆日常管理工作是不够的，还应当上升一个高度，即图书馆是学院提高教师、学生综合素质的阵地，是学院精神文明建设的主战场。对岗位的认识有高度，今后的工作思路才能抓得更准、更到位。

其次，对竞聘岗位的理解与认识要准确、全面。如竞聘某学院院长这个岗位时，一方面，要准确认识院长的岗位职责，院长是学院发展和建设的带头人，是教学与管理的负责人，等等。有的人在竞聘时还提到做好学院党务管理工作等，这样不可以，因为党务工作应当是党委书记的职责，如果对岗位职责认识不准确，可能会引起误会，导致工作开展时的困难。另一方面，要全面认识院长的岗位职责，院长不仅仅是管理者、“领头雁”，更重要的是服务者，为学院职工带来更多的效益，创设更优良的工作环境，营造更和谐的工作氛围等。认识全面到位，工作才能全面到位。

最后，对竞聘岗位的理解与认识要有新意，要做到思想观点新、思维角度新。竞聘者要多关注和研究新形势、新动态、新情况、新问题，得出新结论。对大家一直以来理解的某岗位职责提出自己新的思想观点，也可以运用不同思维方式，从不同角度出发，提出自己对岗位的认识与见解，令听者耳目一新。

应当了解的是，对竞聘岗位的理解与认识是一个人综合素质、综合能力的体现，是一个人多年工作经历、经验、体验的总结，并非一日之功。另外，对竞聘岗位的理解与认识虽然是写好竞聘演讲稿的核心内容，却不一定要把它完全写到稿子中，而是要使你对岗位的认识在竞聘演讲稿中得到全面、准确的体现。

（二）写好两个重点

竞聘演讲稿写作重点是竞聘者的优势和今后工作思路两个方面。

竞聘者的优势要抓得准，一要抓住适合岗位需要的优势，竞聘者具备的优势需与岗位需求高度契合。若竞聘人事处处长，却大谈琴棋书画之才，显然偏离岗位核心要求，优势抓取失当。二要突出自身独特优势，在众多竞争者中，需提炼出区别于他人的关键能力或经验，如曾主导过高效的人事制度改革项目，以此彰显竞争力。

对于今后工作思路，要讲得清。一方面，目标设定要明确，结合岗位现状与公司发展战略，制定短期、中期、长期清晰且可量化的目标，如短期在三个月内优化招聘流程，缩短招聘周期；另一方面，实施步骤要具体，详细阐述达成目标的具体措施、时间节点与责任人，如每月组织一次跨部门沟通会以推进团队协作，确保工作思路切实可行、有章可循。

（三）把握三个关键

写竞聘演讲稿时要把握三个关键：一要心中有听众，二要心中不忘自己，三要充分显示人格魅力。心中有听众要求竞聘者时刻记住自己写的东西是讲给谁听的，要考虑听众想听什么、希望听什么、愿意听什么，你在演讲时把它讲出来。心中不忘自己，你的竞聘演讲要写得让人一听就是你的，而非别人的，要文如其人，充分展示自己的个性特点，切不可人云亦云。或温文尔雅，或雷厉风行，或朴实沉稳，或粗中有细，从管理方式、方法上，从待人接物上，从语言表达方式上，展示自己的特点。另外，如果你是第一次竞聘这个岗位，应该怎么说；如果你是一个多年从事这项工作的经验丰富的竞聘者，你又该怎样讲。如果你是一个年轻有为的干部，该如何说；如果你是一个转岗干部，又该如何讲。充分展示自己的人格魅力，这是多年来用自己行动让人们信服的一种魅力，包含竞聘者做人的真诚，高度的责任感、事业心，出色的综合素质、综合能力。倘若具备了这种人格魅力，竞聘者的语言可能显得多余，只要你站在竞聘者的演讲台上，就会赢得赞扬、崇敬、信任。

思考题

1. 竞选演讲词的正文一般要阐述哪些内容？
2. 竞选演讲词有哪些写作要求？

第四章

财经宣传文书

在一个风和日丽的春日早晨，一位对金融充满热情的年轻人小李，像往常一样打开了他电脑上的财经新闻App。他的目光被一条醒目的新闻吸引："'金融科技普惠计划'助力小微企业，首季度贷款发放额突破500亿！"这条新闻介绍的是国家最新推出的"金融科技普惠计划"，旨在利用金融科技手段，降低小微企业的融资成本，促进经济活力。

新闻中提到，自计划实施以来，仅首季度就通过大数据分析、人工智能审核等技术手段，为数十万家小微企业提供了快速、便捷的贷款服务，累计发放贷款金额高达500亿元。小李想起自己曾调研过的一家小型科技公司，正是因为得到了这样的贷款支持，才成功研发出了一款创新产品，迅速在市场上崭露头角。

这个故事让小李深刻感受到了金融科技的力量，也让他意识到，作为财经领域的一员，了解并掌握财经宣传文书的写作至关重要。

在本章中，将带大家系统学习财经新闻的写作特点与解读之道，了解产品说明书如何精准传达产品特色与优势，以及掌握广告文案如何以精练的文字激发目标受众的兴趣与欲望。学习这些内容将帮助你在未来的职业生涯中，更好地捕捉财经动态，撰写出高质量的财经宣传文书，为企业的决策与个人的职业规划提供有力支持。

第一节 财经新闻

情境导入

想象一下，你是一位刚刚踏入财经领域的职场新人，每天清晨，当你打开办公室的电脑，首先映入眼帘的是各类财经新闻：股市的涨跌起伏、企业的最新财报、行业的政策变动……这些信息如同潮水般涌来，它们不仅关乎市场的脉动，更直接影响到企业的决策与个人的职业规划。如何快速准确地捕捉财经新闻中的关键信息，解读其背后的经济逻辑，成为你职业生涯中不可或缺的一项技能。

今天，就让我们一同走进财经新闻的世界，探索其写作特点与解读之道。

实例阅读

【例文一】

借贷宝因高息贷款被央视 315 晚会点名，所属公司承诺整改(样例)

在 20××年 3 月 15 日的央视 315 晚会上，借贷宝平台因通过电子签向用户提供高息贷款被点名批评。据报道，借贷宝平台上的电子借条几乎无监管，利率竟高达×%。借贷宝虽自称稳健运营 9 年，拥有 1.4 亿注册用户，但其信息更新滞后，且多次卷入套路贷案件。对此，借贷宝所属的成都云借宝科技有限公司高度重视，立即成立整改小组，承诺彻底解决业务和管理上的问题，并主动配合警方打击不法分子，保护用户权益。公司向受影响的用户及公众道歉，并表示将以最大决心落实整改。

【例文二】

全球金融科技浪潮下，中国金融科技行业发展趋势与挑战

随着全球金融科技浪潮的兴起，金融科技(FinTech)已经成为全球金融行业的重要变革力量。在中国，金融科技的发展尤为迅速，不仅推动了金融行业的创新，也改变了人们的金融生活方式。然而，在快速发展的背后，中国金融科技行业也面临着诸多挑战。

近年来，中国金融科技行业在大数据、人工智能、区块链等新兴技术的推动下，取得了显著的成果。以移动支付为例，支付宝、微信支付等移动支付平台已经渗透到人们生活的方方面面，从购物、餐饮到交通、医疗，几乎无所不能。这些平台通过大数据分析和人工智能技术，为用户提供更加便捷、个性化的服务。同时，区块链技术在金融领域的应用也日益广泛，如在数字货币、供应链金融等领域，都取得了突破性的进展。

然而，金融科技的发展并非一帆风顺。随着行业的快速发展，监管套利、数据安全、隐私保护等问题逐渐浮出水面。一些不法分子利用金融科技手段进行诈骗、洗钱等违法犯罪活动，给社会带来了极大的危害。此外，金融科技的发展也对传统金融行业产生了冲击，如银行、保险等传统金融机构需要不断适应新的金融生态，进行数字化转型。

为了应对这些挑战，中国政府加大了对金融科技的监管力度。2018 年以来，中国政府出台了一系列金融科技监管政策，如《关于规范金融机构资产管理业务的指导意见》《关于做好网贷机构分类处置和风险防范工作的意见》等，旨在规范金融科技行业的发展，防范金融风险。同时，政府也积极推动金融科技的创新和应用，鼓励金融机构与科技企业合作，共同推动金融科技的健康发展。

在监管政策的引导下，中国金融科技行业开始朝着更加规范、健康的方向发展。一方面，金融科技企业开始加强合规建设，提高风险防范能力；另一方面，传统金融机构也加快了数字化转型的步伐，通过引入金融科技手段提升服务质量和效率。此外，随着人工智能、区块链等技术的不断发展，中国金融科技行业将迎来更多的创新机遇和应用场景。

然而，面对全球金融科技浪潮的挑战和机遇，中国金融科技行业仍需保持清醒的头脑和敏锐的洞察力。一方面，要持续关注国际金融科技的发展动态和趋势，积极借鉴国际先进经验和技术；另一方面，要加强自主创新和研发能力，推动金融科技的核心技术突破和产业升级。同时，还需要加强与国际金融科技机构的合作与交流，共同推动全球金融科技的健康发展。

总之，中国金融科技行业在快速发展的过程中面临着诸多挑战和机遇。只有不断加大监管力度、推动技术创新和应用、加强国际合作与交流，才能在全球金融科技浪潮中立于不败之地。未来，随着技术的不断进步和市场的不断发展，中国金融科技行业将迎来更加广阔的发展前景和更加美好的明天。

任务描述

1. 了解财经新闻的概念和分类。
2. 了解财经新闻的格式。
3. 掌握财经新闻的写作要求和技巧。

必备知识

一、财经新闻的概念

财经新闻，狭义上是指聚焦于财税、金融、市场与贸易等问题的新闻报道。在经济发展新时期，由于社会联系日益密切，大多事物的发展都会与宏观经济产生联系，因此广义上的财经新闻对工业、农业、交通及基建等大多数领域都有涉及。财经新闻通过传递各种经济信息，包括政策信息、企业动态、市场行情以及与经济联系较为紧密的科技信息等，帮助公众了解经济动态，把握市场脉搏。

二、财经新闻的分类

财经新闻的分类方式多种多样，以下是从不同维度进行的分类。

（一）从报道涉及的层面看

1. 宏观层面

宏观层面主要报道经济政策、宏观经济形势等。例如，关于国家货币政策、财政政策、税收政策等方面的报道。

2. 中观层面

中观层面关注特定经济行业或领域的动态和现象，如工业、农业、商业、信息业、金融业等。包括行业趋势、市场动态、企业新闻等。

3. 微观层面

微观层面站在一般公众的角度报道与百姓生活密切相关的信息和动态。例如，副食品价格变化、消费市场行情、个人理财建议等。

（二）从对题材的处理方式看

1. 信息型财经新闻

信息型财经新闻及时向受众传递各种经济信息。

2. 分析型财经新闻

分析型财经新闻对一个事件或一种现象的发生发展过程进行探求和梳理，力图对事件的现状形成比较全面的认识，并且可以对其未来的走势形成一定的判断，剖析其可能产生的影响等。

3. 讨论型财经新闻

讨论型财经新闻是指媒介机构根据它们对经济环境、经济工作、经济现象的判断和理解，设置一些题目，组织受众或专家进行讨论。

（三）从报道涉及的领域看

1. 政经类新闻

政经类新闻报道政府机构在经济领域的活动和政策，以及潜在地对经济发展产生影响的活动或事件。

2. 产经商业类新闻

产经商业类新闻关注产业和商业领域的新闻，包括行业动态、企业新闻、市场竞争等。

3. 财税金融类新闻

财税金融类新闻报道财税政策、金融市场动态、货币政策等方面的信息。

4. 战略管理类新闻

战略管理类新闻报道企业的经营策略、管理模式等。

5. 投资理财类新闻

投资理财类新闻站在普通公众的立场上报道各种市场行情，提供专家分析、建议和提示等。

三、财经新闻的格式

财经新闻通常遵循新闻报道的基本结构，但也会根据其特定内容进行调整，以确保信息的准确性和可读性。以下是一个典型的财经新闻写作格式。

1. 标题

标题是财经新闻的第一印象，应该简洁明了地概括新闻的主题，吸引读者的注意力。一个好的标题应该能够迅速传达新闻的核心信息，同时具有一定的吸引力。

2. 导语

导语是财经新闻的开头部分，通常位于标题之后，简要概述新闻的主要内容。导语应该简洁、精练，并突出新闻的重要性和紧迫性。通过导语，读者可以迅速了解新闻的要点，并决定是否继续阅读全文。

3. 正文

正文是财经新闻的主体部分，它详细展开导语中提到的内容，提供背景信息、事件经过、数据分析和专家观点等。正文的写作应该遵循以下原则：

（1）逻辑清晰：按照时间顺序或重要性顺序组织内容，确保读者能够轻松理解。

（2）数据准确：提供的数据和事实应该经过核实，确保准确无误。

（3）语言简洁：避免冗长的句子和复杂的词汇，保持语言流畅易懂。

(4) 引用权威：在涉及专业观点或数据时，应引用权威机构或专家的意见，增强新闻的可信度。

4. 结尾

结尾部分通常对新闻进行总结，并可能提出对未来趋势的预测或建议。结尾应该简洁有力，给读者留下深刻印象。

5. 附加信息

在某些情况下，财经新闻还会包含一些附加信息，如：

(1) 图表和数据：用图表或数据直观地展示新闻中的关键信息。

(2) 相关链接：提供与新闻相关的背景资料、政策文件或相关报道的链接。

(3) 联系方式：提供新闻中提到的公司、机构或专家的联系方式，供读者进一步了解或咨询。

6. 编辑说明和版权信息

在财经新闻的末尾，通常会包含编辑说明和版权信息，说明新闻的编辑人员、发布时间和版权归属等。

四、财经新闻的写作要求和技巧

(一) 财经新闻的写作要求

1. 内容准确客观

财经新闻涉及大量的经济数据、市场动态和政策信息，准确性是其生命线。在撰写时，必须确保所引用的数据准确无误、来源可靠，如权威统计部门发布的报告、上市公司官方公告等。同时，要以客观中立的态度呈现事实，避免主观臆断和情感色彩。例如，在报道某公司的财务报表时，应如实列举各项数据，不能夸大其盈利或隐瞒其亏损情况。对于市场趋势的分析，也要基于客观的市场调研和数据分析，而不是个人的猜测。

2. 时效性强

财经领域瞬息万变，市场行情、政策调整等信息随时可能发生变化。因此，财经新闻具有很强的时效性，需要及时捕捉和报道最新的财经事件。记者要具备敏锐的新闻嗅觉，第一时间获取相关信息，并迅速整理成新闻稿件发布。比如，股市的涨跌、汇率的波动等，都应在第一时间进行报道，让读者能够及时了解市场动态，作出相应的决策。

3. 专业性突出

财经新闻有其特定的专业术语和概念，如 GDP、CPI、融资融券等。作者需要具备扎实的财经专业知识，准确运用这些专业术语，确保新闻内容的专业性和权威性。同时，对于一些复杂的财经现象和政策，要进行深入浅出的解释，让读者能够理解。例如，在报道央行调整货币政策时，要解释清楚政策调整的背景、目的和可能产生的影响，帮助读者更好地把握宏观经济形势。

4. 深度与广度兼具

除了报道表面的财经事件，财经新闻还应具有一定的深度和广度。深度体现在对事件背后原因、影响和发展趋势的分析上，通过采访专家、学者和行业人士，获取不同的观点和见解，为读者提供全面的信息。广度则要求新闻能够涵盖财经领域的各个方面，包括宏观经济、行业动态、企业经营等，让读者对财经市场有一个整体的认识。比如，在报道某一行业的竞争态势时，不仅要关注当前的市场格局，还要分析行业的发展趋势和潜在的风险。

5. 遵循法律法规和职业道德

财经新闻的报道必须遵守国家的法律法规和新闻职业道德规范。不能泄露企业的商业机密，不能进行内幕交易相关的报道，也不能传播虚假信息误导投资者。同时，要尊重采访对象的权益，保护其隐私。例如，在报道企业的负面新闻时，要确保事实准确，避免恶意诋毁企业的声誉。

（二）财经新闻的写作技巧

1. 标题简洁明了且吸引眼球

标题是财经新闻的第一印象，要简洁明了地概括新闻的主要内容，同时具有一定的吸引力。可以采用数字、疑问句、对比等方式来增强标题的吸引力。例如，“[公司名称]上半年净利润增长×%，背后原因揭秘”“股市暴跌，投资者该何去何从？”等标题，能够迅速吸引读者的注意力，激发他们的阅读兴趣。

2. 导语开门见山

导语是新闻的开头部分，要开门见山地引出新闻的核心内容。可以用简洁的语言概括新闻的主要事件、时间、地点和关键信息。例如：“[具体日期]，[公司名称]正式发布了其年度财务报告，报告显示公司去年净利润实现了显著增长。”这样的导语能够让读者在第一时间了解新闻的主旨，决定是否继续阅读。

3. 结构清晰合理

财经新闻通常采用倒金字塔结构，即按照信息的重要程度依次递减的顺序来安排内容。先写最重要的新闻事实，如事件的核心内容、关键数据等，然后再补充相关的背景信息、细节和解释。这种结构便于读者快速获取重要信息，也符合新闻编辑和发布的要求。例如，在报道一场财经论坛时，先介绍论坛的主要议题和重要嘉宾的观点，然后再介绍论坛的背景、参会人员等信息。

4. 运用数据和案例增强说服力

数据和案例是财经新闻的重要支撑，能够增强新闻的说服力和可信度。在报道中，要合理运用各种数据，如统计数据、财务报表数据等，通过对比、分析等方式展示数据背后的含义。同时，可以引用实际的案例来说明问题，如企业的成功经验、失败教训等。例如，在报道某一行业的发展前景时，可以列举该行业内几家典型企业的业绩数据和发展情况，让读者更直观地了解行业的现状和趋势。

5. 语言通俗易懂

虽然财经新闻具有一定的专业性，但语言要尽量通俗易懂，避免使用过于晦涩难懂的词汇和句子。可以采用比喻、类比等方式将复杂的财经概念简单化，让读者更容易理解。例如，将股票市场的波动比喻成大海的潮起潮落，帮助读者更好地理解股票市场的风险和不确定性。同时，要注意语言的简洁性，避免冗长复杂的表述。

思考题

1. 如何确保财经新闻中的数据和事实准确无误，避免误导读者？
2. 在财经新闻写作中，如何平衡客观性与深度分析，使报道既公正又具洞察力？
3. 提升财经新闻可读性的有效策略有哪些？请结合实例说明。

第二节　产品说明书

情境导入

在繁华的市场中，各类产品琳琅满目，如何让你的产品在众多竞争者中脱颖而出？想象一下，你是一位电子产品制造商的新晋市场助理，手里拿着一款即将上市的智能手环。这款手环集健康监测、智能提醒、时尚设计于一身，如何让消费者一眼就爱上它呢？关键在于那份精准传达产品特色与优势的产品说明书。

今天，我们就来学习如何撰写一份既吸引眼球又详尽无遗的产品说明书，让每一位顾客都能轻松理解并爱上你的产品。

实例阅读

【例文一】

高端智能咖啡机产品说明书

1. 产品名称：EliteSmart 高端智能咖啡机

2. 产品概述

EliteSmart 高端智能咖啡机是现代科技与咖啡文化的完美融合。采用先进的意大利浓缩技术，结合智能控制系统，让您在家就能享受到如咖啡馆般的香浓咖啡。无论您是咖啡爱好者，还是追求高品质生活，EliteSmart 高端智能咖啡机都能满足您对咖啡的幻想。

3. 产品特点

(1) 智能控制系统

① 个性化定制：通过手机 App，您可以预设咖啡类型、浓度、温度等，实现个性化定制。

② 远程操控：无论您身在何处，只需一键，即可远程启动咖啡机，到家就可享受香浓咖啡。

③ 智能提醒：当咖啡豆、水或滤网需要更换时，App 会及时提醒，让您无忧使用。

(2) 先进萃取技术

① 意大利浓缩技术：采用高压萃取，确保每一滴咖啡都浓郁香醇。

② 多层过滤系统：有效去除咖啡豆中的杂质，保留最纯粹的咖啡风味。

③ 温度精准控制：智能温控系统，确保咖啡温度始终保持在最佳状态。

(3) 人性化设计

① 触控操作界面：简洁明了的触控界面，操作便捷。

② 自动清洗功能：内置自动清洗程序，一键启动，省时省力。

③ 多种咖啡选择：支持意式浓缩、美式、拿铁、卡布奇诺等多种咖啡类型。

(4) 时尚外观

① 简约时尚设计：流线型设计，搭配高级材质，彰显品位。

② 多种颜色选择：提供黑色、银色、白色等多种颜色选择，满足不同家居风格。

4. 使用方法

(1) 开机：按下咖啡机上的电源键，触控界面亮起。

(2) 选择咖啡类型：通过触控界面或手机 App 选择您喜欢的咖啡类型。

(3) 调整参数：根据个人口味，调整咖啡浓度、温度等参数。

(4) 开始萃取：点击“开始”按钮，咖啡机即开始萃取咖啡。

(5) 享用咖啡：萃取完成后，取出咖啡杯，即可享用香浓咖啡。

5. 维护与保养

(1) 定期清洗：建议每周使用自动清洗功能清洗咖啡机一次。

(2) 更换滤网：根据使用频率，定期更换滤网，确保咖啡质量。

(3) 保持干燥：避免咖啡机长时间处于潮湿环境，保持内部干燥。

6. 注意事项

(1) 请勿使用非原装配件，以免影响咖啡机性能。

(2) 避免咖啡机长时间空载运行，以免损坏电机。

(3) 请勿将咖啡机置于高温或阳光直射的地方，以免影响使用寿命。

EliteSmart 高端智能咖啡机，不仅是一款咖啡机，更是一种生活方式的体现。让我们一起，用一杯香浓的咖啡，开启美好的一天。

【例文二】

××牌感冒清热颗粒产品说明书

【药品名称】

通用名称：感冒清热颗粒

商品名称：××牌感冒清热颗粒

英文名称：Cold-Clearing Granules

汉语拼音：Ganmao Qingre Keli

【成分】

本品主要成分为荆芥穗、薄荷、防风、柴胡、紫苏叶、葛根、桔梗、苦杏仁、白芷、苦地丁、芦根。辅料为蔗糖、糊精。

【性状】

本品为棕黄色的颗粒；味甜、微苦。

【功能主治】

疏风散寒，解表清热。用于风寒感冒、头痛发热、恶寒身痛、鼻流清涕、咳嗽咽干。

【规格】

每袋装 12 克。

【用法用量】

开水冲服，一次 1 袋，一日 2 次。

【不良反应】

尚不明确。

【禁忌】

对本品过敏者禁用。

【注意事项】

1. 忌烟、酒及辛辣、生冷、油腻食物。

2. 不宜在服药期间同时服用滋补性中药。

3. 风热感冒者不适用，其表现为发热重、微恶风、有汗、口渴、鼻流浊涕、咽喉红肿热痛、咳吐黄痰。

4. 高血压、心脏病、肝病、糖尿病、肾病等慢性病严重者应在医师指导下服用。

5. 儿童、孕妇、哺乳期妇女、年老体弱者应在医师指导下服用。
6. 发热体温超过38.5℃的患者，应去医院就诊。
7. 服药3天症状无缓解，应去医院就诊。
8. 对本品过敏者禁用，过敏体质者慎用。
9. 本品性状发生改变时禁止使用。
10. 儿童必须在成人监护下使用。
11. 请将本品放在儿童接触不到的地方。
12. 如正在使用其他药品，使用本品前请咨询医师或药师。

【药物相互作用】

如与其他药物同时使用可能会发生药物相互作用，详情请咨询医师或药师。

【贮藏】

密封，置阴凉干燥处(不超过20℃)。

【包装】

铝塑复合膜袋装，每袋12克，每盒10袋。

【有效期】

24个月。

【批准文号】

国药准字Z×××××××××

【生产企业】

企业名称：××××××××制药有限公司

生产地址：××××××××

邮政编码：××××××

电话号码：××××××××××

传真号码：××××××××××

电子邮箱：××××××××××

【说明书修订日期】

××××年××月××日

【注意事项补充】

1. 本品为中成药，应在中医师或中药师指导下使用，以符合中医理论及体质辨识。
2. 孕妇及哺乳期妇女使用前，务必咨询专业医疗人员，确保安全。
3. 服用期间，若症状持续加重或出现新症状，应立即停药并就医。
4. 避免与其他含相同成分或功效相似的药物同时使用，以免药物过量。
5. 注意观察药品包装是否完好，药品外观有无异常，如有破损或变质，请勿使用。

【患者教育】

感冒是一种常见的呼吸道疾病，治疗时需结合休息、适量饮水、合理饮食等多方面措施。本品作为辅助治疗手段，需在医生指导下合理使用，不可自行增减剂量或长期大量服用。保持良好的生活习惯和增强免疫力，是预防感冒的重要措施。

任务描述

1. 了解产品说明书的概念和分类。
2. 了解产品说明书的格式。
3. 掌握产品说明书的写作要求和技巧。

必备知识

一、 产品说明书的概念

产品说明书，又称产品使用手册或产品指南，是制造商或销售商向消费者提供的一种详细阐述产品功能、性能、使用方法、维护保养、安全注意事项等信息的文档。其主要目的是帮助消费者正确、安全、有效地使用产品，同时提升产品的市场竞争力，树立品牌形象。产品说明书通常与产品一同销售，或作为产品购买后的补充资料提供。

产品说明书的内容往往包括产品的基本信息(如名称、型号、规格、生产日期等)、功能介绍、使用步骤、安装指南、故障排除方法、维护保养建议、安全警告以及售后服务信息等。这些信息的准确性和完整性对于消费者的使用体验至关重要。

二、 产品说明书的分类

根据产品的不同特点和用途，产品说明书可以划分为多种类型，主要包括以下几类。

(1) 电子产品说明书：针对手机、电脑、电视、家电等电子产品，详细说明产品的功能特性、操作步骤、连接方法、系统升级、故障排除等。

(2) 机械设备说明书：为工业机械、工具、仪器等提供操作指南、安装步骤、维护保养建议、故障排除方法等，确保用户能够正确、安全地使用这些设备。

(3) 食品药品说明书：针对药品、保健品、食品等，详细介绍产品的成分、功效、用法用量、禁忌证、不良反应、存储条件等，确保消费者正确服用并了解潜在风险。

(4) 家居用品说明书：如家具、家电、厨具等，提供组装指南、使用方法、清洁保养建议等，帮助消费者更好地使用和维护产品。

(5) 交通工具说明书：包括汽车、摩托车、自行车等交通工具的使用手册，介绍车辆的性能参数、驾驶操作、维护保养、故障排除等，确保驾驶安全。

(6) 软件应用程序说明书：针对电脑软件、手机 App 等，提供安装步骤、使用教程、功能介绍、常见问题解答等，帮助用户快速上手并充分利用软件功能。

(7) 特殊产品说明书：如化学品、危险品等，特别强调安全操作、防护措施、应急处理等内容，确保使用过程中的安全性。

三、 产品说明书的格式

撰写产品说明书时，遵循一定的格式可以确保信息的清晰、准确和易于理解。以下是一个通用的产品说明书写作格式，适用于大多数产品。

(一) 封面/标题页

产品名称：清晰标注产品的全称。

品牌/制造商：显示产品制造商或品牌名称。

版本号/日期：如果是修订版本，注明版本号及修订日期。

图标/标志：可能包括品牌标志、安全标志等。

(二) 目录

列出说明书的主要章节和页码，便于用户快速查找信息。

(三) 产品概述

(1) 简介：简短描述产品的功能、用途和设计理念。

（2）主要特点：列出产品的关键特性或优势。
（3）适用范围：明确产品的适用场景或用户群体。

（四）产品规格

（1）尺寸与质量：产品的物理尺寸和质量。
（2）技术规格：如功率、容量、速度、分辨率等技术参数。
（3）材料：产品的主要构成材料。

（五）安全警告与注意事项

（1）安全标志解释：对说明书中的安全符号进行解释。
（2）操作前注意事项：如佩戴防护装备、避免在特定环境下使用等。
（3）存放与处理：产品的正确存储方法、废弃处理建议。

（六）安装与装配

（1）所需工具与材料：列出安装过程中可能需要的工具或额外材料。
（2）步骤说明：详细步骤，配以图解更佳，指导用户如何正确安装或装配产品。
（3）检查与测试：安装完成后的检查步骤和初步测试方法。

（七）使用指南

（1）基本操作：产品的日常使用方法。
（2）功能介绍：详细解释产品的各项功能及其操作方法。
（3）维护与保养：清洁、保养、定期检查等维护指南。

（八）故障排除

（1）常见问题：列出用户可能遇到的常见问题。
（2）解决方案：针对每个问题提供详细的解决步骤或建议。
（3）联系服务：提供售后服务热线、邮箱等联系方式。

（九）配件与附件

列出产品包含的所有配件、附件及其用途。

（十）合规声明

（1）认证信息：产品通过的相关认证、标准。
（2）法律声明：版权、专利、商标等法律信息。
（3）环境声明：产品的环保属性、有害物质含量等信息。

（十一）附录

（1）保修条款：产品的保修期限、保修范围及条件。
（2）额外资源：如用户手册的电子版下载链接、技术支持网站的 URL 等。

（十二）封底

封底可能包含制造商的联系方式、地址、网站等信息。

四、产品说明书的写作要求和技巧

（一）写作要求

1. 信息准确性

产品说明书的核心要求是信息的准确性。所有提供的数据、规格、操作步骤、安全警告等必须基于产品的实际情况，经过严格验证，确保无误。错误的信息可能导致用户操作失误，甚至引发安全事故。

2. 清晰性与简洁性

说明书应使用清晰、简洁的语言表达，避免使用过于专业或复杂的术语，确保不同背景和知识水平的用户都能理解。同时，信息结构要条理清晰，便于用户快速找到所需内容。

3. 完整性

产品说明书应包含用户可能需要的所有信息，从产品概述到详细操作步骤，再到故障排除和安全警告，无一遗漏。确保用户在遇到问题时，能够在说明书中找到解决方案。

4. 一致性

说明书中的术语、格式、符号等应保持一致性，避免用户因信息不一致而产生困惑。此外，产品说明书的风格应与品牌形象保持一致，体现品牌的专业性和可靠性。

5. 法律合规性

产品说明书必须遵守相关法律法规的要求，包括安全标准、产品标识、消费者权益保护等方面的规定。确保说明书内容合法合规，避免法律风险。

（二）写作技巧

1. 使用图表和图片

适当使用图表、图片和图解，可以直观展示操作步骤、产品结构等信息，帮助用户更好地理解说明书内容。同时，图表和图片也能增加说明书的吸引力，提升用户体验。

2. 强调关键信息

通过加粗、加下划线、使用不同颜色等方式，突出显示关键信息，如安全警告、重要操作步骤等。这样可以帮助用户快速识别并关注重要内容，避免遗漏或误解。

3. 分段与标题

将说明书内容划分为多个段落，并使用标题进行区分，可以使信息结构更加清晰，便于用户阅读和理解。同时，标题也能起到引导作用，帮助用户快速定位所需信息。

4. 使用用户友好的语言

说明书应使用用户友好的语言，避免使用过于生硬或专业的术语。可以采用对话式、指导式的语气，让用户感受到亲切和关怀。同时，可以适当添加一些幽默或轻松的元素，提升说明书的可读性。

5. 提供额外资源

在说明书末尾或附录部分，提供额外的资源链接或联系方式，如用户手册的电子版下载链接、技术支持网站的 URL 等，可以帮助用户获取更多相关信息，解决在使用过程中遇到的问题。同时，也体现了制造商对用户的关怀和支持。

思考题

1. 如何确保产品说明书中的信息既准确又易于理解？
2. 在编写产品说明书时，如何有效使用图表和图片辅助说明？
3. 产品说明书中的法律合规性体现在哪些方面，如何确保合规？

第三节 广告文案

情境导入

想象一下，你是一名初入职场的财经专员，所在的公司即将推出一款面向年轻投资者的创新理财产品。这款产品设计独特，旨在以低门槛、高灵活性吸引追求财务自由的年轻人。为了在市场上脱颖而出，公司决定制作一系列吸引人的广告文案。此刻，你正站在创意的风口浪尖，需要构思一段既能精准传达产品优势，又能激发目标群体兴趣的广告语。

如何用最精练的文字，描绘出这款理财产品的魅力，吸引年轻投资者的目光，成为你面前一项紧迫而充满挑战的任务。

实例阅读

【例文一】

探索财富新境界，与青春同行

在这个瞬息万变的时代，每一位年轻人都怀揣着对未来的无限憧憬和梦想。然而，面对现实生活的种种挑战，如何实现财务自由，让梦想照进现实，成为我们共同关注的焦点。

【低门槛，高灵活】

我们深知，每一分积蓄都来之不易。因此，我们精心打造了一款专为年轻人设计的理财产品，只需1元起投，即可开启你的财富之旅。更重要的是，我们提供灵活的存取方式，让你的资金随时待命，无论是应对紧急情况还是抓住投资机会，都能游刃有余。

【稳健增长，财富增值】

在追求财务自由的过程中，稳健的投资策略是成功的关键。我们的理财产品采用科学的风险管理机制，力求在保障本金安全的前提下，实现财富的稳健增长。我们相信，只有稳定的收益，才能让你的财富之路越走越宽广。

【智能理财，轻松管理】

在这个智能化的时代，我们怎能落后于潮流？我们的理财产品支持智能理财功能，只需简单设置，即可实现自动化投资。从此，你将告别烦琐的理财过程，享受轻松管理的乐趣。

【加入我们，共创未来】

现在，就让我们一起携手，探索财富的新境界。无论你是职场新人，还是正在创业路上奋斗的青年，只要你心怀梦想，渴望实现财务自由，我们的理财产品都将是你不可或缺的伙伴。让我们一起，与青春同行，共赴财富盛宴！

【例文二】

“智享生活”智能咖啡机——让每一杯咖啡都成为生活的艺术品

在忙碌的都市生活中，一杯香浓的咖啡总能为我们带来片刻的宁静与享受。而现在，我们为你带来了一款革命性的产品——“智享生活”智能咖啡机，它不仅仅是一台咖啡机，更是你品质生活的完美伴侣。

【智能定制，每一杯都是专属味道】

“智享生活”智能咖啡机采用先进的智能技术，能够根据你的口味偏好、咖啡豆种类和冲泡方式，为你量身定制每一杯咖啡。无论是浓郁的意式浓缩、香醇的美式，还是独特的冷萃，它都能轻松驾驭。让你在享受咖啡的同时，也能感受到专属的品位与尊贵。

【艺术外观，点缀生活每一刻】

外观设计上，“智享生活”智能咖啡机采用了简约而不失时尚的元素，流畅的线条、精致的细节，让它成为家居生活中的一道亮丽风景线。无论是摆放在客厅、书房还是办公室，它都能为你的空间增添一份艺术气息。

【智能互联，一键操作便捷生活】

通过智能手机 App，“智享生活”智能咖啡机实现了与你的无缝连接。你可以随时随地预约冲泡时间、调整口味偏好，甚至远程监控咖啡机的工作状态。一键操作，让咖啡的香浓与便捷并存，为你的生活带来更多便利。

【环保节能，绿色生活从我开始】

我们深知环保的重要性，因此“智享生活”智能咖啡机在设计时充分考虑了节能与环保。它采用了低能耗技术，确保在提供高品质咖啡的同时，也能为地球减负。让我们一起行动起来，用绿色生活为地球加油！

【社区分享，咖啡文化新体验】

加入“智享生活”智能咖啡机的用户社区，你将与来自世界各地的咖啡爱好者共同分享咖啡文化、交流冲泡心得。我们定期举办线上线下的咖啡品鉴活动，让你在享受咖啡的同时，也能结交更多有趣的朋友。

【开启品质生活，与“智享生活”智能咖啡机同行】

现在，就让我们一起携手“智享生活”智能咖啡机，开启品质生活的新篇章吧！无论你是咖啡新手还是资深爱好者，它都将是你不可或缺的伙伴。让我们一起在咖啡的香浓中品味生活，共同创造属于我们的美好时光！

【例文三】

“笑”果十足的零食，让快乐触手可及！

你还在为生活中的小烦恼而愁眉苦脸吗？快来试试我们“笑”果十足的零食吧！它不仅仅是一款零食，更是一剂让你瞬间开怀大笑的神奇良药！

想象一下，当你工作到深夜，疲惫不堪时，拿出一包我们的零食，轻轻一咬，那酥脆的声音仿佛在告诉你：“嘿，朋友，放松一下，生活没那么复杂！”于是，你的嘴角不自觉地上扬，烦恼瞬间烟消云散。

或者，当你和朋友聚会时，拿出一堆我们的零食，大家围坐一圈，边吃边聊，笑声此起彼伏。你会发现，原来快乐就是这么简单，一包零食就能让气氛变得轻松愉快。

我们的零食，不仅味道好，而且包装也超级有趣。每次打开一包，都像是在拆一个惊喜的礼物。里面的零食形状各异，有的像是可爱的小动物，有的像是搞怪的表情包，让你在享受美味的同时，也能收获满满的乐趣。

所以，别再让生活中的小烦恼困扰你了。快来试试我们“笑”果十足的零食吧！它不仅能满足你的味蕾，更能让你的生活充满欢笑和惊喜。让我们一起，用笑声驱散烦恼，用快乐点亮生活！

任务描述

1. 了解广告文案的概念和分类。
2. 了解广告文案的格式。
3. 掌握广告文案的写作要求和技巧。

必备知识

一、广告文案的概念

广告文案，简而言之，是指为广告宣传而撰写的文字内容。它是广告创意的重要组成部分，通过文字的力量，传达产品或服务的信息，激发目标受众的兴趣与欲望，引导其实施购买行动。优秀的广告文案能够精准地定位受众，以独特的视角和富有感染力的语言，将产品或服务的核心价值传递给消费者，从而在激烈的市场竞争中脱颖而出。

二、广告文案的分类

广告文案根据不同的分类标准，可以划分为多种类型。以下是几种常见的分类方式。

（一）按媒体类型分类

1. 平面广告文案

平面广告文案，如报纸、杂志、海报等平面媒体上的广告文字。这类文案通常简洁明了，注重视觉与文字的双重吸引力。

2. 影视广告文案

影视广告文案包括电视广告和电影植入广告的脚本及旁白。这类文案需要配合画面和音效，通过故事性叙述或情感共鸣来吸引观众。

3. 网络广告文案

网络广告文案，如社交媒体广告、搜索引擎广告、网页横幅广告等。这类文案强调互动性，利用超链接、动态效果等多媒体元素提升用户参与度。

4. 户外广告文案

户外广告文案，如路牌、公交车身、地铁站点等户外空间的广告。这类文案需要考虑到环境因素的影响，文字应醒目、易读，能够快速吸引过往行人的注意。

（二）按目的分类

1. 品牌宣传文案

品牌宣传文案旨在提升品牌形象和知名度，强调品牌理念、价值观或独特卖点。

2. 产品推广文案

产品推广文案直接介绍产品特点、功能、价格等信息，旨在促进销售。

3. 活动促销文案

活动促销文案用于节假日促销、新品上市、限时折扣等营销活动的宣传，强调优惠力度和紧迫感。

4. 服务宣传文案

服务宣传文案针对服务行业，如旅游、教育、医疗等，强调服务优势、客户体验和服务价值。

（三）按风格分类

1. 理性诉求文案

理性诉求文案侧重于逻辑、数据、事实等理性因素，通过客观陈述来说服消费者。

2. 感性诉求文案

感性诉求文案利用情感共鸣、故事叙述等方式，触动消费者的情感，激发其购买欲望。

3. 创意幽默文案

创意幽默文案运用幽默、夸张、讽刺等手法，以独特的创意吸引消费者注意，提升广告趣味性。

4. 直接呼吁文案

直接呼吁文案直接、明确地告诉消费者采取购买行动，如“立即购买”“限时抢购”等。

三、广告文案的格式

撰写标准广告文案时，遵循清晰、有条理的格式对于确保信息有效传达至关重要，以下是广告文案的一般格式。

（一）标题（文案顶部，首先吸引读者注意）

要求：简短、有力，通常为10~15个字，能够概括广告的核心卖点或引起好奇。

示例：“革新科技，重塑未来出行体验！”

（二）副标题（可选，紧随标题下方，进一步阐述或补充标题信息）

要求：同样简洁，与标题风格一致，增强整体吸引力。

示例：“智能驱动，安全出行，尽在××汽车。”

（三）正文（副标题下方，占据文案主体部分）

（1）引言：简短介绍产品或服务，设置场景，激发兴趣。

（2）特点/优势：逐一列出产品或服务的关键特点、优势，使用项目符号或短句形式，便于阅读。

（3）证明/案例：如有，提供客户评价、获奖情况或成功案例，增强可信度。

（4）行动呼吁（隐含或明确）：在正文结尾处，暗示或直接呼吁读者采取行动（如购买、注册、咨询等）。

（四）视觉元素说明（文案中或文案旁，通常作为设计指导而非直接文案内容）

内容：描述图片、视频或其他视觉元素的布局、风格、色彩搭配等，确保文案与视觉元素协调一致。

（五）行动号召（正文结尾或单独一行突出显示）

要求：明确、简洁，具有紧迫感和吸引力，引导读者立即采取行动。

示例：“立即抢购，享受××折优惠！”或“点击了解更多详情！”

（六）品牌信息/联系方式（文案底部或侧边栏）

内容：品牌Logo、品牌口号、官网地址、社交媒体链接、客服热线等，便于读者进一步了解或联系品牌。

（七）法律声明/免责条款（可选，文案末尾或单独页面链接）

内容：提供必要的法律信息，如退换货政策、隐私保护声明、活动规则等，确保广告合规性。

四、广告文案的写作要求和技巧

（一）明确目标受众

1. 写作要求

在撰写广告文案之前，首要任务是清晰界定目标受众。了解他们的年龄、性别、兴趣、购买习惯等关键特征，有助于精准定位文案风格和语言。确保文案能够引起目标受众的共鸣，激发其购买欲望。

2. 技巧

通过市场调研、数据分析或消费者画像来深入了解目标受众。运用他们熟悉的语言、词汇和表达方式，使文案更加贴近受众，提高信息的接受度和转化率。

（二）突出核心卖点

1. 写作要求

广告文案应简洁明了地突出产品或服务的核心卖点。避免冗长复杂的描述，直接呈现最能吸引目标受众的亮点，如独特功能、价格优势、品牌信誉等。

2. 技巧

使用项目符号、加粗字体或不同颜色来强调核心卖点。同时，运用简洁有力的语言，确保卖点一目了然、易于记忆。考虑通过对比、举例或数据支持来增强卖点的说服力。

（三）创造情感共鸣

1. 写作要求

优秀的广告文案往往能够触动人心，引发情感共鸣。通过讲述故事、描绘场景或运用情感化语言，将产品或服务与受众的情感需求紧密相连。

2. 技巧

挖掘产品或服务与受众生活的交集，找到能够触动他们情感的点。运用第一人称视角，让受众感受到文案中的故事或情境仿佛发生在自己身上。同时，注意保持文案的真实性和可信度，避免过度夸张或虚假宣传。

（四）使用号召性语言

1. 写作要求

广告文案中应包含明确的号召性语言（CTA），引导受众采取行动。无论是购买、注册、咨询还是分享，CTA 都应清晰、直接且具有吸引力。

2. 技巧

将 CTA 置于文案的显眼位置，如结尾处或单独一行。使用动词开头，如“立即购买”“点击了解”等，增强行动的紧迫感和主动性。同时，考虑加入限时优惠、赠品或独家特权等激励因素，提高受众的响应率。

（五）保持简洁明了

1. 写作要求

在信息爆炸的时代，简洁明了的文案更容易吸引受众的注意。避免冗长复杂的句子结构和专业术语，确保文案易于理解、快速传达信息。

2. 技巧

在撰写文案时，注重语言的精练和表达的准确性。删除不必要的词汇和句子，保持文案的紧凑和流畅。同时，运用短句、段落和视觉元素（如图标、图片）来分割和突出关键信息，提高文案的可读性和吸引力。

思考题

1. 如何根据目标受众调整文案风格？
2. 在文案中如何有效突出产品独特卖点？
3. 怎样通过情感共鸣提升广告文案的吸引力？

第五章
财经契约文书

在繁华的都市中，李华是一位充满创业激情的年轻人。随着国家“大众创业，万众创新”政策的深入实施，他看到了校园市场的巨大潜力。2025年初，李华决定在学校里引入智能自动贩卖机，既方便师生，也能实现自己的创业梦想。

然而，好事多磨。校方对于引入自动贩卖机持开放态度，但要求李华必须提交一份详尽的意向书，详细说明合作方案、投资规划及预期效益。李华深知，这份意向书不仅是合作的敲门砖，更是展现自己团队实力和商业眼光的重要机会。

于是，李华和他的团队开始了紧张的筹备工作。他们深入调研市场，结合国家关于支持校园创新创业的最新政策，精心制定了一份合作意向书。意向书中，他们不仅提出了具体的投资金额、合作模式，还规划了智能贩卖机的布局、商品种类及后期维护方案。经过多次与校方的沟通协商，李华的意向书最终获得了认可，为双方的合作奠定了坚实基础。

在本章中，我们将深入学习财经契约文书的撰写技巧与注意事项，包括意向书、合同、协议书、招标书及投标书，为未来的商业合作打下坚实的业务基础。

第一节 意向书

情境导入

学校后勤人员李华看到了校内商机，准备在学校里放置自动贩卖机，校方要求他先提交一份意向书。

如果你是李华，这份意向书怎么写？意向书与合同是一回事吗？

实例阅读

【例文一】

合资兴办智能环保包装材料厂意向书

甲方：山东省青州市宏图包装材料有限公司（以下简称甲方）

公司地址：山东省青州市经济开发区工业二路 88 号

联系电话：0536-876×××××

传真：0536-876×××××

邮编：262500

乙方：新加坡绿源环保科技有限公司（以下简称乙方）

公司地址：新加坡樟宜商业园 2 号大厦 10 层

联系电话：+65-648×××××

传真：+65-648×××××

邮编：123456

甲方与乙方本着平等互利、合作共赢的原则，于 2024 年 2 月 15 日、2024 年 3 月 5 日就合资兴办智能环保包装材料厂事宜进行了深入协商，达成如下合作意向：

一、合资企业概况

双方依据《中华人民共和国中外商投资法》及相关法规，合资兴办“青州绿源智能包装材料有限公司”（暂定名）。

二、出资方式与股权结构

甲方：以现有厂区西侧三栋标准化车间（建筑面积 12000 平方米）、研发中心办公楼（建筑面积3000平方米）及配套设施作价入股，评估价值以双方认可的第三方机构报告为准。

乙方：以现金及技术出资，包括：

1. 人民币 2800 万元现金；
2. 全套智能环保包装材料生产线（含自动化控制系统）2 套；
3. 专利技术使用权（专利号：ZL2023××××××. ×）及国际环保认证体系。

股权比例：甲方占 60%，乙方占 40%。

三、主营产品与产能

1. 主导产品：可降解智能包装材料(含温度感应、湿度监测功能)，预计年产能8000吨。
2. 市场分工：甲方负责国内市场销售，乙方负责东南亚及欧洲市场出口(占比不低于40%)。
四、职责分工
甲方：负责合资企业立项审批、厂房改造、国内原材料采购及本地化配套。
乙方：负责设备安装调试、技术人员培训、国际认证及海外市场渠道建设。
五、合营期限
合营期限为15年，自2025年1月1日起至2040年12月31日止。期满后经双方协商可申请延期。
六、价格与原材料
1. 产品价格由双方根据市场情况协商确定。
2. 原材料优先采用乙方提供的环保基材，国内采购部分需符合欧盟EN13432标准。
七、资产处置
合营期满后，固定资产残值按股权比例分配，或经协商由甲方回购。
八、利润分配与风险承担
双方按股权比例分配利润并承担亏损。
九、补充条款
未尽事宜由双方另行协商补充，正式协议签订前需完成技术可行性验证及环境影响评估。
十、文件效力
本意向书一式八份，双方各执四份，以中文及英文版本为准，具有同等法律效力。
甲方：山东省青州市宏图包装材料有限公司
代表：王××(签名)
　　　李××(签名)
2024年3月10日
乙方：新加坡绿源环保科技有限公司
代表：陈××(签名)
　　　林××(签名)
2024年3月10日

【例文二】

合作意向书(样本)

甲　　方：______________________________(以下简称甲方)
公司地址：______________________________
联系电话：______________________________
传　　真：______________________________
邮　　编：______________________________
乙　　方：______________________________(以下简称乙方)
公司地址：______________________________
联系电话：______________________________
传　　真：______________________________
邮　　编：______________________________
甲、乙双方经友好、坦诚协商，就甲方×××建设项目投融资合作事宜，达成共识如下：
一、公司名称：______________________________(暂定)
二、公司注册地址：______________________________
三、项目总投资________万美元，注册资本________万美元
甲方投资________万美元，乙方投资________万美元
四、甲方建设项目需提供的投融资总额约为________万美元。

五、甲、乙双方拟共同成立合作公司，乙方拟以现汇作为合作条件；甲方拟以项目的土地、固定资产和未来收益作为合作条件。乙方所提供的建设资金分批进入中外合作公司的外汇账户后，使用期为15年，前3年为建设期，建设期内免本息。从第4年年底开始，甲方每年按12%的保底利润支付乙方红利，连续12年，到期不再还本息。

六、为使乙方所提供的资金安全进入和汇出，双方成立“中外合作公司”，设立“外汇账户”。

七、乙方负责提供申办合作公司所需的有关证明材料，甲方负责在当地办理申报、立项、注册等一切相关手续。双方保证提供给对方的材料是完整的、真实的、有效的。

八、甲方用于抵押的企业资产及建设项目，根据中华人民共和国担保之规定，需项目担保，作为与乙方的引资条件，若任何不确定因素造成不能按时将利润支付给乙方的，乙方有权接管合作项目的经营权，直至收回投资后，将项目的经营权归还甲方。

九、甲方建设项目的未来收益，需按相关法规规定由双方认可的评估机构进行分析评定和投资风险的估算后，作为乙方风险投资的依据。

十、中外合作公司成立后，乙方不参与今后合作公司的一切经营活动，也不承担合作公司的所有法律与经济责任，只负责提供资金的监督使用和调配。合作期满后，乙方无条件退出，合作公司由甲方所有。

十一、甲、乙双方在引资合作过程中所产生的有关前期运作费用，境内部分由甲方垫付，境外部分由乙方承担。

十二、由此合作意向书所涉及的甲方与第三方产生的经济关系及连带责任关系，均与乙方无关。

十三、乙方资金到位同时，按实际到位资金的________%，甲方支付第三方(　)一次性融资咨询服务费用。

十四、本合作意向书，由双方代表签字后确认。

十五、本合作意向书一式二份，双方各执一份。未尽事宜，双方另行协商。

甲方：____________________　　乙方：____________________

××××年×月×日

任务描述

1. 了解意向书的特点和作用。
2. 了解意向书与合同的区别。

必备知识

一、意向书的概念

意向书是指双方或多方，就某一合作项目，在正式签订条约、达成协议之前，由一方向另一方表明基本态度或提出初步设想的一种具有协商性的文书。

意向书是签订协议(合同)的前奏，为下一步正式签订协议奠定了基础，多用于经济技术的合作领域。

二、意向书的作用

意向书的主要作用是传达“意向”，不具有强制性的法律效力，其作用主要表现在以下几个方面。

(1) 可用来向主管部门上报备案，作为立项的依据。

(2) 可作为合作各方进行实质性谈判的客观的、基本的依据。

(3) 便于合作各方开展后续工作。

三、意向书的特点

（一）协商性

（1）意向书是共同协商的产物，也是今后协商的基础。在双方签署之后，仍然允许继续进行协商修改，有时甚至可以提供几种方案，供今后谈判协商时选择。

（2）写意向书多用商量的语气，不带任何强制性。有时还用假设、询问的语气。

（二）临时性

意向书只是表达谈判的初步成果，为今后的谈判作铺垫，所以一旦经过深入谈判，最终确定了合作双方的权利和义务，意向书便完成了使命。

（三）灵活性

意向书不像协议、合同那样，一经签约不能随意更改。意向书比较灵活，在协商过程中，当事人各方均可按各自的意图和目的提出意见，在正式签订协议、合同前亦可随时变更或补充，最终达成协议。

（四）原则性

意向书的各项条款是就一些重大问题作出原则性的确定，而不是就一些具体问题分项列款表述，更不涉及具体细则。这样才可能求同存异，取得较为满意的结果，为下一步协商留下余地。

四、意向书的分类

意向书按其签署方式可分为以下几种。

（一）单签式意向书

单签式意向书只由出具意向书的一方签署，但文件一式两份，由另一方在副本上签字盖章，交付对方。

（二）双签式意向书

双签式意向书即联合签署式，各方同时签署，然后各执一份为凭。这种形式比较郑重，也是最常用的。重要的合作意向书签字一般还要举行仪式。

（三）换文式意向书

换文式意向书即双方以交换信件的形式表达合作的意向。形式与外交上的“换文”相同，而内容是合作事务，仍属合作意向书的一种。

五、意向书的写法

意向书的结构包括标题、立约单位、正文、尾部四部分。

（一）标题

意向书的标题有三种形式：

（1）只写“意向书”三个字。

（2）在“意向书”前写出协作内容，如《合资经营果汁加工厂意向书》。

（3）在协作内容前标明协作各方的名称，如《××科研所与××科技有限责任公司联合开发××产品意向书》。

（二）立约单位

列出立约当事人各方的名称、地址、电话、邮编、传真等，并在名称后加括号注明“以下简称甲方”“以下简称乙方”。

（三）正文

正文包括引言、主体两部分。

1. 引言（开头）

写明签订意向书的依据、缘由、目的以及双方当事人在何时何地由何人就何事进行洽谈，然后用“达成意向如下：”引出主体。

2. 主体

分条归纳双方的意愿。对实现意愿的条件、形势、可行性的看法以及意向目标和相应措施，进一步商谈的时间、内容、级别、任务等加以说明。一般来说，主体部分还应写明未尽事宜的解决方式，即还有哪些问题需要进一步洽谈、洽谈日程的大致安排、预计达成最终协议的时间等。最后应写明意向书的文本数量及保存者，如是中外合资项目，还应交代意向书所使用的文字。如果是单签式，还应申述己方意图，征询对方的意见。

主体部分的语言相对比较平和，具有相互协商的性质，一般不随便使用“必须”“应为”“否则”之类的词语。另外，意向书因不具有法律约束力，所以不必写违反约定应承担什么责任的条款。

（四）尾部

意向书的尾部包括：签订意向书各方当事人的法定名称、谈判代表人的签名、签订意向书的日期。

六、意向书的写作注意事项

（1）注意态度要端正，不要以为意向书没有约束力就可随意签订，否则损害自己的形象。

（2）注意慎重行事，撰写意向书时对关键性问题不宜贸然作出实质性承诺，以免被动。

（3）注意原则性，意向书不要写有违政策法规的内容，也不要承诺属于上级部门和其他部门才能解决的问题。

思考题

1. 意向书有哪些作用和特点？
2. 意向书的结构包括哪些内容？

第二节 合同

情境导入

孟辉准备开办少儿绘画兴趣班，租赁 XT 房地产开发有限公司 XT 大厦 6 楼的 3 个写字间，他需要和该公司签订一份租赁合同。

你了解租赁合同吗？签订合同需要注意哪些问题呢？

实例阅读

【例文一】

海上运输合同

甲方：×××

地址：××××××

邮码：××××××

电话：××××××

法定代表人：×××

职务：××××××

乙方：×××

地址：××××××

邮码：××××××

电话：××××××

法定代表人：×××

职务：××××××

根据《中华人民共和国民法典》和海上运输管理规定的要求，×××（简称甲方）向××交通海运局（简称乙方），计划托运××货物，乙方同意承运，特签订本合同，共同遵守，互相制约，具体条款经双方协商如下：

一、运输方法

乙方调派________吨位船舶一艘（船舶吊装设备），应甲方要求由________港运至________港，按现行包船运输规定办理。

二、货物集中

甲方应按乙方指定时间，将________货物于________天内集中于________港，货物集齐后，乙方应在5天内派船装运。

三、装船时间

甲方联系到达港同意安排卸装后，经乙方落实并准备接收集货（接收日期由乙方指定）。装船作业时间，自船舶抵港已靠好码头时起________小时内装完货物。

四、运到期限

船舶自装货完毕办好手续时起________小时内将货物运到目的港。否则按有关规定承担滞延费用。

五、启航联系

乙方在船舶装货完毕启航后，即发报通知甲方做好卸货准备。如需领航时亦通知甲方按时派引航员领航，费用由________方负担。

六、卸船时间

甲方保证乙方船舶抵达________港锚地，自下锚时起________小时内将货卸完。否则甲方按超过时间向乙方交付滞延金每吨时________元，在装卸货过程中，因天气影响装卸作业的时间，可按实际影响时间扣除。

七、运输质量

乙方装船时，甲方应派员监装，指导工作照章操作，装完船封好舱，甲方可派押运员（免费一人）随船押运。乙方保证原装原运，除因船舶安全条件所发生的损失外，对于运送货物的数量和质量均由甲方自行负责。

八、运输费用

按国家规定水运货物一级运价率以船舶载重吨位计货物运费________元，空驶费按运费的50%，计________元，全船运费为________元，一次计收。

九、费用结算

本合同经双方签字后，甲方应先付给乙方预付运输费用________元。乙方在船舶卸完后，以运输费用凭据与甲方一次结算，多退少补。

十、附则

本合同甲乙双方各执正本一份，副本×份。并向工商行政管理局登记备案，如有未尽事宜，按照《中华人民共和国民法典》及国家的有关规定处理。

甲方：×××　　　　　　　　　　　　乙方：×××

代表人：×××　　　　　　　　　　　代表人：×××

××××年×月×日　　　　　　　　　　××××年×月×日

【例文二】

店铺租赁合同

出租方：(以下简称甲方)　　　　　　承租方：(以下简称乙方)

公司名称：　　　　　　　　　　　　公司名称：

公司地址：　　　　　　　　　　　　公司地址：

法定代表人：　　　　　　　　　　　法定代表人：

根据《中华人民共和国民法典》及有关规定，为明确甲方与乙方的权利义务关系，双方在自愿、平等、等价有偿的原则下经过充分协商，特订立本合同。

第一条　租赁内容

一、甲方将位于××市××区××号门面租赁给乙方。甲方对所出租的房屋具有合法产权。

二、甲方租赁给乙方的房屋建筑面积为×平方米，使用面积为×平方米。

三、甲方同意乙方所租房屋作为经营用，其范围以乙方营业执照为准。

四、甲方为乙方提供的房间内有：消防设施及供配电等设备。上述设备的运行及维修费用，包含在租金之内，乙方不再另行付费。

第二条　租赁期限

五、租赁期×年，自××××年×日起至××××年×月×日止。

第三条　租金及其他费用

六、合同有效年度租金共计为________元(人民币)。

七、每一个租赁年度按月计算。

八、电费按日常实际使用数(计量)收费，每月10日前交上月电费(甲方出示供电局收费发票)。其他费用双方协商补充于本条款内。

第四条　双方的权利和义务

九、甲方

(一)甲方应保证所出租的房屋及设施完好并能够正常使用，并负责年检及日常维护保养、维修；凡政府部门要求需对有关设施进行改造时，所有费用由甲方负责。

(二)对乙方所租赁的房屋装修或改造时的方案进行监督和审查，并及时提出意见。

(三)负责协调本地区各有关部门的关系，并为乙方办理营业执照提供有效的房产证明及相关手续。

(四)甲方保证室内原有的电线、电缆满足乙方正常营业使用，并经常检查其完好性(乙方自设除外)，发现问题应及时向乙方通报。由于供电线路问题给乙方造成经济损失，甲方应给予乙方全额赔偿。

(五)在合同期内，甲方不得再次引进同类(饰品)商户。如违约应向乙方赔偿________元人民币经济损失费，并清除该商户。

(六)甲方应保证出租房屋的消防设施符合行业规定，并向乙方提供管辖区相关部门出具的用电及防火安全合格证复印件。

(七)上述设备、设施出现问题甲方应及时修复或更换，如甲方不能及时实施，乙方有权代为修复或更换，费用(以发票为准)从房租扣除。

十、乙方

(一)在国家法律、法规、政策允许的范围内进行经营及办公。

(二)合同有效期内，对所租赁的房屋及设施拥有合法使用权。

(三)按合同内容交纳租金及其他费用。

第五条 付款方式及时间

十一、乙方在签订合同时付给甲方________元人民币为定金，在正式入住后五日内将第一月的租金________元人民币付给甲方。

十二、乙方从第二次付款开始，每次在本月前5天交付。

十三、乙方向甲方支付的各项费用可采用银行转账、支票、汇票或现金等方式。

第六条 房屋装修或改造

十四、乙方如需要对所租赁房屋进行装修或改造时，必须先征得甲方书面同意，改造的费用由乙方自负。在合同终止、解除租赁关系时，乙方装修或改造与房屋有关的设施全部归甲方所有(可移动设施除外)。

第七条 续租

十五、在本合同期满后，乙方有优先续租权。

十六、乙方如需续租，应在租期届满前两个月向甲方提出，并签订新租赁合同。

第八条 其他

十七、甲方和乙方中任何一方法定代表人变更，企业迁址、合并，不影响本合同继续履行。变更、合并后的一方即成为本合同当然执行人，并承担本合同的内容之权利和义务。

十八、本合同的某项条款需要变更时，必须用书面方式进行确定，双方订立补充协议，接到函件方在十天内书面答复对方，在十天内得不到答复视同同意，最后达成补充协议。

十九、双方各自办理财产保险，互不承担任何形式之风险责任。

二十、乙方营业时间根据顾客需要可适当调整。

第九条 违约

二十一、甲、乙双方签订的房屋租赁合同。乙方已交纳定金后，甲方未能按期完好如数向乙方移交出租房屋及设备，属于甲方违约。甲方每天按年租金的1%向乙方支付延期违约金，同时乙方有权向甲方索回延误期的定金，直至全部收回，终止合同。

二十二、在合同有效期内未经乙方同意，甲方单方面提高租金，乙方有权拒绝支付超额租金。

二十三、任何一方单方面取消、中断合同，应提前两个月通知对方。

二十四、乙方未按时向甲方支付所有应付款项属于乙方违约，每逾期一天，除付清所欠款项外，每天向甲方支付所欠款1%的违约金。超过60日甲方有权采取措施，收回房屋。

二十五、因不可抗拒的因素引起本合同不能正常履行时，不视为违约。甲方应将乙方已预交的租金退还给乙方。

二十六、甲方原因使乙方未能正常营业，给乙方造成经济损失，由甲方承担责任并赔偿乙方经济损失。

第十条 合同生效、纠纷解决

二十七、本合同经甲、乙双方单位法定代表人或授权代理人签字后，乙方交付定金后生效，即具有法律效力。

二十八、在本合同执行过程中，若发生纠纷，由双方友好协商，如协商不成时，可诉请房屋所在地人民法院解决。

二十九、本合同未尽事宜，由甲、乙双方协商解决，并另行签订补充协议，其补充协议与本合同具有同等法律效力。

三十、甲、乙双方需提供的文件作为本合同的附件。

三十一、本合同正本一式两份，甲、乙双方各执一份。

第十一条 其他

三十二、本合同正文共五页，随本合同共四个附件：

1. 甲方有效房产证明复印件
2. 用电及防火安全合格证复印件
3. 甲方营业执照复印件

4. 乙方营业执照复印件

甲方：
法人：
注册地址：
开户银行：
账号：
签字日期：
签字地点：

乙方：
法人：
注册地址：
开户银行：
账号：
签字日期：
签字地点：

任务描述

1. 了解合同的概念、特点和种类等基本知识。
2. 掌握合同的一般写法和应注意的问题。

必备知识

一、合同的概念

合同，通常也叫合约或契约。“合同是民事主体之间设立、变更、终止民事法律关系的协议。”(2021 年 1 月 1 日施行的《中华人民共和国民法典》)

自然人是以生命为存在特征的个人，我们每个人都是自然人。

法人，相对于自然人而言，是在法律上人格化了的、依法具有民事权利能力和民事行为能力并独立享有民事权利、承担民事义务的社会组织。

合同的当事人，可以是自然人(公民)，也可以是法人或者其他组织。

二、合同的特点

(一) 合法性

(1) 当事人订立、履行合同，应当遵守法律、行政法规，尊重社会公德，不得扰乱社会经济秩序，不得损害社会公共利益。合同的内容要符合《中华人民共和国民法典》的规定。

(2) 依法成立的合同，对当事人具有法律约束力。当事人应当按照约定履行自己的义务，不得擅自变更或者解除合同。依法成立的合同，受法律保护。

(二) 平等互利性

(1) 签订合同的双方或多方的法律地位是平等的，一方不得将自己的意志强加给另一方。

在合同关系中，当事人无论是法人还是公民，无论地位级别高低，其法律地位都是平等的，都平等地享有决定是否订立合同、同谁订立合同、合同的内容及合同的形式的自由。

(2) 合同条款中，权利、义务也是相互的、对等的，不能将其建立在损害对方或他方的利益之上。合同内容也应是等价有偿的。

(三) 协商一致性

(1) 合同是自愿协商的产物，合同的内容表达的是当事人彼此一致的意愿。当事人需要经过充分的协商，明确各自应承担的义务和应享有的权利，没有充分表达意愿、草率成文的合同是难以保证实施从而最终实现经济目的的。

（2）在履行合同过程中，如需要变更合同条款，也要重新协商补签。

（四）格式的规范性

合同在书面形式上有严格的写作格式和规范。

（五）语言的严密性

合同是当事人权利和义务的约定，它与当事人的权利紧密相连。在语言上要准确无误，不能有任何疏忽和遗漏。

三、合同的作用

（1）有利于保护当事人的合法权益。

（2）有利于规范市场交易活动，维护社会经济秩序。

（3）有利于加强国家对企业的管理和监督。

（4）有利于企业加强经济核算和经营管理。

四、合同的种类

合同的种类有多种分法。

1. 按时间分

有长期、中期、短期合同。

2. 按订立形式分

有书面形式、口头形式、推定形式和默示形式。

3. 按写作形式分

有条款式合同、表格式合同和表格条款结合式合同。

4. 按内容分

有买卖合同，供用电、水、气、热力合同，赠与合同，借款合同，租赁合同，融资租赁合同，承揽合同，建设工程合同，运输合同，技术合同，保管合同，仓储合同，委托合同，行纪合同，居间合同十五种。

（1）买卖合同：出卖人转移标的物的所有权于买受人，买受人支付价款的合同。

（2）供用电、水、气、热力合同：供方向用方供电、水、气、热力，用方支付费用的合同。

（3）赠与合同：赠与人将自己的财产无偿给予受赠人，受赠人表示接受赠与的合同。

（4）借款合同：借款人向贷款人借款，到期返还借款并支付利息的合同。

（5）租赁合同：出租人将租赁物交付承租人使用、收益，承租人支付租金的合同。

（6）融资租赁合同：出租人根据承租人对出卖人、租赁物的选择，向出卖人购买租赁物，提供给承租人使用，承租人支付租金的合同。

（7）承揽合同：承揽人按照定作人的要求完成工作，交付工作成果，定作人给付报酬的合同。承揽包括加工、定作、修理、复制、测试、检验等工作。

（8）建设工程合同：承包人进行工程建设，发包人支付价款的合同。建设工程合同包括工程勘察、设计、施工合同。

（9）运输合同：承运人将旅客或者货物从起运地点运输到约定地点，旅客、托运人或者收货人支付票款或者运输费用的合同。

（10）技术合同：当事人就技术开发、转让、咨询或者服务订立的确立相互之间权利和义务的合同。

（11）保管合同：保管人保管寄存人交付的保管物，并返还该物的合同。

（12）仓储合同：保管人储存存货人交付的仓储物，存货人支付仓储费的合同。

（13）委托合同：委托人和受托人约定，由受托人处理委托人事务的合同。

（14）行纪合同：行纪人以自己的名义为委托人从事贸易活动，委托人支付报酬的合同。

（15）居间合同：居间人向委托人报告订立合同的机会或者提供订立合同的媒介服务，委托人支付报酬的合同。

五、合同的格式与写法

合同在结构上一般包括标题、合同当事人名称、正文和尾部四部分。

（一）标题

标题是合同的名称，写在合同文本首页上方居中的位置。标题有以下几种写法。

1. 以合同种类为标题

如：《运输合同》《租赁合同》。

2. 以合同的有效期限+合同种类为标题

如：《2023年第一季度运输合同》。

3. 以合同标的+合同种类为标题

如：《商品房买卖合同》《劳斯莱斯汽车租赁合同》

4. 以单位名称+合同种类为标题

如：《××矿务局、××货运公司货物运输合同》。

5. 混合式标题

如：《××经贸公司、××纺织厂2024年纺织品买卖合同》。

（二）合同当事人名称

立合同的双方写明单位名称（营业执照上核准的全称，不能写简称、代称、代号）、代表人姓名和住所等。写在标题之下。

为了行文方便，可以将当事人简称为"甲方""乙方"，或"供方""需方"，或"发包方""承包方"，或"出租方""承租方"，或"买方""卖方"，或"借款人""贷款人"，或"出租人""承租人"，或"定作人""承揽人"，或"发包人""承包人"等。但是这些需要在单位名称的括号里注明"甲方""乙方"等，不能写"你方""我方"。

（三）正文

正文一般包括开头和主体（条款）两部分。

1. 开头

合同的开头一般是说明合同制定的依据、目的。

基本写法如："根据《中华人民共和国民法典》及有关规定，为明确甲方与乙方的权利义务关系，双方在自愿、平等、等价有偿的原则下经过充分协商，特订立本合同如下条款"。

这一部分内容是不可缺少的，因为它体现合同经过了要约和承诺的过程，合乎法定程序，具有法律效力。并用"主要条款如下："或"条文如下："，引出合同的具体内容。

2. 主体

主体是合同的主要部分，写明双方协议的主要条款。一般包括以下基本要素：标的、数量和质量、价款或酬金、履行的期限、地点和方式、违约责任和不可抗力、解决争议的办法等其他条款。

（1）标的。标的是合同中权利和义务所共同指向的对象，是合同的中心内容。标的可以是物、货币、劳务、智力成果等，如房屋买卖合同的标的是房屋，建筑工程合同的标的是工程项目。标的必须具体明确，没有标的的合同是无效合同。

（2）数量和质量。指从数量和质量的角度对标的进行精确度量，它决定双方当事人承担权利义务的大小、范围。数量是标的具体的计量，如借款金额、工作量等。要明确标的的计量单位，如吨、米、件等。质量是对标的质的要求，如产品、工程的优劣程度。应明确标的质量的技术标准（如国家标准、行业标准）、等级、检测依据等。没有标准可依据的，要明确双方协议的具体标准以及检验方法。

（3）价款或酬金。取得对方产品而支付的代价叫价款，获得对方的劳务或智力成果所支付的代价叫酬金。

价款或酬金是合同标的的价格，是合同双方当事人根据国家法律、政策和有关规定，对标的议定的价格，是合同一方以货币形式取得对方商品或接受对方劳务所应支付的货币数量。要明确标的的总价、单价、计算标准、付款方式、程序、结算方式，若与外国方面合作，要写明支付币种。在履行合同过程中，如果价格有变动，合同中有约定按国家统一调整的价格执行的，则按新价格执行，否则临时协商解决。

（4）合同履行的期限、地点和方式。履约期限就是合同的有效期限，是合同法律效力的时限和责任界限，过时则属违约。日期用公元纪年，年、月、日书写齐全。明确期限有利于双方合理安排生产和工作，所以必须订得具体、明确，使双方分清责任、按时完成任务。

地点是当事人履行合同义务、完成标的任务的地点。

履行方式是当事人履约的具体办法，如借贷合同的出资方要以提供一定的货币来履约；劳务合同的某一方要以提供某种具体的劳动服务来履约，如照看小孩、打扫卫生等。

（5）违约责任。这是对不按合同规定履行义务的制裁措施，即合同的当事人不能履约或不能完全履约时，所要承担的经济责任和法律责任。具体包括支付违约金、赔偿金和其他承担责任的法律形式等。

“违约责任”是履行合同的重要保证，也是出现矛盾分歧时解决合同纠纷的可靠依据。

（6）其他条款。其他条款是指除主要条款外，经双方当事人协商确定的其他条款。一般包括不可抗力条款和解决争议的方法等。

不可抗力条款：该项条款的作用是，如果发生了当事人不能预见、不能避免且不能克服的客观事故（如洪水、地震、台风等），而导致履行合同困难时，当事人便可根据这一条款，依据《中华人民共和国民法典》规定，部分或全部免予承担责任。此条款的内容应包括不可抗力事故的范围、后果等。

解决争议的方法：此条款要约定在履行合同发生争议时解决问题的方式和程序，要明确注明是通过仲裁解决、协商解决，还是诉讼解决。

（四）尾部

尾部是指合同的结尾和落款部分。主要包括以下部分。

（1）合同的份数和文本保存，注明合同文本的保管方式，即合同一式几份及当事人保管的份数。一般是双方各执一份，起凭证作用，有的双方当事人的上级主管部门各执一份，有的还需交鉴证机关一份，起监督和保证作用。

（2）落款，包括署名和日期。先写明合同双方的单位名称、签章、法定通信地址、电子邮箱、电话号码、法人代表、银行账号、地点及签约日期等。

有些合同有特殊要求或有附件，也要在结尾注出。通常是在合同正文“其他条款”之后注明：“合同附件、附表均为本合同的组成部分，且有同等的法律效力”。如工程承包合同要在“附件”中列出工程项目表、工程进度表、工程图纸等。这些附件、附表均标写在合同落款的最下方，即“年、月、日”以后的部位。

由于社会活动多种多样，合同也就有各自的特点和侧重点，拟定一份合同，在遵守国家法律、法规的前提下，还要视实际情况而定。

六、合同的写作要求

（一）遵守《中华人民共和国民法典》，符合国家的法律、政策要求

订立合同，必须遵守国家的法律、法规和政策，否则如果出现矛盾纠纷，不仅不受法律保护，还有可能依法追究合同订立人的法律责任。

（1）签订者的资格必须符合法律规定，合法的签订者是法人和一部分公民。

（2）合同的内容、订立的程序、合同的形式，直至合同的履行都必须符合法律的规定。

（二）合同的订立需要遵循一些基本原则

合同必须贯彻平等互利、协商一致、等价有偿、自愿、公平、诚信的原则。任何一方都不得把自己的意愿强加给对方。

（三）合同要规范

合同要规范即合乎合同的一般写作格式、写作要求和必备的主要条款。

（四）合同的条款要完备、周详、具体、明确

合同条款是对合同当事人权利和义务的规定，直接关系到双方的经济利益和经济责任，内容必须完备、明确，避免遗漏、残缺和含糊不清。如标的物不仅要写明数量和质量，而且要写明计量单位、质量的技术要求和标准等。有的合同就是因为质量标准和检验手段不明确而发生纠纷。

（五）合同的订立要做好调查研究

一份合同能否成立、有效，能否全面履行，必须满足基本的有效条件，这些条件包括当事人要有合法资格，订立合同必须遵守国家法律，贯彻平等互利、协商一致、等价有偿的原则，履行法定的手续等。

首先，要调查对方属于何种身份。其次，要调查对方履行合同的能力。可以通过查阅证明文件、当面洽谈、现场考察、从旁调查等多种途径了解，避免不法分子利用合同买空卖空，或由于条件、设备等无法履行合同造成损失。再次，要核查本单位履约的能力。签订合同还必须从己方实际出发，才能保证全面履行合同，否则就会导致违约而负违约责任。最后，签订合同前还要对社会、市场进行调查，多掌握一些情况，尽可能使合同订得切合实际，以确保质量。

（六）合同不得随意涂改或终止

合同一经签订，任何一方都不得随意涂改或终止。如果发现问题需要修改或终止，应经当事人协商同意，签订修改或撤销合同的协议书，将双方同意的修改意见作为附件附上，如在原件上修改，应加盖双方的印章报公证机关备案方才有效。

为防止伪造条款或增减页数，可在一式几份的合同上做一个相同的记号，如在骑缝处加盖印章等。

七、合同与意向书的区别

合同和意向书主要有以下区别：

(1) 意向书是地区之间、部门之间、单位之间以及国家领导层之间，就某些方面进行协作，经过商议而形成的意向性意见的纪要。它是双方表达各自意图和希望达到某种目的的文件，它的内容比合同、协议书更原则些。合同和协议书的内容比意向书更具体、更实际些。

(2) 合同是法律文件，具有法律效力；意向书不是法律文件，只是便于双方掌握情况，作为进一步签订合同、递交确认书或协议书的依据和准备，因此它只具有信用性，不具有法律效力，和备忘录有些相似。

思考题

1. 合同在内容上有哪些基本要素？
2. 签订合同需要注意哪些事项？
3. 合同书与意向书有哪些区别？

第三节 协议书

情境导入

小美的妈妈和外婆的户口在一个户口本上，小美的妈妈是户主。因为占地，现在要分房了，每人可分 35 平方米。外婆想让小美的妈妈将所分的房子分开，但是开发商又不同意，所以就只能分到一套 3 人的房子，其中有小美的 35 平方米。后来小美的爸爸妈妈商量决定，外婆的 35 平方米由小美家出钱买断，共 10 万元，房子的所有权归属妈妈。这样，小美的妈妈需要和外婆立一份协议，和外婆共同商讨解决此事。

请问这份协议怎么写？属于哪种协议呢？

实例阅读

【例文一】

购房协议书

卖房方(甲方)：(姓名)

身份证号码：

购房方(乙方)：(姓名)

身份证号码：

关于乙方向甲方购房事宜，双方经协商，达成协议如下：

甲方将其拥有独立产权的位于北京市××区×的房屋（房屋所有权证编号：×××××，建筑面积×××平方米）以人民币×仟×佰×拾×万×仟×佰×拾×元整，出售给乙方。乙方愿意以上述价格向甲方认购该房，并以购得的上述房屋向××银行申请购房抵押贷款，以支付甲方应收的房款。

一、如果贷款银行批准的贷款金额不足申请贷款额的70%，则乙方有权解除本协议。否则，乙方应履行本协议的有关规定。

二、甲方承诺：

1. 向乙方申请购房贷款银行或贷款银行认可的机构提供符合要求的房屋资料以备查核。

2. 保证对出售的房屋拥有独立产权。如果该房屋为共有房屋，则必须取得其他所有共有人的同意出售的书面文件。

3. 保证该出售房屋未出租，因出租所产生的任何问题由甲方承担并负责解决。

4. 自签订本协议起，保证将该房屋按约定价格出售给乙方，期间不得反悔或将房屋出售给第三人。

5. 按照前述业务的需要，及时签订各项合同文件和办理各种手续。

6. 在办理产权过户时，应按要求将房屋产权资料交付贷款银行或贷款银行认可的机构持有。

三、乙方承诺：

1. 向贷款银行或贷款银行认可的机构提供符合要求的资料以备查核，并依规定支付费用。

2. 保证按原约定价格向甲方购买前述房屋，并及时将贷款所得支付甲方之售房款。

3. 将所购房屋向贷款银行申请抵押贷款。

4. 按照前述业务需要，及时签订各项合同文件和办理各种手续，并承担各项费用。

5. 在办理房屋过户时，应按要求将房屋产权资料交付贷款银行或其认可的机构持有。

四、本协议以乙方向贷款银行申请购房抵押贷款获得批准为正式生效条件。如果贷款银行认为乙方的借款申请不符合条件而不予批准，则甲、乙双方可以解除本协议。甲方若向乙方收取定金，应如数退还给乙方。

五、违约责任

1. 如果甲方违约，拒绝将房屋出售给乙方，应向乙方赔偿因此受到的损失。

2. 如果乙方违约，贷款申请获准后没有向甲方购买房屋，应向甲方赔偿因此受到的损失。

六、本协议的订立、履行、接触、变更和争议的解决适用中华人民共和国法律。

七、本协议自双方签字或盖章之日起生效。

八、本协议壹式叁份，双方各执壹份。由乙方交贷款银行或其认可的机构壹份。

甲方：签名

身份证号码：

××××年×月×日

乙方：签名

身份证号码：

××××年×月×日

【例文二】

就业协议书

甲方：××广播电视大学

地址：××××××

电话：××××××××

乙方：×××

地址：××××××

电话：××××××××

为了帮助毕业生解决就业问题，解除学生及家长的后顾之忧，甲方与乙方（报考我校的学生）签订以下协议：

一、甲方在入学时负责对乙方进行面试，要求乙方五官端正、身高符合一定要求、身体健康、无影响就业的疾病。

二、乙方在校期间，必须保证各门功课成绩合格，思想品德鉴定优良，按期获得毕业证书和各专业相应的从业资格证书，严格遵守甲方的各项规章制度，若违反学校的规章制度或违纪违法，其安置就业甲方将不予负责。

三、就业遵循“双向选择”的原则，甲方负责组织召开人才招聘会，让毕业生自主选择适宜的岗位就业。对于在人才招聘会上未找到合适岗位的乙方，甲方负责将不同层次、不同专业的乙方分批推荐到本市、外地企事业单位就业。

四、对于有毒有害、危及人身安全的岗位，甲方不予推荐。甲方安置乙方到用人单位后，跟踪服务一年，在此期间对被解雇或不满意现有工作的乙方，由甲方重新予以安置；同时在上岗第一年内所产生的劳务纠纷，均由甲方负责与用工单位协商解决。

五、乙方符合就业要求未被安置的，甲方退还全部学费。乙方在用人单位必须维护甲方的形象，若有违法乱纪行为被开除或劝退的，甲方不退还学费，并不再予以安置。

六、若乙方修业期满，愿意在本校继续连读专科或本科的，甲方负责按有关规定为乙方办理相关入学手续，《就业协议书》涉及的有关事项继续有效。

本协议一式两份，甲乙双方各执一份。

甲方：××广播电视大学　　　　乙方：学生（签字）

法人代表：校长（签字）　　　　监护人：家长（签字）

××××年×月×日　　　　××××年×月×日

【例文三】

协议书

协议当事人（以下简称甲方）：

性别：

身份证号码：

住址：

协议当事人：（以下简称乙方）

性别：

身份证号码：

住址：

由于______________________________（什么情况下），甲乙双方通过协商订立如下协议：

1. ______________________________

2. ______________________________

3. ______________________________

本协议一式________份，由协议当事人各执一份。当事人对本协议经签字后生效。

协议当事人：　　　　　（签字）

协议当事人：　　　　　（签字）

年　　月　　日

任务描述

1. 了解协议书的概念和特点。
2. 了解协议书与合同的区别。

必备知识

一、协议书的概念

协议书又称协议，它是国家机关、社会团体、企事业单位之间，对某一事项，经过谈判协商，取得了一致意见后，共同订立的完成其议定事项的一种契约性文书。

二、协议书的作用

（1）协议作为契约的一种，将双方经过洽谈商定的有关事项记载下来，作为检查信用的凭证，一经订立，对签订各方具有约束作用。协议书确定了各自的权利与义务，双方各执一份，作为凭据，互相监督、互相牵制，以保证合作的正常进行。

（2）作为正式合同之前签订的比较原则的协定，起意向作用。有时当事人双方在商谈内容比较复杂的问题时，需要多次协商、谈判，时间就会很长。为了表明双方的合作诚意，肯定开始谈判的成果，在签订正式合同之前可先签订协议书，对某些问题作出规定。

（3）作为正式合同的补充，用于规定对已签订的合同的修订补充意见。有的合同在执行过程中，会发现有些条款不够完善，双方当事人同意对合同进行补充，这时可以使用协议书，这种协议书经双方签字盖章并报原合同鉴证机关后，就成为已订立合同的组成部分。

（4）作为合同使用，协议书就是合同。

三、协议书的格式与写法

协议书通常由标题、立约单位、正文、尾部四部分组成。

（一）标题

标题有几种写法：

（1）双方单位名称+事由+协议书。

（2）事由+协议书，如《出国留学协议书》。

（3）双方单位名称+协议书，如《××厂与××公司协议书》。

（二）立约单位

写明签订协议书双方或多方当事人的单位和姓名等。

（三）正文

一般用分条列款将协议事项逐一列出。最后一般写明执行要求，注明有关事项。

（四）尾部

双方当事人、见证人、中介人的名称，并加盖印章，签署协议时间。

总之，协议书的格式与合同相似。

四、协议书与合同的区别

（1）所有的合同都是协议，但并非所有的协议都是合同，合同是具有特定内容的协议。《中华人民共和国民法典》第四百六十四条规定：合同是民事主体之间设立、变更、终止民事法律关系的协议。从这一概念中可以看出，合同与协议之间的逻辑关系：合同就是协议，但并非所有的协议都是合同。

（2）协议书的内容比较原则、简单、概括，往往是共同协商的原则性意见；而合同内容明确、具体、详细。

(3) 协议书的适用范围广泛，可以是共同商定的各方面的事务；而合同主要是经济关系方面的事项。

(4) 合同一次性生效，而协议书签订以后，往往就有关具体问题还需要签订合同加以补充、完善。

(5) 在实践中，合同可以有不同的名称，如合同、合同书、协议、协议书，名字并不重要，关键是看其内容。根据其实质内容来看，如果协议的内容写得比较明确、具体、详细、齐全，并涉及违约责任，即使其名称写的是协议，也是合同；如果合同的内容写得比较概括、原则、很不具体，也不涉及违约责任，即使其名称写的是合同，也不能称其为合同，而是协议。

思考题

1. 协议书的作用是什么？
2. 协议书与合同有哪些区别？

第四节 招标书

情境导入

C 学院为了创造良好的教学环境，决定利用暑假时间(一个月)，对 1 万平方米的教学楼进行整修，包工包料(涂料、油漆、水泥、门窗、玻璃等材料由投标者自备)，向社会公开招标，时间为 7 月 10 日至 8 月 10 日，质量好、技术高、速度快、价格合适者优先。

如果你是这所学院基建处的负责人，怎么拟写这份招标书呢？

实例阅读

×××休闲娱乐酒店建筑方案设计招标书

一、项目背景和开发理念

经济的持续高速增长，门户开放和社会的高度信息化拓宽了国民的视野，生活环境、人的价值观、精神意识和消费习惯正在发生前所未有的变革，人们开始不再满足于由经济发展、大规模工业化生产所带来的单纯物质上的充实，而是去寻找一种新的价值和生活体验，度假、休闲、娱乐在时间和空间上占据了生活中非常重要的位置。对于酒店业来说，酒店的作用开始着眼于为人们的生活提供更多的梦想和可能性。为适应多样化发展带来的多样化需求，个性化和功能复合化已成为酒店发展的两大趋势。

酒店里不会有款式和布置相同的房间，不同的色彩、床铺、灯饰、软装、家具、小食、卫浴空间，搭配出不同的个性和心情，在酒店里度过的美妙时光重新充满了激情。“Boutique”不再仅仅是个源于法文单词的形容词，它成了富有情趣和个性、讲究独特设计感、强调优雅感受性的代名词和形象标志。

借用这一概念，期望本项目能够代表21世纪新一代精致生活、时尚品位的潮流生活态度，成为当地极具号召力的时尚休闲娱乐场所和话题效应的原创建筑。

本项目意在填补当地商务交际、富裕家庭等主流消费群体的需求空白，而将度假、休闲、娱乐功能作为酒店的核心定位，也有助于为客房销售建立独一无二的差异化竞争优势。丰富而有特色的餐饮休闲娱乐功能、充满灵感和想象力的空间设计和多样化主题装饰风格释放出难以抗拒的诱惑，吸引和聚集了大量人群，为进驻酒店的商家带来可观的人流和商机。(可参考设计材料所附的×××置业×××酒店项目定位分析)

二、本次招标项目信息

项目名称：×××置业有限公司综合业务楼(以下简称×××酒店)

用地性质：公共设施用地(R2)

建设用地面积：________平方米(参考业主提供的地形图，以实测为准)

建筑容积率：不大于________%

建筑密度：不大于________%

绿地率：不小于________%

建筑后退基地边界距离：________米

三、项目地点

××市工业综合开发区。西、北临四季绿庭生态园和会所，东靠高速公路，南依A4航南公路出口。

四、招标方式

国际、国内公开招标。

五、设计内容建议和设计成果要求

设计内容建议包含以下三大部分：

(一)综合餐饮休闲娱乐中心(建筑面积××××平方米)

1. 大堂；
2. 大型品牌餐饮(包含×间宴会厅)；
3. 日式餐厅(烧肉、铁板烧、料理)×个；
4. 小型特色餐馆(带露台或露天餐座)×个；
5. 咖啡吧(可提供自助)；
6. 各式酒吧和茶楼(带露台或露天餐座)；
7. 养生理疗桑拿+泰式或印度式SPA；
8. 迪厅+酒吧+卡拉OK+夜总会；
9. 多功能影院(可作小剧场、演讲厅、会议室)；
10. 小型多媒体会议室(与多功能影院合用开放式休息厅)；
11. 电玩、游艺中心(地下室)、儿童嬉戏园；
12. 运动健身中心(地下室须设壁球馆、桌球吧、乒乓球室等)；
13. 人工沙滩、水疗、室内温水泳池(不大于×××平方米)。

(二)度假休闲酒店(建筑面积××××平方米，××套)

1. 顶层空中别墅(带空中大露台)××套；
2. 次顶层商务酒廊；
3. 豪华休闲套房(带露台、双卧、起居娱乐室)××套；
4. 休闲套房(带起居娱乐室)××套；
5. 特大双人房(带娱乐功能)××套；
6. 个性双人房(淋浴独立、化妆洗面可分离)××套。

(三)停车(库)场(不少于×××个车位)

设计成果包含总平面设计图，单体平面、立面、剖面图，主体建筑日景透视效果图，夜景透视效果图，入口大堂透视效果图，建筑规划设计总说明，功能布局图及说明，交通组织分析图及说明，景观分析图及说明，规划用地各项技术指标，投资估算。

六、资质要求

国内外凡经合法注册并具有法人资格，具有与工程要求相符合的资质(资格)的设计承包商均可报名。

报名时请提交以下资料：

(一) 法人代表授权书(原件)，营业执照(复印件)；

(二) 建筑工程甲级设计资质证书复印件(如为境外设计承包商，需提供相应的设计资格证书)；

(三) 相应的业绩证明文件(近五年成功设计过类似规模的工程实例)；

(四) 设计单位简介，拟负责本项目建筑师的简介及业绩；

(五) 经办人有效身份证复印件；

(六) 如报名单位为联合竞标形式的，则须出具组成联合竞标协议书，其中联合竞标伙伴中至少有一家为境内法人单位；

(七) 设计收费报价书(按方案设计、施工图设计、景观设计分别报价)；

(八) 填写完整的附表一~附表三。

业主将根据报名单位的业绩、资质和设计收费水平进行资格预审，从中挑选四家参加建筑方案设计竞标。

七、评审方式

业主将组织各方面专家组成评审委员会，对参加的四家设计单位提交的设计成果和设计费报价书进行综合评审，确定一个优胜方案(第一名)。优胜方案提出单位与业主签订设计委托合同并签订建筑方案版权出让协议，根据设计合同的要求完成设计。其余参赛方案所有权归业主所有。

本次未获优胜方案的参赛单位依名次将获得投标竞赛补偿，具体为：

第二名投标竞赛补偿费人民币×万元。

第三名投标竞赛补偿费人民币×万元。

第四名投标竞赛补偿费人民币×万元。

八、招标报名日期

××××年×月×日×时—××××年×月×日×时。

九、报名方式

以电子邮件、传真、邮寄(信封请署“设计报名”)方式发送；报名人将第六条要求的资料备齐并填妥附表一~附表三；在报名时间内送到。

报名截止后，招标人根据报名情况进行资格预审，从中选择四家设计单位正式参与建筑方案设计竞标，并发函通知，领取设计所需相关文件、组织现场答疑。未入选单位恕不另行通知。

十、资格预审时间

××××年×月×日—××××年×月×日

招标单位：×××××××

法定代表人：×××

地址：×××××××××

联系人：×××

电话：×××××××××××

××××年×月×日

附表：(略)

任务描述

1. 了解招标书的概念和特点。
2. 掌握招标书的写作要求。

必备知识

一、招标书的概念

招标书是指招标单位兴建工程或进行大宗商品买卖时，为择优选定项目承包人或合作者而对外公布有关招标项目、范围、内容、条件、要求的文书。招标书只是全部招标文件的一部分。

二、招标书的特点

（一）公开性

招标书也称为招标通知、招标公告、招标启事，是一种告知性文件。它一般通过大众传媒公开，因此也称招标广告，具有公开性。

（二）竞争性

招标书是吸引竞争者加入的一种文书，具有相当的竞争性。

（三）时间性

招标活动一般都有严格的时间限定，必须在限期内将投标书递交招标单位，过期将视为自动放弃。因此，招标书又具有时间性。

三、招标书的种类

（1）按时间分，有长期和短期招标书。

（2）按范围来分，有公开招标书、邀请招标书或协商招标书三种。公开招标由招标单位面向社会发布招标公告，凡有投标资格的单位均可参加投标竞争。邀请招标是由招标单位预先选择或认定有限的几家参加投标。

（3）按计价方式分，有固定总价项目招标书、单价不变项目招标书和成本加酬金项目招标书等。

（4）按性质和内容分，有工程项目招标书、大宗商品交易招标书、选聘有关人员招标书、企业承包或租赁招标书、劳务招标书、科研课题招标书、技术项目引进或转让招标书等。

四、招标书的格式与写法

招标书的写法比较概括，不必写得很详尽，具体条件可用其他招标文件说明。但招标书一般需要交代清楚以下几个方面：招标单位，标的（招标的项目名称），招标范围，投标方法，投标资格，技术要求、质量，投标和开标的日期、地点，保证条件，应缴费用，支付办法等。除文字说明，还可配以图示、表格。

招标书的结构一般由标题、正文与尾部三部分组成。

（一）标题

常见的写法有以下几种：

（1）由招标单位名称、招标项目和文种组成，如《××大学修建图书馆楼的招标通告》。

（2）由招标单位和文种组成，如《××集团招标公告》。

（3）只写文种名称“招标书”“招标公告”。

（二）正文

正文一般由引言、主体两部分组成。

1. 引言

引言主要写明招标单位的基本情况和招标目的。如《××住宅小区建筑安装工程施工招标通告》："本公司负责组织建设的××住宅小区工程的施工任务，经××市城乡建设委员会批准，实行公开招标，择优选定承包单位，现将招标有关事项通告如下："。

2. 主体

主体是招标书的主要内容，简要概括，分条列出：文件编号、招标项目名称、招标范围、招标方式(公开招标、内部招标、邀请招标)、招标时限、招标地点、应知事项等内容。一般用条文式，有的用条文表格式。

（三）尾部

尾部要写清招标单位的名称、法人代表、签署日期并加盖印章、联系人姓名、招标单位地址、电话号码等，必要时还可写上开户银行及账号。

五、招标书的写作要求

招标书的写作是严肃的工作，要注意以下几点。

（一）内容合理合法，切实可行

招标书的内容要符合国家有关法律、法规、政策规定，招标项目的具体要求和条件要符合实际、切实可行。

（二）周密严谨，重点突出

招标书是签订合同的依据，是一种具有法律效力的文件，因此，内容和措辞都要周密严谨，同时注意突出重点，切忌没完没了地胡乱罗列、堆砌。

（三）语言简明清晰

招标书在表述上应准确无误，没有歧义，尽可能使用精确语言，少用模糊语言。

思考题

1. 招标书有哪些特点？
2. 招标书的正文一般要写清哪些内容？

第五节 投标书

情境导入

如果你是××建筑公司负责人，根据第四节"情境导入"环节中的案例，能否写出一份具有竞争力的投标书？

实例阅读

【例文一】

投　标　书

××××××（招标方）：

根据贵方为×××项目招标采购货物及×××服务的投标邀请×××（招标编号），签字代表×××（全名、职务）经正式授权并代表投标人×××（投标方名称、地址）提交以下文件正本一份和副本一式×份。

（1）开标一览表（略）

（2）投标价格表（略）

（3）货物简要说明一览表（略）

（4）按投标须知第14、15条要求提供的全部文件（略）

（5）资格证明文件（略）

（6）投标保证金，金额为人民币________元

根据此函，签字代表宣布同意如下：

1. 所附投标报价表中规定的应提供的服务和交付的货物投标总价为人民币________元。

2. 投标人将按招标文件的规定履行合同责任和义务。

3. 投标人已详细审查全部招标文件，包括修改文件（如需要修改）以及全部参考资料和有关附件。我们完全理解并同意放弃对这方面有不明及误解的权利。

4. 其投标自开标日期起有效期为________个日历日。

5. 如果在规定的开标日期后，投标人在投标有效期内撤回投标，其投标保证金将被贵方没收。

6. 投标人同意提供按照贵方可能要求的与其投标有关的一切数据或资料，完全理解不一定要接受最低价格的投标或收到的任何投标。

7. 与本投标有关的一切正式往来信函请寄：

地址：×××××××

电话：×××××××××

传真：××××××

邮编：××××××

投标人代表姓名、职务：××××××

投标人名称（公章）：××××××

全权代表签字：×××

××××年×月×日

【例文二】

投　标　书

建设单位：______________________________

1. 根据已收到的招标编号为________的________工程的招标文件，遵照《房屋建筑和市政基础设施工程施工招标投标管理办法》的规定，经考察现场和研究上述工程招标文件的投标须知、合同条件、技术规范、图纸、工程量清单和其他有关文件后，我方愿以人民币________元的总价，按上述合同条件、技术规范、图纸、工程量清单的条件承包上述工程的施工、竣工和保修。

2. 一旦我方中标，我方保证在________年________月________日开工，________年________月

________日竣工，即________天(日历日)内竣工并移交整个工程。

3. 如果我方中标，我方将按照规定提交上述总价5%的银行保函或上述总价10%的由具有独立法人资格的经济实体企业出具的履约担保书，作为履约保证金，共同地和分别地承担责任。

4. 我方同意所递交的投标文件在“投标须知”第11条规定的投标有效期有效，在此期间我方的投标有可能中标，我方将受此约束。

5. 除非另外达成协议并生效，你方的中标通知书和本投标文件将构成约束我们双方的合同。

6. 我方金额为人民币________元的投标保证金与本投标书同时递交。

投标单位：(盖章)

单位地址：

法定代表人：(签字、盖章)

邮政编码：

电话：

传真：

开户银行名称：

银行账号：

开户行地址：

电话：

日期：________年________月________日

任务描述

1. 了解投标书的概念。
2. 掌握投标书的基本写法。

必备知识

一、投标书的概念

投标书是指投标单位按照招标书的条件和要求，向招标单位提交的报价并填具标单的文书。

它要求密封后邮寄或派专人送到招标单位，所以又称标函。它是投标单位在充分领会招标文件，进行现场实地考察和调查的基础上所编制的投标文书，是对招标公告提出的要求的响应和承诺，并同时提出具体的标价及有关事项来竞争中标。

二、投标书的种类

(1) 投标书按投标方人员组成情况，可以分为：个人投标书、合伙投标书、集体投标书、企业投标书等。

(2) 按性质和内容，可以分为：工程建设项目投标书、大宗商品交易投标书、选聘企业经营者投标书、企业承包投标书、企业租赁投标书、劳务投标书、科研课题投标书、技术引进或转让投标书等。

显然，投标书的种类与招标书的种类是相对应的。

三、投标书的格式与写法

投标书一般由标题、称谓、正文、尾部等几部分组成。

（一）标题

标题一般有四种写法。

（1）由投标单位、投标项目内容和文种三部分组成。

（2）由投标单位和文种组成。

（3）由投标项目和文种组成。

（4）只有文种，写上“投标书”即可。

（二）称谓

称谓即招标单位全称，顶格写，后加冒号。

（三）正文

投标书的正文内容一般包括引言和主体两个部分。

1. 引言

引言主要交代投标的依据和目的，介绍投标单位的基本情况以及对该投标项目的态度。

2. 主体

主体要写清楚投标报价，工程项目开工、竣工日期，具体提出完成该项目所要采取的措施，如专业技术、组织管理以及安全生产措施等。有的还要附上对本单位优势的分析、出具有关资格证明文件，证明投标单位是合格的，中标后有能力履行合同，还要证明投标人提供的货物及其辅助服务是合格的，阐明投标单位的指导思想、经营方针等。投标书的内容应该真实、详细，注意突出本单位的优势，但不得夸大其辞，虚构或瞒报本单位的基本情况。

（四）尾部

尾部要写出投标单位名称，法人代表姓名、地址、联系方式，并加盖印章，同时写明投标日期。

需要说明的是：就建筑工程投标书而言，包括工程量清单、投标价格表、主要材料、设备标价明细表，会以附件形式加以补充说明。

思考题

1. 投标书与招标书的关系是什么？
2. 投标书的正文部分怎么写？

第六章

财经活动文书

在古色古香的江南小镇上，有一家名为“茶香四溢”的传统茶馆。近年来，随着国家对非物质文化遗产保护与传承的重视，以及“文化兴国”战略的深入实施，传统茶文化逐渐焕发出新的生机。然而，“茶香四溢”茶馆却面临着顾客群体老龄化、年轻人兴趣缺失的困境。

茶馆老板张伯看在眼里，急在心里。他决定乘着国家鼓励文化创新、促进文旅融合的政策东风，为茶馆策划一场别开生面的营销活动。张伯深知，要让年轻人爱上传统茶文化，就必须打破常规，以新颖的方式吸引他们的注意。

于是，他联合当地的文化创意团队，推出了一系列以“茶韵江南，文化之旅”为主题的线上线下活动。活动中，他们不仅展示了茶艺表演、讲解了茶叶的历史与制作工艺，还通过直播、短视频等形式，让年轻人在轻松愉快的氛围中感受到了茶文化的魅力。据统计，活动上线首周，茶馆的线上访问量就突破了10万次，线下客流量也显著增长。

更令张伯欣喜的是，通过这次活动，许多年轻人开始对传统茶文化产生了浓厚兴趣，甚至有不少人成为了茶馆的常客。这个故事告诉我们，在财经活动中，紧跟国家政策导向，创新营销方式，不仅能传承和弘扬传统文化，还能为企业带来意想不到的市场机遇。

接下来，让我们一同走进第六章的学习。本章将深入探讨财经活动文书的撰写技巧与实战策略，包括营销策划书和广告策划书的概念、分类、格式、写作要求和技巧等内容。通过本章的学习，你将掌握如何撰写一份完整、系统且具有针对性的财经活动文书，为企业的营销活动提供有力的支持和指导。

第一节 营销策划书

情境导入

同学们，假如你们是学校附近一家新开业的奶茶店老板，面对周边激烈的竞争，怎样才能快速打开市场呢？这时，一份精心设计的营销策划书就成了决胜关键！它就像一份“作战蓝图”，既要分析周边学生、上班族的消费习惯（比如偏爱果茶还是奶茶），又要制定促销策略（如买一送一、会员积分），还要规划线上推广（朋友圈集赞、短视频引流）。通过系统策划，原本普通的奶茶店就能精准触达目标客户，实现月销售额翻倍。

接下来，我们就来学习如何撰写这样一份能“点石成金”的营销策划书吧！

实例阅读

【例文一】

××新能源汽车营销策划书

一、市场背景分析

随着环保意识的增强和科技的飞速发展，新能源汽车市场呈现出爆发式增长。当前，市场上新能源汽车品牌众多，竞争激烈。消费者在购买新能源汽车时，主要关注续航里程、充电便利性、智能配置以及品牌口碑等因素。我司推出的××新能源汽车，具备超长续航、快速充电和先进的智能驾驶辅助系统，但在市场推广方面仍需加强。

二、营销目标设定

1. 短期目标（1~3个月）：在本地市场提高产品知名度，吸引潜在客户关注，增加门店客流量30%。

2. 中期目标（3~6个月）：实现本地市场月销售量增长50%，拓展周边城市销售渠道。

3. 长期目标（6~12个月）：树立品牌在行业内的良好形象，使产品在全国市场的占有率达到5%。

三、目标客户定位

1. 年轻上班族：年龄在25~35岁，追求时尚、科技，对环保有一定认知，日常通勤距离适中。

2. 科技爱好者：关注汽车前沿技术，乐于尝试新产品，对智能驾驶、车联网等功能有较高需求。

3. 家庭用户：注重车辆的安全性和空间实用性，希望为家人提供舒适、环保的出行体验。

四、营销策略制定

1. 产品策略

(1) 不断优化产品性能，根据市场反馈及时改进车辆的续航、充电和智能配置。

(2) 推出不同配置和款式的车型，满足不同客户的需求。

2. 价格策略

(1) 制定具有竞争力的价格体系，根据市场需求和成本变化适时调整价格。

(2) 推出购车优惠政策，如折扣、补贴、免息贷款等。

3. 渠道策略

(1) 加强与经销商的合作，拓展销售网络，提高产品的市场覆盖率。

(2) 建立线上销售平台，提供便捷的购车渠道和优质的售后服务。

4. 促销策略

(1) 举办车展、试驾活动，让消费者亲身体验产品的优势。

(2) 利用社交媒体、汽车论坛等渠道进行线上推广，开展互动活动，提高品牌知名度。

五、营销活动规划

1. 新品发布会：邀请媒体、行业专家、潜在客户参加，展示产品的特点和优势，提高产品曝光度。

2. 试驾体验活动：在各大城市举办试驾活动，让消费者亲身体验车辆的性能和舒适度。

3. 线上互动活动：在社交媒体上开展话题讨论、抽奖等活动，吸引用户参与，增强品牌与用户的互动。

六、预算安排

总预算为500万元，具体分配如下：

1. 广告宣传费用：200万元，包括线上广告投放、线下媒体宣传等。

2. 活动策划费用：150万元，用于新品发布会、试驾活动等。

3. 渠道拓展费用：100万元，主要用于与经销商的合作和市场开拓。

4. 其他费用：50万元，包括人员培训、物料制作等。

七、效果评估与监控

1. 定期对销售数据进行分析，评估营销活动的效果，及时调整营销策略。

2. 收集客户反馈意见，了解客户对产品和服务的满意度，不断改进产品质量和服务水平。

3. 关注市场动态和竞争对手的情况，及时调整营销方案，保持竞争优势。

【例文二】

“梦幻甜品屋”营销策划书

一、甜蜜市场大揭秘

宝子们！甜品市场那可是热闹非凡呀！现在大家都喜欢在闲暇时光来上一份美味的甜品，放松一下心情。咱“梦幻甜品屋”就诞生在这样一个充满甜蜜需求的大环境里啦。不过呢，周边甜品店也不少，竞争还挺激烈的。但咱不怕，咱有独家秘制的甜品配方，那味道，绝对能让顾客们一口就爱上！

二、目标冲呀冲

1. 短期小目标(1~2个月)：让咱“梦幻甜品屋”在学校和周边商圈火起来，吸引超多小伙伴来打卡，月客流量突破3000人！

2. 中期目标(2~4个月)：把咱的招牌甜品打造成网红爆款，让外地的宝子们也都知道咱的甜品，月销售额增长80%！

3. 长期大目标(4~6个月)：开分店，把“梦幻甜品屋”的甜蜜传递到更多地方，成为本地甜品界的扛把子！

三、精准锁定小甜心(目标客户)

1. 学生党：喜欢尝鲜，对可爱、有趣的甜品毫无抵抗力，经常在社交媒体上分享美食。

2. 上班族：工作累了就想来份甜品放松一下，注重甜品的品质和口感。

3. 亲子家庭：周末喜欢带孩子出来享受美食，注重甜品的健康和安全。

四、创意营销大法宝

1. 产品法宝

(1) 不断推出新口味、新造型的甜品，像会发光的冰激凌、卡通形状的蛋糕，让顾客每次来都有新惊喜。

(2) 推出定制甜品服务，顾客可以根据自己的喜好选择甜品的口味、装饰，打造专属的甜蜜。

2. 价格法宝

(1) 推出套餐组合，比如甜品+饮品，价格更实惠，吸引顾客多买。

(2) 在特定节日，像情人节、儿童节，推出打折优惠活动。

3. 渠道法宝

(1) 在学校、商圈附近发传单，吸引周边的顾客。

(2) 和外卖平台合作，让顾客足不出户就能吃到咱的甜品。

4. 促销法宝

(1) 举办甜品 DIY 活动，让顾客自己动手做甜品，增加互动性和趣味性。

(2) 在社交媒体上开展打卡活动，顾客拍照打卡并@好友，就有机会获得免费甜品。

五、欢乐活动嗨翻天

1. 甜品派对：每个月举办一次甜品派对，邀请顾客来参加，现场有精彩的表演和丰富的甜品供应，让大家尽情享受甜蜜时光。

2. 甜蜜挑战赛：在社交媒体上发起甜蜜挑战赛，顾客上传自己吃甜品的搞笑视频，点赞最多的可以获得大奖。

3. 会员专属日：设立会员专属日，会员在这一天可以享受特别折扣和优先购买新品的权利。

六、预算小算盘

总预算 20 万元，具体安排如下：

1. 宣传推广费用：8 万元，用于发传单、社交媒体推广等。

2. 活动策划费用：6 万元，用于举办甜品派对、挑战赛等活动。

3. 原材料采购费用：4 万元，用于保证甜品的供应。

4. 其他费用：2 万元，包括设备维护、人员培训等。

七、效果追踪小雷达

1. 每天统计客流量和销售额，看看活动有没有效果，及时调整策略。

2. 关注社交媒体上的评论和反馈，了解顾客对甜品的意见和建议，不断改进。

3. 和周边的商家交流，看看咱的甜品屋在大家心目中的口碑怎么样，一起把甜蜜事业做得更好！

任务描述

1. 了解营销策划书的概念和分类。
2. 了解营销策划书的格式。
3. 掌握营销策划书的写作要求和技巧。

必备知识

一、营销策划书的概念

营销策划书是企业或组织为了实现特定的营销目标，在对市场环境、目标受众、竞争对手等进行全面分析的基础上，制定的详细、系统的营销行动方案，并以书面形式呈现出来的文档。

它不仅仅是简单的计划罗列，更是对市场机会的精准把握和营销策略的科学规划。一份完整的营销策划书涵盖了市场分析、营销目标、营销策略、营销活动、预算安排以及效果评估等多个方面，为营销活动的开展提供了清晰的指导和行动纲领。通过营销策划书，企业能够明确营销方向、合理配置资源、提高营销活动的效率和效果，从而在激烈的市场竞争中脱颖而出，实现产品或服务的有效推广和销售增长。

二、营销策划书的分类

（一）按营销对象分类

1. 产品营销策划书

产品营销策划书专注于单一产品或产品线的营销规划。例如，苹果公司为其新款

iPhone 制定营销策划书时，会详细分析产品的特点、优势，如先进的芯片技术、卓越的拍照功能等，针对目标消费者群体，如科技爱好者、商务人士等，制定相应的产品推广策略，包括广告宣传、渠道铺货、促销活动等，以提高产品的市场占有率和销售量。

2. 服务营销策划书

服务营销策划书主要针对各类服务型企业，如酒店、银行、咨询公司等。以一家五星级酒店为例，其营销策划书会围绕酒店的服务特色，如个性化的客房服务、高品质的餐饮服务、完善的会议设施等展开。通过市场调研了解客户需求，制定提升服务质量和客户满意度的策略，如推出会员制度、举办主题活动等，以吸引更多客户并提高客户的忠诚度。

（二）按营销范围分类

1. 局部营销策划书

局部营销策划书针对企业特定区域、特定渠道或特定客户群体的营销活动进行规划。比如，一家化妆品企业在某个城市的特定商圈开展促销活动，其局部营销策划书会详细分析该商圈的消费者特征、竞争态势，制定适合该区域的促销方案，如设置临时专柜、开展现场试用活动等，以提高产品在该区域的知名度和销售量。

2. 整体营销策划书

整体营销策划书是对企业整体营销活动进行全面、系统的规划。它涵盖了企业的所有产品、服务和市场，涉及企业的各个部门和各个环节。例如，一家大型综合性企业会制定年度整体营销策划书，明确企业在一年内的营销目标、总体策略，协调不同产品线和市场之间的营销活动，确保企业的营销资源得到合理配置和有效利用。

（三）按营销时间分类

1. 短期营销策划书

短期营销策划书通常针对特定的促销活动或事件，时间跨度较短，一般为数天到数周。例如，在“双 11”购物节期间，电商企业会制定短期营销策划书，规划当天的促销方案，包括限时折扣、满减活动、赠品策略等，以刺激消费者在短时间内购买商品，提高销售额。

2. 长期营销策划书

长期营销策划书着眼于企业的长远发展，时间跨度较长，一般为一年以上。它会对企业的营销战略进行长期规划，如品牌建设、市场拓展、客户关系管理等。例如，一家新兴的汽车品牌会制定长期营销策划书，明确品牌的发展定位和目标市场，制定分阶段的品牌推广计划，逐步提升品牌知名度和市场份额。

三、营销策划书的格式

营销策划书的一般写作格式如下。

（一）封面

封面是营销策划书给读者的第一印象，应简洁明了且具有吸引力。通常包含以下要素：

（1）标题：清晰体现策划的核心内容，如“[产品名称]营销策划书”“[公司名称][项目名称]营销策划方案”等，字体要较大且醒目。

（2）策划主体：写明策划的单位或个人名称。

（3）日期：标注策划书完成的日期。

（4）编号(可选)：若企业有内部文档编号体系，可添加编号以便管理。

（二）目录

目录能让读者快速了解策划书的结构和内容分布，需准确列出各部分标题及对应页码。

（1）标题层级：一般列到二级标题，如“一、市场分析”“（一）宏观环境分析”等。

（2）页码标注：每个标题后标注该部分起始页码。

（三）正文

正文是营销策划书的核心部分，需详细阐述策划的各项内容。

（1）市场分析。

① 宏观环境分析：运用PEST模型，从政治（如政策法规对行业的影响）、经济（如经济增长趋势、消费者购买力）、社会（如人口结构、消费观念）、技术（如行业技术发展水平）等方面分析市场环境。

② 行业竞争分析：采用波特五力模型，分析行业内现有竞争者的威胁、潜在进入者的威胁、替代品的威胁、供应商的议价能力和购买者的议价能力。同时，分析主要竞争对手的优势、劣势，市场份额和竞争策略。

③ 消费者分析：研究目标消费者的特征，包括年龄、性别、收入、职业、消费习惯、购买动机等，绘制消费者画像。

（2）营销目标。

明确策划期内要达到的具体目标，目标应具体、可衡量、可实现、相关联、有时限（SMART原则）。

① 销售目标：如在一定时间内实现产品的销售量、销售额目标。

② 市场目标：如提高产品的市场占有率、扩大市场覆盖范围等。

③ 品牌目标：如提升品牌知名度、美誉度和客户忠诚度。

（3）营销策略。

根据市场分析和营销目标，制定相应的营销策略。

① 产品策略：包括产品定位、产品组合、产品生命周期管理等。如针对年轻时尚人群，推出具有独特设计和功能的运动鞋。

② 价格策略：确定产品的定价方法，如成本加成定价、竞争导向定价、需求导向定价等。同时，考虑价格调整策略，如折扣、促销等。

③ 渠道策略：选择合适的销售渠道，如线上电商平台、线下实体店、经销商等。并说明各渠道的管理和运营方式。

④ 促销策略：制定促销活动的方案，如广告宣传、公关活动、人员推销、营业推广等。明确促销活动的主题、时间、地点、内容和预算。

（4）营销活动计划。

详细规划各项营销活动的具体安排。

① 活动主题：为活动确定一个吸引人的主题，如“[品牌名]运动狂欢节”。

② 活动时间：明确活动的起止时间。

③ 活动地点：如果是线下活动，说明活动举办的地点；线上活动则说明活动平台。

④ 活动内容：详细描述活动的具体形式和流程，如新品发布会、线上线下互动游戏、抽奖活动等。

⑤ 参与人员：明确活动的目标受众和参与人员范围。

（5）预算安排。

列出策划所需的各项费用预算，确保资源的合理分配。

① 费用项目：包括市场调研费用、广告宣传费用、活动策划费用、人员费用、物料费用等。

② 金额预算：对每个费用项目进行详细预算，并汇总得出总预算。

（6）效果评估。

建立评估指标体系，对策划的实施效果进行跟踪和评估。

① 评估指标：如销售额、销售量、市场占有率、品牌知名度、客户满意度等。

② 评估方法：说明采用何种方法进行评估，如数据分析、问卷调查、客户反馈等。

③ 调整策略：根据评估结果，制定相应的调整策略，以优化后续的营销活动。

（四）附录（可选）

附录可包含一些与策划书相关但不适合放在正文的补充资料，如市场调研问卷、详细的数据图表、相关合同协议等，以支持正文的内容。

四、营销策划书的写作要求和技巧

（一）营销策划书写作要求

1. 内容完整且具针对性

营销策划书应涵盖市场分析、营销目标、营销策略、营销活动、预算安排以及效果评估等关键要素，形成一个完整的营销行动方案。同时，内容要紧密围绕特定的营销对象和目标展开，具有高度的针对性。比如，为某款新推出的智能手机撰写营销策划书时，市场分析需聚焦手机市场的竞争态势、消费者对该类产品的需求特点；营销策略则要针对该手机的独特卖点，如高性能摄像头、长续航等，制定精准的推广方案，避免内容泛泛，确保策划书能有效指导营销实践。

2. 数据准确且分析深入

准确的数据是营销策划书的重要支撑，它能为决策提供可靠依据。在收集数据时，要确保数据来源可靠，如权威的市场调研机构报告、企业内部销售数据等。同时，对数据的分析不能仅停留在表面，要深入挖掘数据背后的含义。例如，通过分析销售数据发现某款产品在特定地区的销量持续下滑，需进一步探究是市场竞争加剧、产品本身问题，还是销售渠道不畅等导致的，从而为制定针对性的营销策略提供有力支持。

3. 目标明确且可衡量

营销目标应清晰明确，符合 SMART 原则，即具体（Specific）、可衡量（Measurable）、可实现（Achievable）、相关联（Relevant）、有时限（Time-bound）。例如，不能简单地将目标设定为“提高产品销量”，而应明确为“在未来三个月内，将产品 A 在华东地区的销量提高 20%”。这样的目标既具体又可衡量，便于后续对营销活动的效果进行评估和监控，及时调整策略以实现目标。

4. 策略可行且具创新性

营销策略要基于实际情况制定，具有可操作性。要充分考虑企业的资源、能力和市场环境等因素，确保策略能够顺利实施。同时，在竞争激烈的市场环境中，创新性也至关重要。可以在独特的营销渠道、新颖的促销方式或个性化的产品服务等方面进行创新，吸引消费者的注意。比如，一家餐饮企业可以采用线上直播烹饪教学、线下举办主题美食体验活动相结合的方式，打破传统营销模式，提高品牌知名度和客户黏性。

5. 逻辑清晰且条理分明

营销策划书的结构要合理，各部分之间逻辑连贯、层次分明。一般来说，应按照市场分析、目标设定、策略制定、活动规划、预算安排和效果评估的顺序进行撰写，使读者能够清晰地理解策划的思路和步骤。在每个部分内部，也要有条理地阐述观点，如在营销策略部分，可以分别从产品、价格、渠道、促销等方面进行详细说明，避免内容混乱，便于读者阅读和理解。

（二）营销策划书写作技巧

1. 突出亮点与优势

在策划书中，要着重突出产品或服务的亮点和优势，这是吸引消费者和投资者的关键。可以通过对比分析、案例展示等方式，清晰地呈现产品或服务与竞争对手的差异。例如，在介绍一款新型智能手表时，强调其具备的独特健康监测功能，如能够精准检测心率、睡眠质量等多项指标，并且与市场上其他同类产品进行对比，突出其准确性和全面性，让消费者能够快速认识到产品的价值。

2. 运用故事化表达

故事具有更强的感染力和吸引力，能够让读者更容易产生共鸣。在营销策划书中，可以适当运用故事化的表达方式，将品牌理念、产品特点或营销活动融入一个生动的故事中。比如，一家旅游公司可以讲述一个游客通过参加其组织的特色旅游线路，获得了独特而难忘的旅行体验，从而传达出旅游公司的专业服务和丰富资源，使读者更容易理解和接受策划内容。

3. 强调数据支撑

数据能够增强策划书的说服力，使读者更加信任策划方案的可行性。在阐述观点和策略时，要尽可能引用相关的数据。例如，在制定广告投放策略时，可以引用市场调研数据说明目标受众的媒体使用习惯，如某年龄段消费者每天花费在社交媒体上的时间平均为×小时，从而证明在该平台投放广告的有效性。同时，也可以通过数据对比展示策略实施前后的预期效果，如预计采用新的促销策略后，产品销量将增长×%。

4. 注重语言简洁明了

营销策划书应使用简洁易懂的语言，避免使用过于复杂或生僻的词汇和句子。要确保读者能够轻松理解策划内容，无须花费过多时间和精力去解读。在表达观点时，要直截了当，突出重点。例如，在描述营销活动时，用简洁的语言说明活动的时间、地点、内容和参与方式，让读者一目了然。

5. 预留调整空间

市场环境是不断变化的，营销策划书应具有一定的灵活性，预留调整空间。在策划过程中，要充分考虑到可能出现的变化因素，如竞争对手的策略调整、政策法规的变化等。可以在策划书中设置相应的应对机制，如定期对市场情况进行评估，根据实际情况及时调整营销策略和活动方案，确保策划书能够适应市场变化，始终保持有效性和竞争力。

思考题

1. 若为一款新茶饮设计营销策划方案，关键要点有哪些？
2. 怎样依据市场变化灵活调整营销策划方案？
3. 分析营销策划中预算分配对效果的影响情况。

第二节 广告策划书

情境导入

同学们，在如今竞争激烈的商业世界里，广告就像是一位神奇的推销员。想象一下，街边的巨幅海报、电视里的精彩广告、网络上的弹出窗口，它们都在努力吸引着我们的目光。有一家新开的奶茶店，老板满心期待能吸引大量顾客，可开业初期却门可罗雀。后来，他们请专业团队做了一份广告策划书，从市场分析到广告创意，从投放渠道到预算安排，都精心规划。广告推出后，奶茶店迅速火了起来，顾客络绎不绝。

这背后，广告策划书功不可没。那究竟如何撰写一份出色的广告策划书呢？让我们一起走进今天的学习。

实例阅读

【例文一】

星耀 X30 智能手机广告策划书

一、封面

策划名称：星耀 X30 智能手机广告策划书

策划团队：创新广告策划组

策划日期：2024 年 11 月 1 日

二、目录

市场分析

广告目标

广告策略

广告创意与表现

广告媒介计划

广告预算

效果评估

三、正文

（一）市场分析

1. 宏观环境分析

（1）经济环境：随着全球经济的逐步复苏，消费者购买力有所提升，对智能手机的需求保持稳定增长。同时，科技的不断进步促使智能手机更新换代速度加快。

（2）技术环境：5G 技术的普及为智能手机的发展带来了新的机遇，高清视频、云游戏等应用对手机的性能和功能提出了更高的要求。此外，人工智能、折叠屏等新技术也在不断涌现。

（3）社会文化环境：消费者越来越注重手机的个性化、时尚化和社交性。社交媒体的广泛使用使手机成为人们生活中不可或缺的一部分。

2. 行业竞争分析

目前智能手机市场竞争激烈，主要品牌包括苹果、三星、华为、小米等。这些品牌在市场份额、产品性能、品牌影响力等方面各有优势。

竞争对手的广告策略主要集中在突出产品的高性能、拍照功能和外观设计等方面。

3. 消费者分析

(1) 目标消费者：年龄在18~45岁，注重科技感和时尚感，对手机性能有较高要求，经常使用社交媒体和移动应用的消费者。

(2) 消费者需求：追求高性能处理器、优质拍照效果、长续航、快速充电等功能，同时也关注手机的外观设计和品牌形象。

(二) 广告目标

1. 短期目标：在未来三个月内，提高星耀X30智能手机的知名度和美誉度，使品牌认知度提升20%。

2. 长期目标：树立星耀X30智能手机在高端智能手机市场的品牌形象，增加市场份额，使产品年销售量提升30%。

(三) 广告策略

1. 产品定位策略：将星耀X30智能手机定位为高端、时尚、科技感十足的产品，突出其在性能、拍照和外观设计方面的优势。

2. 目标市场策略：针对目标消费者群体，制定个性化的广告策略，通过不同的渠道和方式触达消费者。

3. 竞争策略：强调星耀X30智能手机与竞争对手的差异化优势，如独特的拍照算法、创新的外观设计等。

(四) 广告创意与表现

1. 广告主题："星耀X30智能手机，开启科技时尚新体验"。

2. 广告内容。

(1) 电视广告：以一段充满科技感和时尚感的视频展示手机的外观设计、性能特点和拍照效果。画面中，年轻人在不同的场景下使用手机，如旅游拍照、玩游戏、视频通话等，突出手机的实用性和时尚感。

(2) 平面广告：设计一系列精美的海报，展示手机的细节和特色功能。海报采用简洁明了的设计风格，突出产品的关键信息。

(3) 网络广告：制作有趣的短视频和互动广告，在社交媒体平台上进行推广。例如，发起话题挑战，鼓励用户分享使用手机的体验和用手机拍出来的照片。

(五) 广告媒介计划

1. 电视媒介：选择在热门电视剧、综艺节目和体育赛事期间投放广告，如在晚间黄金时段的热门综艺《欢乐大派对》中插播15秒广告，每周投放3次，持续3个月。

2. 网络媒介：在各大社交媒体平台(微信、微博、抖音等)、科技网站(中关村在线、太平洋电脑网等)和视频网站(爱奇艺、腾讯视频等)上进行广告投放。针对不同平台制定个性化的广告内容，进行精准营销。

3. 户外媒介：在城市的繁华地段(如商业中心、购物中心等)、地铁站、公交站等地方设置广告牌和灯箱广告，增加品牌的知名度。

(六) 广告预算

序号	项目	预算金额(元)	备注
1	电视广告制作与投放	500000	包括广告拍摄、制作和投放费用，其中拍摄、制作费用150000元，投放费用350000元
2	网络广告制作与投放	300000	涵盖社交媒体广告、搜索引擎广告等，其中社交媒体广告制作与投放费用150000元，搜索引擎广告制作与投放费用150000元

续表

序号	项目	预算金额(元)	备注
3	平面广告制作与发布	100000	海报制作、印刷和发布费用，其中制作与印刷费用 50000 元，发布费用 50000 元
4	户外广告制作与租赁	80000	广告牌、灯箱广告的制作和租赁费用，其中制作费用 40000 元，租赁费用 40000 元
5	其他费用	20000	如市场调研、活动策划等费用
6	总预算	1000000	—

（七）效果评估

1. 评估指标：品牌认知度、美誉度、广告曝光量、点击率、销售量等。

2. 评估方法：通过市场调研、网站数据分析、销售数据统计等方式进行评估。

3. 调整策略：根据评估结果，及时调整广告策略和投放渠道，优化广告内容，提高广告效果。

【例文二】

花漾美肌化妆品广告策划书

一、封面

策划名称：花漾美肌化妆品广告策划书

策划团队：魅力广告策划团队

策划日期：2024 年 11 月 5 日

二、目录

市场分析

广告目标

广告策略

广告创意与表现

广告媒介计划

广告预算

效果评估

三、正文

（一）市场分析

1. 宏观环境分析

（1）经济环境：随着人们生活水平的提高，化妆品消费市场呈现出快速增长的趋势。消费者对化妆品的需求不再仅仅局限于基本的护肤和彩妆，更加注重产品的品质、功效和个性化。

（2）技术环境：化妆品行业的技术创新不断涌现，如天然植物提取技术、纳米技术等的应用，为化妆品的研发和生产带来了新的突破。

（3）社会文化环境：社交媒体和美妆博主的兴起，使化妆品的信息传播更加迅速和广泛。消费者对美的追求和时尚潮流的敏感度不断提高。

2. 行业竞争分析

化妆品市场竞争激烈，国内外品牌众多。国际品牌如欧莱雅、雅诗兰黛等凭借其强大的品牌影响力和研发实力占据了一定的市场份额；国内品牌如完美日记、花西子等则以高性价比和创新的营销方式受到了消费者的青睐。

竞争对手的广告策略主要集中在突出产品的功效、成分和品牌形象等方面。

3. 消费者分析

（1）目标消费者：年龄在 20~40 岁的女性消费者，注重肌肤护理和化妆，对化妆品的品质和安全性有较高要求，愿意尝试新的产品和品牌。

(2) 消费者需求：追求保湿、美白、抗皱等功效，关注产品的成分和天然性，同时也注重产品的包装设计和使用体验。

(二) 广告目标

1. 短期目标：在接下来两个月内，提高花漾美肌化妆品的知名度和试用率，使产品的试用申请量增加15%。

2. 长期目标：树立花漾美肌化妆品在高端化妆品市场的品牌形象，增加品牌忠诚度，使产品年市场占有率提升25%。

(三) 广告策略

1. 产品定位策略：将花漾美肌化妆品定位为高端、天然、有效的护肤和彩妆产品，突出其独特的成分和功效。

2. 目标市场策略：针对目标消费者群体，通过线上线下相结合的方式进行推广，提高品牌的曝光度和影响力。

3. 竞争策略：强调花漾美肌化妆品与竞争对手的差异化优势，如采用天然植物成分、独特的配方等。

(四) 广告创意与表现

1. 广告主题："花漾美肌化妆品，绽放自然之美"。

2. 广告内容。

(1) 视频广告：拍摄一条唯美的视频广告，展示女性使用花漾美肌化妆品后的美丽蜕变。画面中，女主角在不同的场景下使用化妆品，如清晨护肤、晚上化妆等，突出产品的使用效果和天然成分。

(2) 平面广告：设计一系列以自然为主题的平面广告，如花朵、植物等元素与化妆品相结合，传达产品的天然理念。

(3) 社交媒体广告：在社交媒体平台上发布有趣的美妆教程和试用分享，邀请美妆博主进行合作推广，增加品牌的互动性和口碑。

(五) 广告媒介计划

1. 线上媒介：在美妆博主的社交媒体账号(小红书、微博等)、美妆App(美丽修行、慢慢买等)、电商平台(天猫、京东等)进行广告投放。与5位知名美妆博主合作，进行产品试用和推荐。

2. 线下媒介：在高端商场、美容院等地方设置专柜和展示区，进行产品展示和试用活动；同时，在时尚杂志《时尚芭莎》《瑞丽》上进行广告投放。

(六) 广告预算

序号	项目	预算金额(元)	备注
1	视频广告制作与投放	400000	包括广告拍摄、制作和线上投放费用，其中，拍摄制作费用120000元，投放费用280000元
2	平面广告制作与发布	150000	涵盖杂志广告、海报制作和发布费用，其中，杂志广告100000元，海报制作和发布50000元
3	社交媒体推广费用	250000	美妆博主合作费用200000元，广告投放费用50000元
4	线下活动费用	120000	专柜展示、试用活动等费用，其中，专柜布置50000元，试用活动70000元
5	其他费用	30000	如市场调研、创意设计等费用
6	总预算	950000	—

(七) 效果评估

1. 评估指标：品牌知名度、产品试用率、美誉度、销售量、粉丝增长数等。

2. 评估方法：通过市场调研、社交媒体数据分析、销售数据统计等方式进行评估。
3. 调整策略：根据评估结果，及时调整广告内容和投放渠道，优化营销策略，提高广告效果。

任务描述

1. 了解广告策划书的概念和分类。
2. 了解广告策划书的格式。
3. 掌握广告策划书的写作要求和技巧。

必备知识

一、广告策划书的概念

广告策划书是由广告策划者根据广告策划的结果撰写，提供给广告客户审核、认可，为广告活动提供策略指导和具体实施计划的一种应用性文件。它是广告策划工作的最终体现，也是广告活动执行的重要依据。

从本质上来说，广告策划书是对广告活动的全面规划和设计。它不仅仅是一份文档，更是广告策划人员对市场、产品、消费者等多方面因素进行深入分析和思考后，所形成的一套系统的广告运作方案。这份方案涵盖了广告活动的目标、策略、创意、媒介选择、预算安排等各个关键环节，旨在通过有效的广告传播，实现广告客户的营销目标，即提升产品或品牌的知名度、美誉度和市场占有率。

二、广告策划书的分类

（一）按广告策划内容分类

1. 单项广告策划书

单项广告策划书是针对某一具体的广告活动项目而撰写的策划书。它通常聚焦于一个特定的广告目标，如新产品的上市推广、特定节日的促销活动等。例如，某手机品牌推出一款新机型，为其撰写的广告策划书就属于单项广告策划书。该策划书会详细规划新机型广告的创意表现、媒介投放策略、活动时间安排等内容，以确保新机型能够迅速在市场上获得关注，吸引消费者购买。

2. 整体广告策划书

整体广告策划书是对广告主在一定时期内的整体广告活动进行全面规划和部署的策划书。它涵盖了广告主的所有产品或品牌，考虑的是长期的广告战略和品牌形象塑造。比如，一家大型化妆品公司为了提升品牌在市场中的整体竞争力和影响力，会制定一份整体广告策划书。这份策划书包括品牌定位、不同产品线的广告策略、年度广告预算分配、各阶段的广告活动安排等内容，以实现品牌的长期稳定发展。

（二）按广告传播媒介分类

1. 电视广告策划书

电视广告策划书是针对电视这一媒介平台而制定的广告策划方案。由于电视具有广泛的覆盖面和强大的影响力，电视广告策划书需要充分考虑电视媒体的特点和受众的观看习惯。例如，在策划黄金时段的电视剧插播广告时，要注重广告的创意吸引力，在有限的时间内吸引观众的注意力；同时，要根据电视剧的类型和目标受众，选择合适的广告内容和表现形式。

2. 报纸广告策划书

报纸广告策划书主要围绕报纸媒体展开。报纸广告具有传播信息详细、可信度高等特点，适合进行深度的产品宣传和品牌推广。在撰写报纸广告策划书时，需要考虑报纸的版面设计、广告投放的频次和位置等因素。比如，对于一款高端的汽车产品，可以选择在财经类报纸的汽车专版投放广告，通过详细的文字介绍和精美的图片展示，吸引目标消费者的关注。

3. 网络广告策划书

随着互联网的普及，网络广告策划书变得越来越重要。网络广告具有互动性强、传播速度快、精准投放等优势。网络广告策划书需要根据不同的网络平台(如搜索引擎、社交媒体、视频网站等)制定相应的广告策略。例如，在社交媒体平台上，可以通过制作有趣的短视频广告、开展互动活动等方式，激发用户的参与和分享欲望，提高广告的传播效果。

（三）按广告策划时间长短分类

1. 短期广告策划书

短期广告策划书通常是为期限较短(如一个月、一个季度)的广告活动而制定的。它的目标明确、针对性强，旨在快速实现特定的营销目标。比如，某商家为了在节日期间促销商品，会制定一份短期广告策划书。该策划书会确定节日期间的广告主题、促销活动内容、广告投放时间和媒介选择等，以在短时间内提高商品的销售量。

2. 长期广告策划书

长期广告策划书的时间跨度较长，一般为一年或更长时间。它侧重于品牌的长期建设和市场份额的稳步提升。长期广告策划书需要对市场趋势、竞争对手动态、消费者需求变化等因素进行长期跟踪和分析，制定相应的广告战略和策略。例如，一家知名的运动品牌为了保持其在市场中的领先地位，会制定一份长期的广告策划书，通过持续的品牌传播和产品推广，培养消费者的品牌忠诚度。

（四）按广告目标受众分类

1. 消费者广告策划书

消费者广告策划书的目标受众是广大消费者。它的主要目的是促进产品的销售，提高消费者对产品或品牌的认知度和购买意愿。例如，食品企业推出的新产品广告策划书，会针对消费者的口味偏好、消费习惯等因素，设计吸引人的广告内容和促销活动，以刺激消费者购买产品。

2. 企业广告策划书

企业广告策划书的目标受众是其他企业或商业合作伙伴。它的主要目的是提升企业的形象和知名度，促进企业间的合作与交流。比如，一家科技企业在参加行业展会前，会制定一份企业广告策划书，通过展示企业的技术实力、创新成果和发展前景，吸引潜在的合作伙伴和投资者。

三、广告策划书的格式

广告策划书没有绝对固定的写作格式，但通常会包含以下几个核心板块。下面为你详细介绍各板块内容及写作要点。

（一）封面

封面是广告策划书给人的第一印象，需简洁明了地呈现关键信息。

（1）策划名称：准确概括策划核心内容，如“[品牌名]新品上市广告策划书”。

（2）策划团队/个人：注明负责策划的主体，可写团队名称或个人姓名。

（3）策划日期：明确策划完成的时间。

（4）客户名称(可选)：若有特定服务对象，可列出客户名称。

（二）目录

目录详细列出策划书各部分的标题及对应页码，方便读者快速定位所需内容。一般按照策划书的结构顺序依次罗列，如“一、市场分析”“二、广告目标”等。

（三）正文

正文是广告策划书的核心部分，涵盖多个关键方面。

（1）市场分析。

全面剖析市场环境、行业动态和消费者需求，为广告策略提供依据。

① 宏观环境分析：涵盖经济、技术、社会文化、政治法律等因素。例如，分析经济形势对消费者购买力的影响，新技术在广告传播中的应用潜力等。

② 行业竞争分析：研究主要竞争对手的广告策略、市场份额、产品特点等。可以通过SWOT分析(优势、劣势、机会、威胁)来明确自身与竞争对手的差异。

③ 消费者分析：确定目标消费者群体，分析其年龄、性别、消费习惯、需求偏好等。例如，针对年轻时尚人群，可强调产品的潮流设计和个性化功能。

（2）广告目标。

明确广告活动要达成的具体目标，可分为短期目标和长期目标。

① 短期目标：如在一定时间内提高产品知名度、增加产品试用量等。目标应具体、可衡量，如“在接下来一个月内，使产品知名度提升20%”。

② 长期目标：如树立品牌形象、提升品牌忠诚度、扩大市场份额等。长期目标需与企业的整体战略相契合。

（3）广告策略。

根据市场分析和广告目标，制定具体的广告运作策略。

① 产品定位策略：确定产品在市场中的定位，突出产品的独特卖点。例如，将一款智能手表定位为高端、时尚、功能强大的科技产品。

② 目标市场策略：明确广告投放的目标市场，选择合适的市场细分和目标客户群体。可以采用差异化营销、集中营销等策略。

③ 竞争策略：分析竞争对手的广告策略，制定差异化的竞争策略。如通过独特的广告创意、优惠的价格策略或更好的服务来吸引消费者。

（4）广告创意与表现。

展现广告的创意构思和具体表现形式。

① 广告主题：提炼出简洁有力、富有吸引力的广告主题，能够准确传达产品的核心信息和品牌价值。

② 广告内容：详细描述广告的具体内容，包括画面、文案、音乐等元素。例如，电视广告的故事情节、平面广告的视觉设计等。

③ 创意说明：解释广告创意的来源和灵感，说明创意如何与产品特点和广告目标相结合。

（5）广告媒介计划。

确定广告投放的媒介渠道和具体安排。

① 媒介选择：根据目标受众的媒体接触习惯和广告预算，选择合适的媒介渠道，如电视、报纸、网络、户外广告等。

② 投放安排：明确广告投放的时间、频率和地域。例如，在黄金时段投放电视广告，在特定城市的繁华地段设置户外广告。

③ 媒介预算分配：合理分配广告预算到各个媒介渠道，确保资源的有效利用。

（6）广告预算。

列出广告活动的各项费用预算。

① 预算项目：包括广告制作费用、媒介投放费用、市场调研费用、人员费用等。

② 预算金额：明确每项费用的具体金额，并计算总预算。

③ 预算说明：对预算的分配依据和合理性进行简要说明。

（7）效果评估。

制定评估广告活动效果的方法和指标。

① 评估指标：如广告曝光量、点击率、转化率、品牌知名度、销售量等。

② 评估方法：说明采用何种方式进行评估，如市场调研、数据分析、问卷调查等。

③ 调整策略：根据评估结果，提出相应的调整策略，以优化广告效果。

（四）附录（可选）

可附上相关的市场调研数据、参考资料、图片、图表等，为策划书提供更详细的支持。例如，市场调研问卷、竞争对手广告案例分析等。

四、广告策划书的写作要求和技巧

（一）广告策划书写作要求

1. 内容完整且具针对性

广告策划书应涵盖市场分析、广告目标、策略制定、创意表现、媒介计划、预算安排以及效果评估等关键板块，确保内容全面系统。同时，需紧密围绕广告活动的核心主题和目标受众展开，避免泛泛。例如，为某款针对年轻女性的护肤品撰写策划书，市场分析就要聚焦年轻女性群体的消费习惯、护肤需求以及该细分市场的竞争态势；广告目标应明确是提升产品在该群体中的知名度，还是促进购买行为；各项策略和创意也要贴合年轻女性的喜好和关注点，使策划书具有高度的针对性和实用性。

2. 数据准确且分析深入

在策划书中引用的市场数据、调研结果等必须准确无误、来源可靠。这些数据是制定广告策略的重要依据，任何误差都可能导致决策失误。例如，在分析市场份额时，要采用权威机构发布的最新数据。同时，不仅要罗列数据，还要对数据进行深入分析，挖掘数据背后的规律和趋势。例如，通过对比不同时间段的产品销售数据，找出销售高峰和低谷的原因，从而为广告投放时间和促销活动的策划提供有力支持。

3. 目标明确且可衡量

广告目标要清晰具体，能够用明确的指标进行衡量。短期目标可以设定在一定时间内提高产品的点击率、增加试用申请量等；长期目标可以是提升品牌的市场占有率、树立特定的品牌形象等。例如，设定“在接下来的一个月内，使产品的线上点击率提高30%”这样的目标，便于在广告活动结束后进行效果评估，判断广告是否达到了预期效果。如果目标模糊，如“提高品牌知名度”，就难以准确评估广告活动的成效。

4. 策略可行且具创新性

广告策略要具有可操作性，能够在实际执行中得以落实。在制定策略时，要充分考虑企业的资源、市场环境和技术条件等因素。比如，在选择广告媒介时，要根据预算和目标受众的媒体接触习惯，选择切实可行的媒介组合。同时，策略也要有一定的创新性，能够在众多广告中脱颖而出，吸引消费者的注意力。例如，采用新颖的互动式广告形式，让消费者参与到广告中来，可以增强广告的吸引力和传播效果。

5. 创意独特且契合主题

广告创意是策划书的灵魂，要具有独特性和新颖性，能够给消费者留下深刻的印象。创意可以体现在广告的表现形式、故事情节、画面设计等方面。但创意不能脱离广告主题，要紧密围绕产品或品牌的特点和优势展开。例如，为一款运动饮料策划广告，创意可以设计一个充满活力和挑战的运动场景，突出饮料能够补充能量、提升运动表现的特点，让消费者在看到广告时能够迅速理解产品的核心价值。

6. 预算合理且分配科学

广告预算要根据广告目标和策略进行合理规划，确保各项费用支出在可控范围内。预算项目要详细明确，包括广告制作费用、媒介投放费用、市场调研费用等。同时，要根据不同媒介的传播效果和重要性，科学分配预算。例如，对于重点推广的渠道，可以适当增加预算投入；对于一些辅助性的渠道，则可以适当减少预算。合理的预算分配能够提高广告资金的使用效率，实现广告效果的最大化。

（二）广告策划书写作技巧

1. 深入调研，精准定位

在撰写策划书之前，要进行充分的市场调研，了解目标受众的需求、喜好、消费习惯以及竞争对手的广告策略和市场动态。通过调研，能够精准定位广告的目标受众和产品的市场定位，为后续的策划工作提供坚实的基础。比如，通过问卷调查、访谈等方式收集消费者的反馈、分析消费者的购买决策因素，从而确定广告的重点宣传内容。只有深入了解市场和消费者，才能使广告策划更具有针对性。

2. 逻辑清晰，层次分明

策划书的结构要清晰，各部分内容之间要有合理的逻辑顺序。可以按照“提出问题—分析问题—解决问题”的思路进行撰写，先介绍市场背景和广告目标，再分析市场情况和竞争态势，然后提出具体的广告策略和创意方案，最后说明媒介计划和预算安排等。每个部分都要有明确的主题，段落之间过渡自然，使读者能够轻松理解策划书的整体思路和核心内容。

3. 善用图表，直观呈现

在策划书中适当运用图表、图片等形式，能够直观地呈现数据和信息，增强策划书的可读性和说服力。例如，用柱状图展示不同产品的市场份额，用折线图呈现销售数据的变化趋势，用图片展示广告创意的视觉效果等。图表要简洁明了、标注清晰，与文字内容相互补充，帮助读者更好地理解策划书中的关键信息。

4. 突出亮点，吸引关注

在策划书中要突出广告活动的亮点和特色，吸引读者的注意力。可以在开头部分简要概括策划书的亮点，如独特的创意概念、创新的广告形式、显著的市场优势等。在正文部分，要详细阐述这些亮点的具体内容和实施方式，让读者能够清楚地看到广告活动的价值和吸引力。例如，介绍一款采用虚拟现实技术的互动广告，要详细说明其技术原理、用户体验和预期效果，激发读者的兴趣。

5. 语言简洁，通俗易懂

广告策划书的语言要简洁明了，避免使用过于复杂和生僻的词汇。要用通俗易懂的语言表达策划思路和方案，使读者能够快速理解策划书的意图。同时，要注意语言的准确性和规范性，避免出现错别字和语病。在撰写过程中，可以多使用短句和段落，增强语言的节奏感和可读性。

6. 反复修改，精益求精

完成初稿后，要反复对策划书进行修改和完善。检查内容是否完整、逻辑是否清晰、数据是否准确、语言是否通顺等。可以邀请同事、朋友或专业人士对策划书提出意见和建议，从不同的角度审视策划书，发现其中存在的问题和不足。根据反馈意见进行修改，不断提高策划书的质量，使其更加完善和可行。

思考题

1. 若为一款新推出的智能手环撰写广告策划书，怎样精准定位目标受众？
2. 在广告策划书里，如何运用数据来支撑广告预算的合理分配？

第七章

财经诉讼文书

在风景秀丽的L市，老张是一位热爱环保的退休工人。近年来，随着国家“绿水青山就是金山银山”生态文明建设理念的深入人心，老张也积极投身到家乡的环保事业中。然而，2025年5月，一场由环境污染引发的纠纷却让老张倍感焦虑。

老张所居住的社区附近有一家化工厂，长期以来，该厂排放的废水废气对周边环境造成了严重污染，居民们的生活和健康受到了极大影响。老张作为社区环保志愿者，多次与化工厂协商，希望他们能采取措施减少污染，但始终未果。无奈之下，老张决定联合其他受影响的居民，共同向法院提起诉讼，要求化工厂停止污染行为并赔偿损失。

老张深知，在国家大力推动生态文明建设的背景下，法律是保护环境、维护公民权益的有力武器。于是，他认真学习了财经诉讼文书的相关知识，精心准备了一份起诉状，详细记录了化工厂的污染行为以及给居民们带来的危害，并引用了最新的环境保护法律法规，正式向法院提起了诉讼。

在本章中，我们将学习起诉状、申诉状、答辩状以及授权委托书的撰写方法与技巧，了解它们在维护公民环境权益中起到的关键作用。

第一节 起诉状

情境导入

2024 年 1 月，居住在 H 市的赵××在使用新买的 ZY 牌电暖器时，因设备突然漏电引发火灾，导致全身 60%面积Ⅱ度烧伤。事故发生后，赵××家属发现该电暖器虽标注国家 3C 认证，但经专业机构检测，其内部接地线路存在设计缺陷。家属多次联系生产商 RY 电器公司协商赔偿，对方却坚称事故系“用户私自改装电路”所致，仅愿承担 5 万元医疗费。面对高达 80 万元的治疗费用及后续康复成本，赵××家属在律师协助下，于 2024 年 2 月 10 日向 H 市人民法院提起诉讼，要求 RY 公司承担产品责任并赔偿全部损失。

赵××将怎样写起诉状？他能得到应得的赔偿吗？

实例阅读

【例文一】

起诉状

原告：李×，男，汉族，1985 年 3 月 15 日生，个体经营者，现住××市××区××路 18 号。

被告：张××，男，汉族，1978 年 11 月 22 日生，××市××商贸有限公司法定代表人，现住××市××区××花园 B 栋 301 室。

一、诉讼请求：

请求人民法院判令解除原、被告签订的《商铺租赁合同》；

被告退还原告押金人民币 50000 元，并赔偿原告装修损失人民币 120000 元；

本案诉讼费用由被告承担。

二、事实与理由：

2023 年 5 月 10 日，原告与被告经营的××商贸有限公司签订《商铺租赁合同》，约定原告承租被告位于××市××区××商场 3 层 308 号的商铺（面积 80 平方米），用于经营餐饮业务，租期自 2023 年 6 月 1 日至 2028 年 5 月 31 日，租金按月支付，押金为人民币 50000 元。合同签订后，原告依约支付押金及首期租金，并投入人民币 120000 元进行商铺装修。

2023 年 11 月，商场因消防验收不合格被责令停业整改。被告在未通知原告的情况下，于 2023 年 12 月 5 日擅自拆除原告商铺的装修设施，并将商铺另行出租给第三方。经原告多次交涉，被告以“商场整体改造”为由拒绝退还押金及赔偿损失，仅同意补偿人民币 20000 元，双方协商未果。

根据《中华人民共和国民法典》第五百六十三条（合同法定解除）、第五百七十七条（违约责任）之规定，被告的行为已构成根本违约，导致合同目的无法实现。原告曾于 2024 年 1 月 10 日通过××律师事务所向被告发送《解除合同通知书》，但被告未予回应。

三、证据清单：

1.《商铺租赁合同》复印件 1 份；

2. 押金收据及装修费用凭证复印件各1份；

3. 商场停业整改通知书复印件1份；

4. 商铺现状照片及视频(附U盘)；

5.《解除合同通知书》及邮寄凭证复印件各1份。

此致

××市××区人民法院

原告：李×

2024年2月20日

附：起诉状副本1份，证据材料清单1份。

【例文二】

民事诉讼状

原告：王××，女，65岁，汉族，初中文化，××市××纺织厂退休职工

住所地：××市××区××路28号

身份证号：32020319××××××××××

委托代理人：陈××，男，40岁，汉族，本科文化，××律师事务所律师

执业证号：1320220××××××××××

委托代理人：赵×，男，38岁，汉族，高中文化，系原告之子

身份证号：32020319××××××××××

被告：刘××，男，47岁

住所地：××市××区××路12号××室

身份证号：3202041976××××××××

被告：××财产保险股份有限公司××分公司

住所地：××市××中路88号

法定代表人：周××，该公司总经理

一、案由：机动车交通事故责任纠纷。

二、诉讼请求：

1. 判令被告赔偿原告医疗费人民币28567.40元(含急救费300元)、护理费人民币48000元(6000元/月×8个月)、住院伙食补助费人民币3200元(100元/天×32天)、营养费人民币9600元(1200元/月×8个月)、交通费人民币500元、鉴定费人民币2500元；

2. 判令被告赔偿原告残疾赔偿金人民币76716元(按2023年城镇居民人均可支配收入69742元×11年×10%)、精神损害抚慰金人民币10000元；

3. 本案诉讼费用由被告承担。

三、事实与理由：

2024年1月15日17时30分，被告刘××驾驶苏B×××××号小型轿车，在××市××区××路与××路交叉口右转弯时，因疏于观察与原告骑行的电动自行车发生碰撞，导致原告受伤。经××市公安局交通警察支队××大队现场勘查，出具《道路交通事故认定书》(编号：××交认字〔2024〕第015号)，认定被告刘××负事故全部责任。

事故发生后，原告被送往××市第一人民医院救治，诊断为“右胫骨平台粉碎性骨折、右膝关节韧带撕裂”，住院32天，期间行内固定手术。出院后，原告因行动不便长期卧床，需专人护理。2024年9月10日，经××司法鉴定中心鉴定(鉴定书编号：××司鉴〔2024〕临鉴字第328号)，原告构成十级伤残，护理期评定为8个月，营养期评定为8个月。

截至目前，被告刘××仅垫付医疗费人民币15000元，其余损失未予赔偿。被告××财产保险股份有限公司××分公司作为肇事车辆交强险及商业三者险承保人，亦未履行赔付义务。原告因事故导致身体机能严重受损，精神痛苦加剧，且家庭护理开支巨大，已无力承担后续治疗费用。

四、证据清单：

1. 原告身份证复印件1份；
2. 被告刘××驾驶证、行驶证复印件各1份；
3.《道路交通事故认定书》复印件1份；
4. 医疗费票据(含急救费)原件5张；
5. 住院病历、诊断证明书复印件各1份；
6.《司法鉴定意见书》原件1份；
7. 护理人赵×工资流水及误工证明原件1份；
8. 交通费票据原件1组；
9. 鉴定费收据原件1份；
10. 保险单复印件1份。

此致

××市××区人民法院

具状人：王××

2024年10月12日

附项：

1. 起诉状副本2份；
2. 证据材料1份。

【例文三】

行政起诉状

原告：李××，男，1972年4月15日生，汉族，现住××市××区江滨路139号

身份证号：32020219720415××××

联系电话：138××××××××

被告：××市××区城乡规划建设局

法定代表人：王××，职务：局长

住所地：××市××区××路88号

一、诉讼请求：

依法撤销被告作出的〔2024〕××规建拆字第015号《责令限期拆除决定书》；

本案诉讼费用由被告承担。

二、事实与理由：

2005年3月，原告在自有宅基地(××市××区江滨路139号)院内东侧搭建一钢架棚，用于存放农具及临时仓储，建筑面积约30平方米。该钢架棚未占用公共道路或绿地，亦未影响周边城市规划及相邻权。自建成以来，原告始终合法使用，且从未收到任何部门关于拆除的通知或处罚。

2024年3月12日，被告向原告送达《行政处罚告知书》(××规建罚告〔2024〕第012号)，称原告钢架棚"未取得建设工程规划许可证，属于违法建筑"，并拟作出限期拆除决定。2024年3月20日，被告正式作出〔2024〕××规建拆字第015号《责令限期拆除决定书》，要求原告于2024年4月5日前自行拆除，否则将依法强制拆除。

原告认为：

1. 程序违法：根据《中华人民共和国行政处罚法》第三十六条，违法行为在二年内未被发现的，不再给予行政处罚。原告钢架棚建成于2005年，至被告作出处罚决定时已逾19年，远超法定追诉时效，被告启动处罚程序明显违法。

2. 适用法律错误：原告钢架棚位于自有宅基地范围内，未侵占公共空间或违反规划强制性要求，被告依据《中华人民共和国城乡规划法》第六十四条认定为"违法建筑"属法律适用不当。

3. 实体不公：该钢架棚系原告家庭生产生活的必要附属设施，强制拆除将造成重大财产损失，且违背比例原则。

综上，被告作出的《责令限期拆除决定书》程序违法、适用法律错误，依法应予撤销。为维护自身合法权益，特提起行政诉讼，恳请贵院依法裁判。

三、证据清单：

1. 原告身份证复印件1份；

2. 宅基地使用权证复印件1份；

3. 钢架棚建设现场照片(2005年)3张；

4.《行政处罚告知书》(××规建罚告〔2024〕第012号)复印件1份；

5.〔2024〕××规建拆字第015号《责令限期拆除决定书》复印件1份；

6. 周边邻居书面证言(证明钢架棚长期存在且未影响他人)2份。

此致

××市××区人民法院

具状人：李××

2024年3月25日

附项：

1. 起诉状副本1份；

2. 证据材料1份。

【例文四】

刑事自诉状

自诉人：王××，女，1989年7月12日生，汉族，××省××市××区××街道居民，身份证号：3202031989××××××××，联系电话：139××××××××。

被告人：张××，男，1985年3月15日生，汉族，××省××市××工厂工人，现住××市××区××路××号，身份证号：3202031985××××××××。

一、案由：虐待家庭成员

二、诉讼请求：

被告人张××长期对自诉人实施精神与肉体虐待，情节恶劣，已构成虐待罪，请求人民法院依法追究其刑事责任。

三、事实与理由：

自诉人与被告人于2012年5月登记结婚，婚后育有一子一女。自2020年起，被告人因工作不顺逐渐对自诉人产生不满，常因琐事辱骂、殴打自诉人。

具体虐待事实如下：

1. 2023年1月15日：被告人酒后因自诉人未及时准备晚餐，持木棍殴打自诉人腿部、背部，导致自诉人左腿瘀青、背部软组织挫伤(××区人民医院诊断证明，编号：2023-01-15-001)。

2. 2023年6月10日：被告人以自诉人“教育子女不力”为由，将自诉人反锁于卫生间内长达6小时，其间多次威胁“再不听话就弄死你”，导致自诉人精神恍惚，经××市精神卫生中心鉴定为轻度焦虑症(鉴定书编号：××心鉴〔2023〕第0610号)。

3. 2024年2月5日(春节期间)：被告人因自诉人向其父母抱怨家庭矛盾，用烟头烫伤自诉人右手臂，造成Ⅱ度烧伤(××区公安分局法医鉴定书，编号：××公(法)鉴〔2024〕0205号)。

其他恶劣情节：

1. 自2023年7月起，被告人停止支付子女学费及家庭生活费，迫使自诉人向亲友借款维持生计；

2. 2024年3月，被告人强行将自诉人手机、身份证扣押，限制其人身自由，并威胁“敢离婚就杀你全家”。

上述行为均有邻居赵××(住址：××区××路××号)、社区民警刘××(××派出所)及自诉人主治医生陈××

(××区人民医院)的书面证言为证。

被告人长期对自诉人实施精神折磨、肉体摧残及经济控制，情节恶劣，已触犯《中华人民共和国刑法》第二百六十条之规定，构成虐待罪。自诉人曾于2023年8月向××区公安分局报案，但公安机关以“家庭纠纷”为由未予立案(见《不予立案通知书》，编号：××公(刑)不立字〔2023〕08号)。为维护自身合法权益，特依法提起自诉，恳请人民法院公正裁判。

四、证据清单：

1. 自诉人身份证复印件1份；
2. 结婚证复印件1份；
3. ××区人民医院诊断证明(2023-01-15-001)原件1份；
4. ××市精神卫生中心鉴定书(××心鉴〔2023〕第0610号)复印件1份；
5. ××区公安分局法医鉴定书(××公(法)鉴〔2024〕0205号)复印件1份；
6. 邻居赵××、社区民警刘××、医生陈××的书面证言各1份；
7. ××区公安分局《不予立案通知书》(××公(刑)不立字〔2023〕08号)复印件1份。

此致

××省××市××区人民法院

具状人：王××

代书人：李××(××市××律师事务所律师，执业证号：132022018××××××××)

2024年10月10日

附项：

1. 本诉状副本1份；
2. 证人名单：赵××(××区××路××号)、刘××(××派出所)、陈××(××区人民医院)。

任务描述

1. 熟悉起诉状的格式结构。
2. 掌握起诉状的写法。

必备知识

一、起诉状的概念

起诉状亦称“诉状”，是指公民、法人或其他组织因自身合法权益遭受侵害而依法向人民法院提起诉讼请求的文书。

二、起诉状的种类

根据诉讼的性质和目的不同，起诉状可以分为民事起诉状、行政起诉状和刑事自诉状(刑事附带民事自诉状)三类。

(一)民事起诉状

民事起诉状是原告(或其诉讼代理人)为了维护自身的合法权益，根据事实或法律，就民事纠纷向有权受理本案的第一审人民法院提起诉讼，请求人民法院依法处理，保护其民事权益的诉讼文书。

(二)行政起诉状

行政起诉状是公民、法人或其他组织(或其诉讼代理人)在行政机关和行政机关工作人员的具体行政行为侵犯了其合法权益时，根据事实和法律，向有权受理本案的第一审人民法院提起诉讼，请求人民法院依法处理，保护其民事权益的诉讼文书。

（三）刑事自诉状

刑事自诉状是自诉案件的被害人（或其法定代理人），根据事实和法律，直接向人民法院控告被告人侵犯自身权益，要求追究被告人的刑事责任或附带民事责任的诉讼文书。

自诉状是相对于检察机关的公诉而言的。刑事自诉状一般用于以下三类情况：一是“告诉才处理”的案件，即只有被害人提出控告，人民法院才受理解决的案件，具体包括侮辱、诽谤案，暴力干涉婚姻自由案，虐待案，侵占案；二是被害人有证据证明的轻微刑事案件，即故意伤害案，非法侵入他人住宅案，侵犯通信自由案，重婚案，遗弃案，生产销售伪劣产品案，知识产权侵权案以及侵犯公民人身权利、民主权利案；三是被害人有证据证明对于被告人侵犯公民人身、财产权利的行为应当依法追究刑事责任，而公安机关或者人民检察院不予追究被告人刑事责任的案件。

三、起诉状的特点

（一）民事起诉状的特点

（1）必须由与本案有直接利害关系的人提起诉讼。

（2）必须向有权受理本案的第一审人民法院提起诉讼。

（3）争执焦点应是民事权益或其他民事纠纷，如婚姻家庭纠纷、财产所有权、知识产权、经济合同的纠纷等属于民法典、经济法的调整范围。

（二）行政起诉状的特点

（1）必须由与本案有直接利害关系的公民、法人或其他组织提起诉讼。

（2）必须向有权受理本案的第一审人民法院提起诉讼。

（3）行政诉讼的对象是行政机关和行政机关工作人员的具体行政行为，主要包括行政处罚和行政强制执行引起的纠纷、涉及行政管理行为引起的纠纷。

（三）刑事自诉状的特点

（1）必须由被害人或其法定代理人提起自诉的起诉状。

（2）被告人（即被起诉、被控告的人）的行为必须构成犯罪。

（3）必须向有权受理本案的第一审人民法院提起诉讼。

四、起诉状的写法

起诉状由首部、正文、尾部三部分组成。

（一）首部

1. 标题

标题要标明书状的性质与名称，一般写“起诉状”“民事起诉状”“行政起诉状”“刑事起诉状（自诉状）”。

2. 当事人的基本情况

（1）先写“原告”，再写“被告”。如果是刑事自诉起诉状，原告也可以写为“自诉人”。

（2）是公民个人的，应写明姓名、性别、年龄、民族、籍贯、职业或职务、工作单位、住址等。

（3）是企事业单位、机关团体组织时，应写明单位全称、地址，再写明法定代表人的姓名、职务、民族、籍贯、住址等。

（4）有代理人的，标明是法定代理人、指定代理人还是委托代理人，并写明其姓名、性别、职业或工作单位、职务、住所等，法定代理人和指定代理人姓名后要用括号注明其与当事人的关系。如果委托代理人是律师，只写其姓名、工作单位。

（5）如果不了解被告的所有基本情况，有的可以不写，但必须写明被告的姓名或名称、地址。因为有“明确被告”是人民法院受理案件的法定条件之一。

（二）正文

1. 诉讼请求

诉讼请求，即原告起诉要求达到或实现的目的意图。要求写得明确、具体、合理、合法，且文字简练。

（1）民事起诉状的请求事项主要是写明请求解决具体的民事争议，明确双方的权利、义务关系。如请求法院判令与被告离婚、判令被告支付货款、判令被告清偿债务等。

（2）行政诉讼状的请求事项主要是写明对行政机关和行政机关工作人员的具体行政行为的变更或撤销。如果该行政行为对原告造成了损失，还应请求人民法院判令被告赔偿经济损失。

（3）刑事自诉状的诉讼请求一般是请求法院追究被告人的刑事责任。刑事附带民事自诉状的请求往往既包含追究被告人的刑事责任，又包含追究被告人的民事责任。

2. 事实和理由

这是起诉状的核心部分，是请求人民法院裁决原、被告之间权益纠纷和争议的重要依据。

（1）叙述事实。

① 民事诉讼的事实，应写明原、被告民事法律关系存在的事实，以及双方发生民事争议的时间、地点、原因、经过、情节和后果。一般以时间为序，既要如实地写案情，又要重点详述被告侵权行为的后果。

② 行政诉状的事实，应写明行政机关和行政机关工作人员具体行政行为过程中侵犯原告合法权益的事实经过、原因及结果。

③ 刑事自诉状的事实，就是被告人实施犯罪的时间、地点、动机、目的、手段、情节以及危害结果。如提起附带民事诉讼，还应写明被告的行为造成原告经济损失的事实。

（2）说明理由。

就是依据法律、法规、政策等，对案件事实进行分析论证，从而说明被告行为的违法性、原告诉讼行为的合理性。可按三个层次展开：

第一层，对被告的犯罪或侵权事实进行概括归纳，使案情与分析衔接起来；

第二层，依据有关法律、法规，结合上述事实，指明被告行为的违法性质；

第三层，提出或再次强调诉讼请求，并援引民事诉讼法的适用条款作为提起诉讼的法律依据。

（三）尾部

（1）证据和证据来源，证人姓名和住址。

写明主要证据及其来源，证人姓名和住址，依次排列。如证据、证人在事实部分已经写明，此处只需点明证据名称、证人详细住址。

（2）结束语“此致”，相当于一个独立段落，应另起一段开头空两格书写。

（3）致送人民法院名称。如“×市××区人民法院”，另起一行，顶格书写。

（4）落款。写明具状人姓名或名称，如“原告：×××”“具状人：×××”“起诉人：××

×”“自诉人：×××”。提交起诉状的时间，如“××××年×月×日”。

（5）附项。写明本状副本数，有多少被告就提交多少份副本；写明证据份数。如“本案诉状副本1份”“书证1件”。

五、起诉状的基本格式

（一）民事和行政起诉状

起诉状

原告：姓名、性别、年龄、民族、籍贯、职业或工作单位、职务和地址

代理人：姓名、性别、年龄、民族、籍贯、职业或工作单位、职务和地址

被告：姓名、性别、年龄、民族、籍贯、职业或工作单位、职务和地址

（或被告：×××公司，所在地址：××市××区×路×号。）

法定代表人：×××职务

诉讼请求：

____

____

____

事实与理由：

____

____

____

证据和证据来源，证人姓名和住址：

____

____

____

此致

××市××区人民法院

起诉人：×××

代理人：×××

××××年×月×日

附：1. 本诉状副本×份

2. 证据材料×份

（二）刑事自诉状

刑事自诉状

自诉人：姓名、性别、出生年月日、民族、籍贯、职业或工作单位、职务、住址等

被告人：姓名、性别等情况，出生年月日不详者可写其年龄

案由和诉讼请求：______________________________

____

____

（被告人被控告的罪名和具体的诉讼请求）

事实与理由：______________________________

____

____

（被告人犯罪的时间、地点、侵害的客体、动机、目的、情节、手段及造成的后果。有附带民事诉讼内容的，在写明被告人的犯罪事实之后写清。理由应阐明被告人构成的罪名和法律依据）

证据和证据来源，证人姓名和住址：____

____

____

（写明主要证据及其来源，证人姓名和住址，依次排列）

此致

×××人民法院

自诉人：×××

代书人：×××

××××年×月×日

附：1. 本诉状副本×份

2. 书证×份

3. 物证×份

六、起诉状的写作要求

（1）格式要规范：作为司法文书，起诉状有一定的格式要求，写作者必须遵循。否则，法院可能要求补正、重作，而耽误立案时间。

（2）诉讼请求必须明确、具体、合法：诉讼请求不能模棱两可，应明白具体，既不能漫天要价，也不能坐视自己的合法权益被侵害。

（3）事实部分应完整简洁：叙述事实，一般以时间为序，简洁明确。既要体现过程的完整性，使之成为诉讼请求的支柱，又不能事无巨细，一一罗列。

（4）刑事自诉状必须是刑事自诉范围内的案件，如果属于公诉案件，人民法院不能受理当事人的起诉。

思考题

1. 起诉状有哪些种类？
2. 民事起诉状、行政起诉状基本格式包括哪些要素？
3. 刑事自诉状的事实和理由部分一般包括哪些内容？

第二节 申诉状

情境导入

秦东（一审被告，二审上诉人）是N市百货商店经理，刘强（原审原告，二审被上诉人）是YT皮制品厂厂长。秦东和刘强于××××年×月×日签订购销合同两份：一份是被告秦东向原告订购×型男凉皮鞋××双，另一份是订购各式男女皮夹克××件。因这些商品具有很强的季节性，双方协议确定：必须于××××年×月×日前，将上述商品发至N市，以适应市场需求。可是，YT皮制品厂未按协议约定将上述商品按时发至N市。其中，皮夹克于××××年×

月×日才到达，拖期达一个半月之久，大大错过了N市市场的销售旺季，致使这些商品积压于仓库，严重影响了秦东N市百货商店的资金周转，至今尚有各式皮夹克××件卖不出去，共折合人民币××余万元，秦东的N市百货商店因此未付货款。

为照顾彼此之间的商业信誉，秦东曾于××××年×月×日出具《经济合同问题答辩书》，说明了拖欠货款的原因，主动提出偿还货款的计划。不料，原审法院在未进行调查研究的情况下，判令"……依法采取诉讼保全措施……冻结N市百货商店在市区田园路信用社的银行存款××万元"，影响了资金的周转和商店经营。他认为这是不公允的。

秦东对货款纠纷一案不服原审人民法院(××××)×字×号民事裁定书，认为该裁定书认定事实不准，裁定不公正，特提起申诉，请求改判。

秦东将怎样通过法律程序维护自己的权益？申诉状怎么写？

实例阅读

【例文一】

民事申诉状

申诉人：林××，女，1978年5月12日生，汉族，××省××市××区居民，身份证号：3202041978××××××××，住××市××区××路128号。

被申诉人：陈××，男，1975年8月20日生，汉族，××省××市××公司职工，住××市××区××路128号。

申诉人因房屋产权纠纷一案，不服××省××市××区人民法院(2023)民终字第15号民事判决，现依法提出申诉。

一、申诉请求：

请求××市中级人民法院依照审判监督程序，对本案重新审理，撤销原判，改判确认××市××区××路128号房产为申诉人个人所有。

二、事实与理由：

1. 购房款来源独立：

申诉人与被申诉人婚姻关系存续期间(2005年3月登记结婚)，于2018年12月购买××市××区××路128号房产，购房款共计人民币120万元，全部由申诉人通过以下方式筹措：

向申诉人母亲王××借款40万元(借条编号：2018-12-01，见证据1)；

向申诉人同事李××借款30万元(转账记录：2018年12月5日，中国工商银行，账号：6222××××××××)；

申诉人婚前个人存款50万元(银行流水：2018年12月10日支取，中国建设银行，账号：6217××××××××)。

以上借款均由申诉人个人偿还，与被申诉人无关(还款凭证见证据2)。

2. 被申诉人明确放弃共有权：

购房前，被申诉人陈××书面声明"不参与购房出资，不主张房屋产权"，该声明由××律师事务所律师周明远代书(见证据3：律师见证书，编号：××律见〔2018〕第128号)。

3. 原审判决事实认定错误：

原审法院仅凭购房时间在婚姻关系存续期间，即认定房产为夫妻共同财产，未对申诉人提交的借款凭证、还款记录及被申诉人放弃共有权的声明进行调查核实。例如：

对王××的40万元借款，原审法院以"亲属证言效力不足"为由不予采信，但未要求王××出庭作证或补充其他证据；

对被申诉人的书面声明，原审法院以"无直接付款凭证"为由否定其效力，违反《中华人民共和国民法典》第一千零六十五条"夫妻财产约定应当采用书面形式"的规定。

4. 法律适用不当：

原审法院依据《中华人民共和国民法典》第一千零六十二条认定房产为夫妻共同财产，却忽视《中华人民共和国民法典》第一千零六十五条“男女双方可以约定婚姻关系存续期间所得的财产以及婚前财产归各自所有”的例外规定。申诉人提交的书面声明及付款凭证足以证明双方已约定房产归申诉人个人所有。

三、证据清单：

1. 申诉人身份证复印件1份；
2. 购房合同、付款凭证复印件各1份；
3. 被申诉人放弃共有权声明书(律师见证书)原件1份；
4. 王××借条及转账记录复印件1份；
5. 李××转账记录及还款凭证复印件1份；
6. 申诉人银行流水(婚前存款支取记录)复印件1份；
7. 原审法院判决书(2023)民终字第15号复印件1份。

此致

××省××市中级人民法院

申诉人：林××

2024年3月15日

附项：

1. 本申诉状副本1份；
2. 一审判决书复印件1份；
3. 房产产权证影印本1份；
4. 证明材料4份(王××借条、李××转账记录、律师见证书、银行流水)。

【例文二】

行政申诉状

申诉人：张×国，男，1965年8月15日生，汉族，××省××市××区居民，身份证号：3202051965××××××××，住××市××区××路88号。

申诉人：李×芳，女，1968年11月22日生，汉族，××省××市××区居民，身份证号：3202051968××××××××，住址同上，系张×国之妻。

申诉人因不服××市××区人民法院(2024)××行初字第15号行政裁定，特依法向××省××市中级人民法院提出申诉。

一、申诉请求：

请求人民法院依法撤销原裁定，受理申诉人诉××市××区人民政府关于“不应经租房屋而经租产权纠纷”一案。

二、事实与理由：

申诉人向××市××区人民法院提起诉讼，要求解决××市××区××路88号房屋(以下简称“涉案房屋”)的私房改造遗留问题。该房屋系申诉人张×国之父张×昌于1958年购得旧房后改建而成，面积312.5平方米。张×昌于1962年因病去世，其妻王×兰(申诉人张×国之母)因历史原因于1965年被迫迁往农村居住，申诉人张×国当时年幼，房屋自此空置。

1970年，××区××街道办事处(原××公社)未经房主同意，擅自将房屋分配给××区副食品公司使用，直至1980年纳入私房社会主义改造。1985年，经××区人民政府复查，决定退还房屋78平方米作为“补留住房”，但剩余234.5平方米仍被认定为“经租产”并收归国有。申诉人认为：

1. 涉案房屋系自住房，无租佃关系：房屋在私房改造前由张×昌家庭自住，无出租或租佃记录，此事实由邻居赵××(住址：××区××路90号)、原××公社干部刘××(已故，其书面证言存于档案)证实；

2. 改造程序违法：根据××省人民政府《关于私房改造若干问题的补充规定》(××政〔1982〕12号)：“无租佃关系的自住房不纳入改造范围”，××区人民政府将涉案房屋纳入经租并没收，违反上述规定；

3. 政策适用错误：最高人民法院、城乡建设环境保护部《关于复查历史案件中处理私人房产有关事项的通知》虽要求“私房改造遗留问题移送落实政策部门办理”，但该文件并非排除司法审查的法律依据，且《中华人民共和国行政诉讼法》(2017 年修正)第十二条明确规定“对征收、征用决定及其补偿决定不服的”属于行政诉讼受案范围。

三、原审法院裁定错误理由反驳：

1. 受案范围认定错误：原审法院以“历史遗留问题不属于行政诉讼受案范围”为由驳回起诉，但《中华人民共和国行政诉讼法》第十二条已明确将“财产权争议”纳入受案范围，私房改造遗留问题涉及公民财产权，依法应属行政诉讼受案范围；

2. 法律适用冲突：《关于复查历史案件中处理私人房产有关事项的通知》系部门规范性文件，效力层级低于《中华人民共和国行政诉讼法》，且发布于 1987 年，而《中华人民共和国行政诉讼法》自 1990 年施行后，司法审查范围已明确包含财产权争议，原审法院以旧文件排除新法适用，显属不当；

3. 救济途径缺失：若司法途径被排除，申诉人将失去任何有效救济手段。××区人民政府作为直接责任主体，其行政决定未经司法审查，将导致申诉人合法权益永无保障。

四、申诉人现状说明：

因房屋被错误改造，申诉人一家长期居住困难，子女教育、就业均受影响。张×国现以打零工为生，李×芳因无固定住所无法申请社会保障，全家生活陷入困境。

此致

××省××市中级人民法院

申诉人：张×国、李×芳

2024 年 3 月 20 日

附项：

1. 本申诉状副本 2 份；

2. ××市××区人民法院(2024)××行初字第 15 号行政裁定书复印件 1 份；

3. ××省××市中级人民法院(2024)××行终字第 8 号行政裁定书复印件 1 份；

4. 涉案房屋产权证明、历史档案材料复印件各 1 份；

5. 证人赵××、刘××书面证言各 1 份。

【例文三】

刑事申诉状

申诉人：王×强(被害人王×国之父)，男，1968 年 5 月 12 日生，汉族，××省××市××区居民，身份证号：3202061968××××××××，住××市××区××路 28 号。

申诉人：赵×兰(被害人王×国之母)，女，1970 年 9 月 25 日生，汉族，××省××市××区居民，身份证号：3202061970××××××××，住址同上。

申诉人因“故意伤害致人死亡”一案，对××省高级人民法院(2024)××刑终字第 126 号判决书不服，现依法提出申诉。

一、申诉请求：

1. 请求撤销××省高级人民法院(2024)××刑终字第 126 号判决书；

2. 请求依法改判被告人刘伟强犯故意杀人罪，并从重处罚。

二、事实与理由：

申诉人系被害人王×国之父母。2024 年 1 月 20 日，申诉人收到××省高级人民法院终审判决书，认为该判决对被告人刘伟强定罪量刑严重失当，事实认定存在重大出入，具体理由如下：

1. 原判决定性错误，刘×强应构成故意杀人罪

原判决认定刘×强构成“故意伤害致人死亡罪”属定性错误。案发当日(2023 年 9 月 15 日)，王×国因刘×强长期霸占其家庭承包地(××区××村东头 3 亩耕地)与之理论，双方发生争执。刘×强持事先准备的尖刀(刀长 25 厘米)连续刺向王×国胸部、腹部等要害部位，致其当场死亡。

(1) 行为动机：刘×强霸占土地系蓄意侵占，王×国仅要求返还，无任何威胁行为；

(2) 作案手段：刘×强选择致命部位连续刺击，明显具有杀人故意；

(3) 事后表现：刘×强行凶后逃离现场，未采取任何救助措施，足见其主观恶性。

2. 原判决事实认定存在重大出入

(1) 关于"争执起因"：原判决称"王×国首先推搡刘×强"，与事实不符。目击证人李×军(××村村民，住××村××号)证言证实："王×国仅口头要求刘×强归还土地，刘×强突然持刀行凶。"

(2) 关于"凶器来源"：原判决未提及刘×强事先准备凶器。经调查，刘×强于案发前一日从五金店购买尖刀(有购物凭证及店主证言)，证明其行凶有预谋。

(3) 关于"被害人行为"：原判决认定"王×国有挑衅行为"缺乏证据。现场监控视频显示，王×国全程未动手，仅言语交涉。

3. 适用法律错误，量刑畸轻

原判决依据《中华人民共和国刑法》第二百三十四条第二款(故意伤害致人死亡)判处刘×强有期徒刑十五年，显属不当。根据《中华人民共和国刑法》第二百三十二条(故意杀人罪)，刘×强行为符合"以特别残忍手段致人死亡"情形，应判处死刑或无期徒刑。

三、证据清单：

1. 目击证人李×军书面证言及联系方式；
2. 五金店购物凭证及店主王××证言；
3. 现场监控视频(附光盘)；
4. 尸检报告(编号：××法医〔2023〕第 915 号)，证实王×国系心脏、肝脏破裂致失血性休克死亡；
5. ××省高级人民法院(2024)××刑终字第 126 号判决书复印件。

此致

××省高级人民法院

申诉人：王×强、赵×兰

2024 年 3 月 10 日

附项：

1. 本申诉状副本 2 份；
2. 证人证言及证据材料复印件各 1 份；
3. 尸检报告复印件 1 份；
4. 现场监控视频光盘 1 张。

任务描述

1. 了解申诉状的概念和特点。
2. 掌握申诉状的写法。

必备知识

一、申诉状的概念

申诉状是诉讼当事人对已生效的裁定、判决、调解书，认为有错误，请求原审人民法院或人民检察院给予复查纠正的书状。需要说明的是，申诉人可以是原诉讼当事人中的任何一方，既可以是原告(自诉人)，也可以是被告。

根据《中华人民共和国刑事诉讼法》的规定，申诉人不服已经生效的刑事判决、裁定，既可以向人民检察院提出申诉，也可以向人民法院提出申诉。申诉人向人民检察院提出申诉的，人民检察院如果发现判决、裁定确有错误，则向人民法院提出抗诉；申诉人直接向人民法院提出申诉的，则由作出生效判决、裁定的人民法院受理。

申诉状递交后，可能引起也可能不引起审判监督程序的发生，并不一定影响判决的执行。

二、申诉的意义

申诉是法律赋予诉讼当事人、法定代理人、受害人的合法权利。它体现了我国社会主义司法工作依靠群众、发扬民主、实事求是、有法必依、违法必究、有错必纠的原则。使用申诉状既维护了法律尊严，促使司法机关坚持真理、修正错误，也维护了申诉人的合法权益，促使司法机关重新审判，减少冤假错案。

三、申诉状的种类

申诉状可以分民事申诉状、行政申诉状、刑事申诉状三类。

四、申诉状的特点

(1) 必须由与所申诉事件有利害关系的公民、法人或其他组织提出。

(2) 申诉可以向人民检察院(仅指刑事申诉，而民事、行政申诉不能向人民检察院提出)、原审人民法院或原审的上级人民法院提出。

(3) 申诉是对已经发生法律效力的判决、裁定不服才提出的。

五、申诉状的写法

申诉状由首部、正文、尾部三部分组成。

(一) 首部

1. 标题

在申诉状的顶端居中写明书状的性质与名称，如“申诉状”“民事申诉状”“行政申诉状”“刑事申诉状”。

2. 申诉人的基本情况

申诉人是自然人的，写明其姓名、性别、年龄、出生年月、民族、文化程度、职业、工作单位、职务、住址等自然情况。申诉人如为单位、社会团体、组织，应写明其名称、地址、法定代表人姓名及职务。

有法定代理人、指定代理人或委托代理人的，应写明其姓名、性别、职业或工作单位、职务、住所等，法定代理人和指定代理人姓名后括注其与当事人的关系。如果委托代理人是律师，只写其姓名、工作单位。

(二) 正文

1. 申诉缘由

申诉缘由包括原来案件的案由、原处理机关名称、处理时间、处理文书名称及不服处理的表示。即写明申诉人因何案不服何人民法院何时哪一个民事、刑事、行政判决或裁定而提出申请的。一般表述为：“申诉人因××一案，不服××人民法院于××××年×月×日所作的×字第×号一审(或二审)判决(或裁定、决定)，现提出申诉。”

2. 请求事项

要明确、具体写出请求人民法院予以解决什么问题，给予怎样的改变处理，写明提出申诉所要达到的目的。如：请求撤销(或变更)原裁决等。

3. 事实和理由

这是申诉状的核心部分，也是能够引起审判监督程序(或复查)的重要依据，主要针对原判决、裁定(或决定)的错误之处，从认定事实、适用法律和诉讼程序上存在的问题分别加以阐述，并提出有关证据材料和有关法律规定进行论证，以此来论证所提出的请求事项是合理合法的。

主要从以下几个方面来考虑：

(1) 摆清事实。在申诉状中，应全面、真实、准确地反映事实，使受理的法院对案情的事实有全面的了解。如果原裁判不是依据全面事实裁判的，也易对照，看出问题，经过对照也可以提起审判监督程序。

(2) 列出证据。为了说明申诉事实的真实性，申诉人应将与事实相符的人证、物证、书证明确列出，具体说明，以利于正确地查明案件的真实情况和认定案件性质。

(3) 法律的适用情况。在申诉状中，对法律的适用情况可作两方面说明：一是原裁判如果所适用的法律不当，应在申诉状中阐明正确适用的法律，援引法律条文时，要全面、具体；二是原裁判如果严重违反诉讼程序，申诉人应在申诉状中，具体说明正确执行诉讼程序的做法和法律规定。

(三)尾部

依次写明下列事项：

(1) 写明致送的机关，分行写“此致”，空两格；“××人民法院”，顶格写。

(2) 申诉人签名盖章，注明具状时间。

(3) 附项。“本申诉状副本×份(按被申诉人人数确定份数)。”

六、申诉状的基本格式

申诉状

申诉人：姓名、性别、出生年月、民族、文化程度、工作单位、职业、住址。(申诉人如为单位，应写明单位名称、法定代表人姓名及职务、单位地址)

申诉人因××一案，不服××人民法院于××××年×月×日所作的×字第×号一审(或二审)判决(或裁定、决定)，现提出申诉，申诉请求及理由如下：

请求事项：(写明提出申诉所要达到的目的)

1. ______________________________

____

2. ______________________________

____

事实和理由：(写明申诉的事实依据和法律依据，应针对原审判决认定事实、适用法律或审判程序上存在的问题和错误陈述理由)______________________________

____

____

此致

×××人民法院

申诉人：×××(签名或盖章)

××××年×月×日

附：

1. 本申诉状副本×份(按被申诉人人数确定份数)

2. ×××人民法院判决书副本1份

3. 书证×件

4. 物证×件

七、申诉状与上诉状的区别

上诉状与申诉状的性质、目的相同，都是对原审法院的判决或裁定不服，要求纠正错误，二者在写作格式上也相似，但二者又有明显的区别：

（1）上诉状是对未发生法律效力的判决、裁定进行上诉；申诉状是对已经发生法律效力的判决、裁定不服而提出申诉。申诉时，判决、裁定不能停止执行。只有当申诉成功，人民法院改判后，才能根据改判撤销或更换原判决、裁定。

（2）上诉有时间限制，过期失效；申诉没有时间限制。

（3）上诉状只能向上一级人民法院提出；而申诉状可向原审判的法院或原审法院的上级人民法院、人民检察院提出(民事、行政申诉不能向人民检察院提出)。

八、申诉状的写作要求

申诉状是基于原裁判的错误或不当，申诉人为维护自身合法权益而进行的辩驳，所以要注意申诉状的写作。

（一）分清主次，安排好层次

写申诉状应注意分清主次，安排好层次，一般以先主后次为宜，把主要问题澄清了，次要问题便迎刃而解；如果申辩内容较多，也可以采取列“小标题”和“条文式”的方法；或者先分别提出论点进行批驳，然后予以总括；也可以先总括理由，然后分别具体申诉。总之，内容层次要清楚，一目了然。

（二）针对原裁判的“错因”进行申诉

申诉人认为原裁判错误或不当，要分析“错因”。一般有下列一些情况：

（1）有新的证据，足以推翻原判决、裁定的；

（2）原判决、裁定认定的基本事实缺乏证据证明的；

（3）原判决、裁定认定事实的主要证据是伪造的；

（4）原判决、裁定认定事实的主要证据是未经质证的；

（5）对审理案件需要的证据，当事人因客观原因不能自行收集，书面申请人民法院调查收集，人民法院未调查收集的；

（6）原判决、裁定适用法律确有错误的；

（7）违反法律规定，管辖错误的；

（8）审判组织的组成不合法或者依法应当回避的审判人员没有回避的；

（9）无诉讼行为能力人未经法定代理人代为诉讼或者应当参加诉讼的当事人，因不能归责于本人或者其诉讼代理人的事由未参加诉讼的；

（10）违反法律规定，剥夺当事人辩论权利的；

（11）未经传票传唤，缺席判决的；

（12）原判决、裁定遗漏或者超出诉讼请求的；

（13）据以作出原判决、裁定的法律文书被撤销或者变更的。

当事人的申诉条件符合《中华人民共和国刑事诉讼法》规定条件的，可以要求人民法院重新审判。

（三）以有关的事实、证据、法律、法规及政策等加以辩驳

分别根据不同情况据理反驳，或者陈述事实，或者提供确凿有力的证据，或者引用相应的法律条款等进行合情、合理、合法的分析。在充分论证的基础上，提出纠正原裁判错误的请求。

思考题

1. 申诉状的申诉条件有哪些？
2. 申诉状有哪些格式要素？
3. 申诉状与上诉状有什么区别？

第三节 答辩状

情境导入

2024 年 2 月 15 日，××市××区人民法院受理原告××贸易有限公司诉××机械制造有限公司买卖合同纠纷一案，案号为（2024）××民初字第 38 号。原告诉称被告未按合同约定交付 3 台数控机床（型号：CNC-2000），要求解除合同并赔偿损失 285 万元。被告××机械制造有限公司认为，已按约于 2023 年 11 月 20 日通过××物流公司（单号：WL20231120-058）交付设备，原告签收后未提出异议，现以“设备型号不符”为由起诉明显属恶意违约。为维护合法权益，被告特依法提交答辩状，恳请法院驳回原告诉讼请求。

你知道答辩状怎么写吗？

实例阅读

【例文一】

民事答辩状

答辩人：××市××建材有限公司，地址：××市××区××路 88 号

法定代表人：陈××，该公司总经理

案由：原告××建筑工程有限公司因买卖合同纠纷一案，不服××市××区人民法院（2024）××民初字第 56 号判决，提起上诉。现答辩如下：

答辩理由：

答辩人与原告××建筑工程有限公司于 2023 年 7 月 12 日签订《钢材购销合同》（合同编号：JC20230712-001），约定由原告采购答辩人生产的 HRB400E 螺纹钢 500 吨，单价 5800 元/吨，总金额 290 万元，交货时间为 2023 年 8 月 15 日前。合同签订后，答辩人依约于 2023 年 8 月 10 日通过××物流公司（运单号：WL20230810-096）将 500 吨钢材运送至原告指定工地，原告签收人王××在送货单上签字确认（附签收单复印件）。然而，原告以“钢材质量不合格”为由拒付剩余货款 145 万元，并起诉要求解除合同及赔偿损失。

答辩人认为，原告上诉理由缺乏事实与法律依据，具体理由如下：

一、钢材质量符合合同约定

1. 检验报告证明合格：答辩人提供的钢材附有××市质量检测中心出具的检验报告（编号：JC20230810-001），报告显示钢材抗拉强度、屈服强度等指标均符合 GB/T 1499.2—2018 国家标准。

2. 原告已实际使用：原告签收钢材后，已将其用于××小区 1 号楼基础施工（有施工记录及监理日志为证），且未在合同约定的 15 日异议期内提出质量异议。根据《中华人民共和国民法典》第六百二十一条，原告无权以质量不合格为由拒付货款。

二、原告主张的损失无证据支持

原告声称因钢材质量问题导致工期延误损失 80 万元，但未提供任何有效证据（如工期延误证明、第三方鉴定报告等）。事实上，××小区 1 号楼已于 2023 年 12 月 20 日主体封顶，未受所谓“质量问题”影响。

三、答辩人已尽合理义务

答辩人按合同约定交付钢材，并提供质量合格证明，已全面履行合同义务。原告拒付货款的行为构成违约，应依约承担逾期付款违约金（按合同第八条约定，每日按未付金额的 0.1%计算）。

综上所述，答辩人认为××市××区人民法院（2024）××民初字第 56 号判决认定事实清楚、适用法律正确，应予维持。恳请贵院驳回原告上诉请求，维护答辩人合法权益。

此致

××市中级人民法院

答辩人：××市××建材有限公司

代表人：陈××

2024 年 3 月 18 日

附项：

1. 本答辩状副本 2 份；
2.《钢材购销合同》复印件 1 份；
3. 送货单及签收单复印件 1 份；
4. ××市质量检测中心检验报告复印件 1 份；
5. ××小区 1 号楼施工记录及监理日志复印件各 1 份。

【例文二】

行政被上诉答辩状

答辩人（一审被告）：A 市 B 区市场监督管理局，地址：A 市 B 区 C 街 88 号。

法定代表人：李×，男，B 区市场监督管理局局长。

委托代理人：王×，男，1985 年 5 月出生，汉族，B 区市场监督管理局副局长，现住 A 市 B 区 D 小区 5 栋 2 单元 301 号。

被答辩人（一审原告）：A 市电子科技贸易公司，地址：A 市 B 区 E 路 12 号。

法定代表人：张×，A 市电子科技贸易公司总经理。

委托代理人：刘×，A 市电子科技贸易公司法律顾问。

针对被答辩人的上诉请求和理由，我局根据事实，依据法律，作出如下答辩：

一、被答辩人所从事的经营活动，违反了国家相关法律法规，与《中华人民共和国公司法》以及《无证无照经营查处办法》第二条、第五条之规定相违背，应当受到相应的行政处罚。我局执法人员在日常巡查过程中，发现被答辩人在未依法取得相关行政许可的情况下，擅自从事电子产品的批发销售业务。经现场检查及后续深入调查，获取了包括销售记录、客户证言、现场照片等一系列确凿证据，证实被答辩人存在无证经营行为。我局依法履行告知程序，听取被答辩人陈述申辩后，经局务会议研究决定，依据上述法律法规，对被答辩人作出责令停止违法行为、没收违法所得并处罚款的行政处罚决定，并依法将处罚决定书送达被答辩人。

二、我局的行政处罚行为合法合规，未侵犯被答辩人的合法权益。首先，我局认定被答辩人违法经营的事实清楚，证据充分(详见现场检查笔录、询问笔录、销售记录等调查材料)。被答辩人在上诉状中声称其曾向A市某部门咨询过相关事宜，但该部门并未出具任何具有法律效力的许可文件或批复。被答辩人所谓的“咨询反馈”不能作为其合法经营的依据，其经营活动必须严格遵守国家法律法规，取得相应行政许可后方可进行。其次，我局在作出行政处罚决定前，已全面、客观地收集了相关证据，充分听取了被答辩人的陈述和申辩，保障了其合法权益。处罚决定严格依据《中华人民共和国公司法》《无证无照经营查处办法》等法律法规作出，程序合法，量罚适当，不存在任何非法侵害被答辩人权益的情形。因此，被答辩人要求我局承担赔偿经济损失的责任缺乏事实和法律依据。

根据以上答辩理由，我局请求二审法院依法维持一审法院的判决，维护行政执法活动的权威性和严肃性，保障市场经济秩序的健康有序发展。

此致

A市中级人民法院

答辩人：A市B区市场监督管理局

法定代表人：李×

委托代理人：王×

2025年2月10日

附：

1. 本答辩状副本1份
2. 现场检查笔录1份
3. 询问笔录1份
4. 销售记录及相关证据材料1份

【例文三】

刑事答辩状

答辩人：林×慧，女，29岁，汉族，广东省深圳市人，深圳市某金融公司职员，住深圳市福田区某小区A栋802号，电话：138××××5678，邮政编码：518000

被答辩人：赵×强，男，32岁，汉族，广东省深圳市人，深圳市某金融公司前职员，住深圳市南山区某小区B栋601号，电话：139××××8910，邮政编码：518052

答辩人因赵×强指控答辩人犯诬告陷害罪一案，现提出答辩如下：

一、答辩人的行为不构成诬告陷害罪

依照《中华人民共和国刑法》第二百四十三条的规定，诬告陷害罪指故意捏造事实诬告陷害他人，意图使他人受刑事追究，情节严重的行为。构成诬告陷害罪的主要条件，一是要有捏造他人犯罪的事实并加以告发；二是出于故意，意图使他人受刑事追究；三是必须情节严重。

从本案情况来看，首先，我没有捏造赵×强犯罪的事实。2024年1月15日，赵×强在公司内部利用职务之便，私自挪用客户资金进行个人股票交易，这一行为被公司财务部门的监控录像清晰记录，同时，公司内部审计部门在后续调查中也获取了相关交易记录和资金流向证明，这些证据足以证实赵×强的违规行为，并非我捏造。其次，我告发赵×强的行为并非出于恶意陷害的故意。我是在发现赵×强的违规行为后，出于对公司利益和客户权益的维护，以及对法律和公司规定的尊重，向公司管理层和相关部门进行了如实反映，并积极配合了后续的调查工作。我的目的是希望赵×强能够认识到自己的错误，接受相应的处罚，并防止类似事件再次发生，而非意图使赵×强受刑事追究。由于我的所作所为并不具备诬告陷害罪成立的条件，所以不构成犯罪。

二、赵×强的行为严重违反了公司规定和法律法规，应当受到相应的处罚

赵×强利用职务之便挪用客户资金进行个人交易，不仅违反了公司的财务管理制度和职业道德规范，更触犯了国家的法律法规。他的这种行为严重损害了公司的声誉和客户利益，给公司带来了极大的经济损失和法律风险。然而，赵×强却试图通过指控我犯诬告陷害罪来逃避自己的责任，这种行为是极其不负责任和不道德的。

在这里，我请求人民法院查明事实真相，依法驳回赵×强的诉讼请求，并对赵×强的违规行为给予相应的法律处罚，以维护公司的合法权益、客户的利益以及法律的尊严和公正。

此致

广东省深圳市××区人民法院

答辩人：林×慧

2024 年 3 月 10 日

附：

1. 公司财务部门监控录像光盘 1 张
2. 公司内部审计部门调查报告 1 份
3. 相关交易记录和资金流向证明文件若干
4. 公司管理层关于此事件的说明材料 1 份

任务描述

1. 了解答辩状的概念和特点。
2. 掌握答辩状的写法。

必学知识

一、答辩状的概念

答辩状是被告或被上诉人针对原告或上诉人的起诉状或上诉状进行答复和辩驳的书状。

人民法院在收到原告的起诉状或上诉人的上诉状以后，应当在规定的期限内将副本送达被告或被上诉人，被告或被上诉人应当在法定的期限内提出答辩状。答辩状是与起诉状、上诉状相对应的文书。

显然，答辩状是在两种情况下提出的：一是原告向第一审人民法院起诉后，被告就诉状(起诉状)提出答辩状。二是案件经第一审人民法院审理终结后，一方当事人不服，提起上诉，被上诉人就上诉状提出答辩状。

二、答辩状的作用

答辩状的作用主要有两个方面：

(1) 答辩人写答辩状的目的是回答、反驳对方的诉讼请求，以减免自己的法律责任，通过答辩，有助于维护答辩人的合法权益。

(2) 通过答辩，便于法院兼听诉讼双方的要求和主张，更全面地了解案情真相，正确判断是非，作出公正裁判。

三、答辩状的种类

答辩状分民事答辩状、行政答辩状和刑事答辩状三种。

(一) 民事答辩状

民事答辩状是指民事诉讼的被告收到原告的起诉状副本后，针对民事诉状的内容，提出的依据事实和理由进行回答及辩驳的诉讼文书。根据《中华人民共和国民事诉讼法》第一百二十八条的规定，被告在收到起诉状副本后，在法定期限内，针对起诉状的内容进行答辩时，适用第一审民事答辩状。通过答辩状，被告可以充分阐明自己的观点和主张，还可以提出事实和证据证实自己的观点，用正确的事理驳斥错误的事理，以正确适用的法律条文校正引用不当的法律条文。

（二）行政答辩状

行政答辩状是指行政诉讼的被告根据行政起诉状的内容，针对原告提出的诉讼请求作出答复，并依据事实与理由进行回答和辩驳的诉讼文书。根据《中华人民共和国行政诉讼法》第六十七条的规定，被告在收到起诉状副本后，在法定期限内，提交作出具体行政行为有关材料的同时，针对起诉状内容进行答辩时，适用第一审行政答辩状。行政答辩状是一种应诉的意思表示，内容侧重于证明答辩人的行为行之有据且程序正当。

（三）刑事答辩状

刑事答辩状是指刑事自诉案件的被告人根据刑事自诉状的内容，针对原告提出的诉讼请求作出答复，并依据事实与理由进行辩驳的诉讼文书。虽然被告人可以不提交答辩状，但为了更好地保护自身的合法权益，有利于人民法院全面了解案情以作出公正的判决，最好不要放弃陈述理由的机会。

四、答辩状的特点

（一）答辩人的特定性

答辩状必须由民事、行政案件的被告或上诉案件的被上诉人、刑事案件的被告人提出。

（二）写作时间上的规定性

答辩状必须是在法定期限内提出。

（三）内容上的针对性

答辩状必须针对起诉状和上诉状的内容进行答辩。

五、答辩状的写法

答辩状一般由首部、正文、尾部组成。

（一）首部

1. 标题

标题要标明答辩状的性质与名称，一般为“答辩状”“民事答辩状”“行政答辩状”“刑事答辩状”。二审为“民事被上诉答辩状”或“行政被上诉答辩状”。

2. 答辩人的基本情况

答辩人是公民的，应写明姓名、性别、年龄、民族、籍贯、职业或职务、工作单位、住址等。

答辩人是法人或其他组织的，应写明名称、法定代表人、地址等。

答辩状有法定代理人、指定代理人或委托代理人的，应写明其姓名、性别、职业或工作单位、职务、住所等，法定代理人和指定代理人姓名后括注其与当事人的关系。如果委托代理人是律师，只写其姓名、工作单位。

被答辩人的基本情况一般无须写出，若答辩内容需要，也可写出。

（二）正文

1. 案由

案由主要写明答辩人对何人起诉或上诉的何案件提出的答辩。

一审答辩状一般表述为：“因×××（姓名）诉×××（姓名）××（案由）一案，现提出答辩如下：”或表述为：“答辩人于××××年×月×日收到××人民法院送达的原告（或上诉人）的起诉状（或上诉状）副本一份，现依法答辩如下：”。

二审答辩状一般表述为："因×××不服原审判决而上诉一案，现提出答辩如下："，或表述为："答辩人于××××年×月×日收到××人民法院转来原告（或上诉人）×××提起××一案的起诉状副本（或上诉状副本），现提出答辩如下："。

2. 答辩理由

这是答辩状的核心部分。要针对对方起诉状或上诉状的诉讼请求，充分地阐明答辩方对案件的主张和理由。

行文时，可根据双方在案件中的争执焦点，抓住关键，针锋相对地进行驳辩；用相反的事实、证据和理由论证答辩方主张的正确性，否定原告人、上诉人诉讼请求的主张。

也可以诉讼程序为理由，证明对方不具备起诉、上诉和进行诉讼的条件，进而反驳原告或上诉人的诉讼请求。

答辩的情况有两种：

（1）承认对方的诉讼请求。

答辩人表示愿意接受原告或上诉人提出的实体权利请求。当然，在答辩实践中，被告人或被上诉人答应对方的诉讼请求，通常只是部分答应或附有条件地答应。

（2）反驳对方的诉讼请求。

主要从事实、适用法律和程序方面进行辩驳。

① 就事实方面进行答辩。对原告起诉状（或上诉人上诉状）中所写的事实是否符合实际情况表示意见。如果所诉事实全部不能成立，就全部予以否定；如果部分不能成立，就部分予以否定，并提出符合客观的事实来加以证明。

② 就适用法律方面进行答辩。一是事实如果有出入，当然就会引起适用法律上的改变，论证理由可以从简。二是事实没有出入，而原告对实体法条文理解错误，以致提不出合法要求的，则可据理反驳。

③ 在程序方面，如果原告起诉（或上诉人上诉）违反诉讼法的规定，没有具备引起诉讼发生和进行的条件，则可就适用程序进行反驳。

3. 答辩请求

在充分阐明答辩理由的基础上，明确提出答辩结论，并请求人民法院依法作出公平合理的判决或裁定。

如果起诉状或上诉状的某些内容是可以肯定或接受的，也应表明态度。如果要反诉原告或上诉人，则要提出反诉要求。

（三）尾部

写法同起诉状、上诉状和申诉状。

（1）致送机关，分两行写，空两格先写"此致"，再另起一行顶格写"××人民法院"。

（2）右下角答辩人签名盖章，注明日期。如果是律师代书，还要注明代书人。

（3）附项，左下角，注明本答辩状副本件数、物证、书证的名称和件数等。

六、答辩状的基本格式

答辩状

答辩人：姓名、性别、年龄、民族、籍贯、职业、工作单位、住址

答辩人因××一案，提出答辩如下：

一、____

____

____

二、____

____

____

三、____

____

____

综上所述，答辩人认为____

____

____。

请法院依法作出公正的判决。

此致

×××人民法院

答辩人：×××

××××年×月×日

附件：

1. 答辩状副本×份
2. 书证×件
3. 物证×件

七、答辩状的写作要求

（1）答辩应具有针对性、客观性、肯切性。所谓针对性，即在制作答辩状之前，一定要认真研究诉状的请求、事实与理由，抓住要害问题进行答辩。所谓客观性，是指一定要遵循实事求是的原则，不空发议论，不强词夺理。所谓肯切性，指在反驳时，注意摆事实、讲道理，所述理由要合理合法，避免生硬、武断。

（2）如果是针对上诉状，被上诉人一般是在一审裁判中胜诉的一方，答辩应立足于支持、维护第一审的判决和裁定，以达到维护已经取得的胜诉权的目的。被上诉人应针对上诉人在上诉状中指责裁判不当的内容，提出确实、充分的证据和法律依据，给予有力的驳斥。

（3）运用逻辑推理的方法来阐述答辩理由。答辩人通常使用三段论的方法阐述。第一步，抓住对方在起诉状、上诉状中所陈述的事实错误，所引用的法律错误，作为反驳论点；第二步，列举出客观事实、确凿的证据、恰当的法律依据，作为反驳的论据；第三步，运用逻辑推理的方法，论证对方的错误，说明对方的诉讼请求不成立。

运用逻辑推理的方法反驳对方，一要做到尊重客观事实，有理有据；二要做到抓住关键，即抓住争执的焦点，抓住影响胜诉与败诉的关键问题进行反驳；三要做到尖锐犀利，即抓住诉状中的“破绽”，集中反驳，做到语义中肯，切中要害。

思考题

1. 在什么情况下可以提出答辩？
2. 答辩状的基本格式是怎样的？
3. 答辩状的案由一般怎么表述？

第四节 授权委托书

情境导入

在财经领域，常常需要委托他人代为处理一些事务，如代表公司签署合同、办理银行贷款或进行股票交易等。这时，一份正式的授权委托书就显得尤为重要。想象一下，张经理因出差在外，无法亲自到场签署一份重要的合作协议，于是他决定委托公司的法务小李代为签署。为了确保合作顺利进行，张经理需要撰写一份详细的授权委托书，明确小李的代理权限和期限。

接下来，我们就一起来学习如何撰写这样一份规范、有效的授权委托书。

实例阅读

【例文一】

民事诉讼授权委托书

一、委托人信息：

姓名：李×辉

身份证号码：123456789012345678

住址：××省××市××区××路××号

联系电话：138××××××88

二、受托人信息：

姓名：张律师

执业证号：××××××××××××

律师事务所：××律师事务所

住址：××省××市××区××路××号××大厦××楼

联系电话：139××××××99

三、委托事项：

本人李×辉因与王×强之间关于房屋买卖合同纠纷一案，特委托张律师作为我的诉讼代理人，代理权限如下：

1. 代为起诉、应诉；
2. 代为承认、放弃、变更诉讼请求；
3. 进行和解、调解；
4. 代收法律文书；
5. 代为提起上诉或反诉；
6. 其他与本案有关的法律事务。

四、委托期限：

自本授权委托书签署之日起至本案终结（包括判决、裁定、调解、和解及执行完毕）时止。

五、委托人声明：

我确认，上述受托人在授权范围内所实施的法律行为，均视为我本人的行为，由此产生的所有权利与义务，均由我本人承担。

委托人签名：(李×辉亲笔签名)

签署日期：______年____月____日

【例文二】

民事代理授权委托书

一、委托人信息：

姓名：赵×伟

身份证号码：987654321098765432

住址：××省××市××县××镇××村××号

联系电话：136××××××66

二、受托人信息：

姓名：李代理

身份证号码：112233445566778899

住址：××省××市××区××街道××小区××栋××单元××室

联系电话：137××××××77

三、委托事项及权限：

本人赵×伟因个人原因，无法亲自处理与××公司之间的债务纠纷事宜，特全权委托李代理作为我的合法代理人，代理我处理以下事项：

1. 代为与××公司进行协商、谈判，就债务纠纷达成和解或调解协议；
2. 代为向有关部门提交相关材料，申请调解或仲裁；
3. 如需诉讼，代为向法院提起诉讼，出庭应诉，陈述事实及理由，进行辩论；
4. 代为承认、放弃、变更诉讼请求，进行和解、调解，提起上诉或反诉；
5. 代收与本案有关的法律文书，包括但不限于起诉状、答辩状、传票、判决书、裁定书等；
6. 其他与本案有关的合法代理事项。

四、委托期限：

自本授权委托书签署之日起至上述债务纠纷事宜处理完毕（包括但不限于和解、调解、判决、执行等）之日止。

五、委托人声明：

我确认，李代理在授权范围内所实施的一切法律行为，均视为我本人的行为，由此产生的所有权利与义务，均由我本人承担。我将积极配合李代理的工作，提供必要的协助和支持。

委托人签名：(赵×伟亲笔签名)

签署日期：20××年××月××日

任务描述

1. 了解授权委托书的概念和分类。
2. 了解授权委托书的格式。
3. 掌握授权委托书的写作要求和技巧。

必备知识

一、授权委托书的概念

授权委托书是一种法律文件，用于明确委托人(即授权人)与受托人(即被授权人)之间的代理关系及代理权限。通过该文件，委托人将其特定的权利或事务委托给受托人处理，受托人在委托范围内行使权利或履行职责，其法律后果由委托人承担。

二、授权委托书的分类

(一) 根据委托事项的性质分类

1. 民事授权委托书

民事授权委托书用于民事活动中的代理，如房产买卖、合同签订等。

2. 商业授权委托书

商业授权委托书用于商业交易中的代理，如商品销售、商务谈判等。

3. 法律授权委托书

法律授权委托书用于法律事务中的代理，如诉讼、仲裁等。

(二) 根据委托权限的范围分类

1. 一般授权委托书

委托人授予受托人处理特定事务的一般权利，受托人在委托范围内有较大的自主权。

2. 特别授权委托书

委托人仅授予受托人处理特定事务的具体权利，受托人的代理权限受到严格限制。

三、授权委托书的格式

授权委托书的格式通常包括以下几个部分，以下是一个基本的框架和示例内容。

(一) 委托人信息

委托人姓名(或名称)：________________

身份证号码(或统一社会信用代码/注册号)：________________

住址(或注册地址)：________________

联系电话：________________

(二) 受托人信息

受托人姓名：________________

身份证号码：________________

住址：________________

联系电话：________________

(如受托人为机构，则填写机构名称、统一社会信用代码、注册地址及联系电话等)

(三) 委托事项及权限

本人(本单位)(委托人姓名/名称)特委托(受托人姓名/名称)作为我的(我们的)合法代理人，代理我(我们)处理以下事项：

________________(具体委托事项 1)

________________(具体委托事项 2)

____(其他具体委托事项)

代理权限为：____________(明确代理权限，如全权代理、一般代理、特别代理等)

(四)委托期限

本授权委托书自______年____月____日起至______年____月____日止。

(五)委托人声明

本人(本单位)确认，受托人在授权范围内所实施的一切法律行为，均视为本人(本单位)的行为，由此产生的所有权利与义务，均由本人(本单位)承担。

(六)签名及盖章

委托人(签字/盖章)：______________________________

受托人(签字/盖章)：______________________________

签署日期：______年____月____日

四、授权委托书的写作要求和技巧

(一)授权委托书的写作要求

1. 内容明确具体

(1)委托事项清晰：授权委托书中必须明确写出委托人授权受托人处理的具体事项。比如，在房产交易中，是委托办理房产过户手续、缴纳相关税费，还是代为签订买卖合同等，都要详细列出，避免模糊不清导致受托人权限不明。

(2)权限范围界定：要清晰界定受托人在处理委托事项时的权限范围。是一般代理还是特别授权，特别授权中是否包含代为承认、放弃、变更诉讼请求，进行和解，提起反诉或者上诉等权利，都需明确说明。

2. 主体信息准确

(1)委托人信息：写明委托人的姓名、身份证号码、联系方式、住址等基本信息，确保信息准确无误，以便在需要时能够及时联系到委托人。如果是法人或其他组织，要写明其全称、法定代表人或负责人姓名、统一社会信用代码、地址等。

(2)受托人信息：同样要详细填写受托人的相关信息，包括姓名、身份证号码、联系方式等。若受托人是律师，需注明律师执业证号及所属律师事务所。

3. 格式规范严谨

(1)标题规范：一般采用"授权委托书"作为标题，置于文书首行居中位置，字体可适当加大以突出显示。

(2)条款完整：通常包括委托人与受托人的基本信息、委托事项、委托权限、委托期限、双方签字(或盖章)及日期等条款，各项条款应依次排列，条理清晰。

(3)用语规范：使用准确、规范的法律用语，避免使用口语化、随意性的表述。例如，用"授权"而不用"让""叫"等词汇。

4. 委托期限明确

(1)起止时间清晰：明确写出授权委托的起始日期和结束日期，使受托人在规定的时间内行使权利。委托期限可以是具体的日期范围，如"自[起始日期]起至[结束日期]止"；也可以是某一事件发生时终止，如"自本合同签订之日起至房产过户手续办理完毕之日止"。

(2)无固定期限说明：如果委托期限不确定，应注明"本授权委托书自委托人签字(或盖章)之日起生效，至委托事项办理完毕之日止"等类似表述，避免产生歧义。

5. 签字盖章完备

（1）委托人签字盖章：委托人必须在授权委托书上亲笔签字（或盖章），以证明其真实意愿。如果是法人或其他组织，需加盖单位公章，并由法定代表人或负责人签字。

（2）受托人签字确认：受托人也应在授权委托书上签字，表示接受委托。若受托人拒绝签字，则该授权委托书可能无法生效。

（二）授权委托书的写作技巧

1. 遵循法律法规

（1）了解相关法律规定：在撰写授权委托书前，要熟悉《中华人民共和国民法典》等相关法律法规中关于授权委托的规定，确保委托内容合法合规。例如，不得委托他人从事违法活动，委托权限不能超出法律规定的范围。

（2）参考标准范本：可以参考一些权威机构或律师事务所提供的授权委托书标准范本，结合具体委托事项进行修改和完善，保证格式和内容的规范性。

2. 突出关键信息

（1）重点标注委托事项和权限：在授权委托书中，对于委托事项和权限部分，可以采用加粗、变色等方式进行重点标注，引起受托人和相关方的注意，避免在办理事务过程中出现误解。

（2）明确委托期限：将委托期限单独列出，并用清晰的语言表述，使受托人能够准确掌握行使权利的时间范围。

3. 语言表达简洁

（1）避免冗长复杂的句子：使用简洁明了的语言表达委托意图，避免使用过于冗长、复杂的句子结构，以免产生歧义。例如，直接写明“委托[受托人姓名]代为办理[具体事项]”，而不是用一大段文字来描述。

（2）准确使用专业术语：在涉及法律专业术语时，要确保使用准确，但也要避免过度堆砌术语，使非专业人士也能理解授权委托书的主要内容。

4. 预留变更空间

（1）设置变更条款：可以在授权委托书中设置变更条款，如“本授权委托书如有变更，委托人将以书面形式通知受托人及相关方”，以便在委托事项或权限发生变化时能够及时、有效地进行处理。

（2）注明撤销方式：明确委托人撤销授权的方式和条件，如“委托人有权随时书面通知受托人撤销本授权委托书”，保障委托人的权利。

5. 审核校对仔细

（1）检查内容完整性：在完成授权委托书的撰写后，要仔细检查各项内容是否完整、是否遗漏了重要信息，如委托事项、权限、期限、双方签字等。

（2）核对信息准确性：核对委托人和受托人的信息是否准确无误，避免出现姓名、身份证号码等关键信息错误的情况。同时，检查语言表达是否通顺、逻辑是否清晰。

思考题

1. 说说授权委托书是在什么情况下使用的？

2. 如何写好授权委托书？

第八章
财经报告文书

在一个充满活力的科技园区里，随着国家对科技创新的大力扶持，特别是最新出台的“十四五”规划中强调加大对人工智能和智能制造领域的投资力度，智创未来迎来了前所未有的发展机遇。然而，面对众多投资者的关注，公司创始人李明却犯了难。他知道，仅凭一腔热血和出色的技术产品还远远不够，如何用一份翔实、有力的财务报告，向投资者展示公司的财务健康状况和未来发展潜力，成为了当务之急。

李明回想起自己初次接触财务报告时的迷茫，那些密密麻麻的数据、复杂的财务指标让他感到无所适从。但经过深入学习，他逐渐掌握了财务报告的精髓。如今，他决定亲自操刀，为智创未来撰写一份既专业又生动的财务报告。

这份报告不仅详细列出了公司近三年的财务报表，包括资产负债表、利润表和现金流量表，还通过专业的财务分析，展示了公司的盈利能力、偿债能力和营运能力。更重要的是，李明巧妙地将国家最新政策理论融入其中，阐述了公司如何顺应国家发展战略，把握行业趋势，为投资者描绘了一幅充满希望的蓝图。

在本章中，将深入讲解财务报告的概念、分类、格式以及写作技巧，从基础到进阶，帮助读者全面理解如何撰写一份高质量的财务报告。通过实例分析，读者将学会如何运用财务报表进行财务分析、评估企业的财务状况和经营成果。同时，还将探讨市场调查报告、可行性研究报告、资产评估报告、验资报告和审计报告的撰写要点，为读者提供全方位的财经写作指南。

第一节 财务报告

情境导入

同学们，小李是一家创业公司的财务助理。最近公司到了向投资者汇报财务状况的关键时刻，可小李看着一堆财务数据犯了难。他不知道该如何把这些数据整理成清晰、有用的信息呈现给投资者。企业需要把财务状况和经营成果准确传达给各方时，财务报告就派上大用场了。

接下来，咱们就一起走进财务报告的世界，学习如何撰写这份重要的“财务说明书”。

实例阅读

【例文一】

星辰智能科技有限公司 2023 年度财务报告

一、公司概况

星辰智能科技有限公司(以下简称“星辰智能”)成立于 2018 年，注册资本 6000 万元，总部位于深圳市南山区科技园，是一家专注于人工智能算法研发与智能硬件生产的高新技术企业。公司核心产品包括智能安防摄像头、家用服务机器人及工业级 AI 传感器，员工总数 650 人，拥有自主知识产权专利 45 项。2023 年实现销售收入 4.2 亿元，净利润 5400 万元，同比增长 22%。

二、财务报表

1. 资产负债表(单位：万元)

项目	2023 年末	2022 年末	变动率
流动资产	24800	20500	+21.0%
非流动资产	14200	12800	+10.9%
资产总计	39000	33300	+17.1%
流动负债	11500	9800	+17.3%
非流动负债	4800	4200	+14.3%
负债总计	16300	14000	+16.4%
所有者权益	22700	19300	+17.6%

2. 利润表(单位：万元)

项目	金额	占比
营业收入	42000	100.0%
营业成本	29000	69.0%

续表

项目	金额	占比
毛利润	13000	31.0%
期间费用	5800	13.8%
净利润	5400	12.9%

3. 现金流量表(单位：万元)

项目	金额	项目	金额
经营活动现金流入	45000	投资活动净现金流	-2800
经营活动现金流出	36500	筹资活动净现金流	1200
经营活动净现金流	8500	期末现金余额	13200

三、财务分析

1. 盈利能力分析

(1) 销售毛利率31.0%，同比提升1.5个百分点，主要原因是高端产品占比提升至45%。

(2) 净资产收益率(ROE)23.8%，显著高于行业平均水平(18%)。

2. 偿债能力分析

(1) 资产负债率41.8%，流动比率2.15，偿债能力稳健。

(2) 速动比率1.78，短期偿债压力较小。

3. 营运能力分析

应收账款周转天数42天，存货周转天数58天，均优于行业均值。

四、重大事项说明

(1) 2023年5月完成C轮融资，募集资金1.5亿元，用于研发中心扩建。

(2) 2023年9月推出新一代工业级AI传感器，订单量突破2万台。

五、未来展望

2024年计划推出3款智能家居产品，研发投入占比提升至10%，目标实现销售收入增长25%。

【例文二】

绿源食品集团股份有限公司2023年度财务报告

一、公司概况

绿源食品集团股份有限公司(以下简称“绿源食品”)成立于2005年，注册资本1亿元，总部位于杭州市萧山区，是一家集农产品种植、加工与销售于一体的综合性食品企业。公司主打“绿源”品牌有机食品，产品涵盖谷物、果蔬及肉类制品，员工总数1200人，拥有有机认证基地8万亩。2023年销售额达6.8亿元，净利润8200万元，同比增长18%。

二、财务报表

1. 资产负债表(单位：万元)

项目	2023年末	2022年末	变动率
流动资产	32000	27500	+16.4%
非流动资产	18000	16200	+11.1%
资产总计	50000	43700	+14.4%
流动负债	14000	12000	+16.7%
非流动负债	6000	5500	+9.1%
负债总计	20000	17500	+14.3%
所有者权益	30000	26200	+14.5%

2. 利润表(单位：万元)

项目	金额	占比
营业收入	68000	100.0%
营业成本	44000	64.7%
毛利润	24000	35.3%
期间费用	10600	15.6%
净利润	8200	12.1%

3. 现金流量表(单位：万元)

项目	金额	项目	金额
经营活动现金流入	72000	投资活动净现金流	-4200
经营活动现金流出	60500	筹资活动净现金流	-2000
经营活动净现金流	11500	期末现金余额	18300

三、财务分析

1. 盈利能力分析

(1) 毛利率 35.3%，同比提升 2.1 个百分点，主因有机产品占比提升及成本控制优化。

(2) 净利率 12.1%，高于行业平均水平(9%)。

2. 偿债能力分析

(1) 资产负债率 40.0%，流动比率 2.29，偿债能力较强。

(2) 利息保障倍数 6.5 倍，偿债风险可控。

3. 营运能力分析

应收账款周转天数 55 天，存货周转天数 80 天，需加强供应链效率。

四、重大事项说明

(1) 2023 年 7 月与全国连锁超市签订合作协议，新增销售网点 300 家。

(2) 2023 年 11 月推出“零添加”系列调味品，销售额突破 5000 万元。

五、未来展望

2024 年计划拓展有机肉类产品线，研发投入增加至 6000 万元，目标实现海外销售额占比提升至 5%。

任务描述

1. 了解财务报告的概念和分类。
2. 了解财务报告的格式。
3. 掌握财务报告的写作要求和技巧。

必备知识

一、财务报告的概念

财务报告是企业对外提供的反映其某一特定日期财务状况和某一会计期间经营成果、现金流量等会计信息的文件。它是企业财务信息的核心载体，通过系统化的数据呈现，帮助投资者、债权人、政府监管部门及其他利益相关者了解企业的财务健康状况、经营效率及未来发展潜力，从而作出经济决策。

二、财务报告的分类

根据内容、用途及编制主体的不同，财务报告可分为以下类别。

（一）按内容分类

1. 基本财务报告

（1）资产负债表：反映企业在某一特定日期的资产、负债和所有者权益状况。

（2）利润表：展示企业在一定会计期间的经营成果（收入、成本、利润）。

（3）现金流量表：记录企业现金和现金等价物的流入和流出情况，分为经营活动、投资活动和筹资活动三类。

（4）所有者权益变动表：说明会计期间所有者权益的增减变动情况。

2. 附注与补充信息

（1）财务报表附注：对报表项目的详细说明（如会计政策、或有事项、关联方交易）。

（2）管理层讨论与分析：管理层对企业财务状况、经营成果及未来趋势的解读。

（二）按用途分类

1. 通用财务报告

面向社会公众、投资者、债权人等外部使用者，需遵循会计准则（如《企业会计准则》）。如：上市公司年报、季报。

2. 专用财务报告

针对特定需求编制，如银行贷款所需的偿债能力分析报告、政府监管部门要求的专项审计报告。

（三）按编制主体分类

1. 个别财务报告

个别财务报告由单一企业独立编制，反映其自身财务状况和经营成果。

2. 合并财务报告

合并财务报告是母公司及其子公司作为一个整体编制的报告，需抵销内部交易（如母子公司间的应收账款与应付账款）。

（四）按时间分类

1. 定期报告

按固定周期编制，如年度报告、半年度报告、季度报告。

2. 临时报告

针对重大事件（如重大投资、资产重组）即时披露的报告。

三、财务报告的格式

财务报告是企业向内部管理者、投资者、债权人等利益相关者提供财务状况、经营成果和现金流量的书面文件。其写作需遵循规范格式，确保信息准确、逻辑清晰。

（一）标题

1. 完整格式

[企业名称][报告类型][报告期间]，例：××公司 2023 年度财务报告。

2. 简化格式(内部使用)

[报告类型][期间]，例：第三季度财务分析报告。

(二) 报告期说明

明确报告覆盖的时间范围(如：2023 年 1 月 1 日至 12 月 31 日)。

(三) 正文内容

1. 引言/概述

引言/概述简要说明报告目的、背景及核心结论。例如，本报告旨在分析公司 2023 年度财务状况，总结经营成果，并提出改进建议。

2. 主体内容

(1) 财务报表(核心部分)：

① 资产负债表：反映企业某一时点的资产、负债和所有者权益状况。

② 利润表：展示企业一定会计期间的经营成果(收入、成本、利润)。

③ 现金流量表：记录现金和现金等价物流入和流出情况。

(2) 财务分析(文字说明)：

① 财务指标分析：如流动比率、资产负债率、毛利率等。

② 趋势分析：对比历史数据，说明财务状况变化。

③ 问题与建议：指出潜在风险并提出改进措施。

3. 结尾

结尾总结报告要点，展望未来财务目标。例如，2024 年公司将优化成本控制，提升盈利能力。

(四) 附件

附件为补充材料：如原始数据表、审计报告、备注说明等。

(五) 落款

落款为报告单位名称、日期、负责人签字(或电子签章)。

四、财务报告的写作要求和技巧

(一) 财务报告的写作要求

1. 数据准确性与完整性

财务报告的核心是数据，必须确保所有引用的财务数据(如金额、比率、百分比)与原始账目或系统记录完全一致。任何数据偏差都可能导致决策失误，因此需反复核对关键指标，并注明数据来源(如“数据来源于 2023 年度审计报告”)。同时，报告应涵盖所有必要信息，避免遗漏关键财务项目(如应收账款、存货变动等)。

2. 逻辑清晰与结构严谨

报告需遵循“总-分-总”结构：开篇明确报告目的与核心结论，中间部分分层展开分析(如先列示财务报表，再解读指标变化)，结尾总结要点并提出建议。段落之间需过渡自然，例如，用“基于上述分析”衔接问题与解决方案，避免内容跳跃或重复。

3. 语言规范与专业性

使用专业术语(如“净资产收益率”“现金流覆盖率”)体现报告权威性，但需结合上下文解释复杂概念(如“流动比率=流动资产/流动负债，反映短期偿债能力”)。避免口语化表达（如“赚了不少钱”应改为“净利润显著增长”），同时保持语言简洁，删除冗余修饰词。

4. 客观中立与实事求是

报告需基于事实陈述，避免主观臆断或情绪化语言。例如，不写“管理层决策失误导致亏损”，而应表述为“本季度亏损主要受市场波动与成本上升影响”。对负面数据需坦诚分析，同时提出改进方向，体现财务报告的决策支持价值。

5. 格式统一与可视化辅助

采用企业规定的格式模板（如页眉标注公司 LOGO、页脚注明页码），确保字体、字号、段落间距一致。复杂数据需通过表格、柱状图、折线图等可视化工具呈现，如用折线图对比近三年利润率变化，帮助读者快速理解趋势。

（二）财务报告的写作技巧

1. 明确读者需求，调整内容深度

根据报告对象调整侧重点：面向管理层需深入分析成本结构、风险预警；面向投资者则侧重盈利趋势、分红政策。例如，为董事会撰写的报告可增加“战略建议”章节，而为股东大会撰写的报告需简化专业术语并突出关键成果。

2. 用对比法突出关键信息

通过横向（与同行业）、纵向（与历史数据）对比增强说服力。例如，“2023 年毛利率 25%，同比下降 3%，低于行业平均 28%”，并进一步分析原因（如原材料价格上涨）。对比时需注明基准（如“同比 2022 年”“环比上季度”）。

3. 先列数据后归因，增强逻辑性

先呈现数据结果（如“第三季度净利润下降 10%”），再分点说明原因（如“市场需求萎缩”“供应链成本上升”）。使用序号或项目符号分条列示，例如，“利润下降原因：①市场竞争加剧，产品降价 5%；②物流成本同比增加 15%。”

4. 问题与建议一一对应，提升实用性

针对分析中发现的问题提出具体解决方案，避免泛泛。例如，“问题：应收账款周转天数从 45 天延长至 60 天。建议：优化客户信用评估体系，缩短账期至 45 天以内。”

5. 反复校对，确保无低级错误

完成初稿后需检查数据计算、单位标注（如“万元”与“元”）、标点符号等细节。建议将报告放置 1~2 天后再复核，或使用文档校对工具（如 Excel 公式验证、语法检查软件）辅助排查错误。

思考题

1. 若某公司净利润同比增长但现金流减少，报告中应如何分析矛盾原因？需包含哪些关键指标？

2. 面向非财务专业的高管撰写财务报告时，如何平衡专业术语的准确性与语言通俗性？举例说明。

3. 一份财务报告中“存货周转率下降”的结论缺乏数据支撑，应如何补充分析步骤以提升可信度？

第二节 市场调查报告

情境导入

孙哲是 A 市 YW 数码广场的调研部经理，6 月份孙哲和他的团队准备进行市场调查，了解消费群体对电脑的需求情况，为 YW 数码广场电脑市场暑期营销作参考，以便及时调整电脑销售策略。

那么，他将如何做市场调查？怎么撰写这份调查报告？

实例阅读

手机市场调查报告

一、前言

随着科技的飞速发展和消费者需求的日益多样化，手机市场正经历着前所未有的变革。2023 年至 2024 年年初，中国手机市场继续保持活跃态势，各大品牌竞相角逐，新技术、新功能层出不穷。本报告旨在通过深入的市场调查，分析当前手机市场的用户行为、消费趋势及竞争格局，为手机厂商和市场营销人员提供有价值的参考。

二、市场调查的目的

(1) 了解消费者的手机消费习惯及使用习惯。

(2) 洞悉消费者消费行为和消费心理特征。

(3) 分析国内手机市场面临的问题。

(4) 为手机市场营销策略的制定提供方向性指导。

三、手机市场用户关注分析

1. 手机品牌关注分析

品牌竞争已成为手机市场的主流。根据调查数据，以下是 2024 年年初中国手机市场用户关注度排名前五的品牌及其占比。

品牌	用户关注度占比	品牌	用户关注度占比
苹果(Apple)	25.6%	OPPO	15.2%
华为(Huawei)	22.3%	vivo	10.1%
小米(Xiaomi)	18.7%		

从数据可以看出，苹果和华为依然占据市场领先地位，但小米、OPPO 和 vivo 等国产手机品牌也表现出强劲的竞争力，合计占比近五成。

2. 手机外观关注分析

消费者对手机外观设计的关注度日益提高。以下是关于手机颜色和造型的用户偏好调查数据：

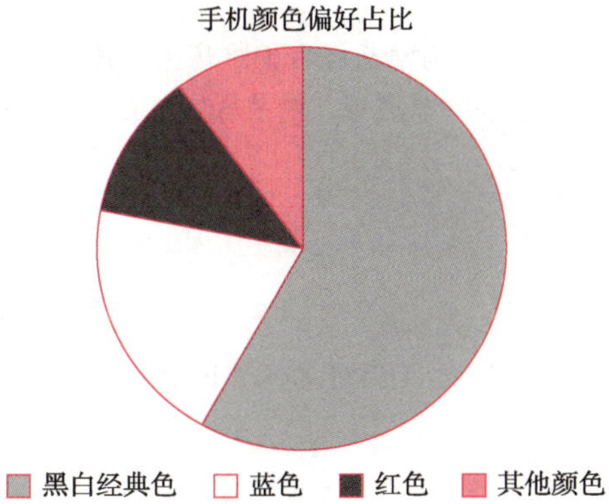

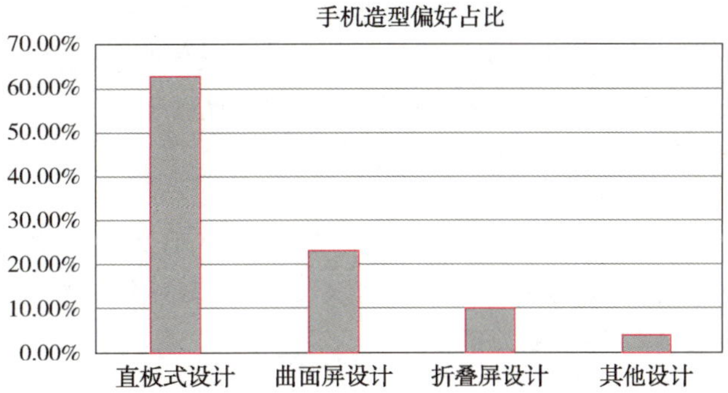

3. 手机功能关注分析

消费者对手机功能的需求日益多元化。以下是关于手机功能关注度的调查数据：

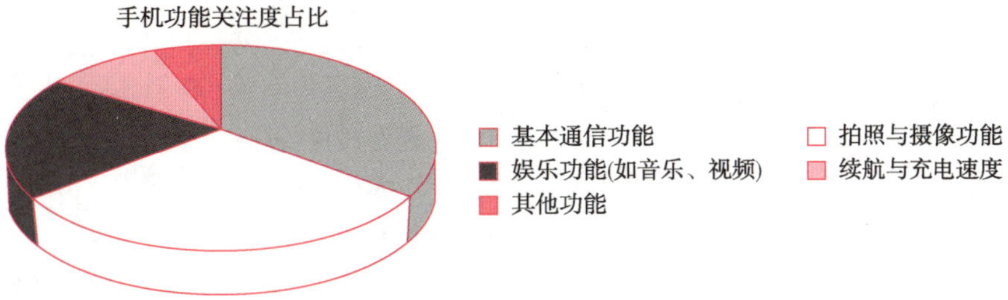

4. 手机价格关注分析

价格仍然是消费者购买手机时考虑的重要因素之一。以下是关于手机价格关注度的调查数据（以价格区间划分）：

价格区间（元）	用户关注度占比	价格区间（元）	用户关注度占比
1000～2000	15.2%	4001～5000	19.5%
2001～3000	28.7%	5000 以上	11.0%
3001～4000	25.6%		

5. 手机购买后的保养、美化分析

调查结果显示，仍有相当一部分用户在手机购买后不进行保养和美化。随着手机贴膜、手机壳等配件市场的兴起，越来越多的用户开始注重手机的保养和美化。

6. 手机广告与促销策略

广告对于品牌形象的建立至关重要。以下是关于手机广告可信度的调查数据：

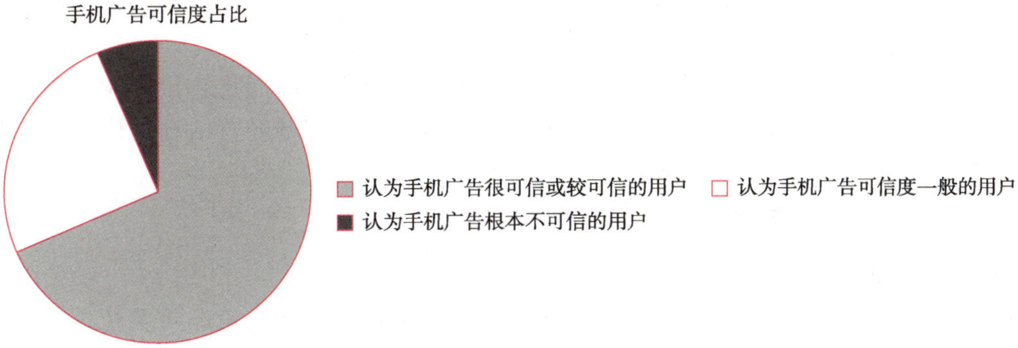

四、行业现状及发展动态

当前，中国手机市场竞争激烈，品牌集中度逐渐提高。苹果、华为等高端品牌占据市场主导地位，而小米、OPPO、vivo等国产手机品牌则凭借性价比优势在中低端市场占据一席之地。随着5G技术的普及和折叠屏等新技术的发展，手机市场正迎来新的变革。

五、市场结构研究

1. 品牌结构

(1) 整体市场：苹果、华为、小米、OPPO、vivo等品牌占据市场主要份额。

(2) 主流品牌关注变化：苹果、华为等品牌关注度保持稳定，而小米、OPPO等品牌则通过不断创新和改变营销策略提升市场份额。

2. 区域结构

(1) 关注格局：华南、华东等地区由于经济发达、消费能力强，成为手机市场的主要关注区域。

(2) 区域市场走势：随着各大厂商区域市场战略的逐步实施，区域市场关注比例逐渐趋于稳定。

六、建议

(1) 提升产品质量：国产手机品牌应加大研发投入，提升产品质量和性能，以满足消费者对高品质手机的需求。

(2) 优化服务体验：加强售后服务体系建设，提升用户满意度和忠诚度。

(3) 深化市场细分：针对不同消费群体推出差异化产品，满足消费者个性化需求。

(4) 拓展国际市场：积极开拓国际市场，提升品牌国际影响力。

××市场部

报告人：×××

日期：2024年3月15日

（注：以上报告中的数据和图表均为模拟数据，用于示例说明。实际报告中应使用真实数据和图表。）

任务描述

1. 了解市场调查报告的特点和分类。
2. 熟悉市场调查报告的写法。

必备知识

一、市场调查报告的概念

市场调查报告，就是对市场进行调查，收集、记录、整理和分析市场中商品的供需状况、商品的销售等情况，从而得出结论，并对今后市场供需态势作出合理推论，在这个过程中形成的完整的书面材料。

市场调查报告是市场调查研究成果的集中体现，它的质量高低将直接影响到整个市场调查研究工作的质量。一份好的市场调查报告，能给企业的市场经营活动提供有效的导向作用，能为企业的决策提供客观依据。

二、市场调查报告的特点

（一）针对性

市场调查报告是为了了解市场某一方面的信息，是企业进行决策的重要依据之一，所以必须有明确的针对性。

（二）真实性

市场调查报告必须从实际出发，通过对真实材料的科学客观分析，才能得出正确的结论，这样的调查报告才有价值和指导意义。

（三）时效性

市场变化很快，市场调查报告必须及时、迅速地反映市场变化，反映市场中出现的新情况、新问题，突出“快”“新”二字，并对未来状况加以预测，使企业的经营决策能够跟上市场形势的发展变化，甚至能够预见市场未来发展变化。

三、市场调查报告的种类

市场调查报告可以从不同角度进行分类：

（1）按其所涉及内容，可以分为综合性市场调查报告和专题性市场调查报告。

（2）按调查对象的不同，可以分为：

① 市场需求调查报告，主要内容包括产品销售对象的数量与构成、消费者家庭收入水平、实际购买力、潜在需求量及其购买意向，以及消费者收入增加额度、需求层次变化情况，消费者对商品需求程度的变化、消费心理等。

② 市场供给调查报告，主要内容包括商品资源总量及构成、商品生产厂家有关情况、产品更新换代情况、不同商品市场生命周期的阶段、商品供给前景等。

③ 商品价格调查报告，主要内容包括商品成本、税金、市场价格变动情况，消费者对价格变动情况的反应等。

④ 销售情况的市场调查报告，如商品销售渠道调查报告，主要内容包括渠道种类与各渠道销售商品的数量、潜力，商品流转环节、路线、仓储情况等。

⑤ 市场竞争情况的市场调查报告，主要内容包括竞争对手情况，竞争手段，竞争产品质量、性能、价格等。

（3）按表述手法的不同，可分为陈述型市场调查报告和分析型市场调查报告。

四、市场调查报告的写法

（一）标题

市场调查报告的标题没有严格的格式，一般有以下几种写法。

（1）标题一般由调查项目和“市场调查报告”组成。

（2）在标题里直接写明市场调查的地区、调查的项目和“市场调查”。

（3）在标题里直接提出某一种商品在市场上的问题，点明文章的中心，如“××牌冰箱被冷落”。

（4）用主标题点明文章的中心，再用副标题说明市场调查的项目、地区和文种。

（二）正文

市场调查报告的正文主要包括前言、主体和结尾三部分。

1. 前言

前言用简明扼要的文字写出调查报告撰写的依据，报告的研究目的或主旨，调查的范围、时间、地点及所采用的调查方法、方式。这部分对提供决策用的市场调查报告是比较有意义的，决策部门可据此更准确地把握调查的结果，如对调查方法的了解可以帮助决策者判断调查结果的可信程度。

2. 主体

主体部分是市场调查报告的主要内容，一般由情况、分析和建议三部分组成。

情况部分应作分类归纳，按问题分类叙述调查的材料，有时可加图表说明，必要时还应对市场背景资料，如地理、气候、政治、经济、文化、社会的变化趋势和政策、法律法规等作出说明。

分析部分主要是研究者对调查得来的材料的分析和看法，包括从调查中发现的问题、得出的结论等。情况部分和分析部分也可以杂糅在一起写，边介绍情况边进行分析，这种有事实、有数据、有分析的写法，比较有说服力，也较清楚。

建议部分依据调查材料及对其的分析研究，提出解决问题的方法或应采取的措施、对策等。

3. 结尾

市场调查报告的结尾没有特定的格式，一般是综述全文重要观点或是加深认识，或说明调查中存在的主要问题及主要情况、倾向，预测可能遇到的风险，提出相应的对策等。有的市场调查报告写完分析和建议则自然收尾，不另加结尾。供决策参考的调查报告，还应在结尾署上调查者姓名、部门和报告完成日期，以示负责。如果是受委托为他人撰写的调查报告，还应将委托方、调查方分别写清楚。

五、市场调查报告写作要求

（一）调查报告力求客观真实、实事求是

市场调查报告必须符合客观实际，引用的材料、数据必须是通过调查得来的真实可靠的材料，反对弄虚作假，要用事实来说话。虚假的市场调查报告危害极大，会误导市场营销和策略的制定，直接导致经济利益的损失。

（二）调查报告要做到调查资料和观点相统一

市场调查报告是以调查资料为依据的，即调查报告中的所有观点、结论都有大量的调查资料为根据。在撰写过程中，要用资料来说明观点，切忌调查资料与观点相分离。

（三）调查报告要突出市场调查的目的

撰写市场调查报告，必须目的明确，任何市场调查都是为了解决某一问题，或者为了说明某一问题。市场调查报告必须围绕市场调查的目的来进行论述。

（四）调查报告的语言要简明、准确、易懂

调查报告是给人看的，无论是企业领导，还是其他一般的读者，他们大多不喜欢冗长、乏味、呆板的语言，也不精通调查的专业术语。因此，撰写调查报告的语言要力求简单、准确、通俗易懂。

（五）讲究时效

市场调查的情况要及时地反映和传递，这样才可能使企业作出及时的判断，及时进行决策。在这个链条上，“时间就是金钱”。因此，报告中也要明确标明时间。

思考题

1. 市场调查报告有哪些特点？
2. 市场调查报告的主体一般写哪些内容？
3. 市场调查报告有哪些写作要求？

第三节 可行性研究报告

情境导入

同学们，在财经领域，每一个重大项目的落地都不是拍脑袋决定的。就拿咱们身边常见的社区生鲜超市来说吧，老张一直有这个想法，想在小区附近开一家。但他心里没底，不知道这个想法能不能行得通。这时候，可行性研究报告就派上大用场啦！它能全面分析开超市的市场需求、资金预算、竞争状况、潜在风险等。通过这份报告，老张就能清楚知道这个项目值不值得投资、能不能赚钱、有没有可能成功。所以，学会撰写可行性研究报告对我们分析财经项目、作出明智决策至关重要。

接下来，我们就来学习如何撰写一份可行性研究报告。

实例阅读

【例文一】

校园咖啡馆项目可行性研究报告

一、项目背景

随着校园文化生活的日益丰富以及学生消费能力的逐步提升，校园内对于休闲、交流场所的需求呈现出显著增长态势。目前，校园内缺乏一个集休闲、学习、社交于一体的综合性空间，师生们课余时间的交流和学习需求难以得到充分满足。本项目旨在开设一家特色咖啡馆，为师生打造一个舒适、温馨且富有文化氛围的休闲和学习环境，填补这一市场空白。

二、市场预测

1. 目标市场：本项目主要面向校园内的师生群体，涵盖本科生、研究生以及教职工，预计潜在顾客数量超过 5000 人。

2. 市场需求：通过精心设计的问卷调查和深入的访谈，我们发现师生们对于咖啡馆的需求极为强烈。许多学生希望在课余时间有一个安静、舒适的地方可以阅读、讨论小组作业，而教职工也期望有一个可以放松身心、交流思想的场所。此外，校园内举办的各种小型活动也需要一个合适的场地，咖啡馆恰好可以满足这些需求。

3. 竞争分析：目前校园内尚无同类咖啡馆，但周边商圈有数家咖啡馆。然而，这些咖啡馆距离校园较远，且缺乏针对校园群体的特色服务。本项目将通过提供个性化的服务、举办校园主题活动以及推出特色饮品和小吃等差异化经营策略，吸引校园师生。

三、项目方案

1. 选址：经过实地考察和分析，选择校园内人流量大、交通便利且环境优美的位置，如图书馆附近或学生活动中心旁。这样的选址能够方便师生在课余时间随时光顾，提高咖啡馆的客流量。

2. 装修设计：采用温馨、简约且富有文艺气息的装修风格，以暖色调为主，搭配舒适的沙发、木质桌椅和柔和的灯光，营造出一种舒适、放松的氛围。同时，在店内设置一些书架，摆放各类书籍和杂志，供师生免费阅读。

3. 产品与服务：提供丰富多样的咖啡、茶饮、小吃等，包括经典的拿铁、卡布奇诺，特色的水果茶、花茶，以及美味的蛋糕、三明治等。此外，还将设置阅读区、讨论区、小型活动区等，满足师生不同的需求。定期举办咖啡品鉴会、读书分享会、学术讲座等活动，增强师生之间的互动和交流。

四、投资估算与融资方案

1. 投资估算：预计总投资为100万元，具体分配如下：装修费用30万元，用于店铺的装修和布置；设备购置费用25万元，包括咖啡机、茶饮设备、桌椅等；原材料采购费用15万元，用于购买咖啡豆、茶叶、食材等；人员工资费用20万元，涵盖员工的基本工资、奖金和福利；其他费用10万元，包括水电费、物业费、营销费用等。

2. 融资方案：计划自筹资金50万元，主要来源于个人积蓄和亲友借款；申请银行贷款30万元，利用银行的金融产品和服务支持项目发展；剩余20万元通过校园众筹方式筹集，向师生宣传项目理念和前景，吸引他们参与投资。

五、财务评价

1. 收益预测：预计开业后第一年营业额为150万元，净利润率为20%。随着品牌知名度的提升和顾客忠诚度的增加，营业额将逐年增长，预计第二年营业额增长20%、第三年增长30%。

2. 投资回收期：预计投资回收期为3年。通过合理的成本控制和有效的营销策略，确保项目在较短时间内实现盈利。

六、风险分析与对策

1. 市场风险：市场需求可能受到季节、考试周期等因素的影响，导致客流量不稳定。对策是加强市场调研，根据不同时间段的需求特点调整产品和服务，同时开展多样化的营销活动，吸引顾客。

2. 经营风险：可能出现员工管理不善、原材料供应不及时等问题。对策是建立完善的员工管理制度，加强员工培训和绩效考核；与优质的原材料供应商建立长期合作关系，确保原材料的稳定供应。

3. 财务风险：资金周转可能出现困难，导致项目运营受到影响。对策是合理安排资金，制定详细的资金使用计划，确保资金链的稳定。

七、结论与建议

本项目具有较大的市场潜力和良好的发展前景。通过提供特色的产品和服务，满足校园师生的需求，有望在校园内树立良好的品牌形象。建议尽快实施项目，同时密切关注市场动态和顾客需求变化，不断调整经营策略，加强品牌建设，提高项目的竞争力和盈利能力。

【例文二】

校园二手书交易平台项目可行性研究报告

一、项目背景

随着环保意识的日益增强和资源共享理念的广泛普及，校园内对二手书的需求呈现出快速增长的趋势。目前，校园内二手书的交易主要依赖于传统的跳蚤市场、班级群等渠道，存在信息不透明、交易效率低、缺乏保障等问题。本项目旨在搭建一个专业、便捷、安全的校园二手书交易平台，为师生提供一个高效的二手书交易环境，实现资源的循环利用。

二、市场预测

1. 目标市场：本项目主要面向校园内的师生群体，特别是经济困难学生和环保爱好者。预计潜在用户数量超过8000人。

2. 市场需求：通过大规模的问卷调查和深入的访谈，我们发现师生对二手书的需求量大。许多学生为了节省购书成本，希望能够方便地购买到二手教材、辅导书等；同时，也有一些学生愿意将自己闲置的书籍出售，实现资源的再利用。此外，环保爱好者也积极支持二手书交易，认为这有助于减少纸张浪费，保护环境。

3. 竞争分析：目前市场上已有一些二手书交易平台，但针对校园市场的专业化平台较少。这些平台存在信息不准确、交易流程烦琐、缺乏售后服务等问题。本项目将通过精准定位校园市场，提供个性化的服务，如校园专属分类、线下取书点等，与现有平台形成差异化竞争。

三、项目方案

1. 平台搭建：开发一个功能齐全、操作简便的校园二手书交易网站或App。平台将提供书籍发布、搜索、购买、评价等功能，同时设置校园专属分类，方便师生快速找到自己需要的书籍。此外，还将建立用户信用评价体系，保障交易的安全和公平。

2. 运营策略：与校园书店、图书馆等合作，推广平台。例如，在书店设置宣传海报，在图书馆举办平台推广活动。设置积分奖励机制，鼓励师生参与交易。师生在平台上发布书籍、完成交易等行为都可以获得积分，积分可以兑换礼品或抵扣现金。

3. 服务保障：建立严格的书籍审核机制，确保书籍质量。对每一本上架的书籍进行审核，检查书籍的完整性、版本等信息。提供便捷的物流服务，方便师生交易。可以与校园快递合作，设置线下取书点，师生可以选择自提或快递送货上门。

四、投资估算与融资方案

1. 投资估算：预计总投资为50万元，具体分配如下：平台开发费用20万元，包括网站或App的设计、开发、测试等费用；运营推广费用15万元，用于平台的宣传、推广、活动策划等；人员工资费用10万元，涵盖技术维护人员、客服人员等的工资；其他费用5万元，包括服务器租赁、域名注册等费用。

2. 融资方案：计划通过学校创新创业基金申请20万元，利用学校的政策支持和资金资源；自筹资金15万元，主要来源于团队成员的个人积蓄；剩余15万元通过校园投资人的方式筹集，向校园内的教师、企业家等宣传项目的商业前景和投资价值，吸引他们参与投资。

五、财务评价

1. 收益预测：预计平台上线后第一年交易额为100万元，平台抽取一定比例的佣金作为收入，净利润率为15%。随着用户量的增加和平台知名度的提升，交易额和收入将逐年增长，预计第二年交易额增长30%、第三年增长50%。

2. 投资回收期：预计投资回收期为2年。通过合理的商业模式和有效的运营策略，确保项目在较短时间内实现盈利。

六、风险分析与对策

1. 技术风险：平台可能出现技术故障、数据泄露等问题。对策是选择成熟的技术团队进行平台开发，加强平台的安全防护，定期进行数据备份和维护。

2. 市场风险：市场需求可能受到课程设置、考试安排等因素的影响，导致交易量波动。对策是加强市场调研，及时调整运营策略，推出针对性的促销活动吸引用户。

3. 运营风险：可能出现用户流失、服务质量下降等问题。对策是不断优化平台功能和服务，提高用户体验；加强用户关系管理，及时解决用户的问题和投诉。

七、结论与建议

本项目符合校园市场需求和环保理念，具有较大的发展潜力。通过搭建专业的二手书交易平台，能够有效解决校园内二手书交易存在的问题，实现资源的循环利用。建议尽快实施项目，并密切关注市场动态和用户需求变化，不断优化平台功能和服务，加强品牌建设，提高项目的竞争力和可持续发展能力。

任务描述

1. 了解可行性研究报告的概念和分类。
2. 了解可行性研究报告的格式。
3. 掌握可行性研究报告的写作要求和技巧。

必备知识

一、可行性研究报告的概念

可行性研究报告，是指在实施某一建设或科研项目之前，对该项目实施的可能性、有效性、技术方案及技术政策进行具体、深入、细致的技术论证和经济评价，以确定在技术上合理、经济上合算的最优方案和最佳时机而写的书面报告。

可行性研究报告是对项目进行全面系统分析的重要文件，为项目决策提供了科学依据。它在投资决策、项目审批、银行贷款、合作洽谈等多个领域都发挥着至关重要的作用。一份高质量的可行性研究报告能够清晰地展示项目的背景、目标、技术方案、市场前景、经济效益、风险评估等内容，帮助决策者全面了解项目的可行性和潜在价值，从而作出明智的决策

二、可行性研究报告的分类

根据不同的标准，可行性研究报告可以分为多种类型，以下是一些常见的分类方式。

（一）按项目性质分类

1. 新建项目可行性研究报告

新建项目可行性研究报告针对全新建设的项目，如新建一个工厂、一条铁路、一座桥梁等。报告需要详细阐述项目的建设背景、市场需求、技术方案、选址布局、投资估算、经济效益分析等内容。例如，某汽车制造企业计划新建一个生产基地，其可行性研究报告就需要对该生产基地的市场需求、生产工艺、设备选型、建设成本、预期收益等进行全面分析。

2. 改扩建项目可行性研究报告

改扩建项目可行性研究报告适用于对现有项目进行改造或扩建，以提高项目的生产能力、技术水平或改善经营条件。报告重点分析改扩建的必要性、可行性、技术方案、投资预算、经济效益提升等方面。比如，一家老旧的纺织厂为了提高生产效率和产品质量，计划进行技术改造和设备更新，其可行性研究报告就需要评估改造后的生产能力提升、成本降低、市场竞争力增强等情况。

3. 技术改造项目可行性研究报告

技术改造项目可行性研究报告主要侧重于对现有项目的技术进行升级和改造，以提高项目的科技含量和生产效率。报告会详细介绍技术改造的内容、技术方案、技术来源、技术可行性、经济效益分析等。例如，某电子企业为了提高产品的性能和质量，计划引进先进的生产技术和设备，其可行性研究报告就需要对该技术的先进性、适用性、投资回报率等进行深入分析。

（二）按行业分类

1. 工业项目可行性研究报告

工业项目可行性研究报告适用于工业生产领域的项目，如制造业、采矿业、电力等。报告内容通常包括市场分析、产品方案、生产工艺、设备选型、原材料供应、环境保护、投资估算、经济效益评价等。例如，一个石油化工项目的可行性研究报告需要对原油市场供需情况、炼油工艺技术、设备选型和采购、环保措施及投资成本、预期利润等进行详细

分析。

2. 农业项目可行性研究报告

农业项目可行性研究报告针对农业领域的项目，如种植业、养殖业、农产品加工等。报告会重点分析农业资源条件、农业生产技术、市场需求、农业产业化经营模式、投资效益等。比如，一个大型蔬菜种植基地项目的可行性研究报告需要评估当地的土壤、气候等自然条件，种植技术和管理水平，蔬菜市场需求和销售渠道，以及项目的投资回报率和社会效益等。

3. 服务业项目可行性研究报告

服务业项目可行性研究报告包括金融、旅游、餐饮、物流等服务行业的项目。报告内容主要围绕市场需求、服务内容、运营模式、投资规模、经济效益预测等方面展开。例如，一个旅游度假酒店的可行性研究报告需要对当地旅游市场的发展趋势、酒店的定位和服务特色、运营模式和管理团队、投资成本和预期收益等进行分析。

（三）按用途分类

1. 政府审批类可行性研究报告

政府审批类可行性研究报告主要用于向政府部门申请项目立项、审批等。这类报告需要严格按照政府部门的要求和规范进行编写，内容全面、准确、详细，突出项目的社会效益、环境效益和经济效益，以满足政府审批的需要。例如，一个城市基础设施建设项目在申请政府立项时，需要提交一份符合政府审批要求的可行性研究报告，报告内容应包括项目的必要性、可行性、建设方案、投资估算、资金来源、环境影响评价等。

2. 企业融资类可行性研究报告

企业融资类可行性研究报告用于向银行等金融机构申请贷款或寻求其他融资渠道。报告重点强调项目的盈利能力、偿债能力和抗风险能力，以吸引金融机构的投资。例如，一家企业计划扩大生产规模，需要向银行申请贷款，其可行性研究报告需要详细分析项目的市场前景、预期收益、还款计划等，以证明企业有足够的还款能力。

3. 企业内部决策类可行性研究报告

企业内部决策类可行性研究报告供企业内部管理层进行项目决策参考。报告内容可以根据企业的实际情况和需求进行灵活调整，更加注重项目的战略意义、对企业整体发展的影响等方面。例如，企业在考虑是否进入一个新的市场领域时，会编写一份内部决策类可行性研究报告，分析新市场的潜力、竞争态势、企业自身的优势和劣势等，为管理层提供决策依据。

三、可行性研究报告的格式

（一）标题

标题应准确、简洁地反映报告的核心内容，一般包含项目名称和“可行性研究报告”字样。例如“校园送餐项目可行性研究报告”。

（二）摘要

摘要对报告的主要内容进行高度概括，包括项目的背景、目标、主要方案、预期效益、关键结论等。摘要应简洁明了，让读者快速了解报告的核心要点，通常不超过500字。

（三）目录

目录列出报告各部分的标题及对应页码，方便读者查阅。目录应清晰、准确，涵盖报告的主要章节和子章节。

（四）正文

1. 项目概述

（1）项目背景：阐述项目提出的背景信息，包括相关政策、市场需求、行业发展趋势等，说明项目实施的必要性和紧迫性。

（2）项目目标：明确项目要实现的具体目标，如产量、质量、市场份额、经济效益等方面的目标。

（3）项目范围：界定项目的具体工作内容和边界，包括涉及的业务领域、地域范围、时间跨度等。

2. 市场分析

（1）目标市场：确定项目的目标市场，分析目标市场的规模、增长趋势、市场细分情况等。

（2）市场需求：通过市场调研和数据分析，评估目标市场对项目产品或服务的需求状况，包括需求的数量、质量、价格敏感度等。

（3）竞争分析：分析项目所处市场的竞争格局，识别主要竞争对手，评估其优势和劣势，以及项目与竞争对手相比的差异化竞争优势。

3. 技术方案

（1）技术选型：介绍项目所采用的主要技术、工艺和设备，说明选择这些技术的原因和依据。

（2）技术可行性分析：评估所选技术的成熟度、可靠性、适用性，分析技术实施过程中可能遇到的风险和挑战，并提出相应的解决方案。

（3）技术创新点：阐述项目在技术方面的创新之处，以及这些创新对项目竞争力和市场价值的影响。

4. 项目实施方案

（1）项目进度计划：制定详细的项目进度安排，包括各个阶段的工作内容、时间节点、责任人等，可采用甘特图等形式进行展示。

（2）项目组织与管理：明确项目的组织架构，包括项目团队的组成、职责分工、沟通机制等，说明项目的管理模式和方法。

（3）资源需求与配置：分析项目实施所需的人力资源、物力资源、财力资源等，提出资源的配置计划和获取途径。

5. 投资估算与资金筹措

（1）投资估算：对项目的总投资进行详细估算，包括建设投资、设备购置费、流动资金等，说明各项费用的计算依据和方法。

（2）资金筹措方案：提出项目的资金筹措渠道和方式，如自有资金、银行贷款、股权融资等，分析各种筹资方式的可行性和成本。

6. 财务评价

（1）收入预测：根据市场分析和项目实施方案，预测项目在未来一定时期内的收入情况，包括产品或服务的销售量、价格、收入总额等。

（2）成本估算：估算项目在运营过程中的各项成本，如原材料成本、人工成本、管理费用、销售费用等。

(3) 盈利能力分析：计算项目的财务指标，如净利润、投资利润率、财务内部收益率、财务净现值等，评估项目的盈利能力。

(4) 偿债能力分析：分析项目的偿债能力，如资产负债率、流动比率、速动比率等，评估项目偿还债务的能力。

7. 风险分析与对策

(1) 风险识别：识别项目实施过程中可能面临的各种风险，如市场风险、技术风险、资金风险、政策风险等。

(2) 风险评估：对识别出的风险进行评估，分析其发生的可能性和影响程度。

(3) 风险应对策略：针对不同的风险，提出相应的应对策略和措施，降低风险对项目的影响。

8. 结论与建议

(1) 结论：总结项目的可行性研究结果，明确项目是否可行，以及项目的优势和不足。

(2) 建议：根据研究结果，提出项目实施的建议和措施，为项目决策提供参考。

(五) 附录

附录部分可包含与报告相关的补充资料，如市场调研数据、技术资料、图表、合同协议等，以支持报告中的分析和结论。

(六) 落款

落款注明报告编制单位、编制日期等信息。

四、可行性研究报告的写作要求和技巧

(一) 可行性研究报告的写作要求

1. 内容全面且精准

可行性研究报告须涵盖项目的各个关键方面，内容必须全面且精准。从项目的背景分析开始，要详细阐述项目提出的缘由、相关政策环境以及市场需求状况，为后续研究奠定基础。目标设定需清晰明确，涵盖项目的短期目标与长期目标，如产量、市场份额、经济效益等具体量化指标。在方案描述部分，要全面介绍项目的技术方案、实施步骤、运营管理模式等，确保读者能清晰了解项目的整体架构。同时，对于项目可能面临的风险，要进行全面识别与评估，包括市场风险、技术风险、资金风险等，并提出相应的应对策略。数据是报告的重要支撑，所有引用的数据必须准确无误、来源可靠，避免数据错误导致决策失误。只有内容全面精准，才能为项目决策提供坚实可靠的依据。

2. 分析客观且深入

报告的分析过程应保持客观公正，避免受主观偏见的影响。运用科学的方法和工具，对项目的技术可行性、经济合理性、环境适应性等进行深入分析。在技术可行性分析方面，要评估项目所采用技术的成熟度、可靠性以及与现有技术的兼容性；在经济合理性分析方面，需通过成本效益分析、投资回报率计算等方法，评估项目的盈利能力和财务可持续性；在环境适应性分析方面，要考虑项目对自然环境、社会环境和政策环境的影响。同时，分析要具有深度，不仅要看到项目的表面优势，还要深入挖掘潜在的问题和挑战。例如，在分析市场需求时，要研究市场的长期趋势、竞争态势以及消费者的潜在需求变化，为项目的定位和发展提供前瞻性的建议。

3. 逻辑清晰且连贯

可行性研究报告的逻辑结构要清晰，各部分之间应连贯有序。报告通常按照项目概述、

市场分析、技术方案、实施计划、投资估算、财务评价、风险分析等顺序进行组织，每个部分都有明确的主题和内容。在阐述各部分内容时，要注意逻辑关系的衔接，使用恰当的过渡语句，使报告层次分明。例如，在市场分析部分得出市场需求旺盛的结论后，应自然过渡到技术方案部分，说明项目如何满足市场需求。同时，报告中的观点和论据要相互支撑，形成一个有机的整体。避免出现前后矛盾或逻辑跳跃的情况，确保读者能够轻松理解报告的内容，跟随作者的思路进行思考和判断。

4. 结论明确且可行

报告的结论部分要明确给出项目是否可行的判断，不能模棱两可。结论应基于前面的分析和评估，具有充分的依据和说服力。如果项目可行，要明确指出项目的优势和潜力，以及实施项目可能带来的经济效益和社会效益。同时，要提出具体的实施建议和措施，为项目的推进提供指导。如果项目不可行，要详细说明原因，分析存在的问题和障碍，并提出改进的方向和建议。结论要具有可操作性，能够为决策者提供明确的决策依据，避免决策者在面对复杂的信息时产生困惑。

（二）可行性研究报告的写作技巧

1. 充分调研与数据收集

在撰写可行性研究报告前，要进行充分的调研和数据收集工作。通过查阅文献、实地考察、问卷调查、专家访谈等方式，获取与项目相关的各种信息。对于市场数据，要了解行业的市场规模、增长趋势、竞争格局等；对于技术数据，要掌握相关技术的研发进展、应用案例、性能指标等；对于经济数据，要收集项目的投资成本、运营成本、收益预测等。在收集数据的过程中，要注重数据的真实性和可靠性，确保数据来源权威、准确。同时，要对收集到的数据进行整理和分析，提取有价值的信息，为报告的写作提供有力的支持。

2. 突出项目亮点与优势

在报告中要突出项目的亮点和优势，吸引决策者的关注。分析项目的独特之处，如技术创新、商业模式创新、资源优势等，并详细说明这些亮点和优势如何使项目在市场中脱颖而出。例如，如果项目采用了新的技术，要阐述该技术的先进性和应用前景；如果项目具有独特的商业模式，要说明其盈利模式和竞争优势。通过突出亮点和优势，增强项目的吸引力和可行性，提高决策者对项目的认可度。同时，要将项目的亮点和优势与市场需求相结合，展示项目能够满足市场的痛点和需求，为项目的成功实施奠定基础。

3. 运用图表辅助说明

运用图表可以有效地辅助说明报告中的内容，使数据和信息更加直观清晰。可以使用柱状图、折线图、饼图等展示数据的对比和趋势，如市场规模的变化、不同产品的市场份额等；使用流程图展示项目的实施步骤和流程，使读者能够更清晰地了解项目的运作方式；使用示意图展示项目的布局和结构，如工厂的布局、设备的安装位置等。图表要简洁明了、标注清晰，与文字描述相互配合，避免过于复杂和烦琐。通过图表的运用，可以提高报告的可读性和吸引力，帮助读者更快地理解报告的核心内容。

4. 多次修改与完善

完成初稿后，要对报告进行多次修改和完善。检查报告的内容是否完整、准确，分析是否深入、客观，逻辑是否清晰、连贯，结论是否明确、可行。检查语言表达是否通顺、简洁，避免使用模糊、有歧义的词汇和句子。同时，要征求相关专家、同事或潜在投资者的意见，根据他们的反馈进行针对性的修改。不同的人有不同的视角和观点，他们的意见可以帮助发现报告中存在的问题和不足。通过多次修改和完善，不断提高报告的质量，使报告更加严谨、规范、具有说服力。

思考题

1. 若开展校园共享自习室项目，撰写可行性研究报告时市场分析部分应侧重哪些要点？
2. 在可行性研究报告中，如何运用数据准确且有力地支撑项目技术方案的可行性？
3. 针对老旧小区加装电梯项目，怎样在可行性研究报告里全面且合理地分析潜在风险？

第四节 资产评估报告

情境导入

在当今瞬息万变的商业环境中，企业并购、资产重组、产权转让等经济活动日益频繁。想象一下，一家中型企业正计划将其部分资产出售以筹集资金，拓展新业务领域。为了确保交易的公平性和合理性，双方都需要对这部分资产的价值有一个准确、客观的认识。这时，资产评估报告就显得尤为重要。它不仅为交易双方提供了资产价值的权威依据，还帮助投资者、债权人及监管机构全面了解了企业的资产状况。

本节，我们将一起走进资产评估报告的世界，学习如何编写一份规范、准确的资产评估报告，为企业的经济活动保驾护航。

实例阅读

【例文一】

××公司房产及土地使用权资产评估报告(简化版)

本报告旨在为××公司拟进行的资产转让提供全面、客观的资产评估服务。通过专业的评估方法和严谨的评估过程，我们将对××公司所拥有的房产及土地使用权进行价值评估，为交易双方提供公正、准确的价值参考。

一、委托方及评估对象概况

委托方：[××公司]，系一家注册于××××年的有限责任公司，主要从事××业务。本次评估对象为××公司所拥有的位于××市××区的房产及土地使用权，包括办公楼一栋、仓库两间及相应配套设施，占地面积共计××平方米。

二、评估目的

本次评估旨在为××公司拟进行的资产转让提供价值参考，确保交易价格的公平、合理，并符合相关监管要求。

三、评估方法

本次评估采用市场比较法和收益法相结合的方式进行。市场比较法通过选取近期成交的类似房产作为比较对象，根据房产的地理位置、建筑结构、使用年限等因素进行调整，得出评估对象的市场价值。收益法则通过预测评估对象未来可能产生的租金收入，并考虑资金成本、折旧等因素，折现至现值，得出评估对象的收益价值。

四、评估过程

1. 对评估对象进行了实地勘查，了解了房产的实物状况和使用情况。

2. 收集了相关市场资料，包括近期成交的类似房产价格、租金水平等。

3. 对评估对象进行了详细的财务分析，预测了未来的租金收入和运营成本。

4. 根据评估方法和收集到的数据，进行了计算和分析，得出了评估结果。

五、评估结果

经评估，××公司所拥有的位于××市××区的房产及土地使用权的市场价值为××××万元，收益价值为××××万元。综合考虑市场价值和收益价值，本次评估的最终结果为××××万元。

六、评估结论

本次评估过程严格遵守了相关法律法规和评估准则，评估结果客观、公正、准确。建议委托方在资产转让过程中，以本评估报告作为价值参考依据。

七、评估机构声明

本评估报告仅供委托方及相关方使用，未经本评估机构书面同意，不得用于其他任何目的。本评估机构对评估报告的准确性和完整性负责，但不承担因使用本报告而产生的任何直接或间接损失。

评估机构(盖章)：××资产评估有限公司

评估师(签字)：[评估师姓名]

日期：××××年××月××日

【例文二】

××科技有限公司厂房及土地使用权资产评估报告
(简化版)

本报告受××科技有限公司(以下简称“××科技”)委托，对其位于××市高新技术产业园区的厂房及土地使用权进行资产评估。评估目的是为××科技即将进行的资产抵押贷款提供价值参考，确保贷款额度的合理性与安全性。

一、委托方及评估对象概况

委托方：××科技，成立于2010年，主营业务为电子产品的研发、生产和销售。

评估对象：位于××市高新技术产业园区的厂房及土地使用权，包括主生产厂房一栋(建筑面积8000平方米)、辅助设施楼一栋(建筑面积2000平方米)及相应配套设施，土地总面积为15000平方米，土地使用权剩余年限为40年。

二、评估目的

为××科技即将进行的资产抵押贷款提供准确、客观的资产评估价值，作为贷款额度确定的依据。

三、评估方法

本次评估采用成本法、市场比较法和收益法相结合的方式进行。

1. 成本法：根据厂房的建造成本、土地取得成本及相关税费等，计算厂房及土地使用权的重置成本，并考虑折旧因素，得出评估对象的成本价值。

2. 市场比较法：选取近期成交的类似厂房及土地使用权作为比较对象，根据地理位置、建筑结构、使用年限、配套设施等因素进行调整，得出评估对象的市场价值。

3. 收益法：预测评估对象未来可产生的租金收入或自营收益，并考虑资金成本、折旧、维修费用等因素，折现至现值，得出评估对象的收益价值。

四、评估过程

1. 对评估对象进行了实地勘查，确认了厂房的建筑结构、使用状况及配套设施情况。

2. 收集了相关市场资料，包括近期成交的类似厂房及土地使用权价格、租金水平、空置率等。

3. 对××科技进行了详细的财务分析，预测了未来的经营收益和成本支出。

4. 根据评估方法和收集到的数据，进行了计算和分析，得出了评估结果。

五、评估结果

经评估，××科技所拥有的位于××市高新技术产业园区的厂房及土地使用权的成本价值为 9000 万元，市场价值为 10000 万元，收益价值为 9500 万元。综合考虑成本价值、市场价值和收益价值，本次评估的最终结果为 9800 万元。

六、评估结论

本次评估过程严格遵守了相关法律法规和评估准则，评估结果客观、公正、准确。建议××科技在资产抵押贷款过程中，以本评估报告作为价值参考依据，确保贷款额度的合理性与安全性。

七、评估机构声明

本评估报告仅供××科技及相关方使用，未经本评估机构书面同意，不得用于其他任何目的。本评估机构对评估报告的准确性和完整性负责，但不承担因使用本报告而产生的任何直接或间接损失。

评估机构(盖章)：××诚信资产评估有限公司

评估师(签字)：张伟

日期：2023 年 05 月 18 日

任务描述

1. 了解资产评估报告的概念和分类。
2. 了解资产评估报告的格式。
3. 掌握资产评估报告的写作要求和技巧。

必备知识

一、资产评估报告的概念

资产评估报告是专业评估机构或评估师根据相关法律法规和评估准则，对特定资产在特定时点的价值进行评估后，所出具的书面文件。该报告详细描述了评估过程、评估方法、评估依据以及评估结果，为资产所有者、潜在投资者、债权人及相关利益方提供准确、客观的资产价值参考。

资产评估报告是资产评估工作的最终成果，它不仅反映了评估师的专业判断和分析，还体现了评估工作的科学性和公正性。通过资产评估报告，相关方可以全面了解资产的价值状况，为资产交易、抵押贷款、企业并购、产权转让等经济活动提供决策依据。

二、资产评估报告的分类

资产评估报告可以根据不同的标准进行分类，以下是几种常见的分类方式。

(一) 按评估对象分类

1. 房地产评估报告

房地产评估报告针对房屋、建筑物及土地使用权等资产进行评估。

2. 机器设备评估报告

机器设备评估报告针对各类机器设备、生产线及配套设施进行评估。

3. 无形资产评估报告

无形资产评估报告针对专利权、商标权、著作权等无形资产进行评估。

4. 企业价值评估报告

企业价值评估报告对企业整体价值或部分股权价值进行评估。

（二）按评估目的分类

1. 交易评估报告

交易评估报告为资产交易双方提供价值参考，确保交易价格的公平合理。

2. 抵押贷款评估报告

抵押贷款评估报告为银行或其他金融机构提供抵押贷款价值参考。

3. 司法评估报告

司法评估报告为司法裁决、拍卖等司法活动提供价值依据。

4. 其他特定目的评估报告

其他特定目的评估报告，如企业改制、资产重组、产权转让等特定经济活动所需的评估报告。

（三）按评估方法分类

1. 成本法评估报告

成本法评估报告主要基于资产的重建成本或替代成本进行评估。

2. 市场比较法评估报告

市场比较法评估报告通过选取类似资产的市场交易价格进行比较评估。

3. 收益法评估报告

收益法评估报告基于资产未来可产生的收益进行折现评估。

4. 综合评估报告

综合评估报告结合多种评估方法进行综合评估，得出更为准确、全面的评估结果。

三、资产评估报告的格式

（一）报告标题

[具体资产名称]资产评估报告。

（二）委托方及评估对象概况

（1）委托方基本信息。包括名称：委托方的全称或简称；类型：如有限责任公司、股份有限公司等；经营范围：委托方的主要业务范围或产品；法定代表人：委托方的法定代表人姓名及职务。

（2）评估对象描述。包括资产名称：被评估资产的具体名称；位置：资产的地理位置或坐标；数量、规格：资产的数量、型号、规格等详细信息；用途：资产的主要用途或功能。

（三）评估目的

明确说明本次评估的具体目的，如为资产交易提供价值参考、为抵押贷款确定抵押物价值、为司法裁决提供价值依据等。

（四）评估基准日

确定评估价值所对应的具体时点，即评估报告的有效日期或价值参考日期。

（五）评估依据

列出本次评估所依据的法律法规、评估准则、市场资料、相关合同或协议等，确保评估工作的合法性和规范性。

（六）评估方法

（1）成本法：描述成本法的基本原理，即基于资产的重建成本或替代成本进行评估；说明选择成本法的原因，如资产无市场可比案例或收益难以预测等；详细介绍成本法的计算过程，包括重置成本、折旧率、成新率等关键指标的确定。

（2）市场比较法：描述市场比较法的基本原理，即通过选取类似资产的市场交易价格进行比较评估；说明选择市场比较法的原因，如资产存在活跃市场且可比案例较多等；详细介绍市场比较法的实施过程，包括可比案例的选择、调整因素的确定、比较价格的计算等。

（3）收益法：描述收益法的基本原理，即基于资产未来可产生的收益进行折现评估；说明选择收益法的原因，如资产具有持续稳定的收益流等；详细介绍收益法的计算过程，包括未来收益预测、折现率选择、收益期限确定等关键因素。

（4）综合评估法：结合多种评估方法进行综合评估，得出更为准确、全面的评估结果。

（七）评估过程

阐述评估工作的具体步骤和流程，包括实地勘查、资料收集、数据分析、计算过程、结果复核等；说明评估过程中遇到的主要问题和挑战，以及采取的解决措施和方法。

（八）评估结果

给出明确的评估结果，包括资产的市场价值、成本价值、收益价值等；可能提供不同方法下的评估结果对比，分析差异原因和合理性；对评估结果进行必要的解释和说明，便于读者理解。

（九）评估假设与限制条件

说明评估过程中所作的假设条件，如资产继续使用假设、市场条件不变假设等；列出评估存在的限制条件，如资料不完整、市场不活跃等，以便读者了解评估结果的适用范围和局限性。

（十）附件

（1）评估对象相关证照及资料：产权证、土地使用权证、设备购置发票等与评估对象相关的证照和资料；评估对象照片或视频等直观资料(如适用)。

（2）评估机构及评估师资质证明：评估机构的营业执照、资质证书等合法经营证明；评估师的执业资格证书、培训经历等专业资质证明。

（3）其他相关资料：市场调查报告、租金收入明细表、财务报表等与评估过程相关的辅助资料；相关法律法规、评估准则等参考文件。

（十一）评估结论

总结评估结果，明确给出资产的评估价值，并可能提出相关建议或注意事项，如资产处置建议、风险管理措施等。

（十二）评估机构声明

声明评估报告的准确性、完整性及合法性，明确评估机构对评估结果的责任范围，并提醒读者报告的使用限制和注意事项，如报告仅供特定用途使用、不得擅自修改或传播等。

（十三）签字盖章页

评估机构负责人(或授权代表)及评估师签字，并加盖评估机构公章，确保报告的正式性和权威性。

四、资产评估报告的写作要求和技巧

（一）资产评估报告的写作要求

1. 内容完整性与准确性

资产评估报告的内容务必完整且准确，这是报告质量的核心基础。报告需涵盖资产的基本信息，如资产名称、类型、数量、规格、使用状况等，这些信息应详细且精准，以便读者全面了解评估对象。同时，要清晰阐述评估目的，明确评估是为了企业改制、股权转让，还是其他特定需求；准确界定评估范围，说明哪些资产被纳入评估；精确确定评估基准日，因为资产价值会随时间变化，基准日明确了价值的时间节点。此外，评估方法的选择和运用要合理且恰当，详细说明所选方法的原理、计算过程和参数选取依据，确保评估结果有可靠的理论和实践支撑，为报告使用者提供准确、全面的决策依据。

2. 遵循行业规范与准则

严格遵循行业规范和准则是撰写资产评估报告的基本要求。国家和行业制定了一系列资产评估准则和规范，如《资产评估基本准则》《资产评估执业准则》等，这些准则对评估程序、方法、报告内容等方面都有详细规定。报告在格式上要符合规范要求，包括标题、目录、正文、附件等部分的设置和排版；在评估流程上，要按照准则规定的步骤进行，如现场勘查、资料收集、评定估算等；在语言表达上，要使用专业、规范的术语，避免模糊、有歧义的表述。遵循行业规范与准则能确保报告的合法性、规范性和权威性，提高报告的可信度和公信力。

3. 客观公正与独立性

资产评估报告必须保持客观公正和独立性。评估机构和评估人员要独立于委托方和其他利益相关方，不受外界因素的干扰和影响，以客观的态度进行评估工作。在评估过程中，要依据事实和数据进行分析和判断，如实反映资产的实际状况和价值。不得迎合委托方的意愿而歪曲评估结果，也不得隐瞒或虚报资产存在的问题和风险。客观公正的报告能为各利益相关方提供真实可靠的信息，维护市场的公平和秩序，保障各方的合法权益。

4. 附件完整与关联性

附件是资产评估报告的重要组成部分，必须完整且与正文内容紧密关联。附件通常包括产权证明、财务报表、评估明细表、相关合同协议等，这些资料是评估过程的重要依据和支撑。附件要真实、有效、清晰，能够准确反映资产的相关情况。在正文中要对附件进行适当引用和说明，使读者能够清楚了解附件与评估结论之间的关系。例如，在评估房地产时，附件中的产权证、土地使用权证等产权证明文件要与正文中的资产描述和评估结果相对应，确保报告的整体性和连贯性。

（二）资产评估报告的写作技巧

1. 深入调研与资料收集

在撰写资产评估报告前，要进行深入调研和全面的资料收集工作。评估人员要亲临现场，对资产进行实地勘查，了解资产的实际使用状况、维护保养情况、周边环境等。同时，通过多种渠道收集与资产相关的资料，如企业的财务报表、行业研究报告、市场交易数据等。对于特殊资产，还可能需要查阅专业文献、咨询行业专家。深入的调研和丰富的资料收集能为评估工作提供坚实的基础，使评估人员更准确地把握资产的特点和价值影响因素，提高评估结果的准确性和可靠性。

2. 合理选择评估方法

根据评估对象的特点和评估目的，合理选择评估方法是关键技巧之一。不同的评估方法适用于不同类型的资产和评估场景。市场法适用于有活跃市场且能够找到可比交易案例的资产，通过比较类似资产的市场价格来确定评估对象的价值；收益法适用于能够产生稳定收益的资产，如企业价值评估，通过预测未来收益并折现来确定价值；成本法适用于新购置或自建的资产，通过计算重置成本并扣除贬值来确定价值。在实际评估中，可以综合运用多种方法，相互验证和补充，以提高评估结果的准确性和合理性。

3. 清晰表达评估结论

评估结论是资产评估报告的核心内容，要清晰、准确地表达。在报告中，要明确给出评估对象在评估基准日的价值，并说明价值类型和评估结果的有效期。价值类型，如市场价值、投资价值等，要根据评估目的和资产特点合理确定。同时，要对评估结论的依据进行充分说明，包括评估方法的选择、参数的确定、市场数据的引用等，使读者能够理解评估结论是如何得出的。清晰表达评估结论能增强报告的可信度和说服力，便于报告使用者理解和应用评估结果。

4. 注重语言规范与简洁

资产评估报告的语言要规范、简洁、准确。使用专业术语时要确保其含义明确，避免使用生僻、晦涩的词汇。句子结构要清晰、表达要通顺，避免冗长复杂的句子和段落。在描述评估过程和结果时，要做到言简意赅、突出重点。同时，要注意语言的逻辑性和连贯性，使报告内容层次分明，便于阅读和理解。规范简洁的语言能提高报告的质量和可读性，使报告使用者能够快速获取关键信息。

思考题

1. 资产评估报告的写作涉及哪些学科知识？
2. 如何写好资产评估报告？

第五节 验资报告

情境导入

在当今的商业环境中，企业设立、变更或增资扩股等经济活动频繁发生。为了确保企业的注册资本真实、合法，维护市场秩序和债权人利益，验资报告显得尤为重要。想象一下，一家新成立的公司正准备进行工商登记，它需要向工商行政管理部门证明其注册资本已足额缴纳。此时，一份由专业会计师事务所出具的验资报告，就如同公司的“经济身份证”，是公司顺利注册、赢得市场信任的关键一步。

接下来，我们将一起探索验资报告的奥秘，学习如何编制一份合规、准确的验资报告，为企业的合法经营和稳健发展提供有力保障。

实例阅读

【例文一】

验资报告

本验资报告由华信会计师事务所(普通合伙)根据辉煌科技有限公司的委托，对其截至2023年3月31日的注册资本实收情况进行审验后出具。本报告旨在提供关于辉煌科技有限公司注册资本实收情况的权威证明，以供相关方参考和使用。

一、委托人及受托人信息

1. 委托人：辉煌科技有限公司

2. 受托人：华信会计师事务所(普通合伙)

二、审验范围

辉煌科技有限公司截至2023年3月31日的注册资本实收情况。

三、审验依据

《中华人民共和国公司法》《中国注册会计师审计准则》及国家其他相关法律法规。

四、审验过程

本所接受辉煌科技有限公司的委托，对其注册资本实收情况进行了审验。审验工作从2023年3月20日开始，至2023年3月31日结束。在审验过程中，我们遵循了独立、客观、公正的原则，通过询问、观察、检查、函证等必要的审验程序，对辉煌科技有限公司的注册资本实收情况进行了全面、细致的审核。

五、审验结果

经审验，截至2023年3月31日，辉煌科技有限公司已收到全体股东缴纳的注册资本合计人民币壹仟万元整(￥10000000元)。具体出资情况如下：

1. 股东甲以货币资金出资人民币陆佰万元整(￥6000000元)，占注册资本的60%；

2. 股东乙以实物资产出资人民币叁佰万元整(￥3000000元)，经评估确认价值，占注册资本的30%；

3. 股东丙以知识产权出资人民币壹佰万元整(￥1000000元)，经评估确认价值，占注册资本的10%。

各股东的出资额及出资比例均符合辉煌科技有限公司章程的规定，且出资资产均已到位，不存在虚假出资、抽逃出资等违法行为。

六、结论

本所认为，辉煌科技有限公司的注册资本实收情况真实、合法、完整，符合《中华人民共和国公司法》及相关法律法规的规定。本所对辉煌科技有限公司的注册资本实收情况出具无保留意见的验资报告。

附件：

1. 出资证明书

2. 银行对账单及进账单

3. 实物资产评估报告

4. 知识产权评估报告

5. 其他相关证明文件

会计师事务所(盖章)：华信会计师事务所(普通合伙)

注册会计师(签名)：李华

报告日期：2023年4月5日

【例文二】

验资报告

本验资报告由天宇会计师事务所有限公司编制，旨在对星辰科技有限公司截至2023年4月30日的特定资产评估增值情况进行全面、客观的审验，并为相关利益方提供准确、可靠的财务信息。

一、委托人及受托人信息

1. 委托人：星辰科技有限公司

2. 受托人：天宇会计师事务所有限公司

二、审验范围与目标

1. 审验范围：星辰科技有限公司截至2023年4月30日的特定资产（包括但不限于固定资产、无形资产等）的评估增值情况。

2. 审验目标：确认特定资产的评估价值、增值原因及增值合理性，确保评估结果的准确性和可靠性。

三、审验依据与标准

1. 审验依据：《中华人民共和国资产评估法》及国家其他相关法律法规。

2. 审验标准：按照相关法律法规的要求，对特定资产的评估增值情况进行严格审验。

四、审验过程与方法

1. 审验过程：自2023年4月15日至2023年4月30日，本所通过现场勘查、核对资产清单、审查评估报告、函证相关方等多种方式，对星辰科技有限公司的特定资产评估增值情况进行了全面审验。

2. 审验方法：结合资产评估报告的分析、资产实物及权益的核查、市场价值的比较等手段，确保审验结果的准确性和可信度。

五、审验结果

经审验，星辰科技有限公司截至2023年4月30日的特定资产评估增值情况如下：

1. 固定资产（设备）评估增值人民币贰佰万元整（￥2000000元），增值原因为设备技术升级及市场需求增加；

2. 无形资产（专利权）评估增值人民币壹佰伍拾万元整（￥1500000元），增值原因为专利技术的独特性及市场竞争力提升；

3. 其他资产（如存货、在建工程等）评估价值基本保持稳定，未出现明显增值或贬值情况。

特定资产的评估增值原因合理、充分，评估价值准确、可靠，符合相关法律法规的规定。

六、审验结论

本所认为，星辰科技有限公司的特定资产评估增值情况真实、合法、有效，评估结果准确、可靠。本所对星辰科技有限公司的特定资产评估增值情况出具无保留意见的验资报告。

附件：

1. 资产评估报告及评估明细表

2. 资产清单及实物核查记录

3. 市场价值比较分析报告

4. 其他相关证明文件及资料

会计师事务所（盖章）：天宇会计师事务所有限公司

注册会计师（签名）：王强

报告日期：2023年5月10日

任务描述

1. 了解验资报告的概念和分类。

2. 了解验资报告的格式。

3. 掌握验资报告的写作要求和技巧。

必备知识

一、验资报告的概念

验资报告是指经过注册的会计师事务所依法接受委托，对被审验单位的实收资本(股本)及其相关的资产、负债的真实性、合法性进行审验后出具的书面证明。验资报告是证明申请筹备的社会团体或企业活动资金状况的重要文件，具有法定证明效力。它是由会计师事务所或审计事务所及其他具有验资资格的机构出具的，用以证明资金真实性的专业性财务审核报告。验资报告应当以文字报告的形式确切地表述验证的内容，并由注册会计师签字或盖章、会计师事务所加盖公章后生效。验资机构对自己出具的验资报告负有法律责任，必须确保真实性和可靠性，不得弄虚作假或伪造报告。

二、验资报告的分类

验资报告可以根据不同的标准和需求进行分类，常见的分类方式包括以下几种。

(一) 按企业类型分类

1. 内资投资企业验资报告

内资投资企业验资报告包括开业验资报告[如普通开业、公司(企业)开业分期、个体工商户等]和变更验资报告[如普通增资、公司(企业)二期缴付、公司(企业)二期缴足、公司(企业)增资分期缴付、公司(企业)减资、公司(企业)合并、公司(企业)分立等]。

2. 外资投资企业验资报告

外资投资企业验资报告包括普通开业验资报告、增资验资报告、合并验资报告、减资验资报告、分立验资报告等。

3. 其他验资报告

其他验资报告，如改制验资报告、事业单位验资报告、社会团体验资报告、律师事务所验资报告等。

(二) 按验资目的分类

1. 设立验资报告

设立验资报告是对公司设立时注册资本的验证，证明公司注册资本的来源和真实性，适用于新设立的公司。

2. 变更验资报告

变更验资报告是对公司注册资本变更的验证，证明变更后注册资本的数额和来源，适用于增资、减资、股权转让等公司变更情况。

3. 年度验资报告

年度验资报告是对公司上一年度财务报表的审计结果进行验证，以证明财务报表的真实性和准确性，适用于上市公司、公众公司和外资企业等需要定期披露财务信息的公司。

4. 专项验资报告

专项验资报告是对公司某一项业务或资产进行专门的验证，如股票发行、资产重组等。

5. 破产清算验资报告

破产清算验资报告是在公司破产清算时，对资产和负债进行验证和确认的报告。

（三）按验资内容分类

1. 货币资金验资报告

货币资金验资报告主要验证被审验单位货币资金的实收情况。

2. 实物资产验资报告

实物资产验资报告主要验证被审验单位实物资产的出资情况，如房产、设备等。

3. 无形资产验资报告

无形资产验资报告主要验证被审验单位无形资产的出资情况，如知识产权、土地使用权等。

三、验资报告的格式

（一）标题

标题统一为“验资报告”。

（二）委托人及受托人信息

（1）委托人：[填写委托人的全称]。

（2）受托人：[填写会计师事务所的全称]。

（三）审验范围

具体描述审验的对象、时间范围及内容，如“××公司截至××××年××月××日的注册资本实收情况”。

（四）审验依据

列出审验工作所依据的法律法规、审计准则等，如《中华人民共和国公司法》《中国注册会计师审计准则》及国家其他相关法律法规。

（五）审验过程

描述审验工作的起止时间、遵循的原则、实施的审验程序等。

（六）审验结果

详细阐述审验发现的事实，包括注册资本的实收情况、各股东的出资额及出资比例、出资资产的类型及价值等。

（七）结论

根据审验结果，对委托人的注册资本实收情况发表意见，如“本所认为，××公司的注册资本实收情况真实、合法、完整”。

（八）附件

列出与验资报告相关的附件，如出资证明书、银行对账单、资产评估报告等。

（九）报告日期及签名盖章

（1）会计师事务所：[会计师事务所盖章]。

（2）注册会计师：[注册会计师签名]。

（3）报告日期：[填写报告出具的具体日期]。

四、验资报告的写作要求和技巧

（一）验资报告的写作要求

1. 内容完整准确

验资报告的内容必须完整且准确，这是核心要求。报告需详细记录被审验单位的基本信息，涵盖名称、类型、注册资本等关键要素。对于出资情况，要精确列明各股东的出资方式，如货币出资需明确金额、到账时间和账户信息；实物出资要说明资产的名称、数量、评估价值及权属情况；知识产权出资则需阐述其类型、有效期和评估作价。同时，要清晰描述审验范围和方法，审验范围应界定哪些出资事项被纳入审验，审验方法要说明是采用了检查文件记录、实地查看，还是其他方式。只有内容完整准确，才能为报告使用者提供可靠的信息，满足其决策需求。

2. 遵循法定格式

验资报告有严格的法定格式，必须严格遵循。一般包含标题、收件人、范围段、意见段、说明段、附件等基本部分。标题应简洁明了，直接体现报告性质。收件人需明确写出报告送达的对象。范围段要清晰界定审验的业务范围和时间跨度。意见段是报告的核心，应准确表述审验结果，如“截至[具体日期]，贵公司(筹)已收到全体股东缴纳的注册资本(实收资本)合计人民币[具体金额]元，出资方式符合法律法规和公司章程的规定”。说明段用于对特殊事项进行说明。附件则包含相关的证明材料和文件。遵循法定格式能确保报告的规范性和严肃性，便于各方理解和使用。

3. 依据充分可靠

验资报告的依据必须充分且可靠。审验过程要依据相关法律法规，如《中华人民共和国公司法》等，确保审验行为合法合规。同时，要参考公司章程、股东会决议等文件，明确股东的出资义务和方式。对于出资的证明材料，如银行进账单、资产评估报告、财产权转移手续等，要进行严格审核，确保其真实性和有效性。只有依据充分可靠，才能保证审验结果的准确性和公正性，增强报告的可信度。

4. 表述客观公正

在撰写验资报告时，表述必须客观公正。要避免使用带有主观色彩和偏见的词汇，以事实为依据，如实反映审验情况。对于发现的问题，要客观描述，不夸大也不隐瞒。例如，如果发现股东出资存在瑕疵，要明确指出问题的具体表现和严重程度，不能隐瞒或歪曲事实。同时，在给出审验意见时，要基于客观证据，不偏袒任何一方。客观公正的表述能使报告使用者对审验结果有正确的认识，作出合理的决策。

（二）验资报告的写作技巧

1. 深入了解业务

在撰写验资报告前，要深入了解被审验单位的业务情况，包括其经营范围、业务模式、行业特点等。不同的行业和业务模式对出资的要求和方式可能不同，例如，科技型企业可能更多地采用知识产权出资，而制造业企业则可能以实物资产出资为主。了解业务情况有助于准确判断出资的合理性和合规性，在审验过程中能够更有针对性地关注相关事项，提高审验工作的效率和质量，为撰写高质量的验资报告奠定基础。

2. 注重细节审查

细节决定成败，在验资报告撰写过程中要注重细节审查。对于出资凭证，要仔细核对金额、日期、签章等信息是否准确无误；对于实物资产的权属证明，要认真查看其合法性和有效性；对于知识产权的评估报告，要审查评估方法和依据是否合理。任何一个细节的疏忽都可能导致审验结果出现偏差。通过细致入微的审查，能够发现潜在的问题和风险，确保审验结果的准确性和可靠性，使验资报告更具说服力。

3. 逻辑表达清晰

验资报告的逻辑表达要清晰。报告内容应按照一定的逻辑顺序组织，首先，介绍被审验单位的基本情况和审验范围；其次，阐述审验过程和方法；再次，说明审验结果；最后，提出相关建议(如有)。各部分之间要有明确的过渡和衔接，使读者能够轻松理解报告的内容。例如，在说明审验结果时，可以按照股东出资的顺序依次阐述，或者按照出资方式进行分类说明，使报告层次分明、条理清晰，便于报告使用者快速获取关键信息。

4. 准确运用术语

准确运用专业术语是撰写验资报告的重要技巧。要使用规范的会计、审计和法律术语，如“注册资本”“实收资本”“验资截止日”“货币出资”“实物出资”等。这些术语具有特定的含义和用法，准确使用能够体现报告的专业性和权威性。同时，对于一些可能引起误解的术语，要进行必要的解释和说明，确保报告使用者能够正确理解其含义。准确运用术语能使报告更加严谨、规范，提高报告的质量和可信度。

思考题

1. 验资报告的写作要注意哪些问题？
2. 如何写好验资报告？

第六节 审计报告

情境导入

王昆是KM会计师事务所一位资深注册会计师，经常接受一些单位委托对单位财务报表进行审计，审计工作非常出色。

你了解审计工作和审计报告吗？审计工作和审计报告有什么意义？

实例阅读

××公司202×年度审计报告

报告编号：AUD-202×-×××

审计期间：202×年1月1日至202×年12月31日

审计机构：×××会计师事务所

目录

1. 引言
2. 审计范围与方法
3. 公司概况
4. 财务报表审计结果

4.1 资产负债表分析
4.2 利润表分析
4.3 现金流量表分析
5. 关键审计发现
5.1 内部控制评价
5.2 重大风险领域
6. 审计意见
7. 图表附录
8. 建议与改进计划
1. 引言
本次审计依据《国际审计准则》及《中国注册会计师审计准则》，对××公司财务报表的真实性、完整性和合规性进行独立审查。审计目的为：
(1) 评估财务信息的准确性；
(2) 识别潜在风险与内部控制缺陷；
(3) 提出改进建议以提升运营效率。
2. 审计范围与方法
(1) 范围：覆盖公司所有部门、子公司及关联交易。
(2) 方法：抽样测试(占比30%交易记录)；访谈管理层及关键岗位人员；实质性程序与分析性复核结合；系统安全性测试(针对IT环境)。
3. 公司概况

指标	详情	指标	详情
成立时间	20××年××月	员工规模	×××人
主营业务	制造业/服务业/科技行业等	主要市场	国内/国际

4. 财务报表审计结果
4.1 资产负债表分析

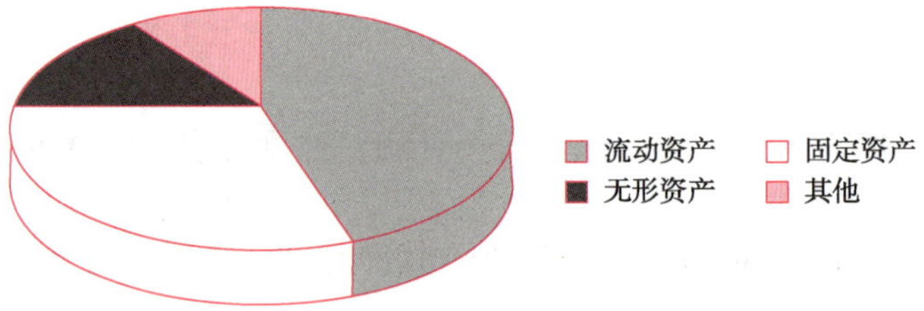

资产结构占比(202×年)

关键发现：
(1) 存货周转率同比下降10%，需关注滞销风险；
(2) 长期负债占比上升至35%，偿债压力增大。
4.2 利润表分析

收入与成本对比　　单位：万元

项目	202×年	(202×-1)年	同比变化
营业收入	10000	9000	+11.1%
营业成本	7000	6200	+12.9%
净利润	1200	1100	+9.1%

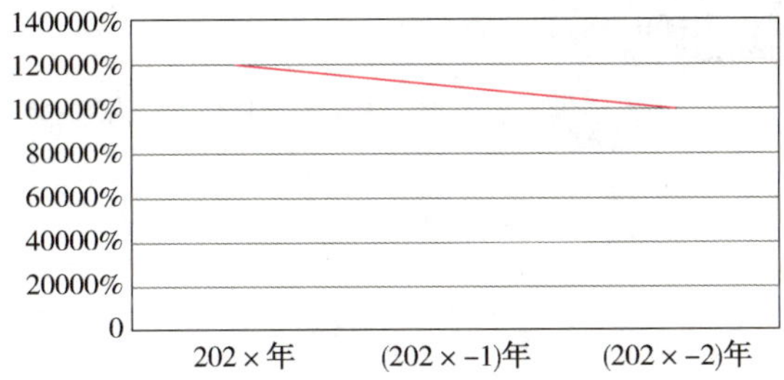

近3年净利润增长率波动下降

4.3 现金流量表分析

(1) 经营活动现金流净额：+800万元(同比下降5%)；

(2) 投资活动现金流出：2000万元(主要用于设备购置)；

(3) 筹资活动现金流入：1500万元(新增银行贷款)。

5. 关键审计发现

5.1 内部控制评价

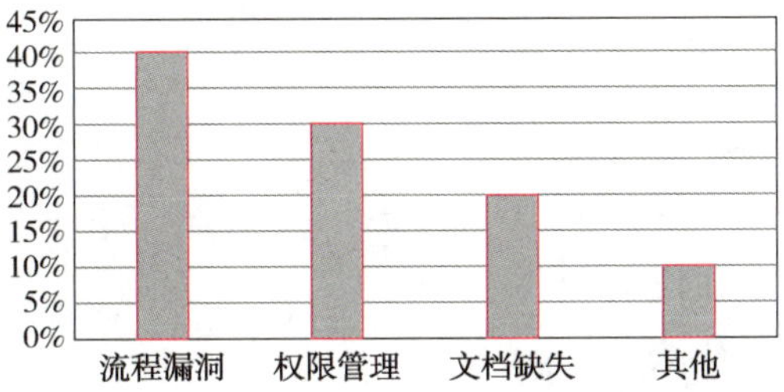

内部控制缺陷分布

主要问题：

(1) 采购审批流程存在越级操作；

(2) 固定资产盘点记录不完整。

5.2 重大风险领域

(1) 市场风险：主要原材料价格波动导致成本上升；

(2) 合规风险：部分税务申报存在延迟；

(3) 运营风险：IT系统备份机制不完善。

6. 审计意见

(1) 无保留意见：财务报表整体公允反映公司财务状况；

(2) 强调事项：需优先解决内部控制缺陷与税务合规问题。

7. 图表附录

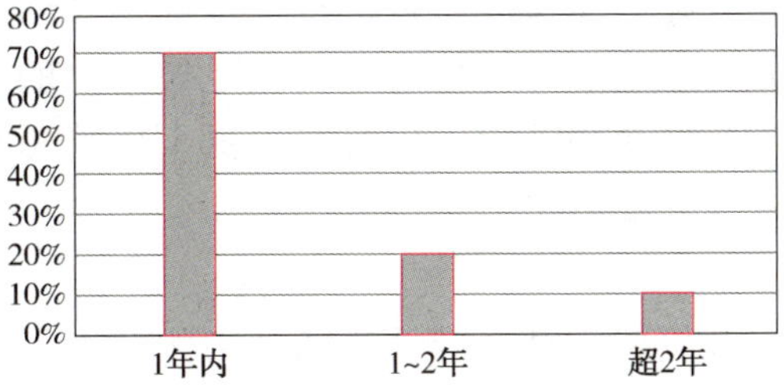

应收账款账龄分析

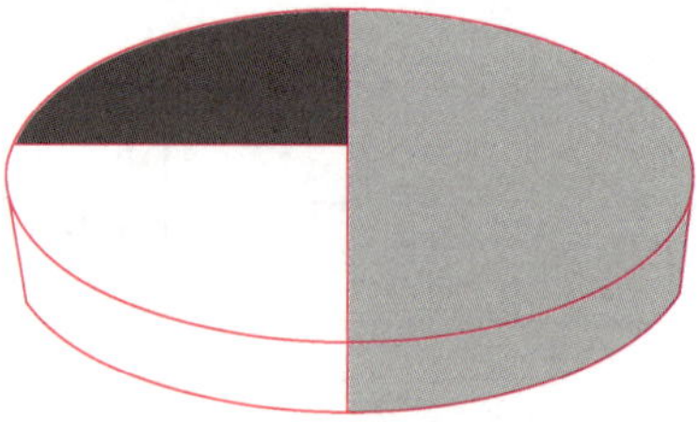

成本构成比例

8. 建议与改进计划

问题	建议措施	责任部门	完成时间
存货周转率下降	优化库存管理系统，引入 ABC 分类法	供应链部	202×年 Q3
内部控制流程漏洞	修订审批权限表，加强培训	内部审计部	202×年 Q2
IT 系统备份不足	升级灾备方案，每月测试	IT 部门	202×年 Q4

审计机构：×××会计师事务所
审计师：×××（注册会计师）
日期：202×年×月×日

任务描述

1. 了解审计报告的分类和特点。
2. 熟悉审计报告的一般写法。

必备知识

一、审计报告的概念

审计报告是国家审计机关或会计师事务所的注册会计师，根据国家财经工作制度要求，运用会计学理论，在对被审计单位的年度会计报表实施审计工作的基础上发表意见的书面文件。

审计报告是对审计全过程的总结，是审计工作的最终结果，是具有法律效力的文件，具有法定证明力。

二、审计报告的特点

（一）总结性

审计人员在围绕审计任务开展工作时，每进行一步都要详细记录，以这些记录为原始材料，给出书面结论性意见，这是审计工作的最后也是最重要的一个步骤，既是对被审计单位的财务、工作作风等情况的全面评价，也是对自身工作的总结，所以审计报告就是审计工作的总结报告，具有较强的总结性。

（二）答复性

审计工作一般是上级或有关部门交办或委办的，工作结束后，必须以书面形式对交办或委办单位有所交代，所以，在审计报告中要针对交办、委办单位的要求和目标，以国家法规为标准，对事实进行科学分析，一一答复说明，给出审计结论，使交办或委办单位可以根据审计意见，对有关问题作出正确、适当的处理。

（三）公证性

虽然各类审计报告的要求和内容不尽相同，但审计人员是以第三者的身份按照国家有关规定进行审计工作的，是合法的、有效的，审计报告是具有公证作用的文件，具有合法的证明效力。

三、审计报告的分类

1. 按主体不同分类

审计按主体不同可以分为国家审计、内部审计和社会审计，与之相对应的审计报告可以分为国家审计报告、内部审计报告和社会审计报告。

（1）国家审计报告是指审计机关实施审计后，依法对被审计单位的财政收支、财务收支的真实、合法、效益发表审计意见的书面文件，是审计机关向被审计单位出具审计意见书、作出审计决定、进行审计结果公告的基础和依据。

（2）内部审计报告是指内部审计人员，根据审计计划对被审计单位实施必要的审计程序后，就被审计单位经营活动和内部控制的适当性、合法性和有效性出具的书面文件。

（3）社会审计报告是指注册会计师根据《中国注册会计师审计准则》的要求，在实施了必要的审计程序后出具的，用于对被审计单位年度会计报表发表审计意见的书面文件。

2. 按审计意见分类

审计人员根据审计结果和被审计单位对审计调整建议的处理情况，提出不同的审计意见，形成了审计报告的各种类型，包括无保留意见、保留意见、否定意见和无法表示意见四种类型。

其中，无保留意见又可以分为：标准的无保留意见和带有强调事项段的无保留意见（非标准）。

（1）标准的无保留意见审计报告。

① 标准审计报告的意义。标准审计报告指不附加说明、强调事项段或任何修饰性用语的无保留意见的审计报告。

注册会计师认定被审计单位的会计报表符合会计准则和相关会计制度的规定，在所有重大方面公允反映了被审计单位的财务状况、经营成果和现金流量后对被审计单位的会计报表无保留地表示满意。

标准审计报告意味着注册会计师认为会计报表的反映是公允的，能满足非特定多数关系人的共同需要，并对发表的意见负责。

② 出具标准审计报告应符合的条件。

A. 会计报表符合会计准则和相关会计制度的规定，在所有重大方面公允反映被审计单位的财务状况、经营成果和现金流量。

B. 注册会计师已经按照《中国注册会计师审计准则》计划和实施了审计工作，在审计过程中未受到限制。

C. 不存在应当调整或披露而被审计单位未予调整或披露的重要事项。

（2）带有强调事项段的无保留意见审计报告

① 强调事项段的意义。注册会计师认定企业在会计核算中出现的某些事项可能对会计报表产生重大影响；被审计单位的会计处理适当、在会计报表中也做出了充分披露；并且这些事项不影响注册会计师发表的审计意见时，则在无保留意见段后增加强调事项段，从

而出具带有强调事项段无保留意见的审计报告。

② 出具非标准无保留意见审计报告的条件。

A. 当存在可能导致对持续经营能力产生重大疑虑的事项或情况，但不影响已发表的审计意见时，注册会计师应当在审计意见之后增加强调事项段对此予以强调。

B. 当存在可能对会计报表产生重大影响的不确定事项（持续经营问题除外），但不影响已发表的审计意见时，注册会计师应当考虑在审计意见之后增加强调事项段对此予以强调。

（3）保留意见审计报告。

① 保留意见审计报告的意义。保留意见是指注册会计师认为被审计单位的会计报表就整体而言是公允的，但对会计报表的反映有所保留的审计意见。一般是由于某些事项的存在，使无保留意见的条件不完全具备，影响了被审计单位会计报表的表达，因而注册会计师对无保留意见加以修正，对影响事项提出保留意见，并表示对该意见负责。

② 出具保留意见审计报告的条件。

A. 会计政策的选用、会计估计的作出或会计报表的披露不符合会计准则和相关会计制度的规定，虽影响重大，但不至于出具否定意见的审计报告；

B. 因审计范围受到限制，无法获取充分、适当的审计证据，虽影响重大，但不至于出具无法表示意见的审计报告。

（4）否定意见的审计报告。

① 否定意见审计报告的意义。否定意见是指与无保留意见相反，注册会计师对会计报表公允地反映被审计单位财务状况、经营成果和现金流量不认可的审计意见。即被审计单位的会计报表不符合国家颁布的会计准则和相关会计制度的规定，未能公允地反映被审计单位的财务状况、经营成果和现金流量。这种情况在审计实务中很少见。

② 出具否定意见审计报告的条件。

A. 当未调整事项、未确定事项等对会计报表的影响程度超出一定范围，以致对会计报表产生了无法接受的影响，被审计单位的会计报表已失去其价值时；

B. 注册会计师如果认为会计报表不符合国家颁布的会计准则和相关会计制度的规定，未能从整体上公允反映被审计单位的财务状况、经营成果和现金流量时。

（5）无法表示意见的审计报告。

① 无法表示意见审计报告的意义。注册会计师出具无法表示意见，不是注册会计师拒绝接受委托，而是注册会计师实施了一系列的审计程序后发表审计意见的一种方式；注册会计师出具无法表示意见，也不是不愿发表意见。如果注册会计师已能确定应当出具保留意见或否定意见的审计报告，不得以无法表示意见的审计报告来代替。这种情况在审计实务中只能用罕见来形容。

② 出具无法表示意见审计报告的条件。由于某些主观或者客观的限制未能对某些重要事项取得证据，没有完成取证工作，使注册会计师无法判断问题的归属及其对会计报表的影响程度，因而无法表示（肯定、否定或保留）意见。

四、审计报告的作用

（一）鉴证作用

审计报告对被审计单位会计报表中所反映的财务状况、经营成果和现金流量情况的合法、公允和一贯具有鉴证作用。

（二）保护作用

审计报告在一定程度上对被审计单位的财产、债权人和股东的权益及企业利害关系人的利益起到保护作用。

（三）促进作用

注册会计师在审计过程中可以发现被审计单位存在的问题，提出改进管理的意见和建议，起到促进财务信息质量提高的作用。

（四）证明作用

审计报告可以证明注册会计师在审计过程中是否完成预定的审计程序，是否以审计工作底稿为依据客观地表示审计意见；表示的审计意见是否与被审计单位的实际情况一致；审计工作的质量是否符合一定的要求。通过审计报告，可以证明注册会计师审计责任的履行情况。

五、审计报告的撰写

审计报告的结构，一般由标题、主送单位、正文、结尾、附件、署名和日期等构成。

（一）标题

标题可直接以“审计报告”为题，但多数写明审计的目的和对象。

（二）主送单位

主送即审计报告的呈递单位，主要是委托单位，也可以是被审计单位的上级主管部门。

（三）正文

正文是审计报告的主体部分，通常要写出五个方面的内容。

（1）审计概况：基本情况介绍，如审计的依据、目的和范围，被审计单位名称及业务性质等；

（2）审计中发现的问题，要掌握判断的标准及有关规定；

（3）提出初步决定；

（4）提出审计意见或建议；

（5）对被审计单位进行评价，即作出审计结论。

其中，第(3)、(4)方面可以合为一项来写。

（四）结尾

因为审计报告是上呈文，所以正文后往往以“以上意见当否，请审定”为结，也可以不写。

（五）附件

附件通常是审计中掌握的不便写入正文的有关证据，如凭证、证词、账簿中的材料等，一并附在审计报告后，以备查用。没有，则可以免去。

（六）署名和日期

署名和日期写在正文后右下角，包括审计单位、审计人员姓名，并加盖印章，下面是审计报告的写作时间。

六、写审计报告的注意事项

写作审计报告，要实事求是、态度明确；内容要完整，数字要可靠；文字要简练，语言要庄重。

思考题

1. 审计报告有哪些类型？
2. 审计报告在正文部分应写清楚哪些内容？

第九章

仿真实训项目

在最近的校园里，发生了一件振奋人心的事情。随着国家“双减”政策的深入实施，××中职学校积极响应国家号召，决定举办一场别开生面的财经专业技能大赛，旨在提升学生的实践能力，激发学生的创新思维。这不仅仅是一场普通的比赛，更是一次将国家政策与教育教学深度融合的实践。

故事的主角是财经专业的中职学生小明。小明一直对财经法规与职业道德充满热情，但总觉得书本上的知识离实际操作有点远。这时，学校发布的关于举办“财经专业技能大赛”的通知像一缕春风，吹进了他的心田。小明意识到，这是一个将理论知识转化为实践技能的绝佳机会。

通过参与这次大赛，小明不仅锻炼了自己的专业技能，还深刻体会到了国家“双减”政策下，职业教育改革带来的新机遇。他所在的团队在比赛中荣获一等奖，不仅获得了奖金和荣誉证书，更重要的是，他们得到了企业的青睐，为未来的职业生涯奠定了坚实的基础。

本章通过仿真实训项目，围绕通知、函、公告、通告、公报、通报、请示、批复、计划、总结、述职报告、会议记录、广告文案、意向书、经济合同、协议书、营销策划书和广告策划书等多种财经应用文的撰写，旨在帮助学生掌握各类应用文的规范格式与核心内容，提升文书写作、沟通协调、资源整合、营销策划及法律意识等多方面的能力，为未来职场发展奠定坚实的基础。

第一节 通知和函的仿真实训

一、通知的仿真实训

（一）材料题目

关于举办“财经法规与职业道德”专题讲座的通知。

（二）材料背景

为提升学生财经法规意识与职业道德素养，学校计划于近期邀请行业专家举办专题讲座。现需撰写一份正式通知，明确活动主题、时间、地点、参与对象及注意事项，要求格式规范、内容完整、语言简洁。

（三）实训要求

（1）根据材料题目及背景信息，撰写一份符合行政公文规范的通知。

（2）需包含标题、主送单位、正文、落款等要素，注意格式排版。

（3）正文中需明确活动目的、时间、地点、参与人员、活动内容等关键信息。

（4）部分内容需以填空形式呈现(用下划线标注)，由学生补充完善。

（四）实训目的

通过填空练习，帮助学生掌握通知的规范格式与核心内容，强化公文写作能力，同时结合财经专业背景提升实际应用能力。

（五）实训例文

关于举办“财经法规与职业道德”专题讲座的通知

主送单位：____(如：全体财经专业学生/各班级)

正文：

为加强我校学生对财经法规的理解，提升职业道德素养，____________________(如：经研究决定/特邀请××单位)，将于近期举办“财经法规与职业道德”专题讲座。现将有关事项通知如下：

一、讲座主题

____(如：财经法规实务解析与职业风险防范)

二、讲座时间

____(如：202×年××月××日 14：30—16：30)

三、讲座地点

____(如：学校学术报告厅/第三教学楼 101 室)

四、参与人员

____(如：202×级财经专业全体学生/财经系全体师生)

五、讲座内容

1. 最新财经法规政策解读；

2. 典型案例分析(如：____)；

3. 职业道德规范与从业要求；

4. 互动答疑环节。

六、注意事项

1. 请提前10分钟到场签到，遵守会场纪律；
2. 携带笔记本及笔做好记录；
3. 手机调至静音，________________________________(如：不得随意走动/保持会场安静)；
4. 因故缺席者需向________________________________(如：辅导员/班主任)请假。

落款：

________________________________(发文单位，如：××学校财经系)

________________________________(日期，如：202×年××月××日)

二、函的仿真实训

(一) 材料题目

关于商洽校企合作共建财经实训基地的函。

(二) 材料背景

为深化职业教育改革，推动产教融合，提升财经专业学生的实践能力和职业素养，我校计划与本地知名企业合作共建财经实训基地。该基地将模拟真实企业财务环境，提供账务处理、税务申报、财务分析等实训场景，帮助学生掌握行业前沿技能。经前期调研，××企业(行业龙头企业，拥有完善的财务管理体系和丰富的实务经验)具备合作潜力。现需撰写一份正式函件，向该企业提出合作意向，明确合作内容、方式及期望回复时间，要求格式规范、内容翔实、语言得体。

(三) 实训要求

(1) 根据材料题目及背景信息，撰写一份符合行政公文规范的函件。

(2) 需包含标题、主送单位、正文、落款等要素，注意格式排版。

(3) 正文中需明确合作背景、合作内容、合作方式、联系方式及期望回复时间等关键信息。

(4) 部分内容需以填空形式呈现(用下划线标注)，由学生补充完善。

(四) 实训目的

通过填空练习，帮助学生掌握函件的规范格式与核心内容，强化公文写作能力，同时结合校企合作背景提升沟通协调与资源整合能力，为未来从事财经类工作奠定实务基础。

(五) 实训例文

关于商洽校企合作共建财经实训基地的函

主送单位：________________________________(如：××有限公司)

正文：

为贯彻落实《国家职业教育改革实施方案》精神，深化产教融合，创新人才培养模式，________________________________(如：经我校财经系与校企合作办公室联合研究/为提升财经专业学生实务操作能力)，拟与贵单位合作共建财经实训基地。现将有关事项函告如下：

一、合作背景

当前财经行业对人才实践能力要求日益提高，传统课堂教学难以满足企业用人需求。我校财经专业作为省级重点专业，急需通过校企合作强化实践教学环节。贵单位作为________________________________(如：本地财税服务领域龙头企业/全国百强会计师事务所)，在财务管理、税务筹划、审计实务等方面具有显著优势，双方合作将实现资源共享、优势互补，共同培养符合行业需求的高素质财经人才。

二、合作内容

1. 共建实训平台：

(1) 贵单位提供______________________________(如：企业财务软件授权/真实财务数据集/税务申报系统)；

(2) 我校提供______________________________(如：实训场地、设备、基础教学支持)；

(3) 联合打造"______________________________"(如：智能财务实训中心/财税一体化实训室)。

2. 联合开展教学活动：

(1) 邀请贵单位专家参与______________________________(如：课程开发、实训指导、案例教学)；

(2) 安排学生赴贵单位进行______________________________(如：短期见习、顶岗实习、项目实践)；

(3) 共同举办______________________________(如：财税技能大赛、行业讲座、职业规划沙龙)。

3. 开发实训资源：

(1) 合作编写______________________________(如：《企业财务实务操作手册》《税务筹划案例集》)；

(2) 开发______________________________(如：在线实训课程、虚拟仿真教学模块)。

三、合作方式

1. 资源投入：

贵单位提供______________________________(如：技术软件、专家团队、实训案例)；

我校提供______________________________(如：场地设施、学生资源、师资配合)。

2. 管理机制：

成立联合工作组，定期召开______________________________(如：校企合作协调会)；

签订合作协议，明确双方权责分工及______________________________(如：知识产权归属、保密条款)。

3. 成果共享：

(1) 合作成果(如实训教材、课程资源)双方共同使用；

(2) 优先推荐优秀毕业生到贵单位就业。

四、联系方式

联系人：(如：张××主任)

联系电话：(如：010-×××××××)

电子邮箱：(如：finance@×××.edu.cn)

通信地址：(如：××市××区××路××号)

五、期望回复

如贵单位有意合作，请于______________________________(如：202×年××月××日前)复函，并附初步合作意向书，以便进一步协商具体事宜。

落款：

______________________________(发文单位，如：××学校)

______________________________(日期，如：202×年××月××日)

第二节 公告和通告的仿真实训

一、公告的仿真实训

（一）材料题目

关于202×年财经专业技能大赛报名及参赛的公告。

（二）材料背景

为提升财经专业学生的实践能力，激发创新思维，我校计划举办202×年财经专业技能大赛。大赛涵盖会计实务、税务筹划、财务分析项目，面向全校财经类专业学生开放。为确保赛事顺利开展，需发布正式公告，明确赛事主题、参赛对象、报名方式、赛程安排及奖项设置等关键信息，要求格式规范、内容翔实、语言严谨。

（三）实训要求

（1）根据材料题目及背景信息，撰写一份符合行政公文规范的公告。

（2）需包含标题、正文、落款等要素，注意格式排版（公告通常无主送单位）。

（3）正文中需明确赛事背景、参赛对象、报名方式、赛程安排、奖项设置及注意事项等关键信息。

（4）部分内容需以填空形式呈现（用下划线标注），由学生补充完善。

（四）实训目的

通过填空练习，帮助学生掌握公告的规范格式与核心内容，强化公文写作能力，同时结合赛事组织背景提升信息整合与细节把控能力，为未来参与或组织专业竞赛奠定基础。

（五）实训例文

关于202×年财经专业技能大赛报名及参赛的公告

为贯彻落实____（如：《国家职业教育改革实施方案》/我校"岗课赛证"融通计划），提升财经专业学生的实践能力和职业素养，____（如：经研究决定/由财经系主办），将于近期举办202×年财经专业技能大赛。现将有关事项公告如下：

一、赛事主题

____（如："数智赋能，财技争锋"——财经专业技能创新大赛）

二、参赛对象

____（如：我校财经类专业全体在校学生/202×级、202×级会计专业学生）

三、赛项设置

1. 会计实务：模拟企业账务处理、报表编制；
2. 税务筹划：企业税务方案设计及风险分析；
3. 财务分析：基于真实数据的财务决策支持。

四、赛程安排

1. 报名时间：______________________________(如：202×年××月××日—××月××日)；

2. 初赛时间：______________________________(如：202×年××月××日)；

3. 决赛时间：______________________________(如：202×年××月××日)；

4. 地点：______________________________(如：学校实训中心/第三教学楼多功能厅)。

五、报名方式

1. 线上报名：登录______________________________(如：学校官网/大赛指定平台)填写报名表；

2. 线下提交：将报名表交至______________________________(如：财经系办公室/辅导员处)；

3. 报名材料：______________________________(如：身份证复印件、学生证复印件、近期免冠照片)。

六、奖项设置

1. 个人奖：

一等奖：______________________________(如：奖金1000元+荣誉证书)；

二等奖：______________________________(如：奖金500元+荣誉证书)；

三等奖：______________________________(如：奖金300元+荣誉证书)。

2. 团体奖：

冠军团队：______________________________(如：奖杯+团队奖金2000元)；

优秀组织奖：______________________________(如：奖牌+团队奖金1000元)。

七、注意事项

1. 参赛选手需确保报名信息真实有效；

2. 初赛、决赛需按时到场，迟到______________________________(如：15分钟视为弃权)；

3. 赛事规则及评分标准详见______________________________(如：附件《大赛章程》/学校官网公告)；

4. 其他未尽事宜，请联系______________________________(如：大赛组委会，电话：010-×××××××)。

落款：

______________________________(发文单位，如：××学校财经系)

______________________________(日期，如：202×年××月××日)

二、通告的仿真实训

(一) 材料题目

关于社区财经服务驿站临时调整服务时间及新增线上服务的通告

(二) 材料背景

为配合社区"金融知识普及月"活动，社区财经服务驿站需临时调整服务时间，并新增线上直播、在线咨询等数字化服务。为确保居民知晓调整安排，保障服务衔接顺畅，需发布正式通告，明确调整时间、服务内容、替代方式、参与规则及注意事项。

(三) 实训要求

(1) 根据材料题目及背景信息，撰写一份符合行政公文规范的通告。

(2) 需包含标题、正文、落款等要素，注意格式排版(通告通常无主送单位)。

(3) 正文中需明确调整时间、服务内容、替代方式、参与规则、注意事项等关键信息。

(4) 部分内容需以填空形式呈现(用下划线标注)，由学生补充完善。

(四) 实训目的

通过填空练习，帮助学生掌握通告的规范格式与核心内容，强化公文写作能力，同时结合社区服务管理背景提升信息传达与细节设计能力，为未来从事公共服务或行政管理工作奠定基础。

（五）实训例文

关于社区财经服务驿站临时调整服务时间及新增线上服务的通告

为配合________________________（如：社区“金融知识普及月”活动），提升居民财经素养，____________（如：经社区居委会与财经服务驿站协商决定），自____________（如：202×年××月××日）起至____________（如：202×年××月××日），对财经服务驿站服务时间及服务内容进行临时调整。现将有关事项通告如下：

一、调整时间

原服务时间：____________（如：每周一至周五 9：00—17：00）；

调整后时间：____________（如：每周一至周五 13：00—17：00，周六、日暂停服务）；

恢复时间：____________（如：202×年××月××日起恢复原服务时间）。

二、服务内容调整

1. 暂停服务：________________（如：常规业务咨询、账户开立、理财签约）；

2. 新增服务：

线上直播：每日________（如：14：00—15：00），主题为________（如：“家庭理财规划技巧”“防范金融诈骗案例解析”）；

在线咨询：每日________（如：15：30—16：30），通过________（如：社区微信公众号“××财经驿站”留言板）回复居民问题；

资料领取：活动期间，居民可凭________（如：身份证或社区居住证）至驿站领取________（如：《金融知识手册》《防诈骗指南》）。

三、替代服务方式

紧急业务：请联系________（如：驿站值班电话 010-××××××××，服务时间 9：00—12：00）；

非紧急业务：可通过________（如：社区官方网站“在线服务”栏目提交申请）；

自助服务：驿站门口设置________（如：24 小时自助终端机），可办理________（如：账户余额查询、缴费凭证打印）。

四、参与规则

1. 线上直播：

需提前________________________（如：扫码预约，限 80 人/场）；

直播过程中禁止________________________（如：发布广告、恶意刷屏）；

互动问答环节可通过________________________（如：弹幕或评论区留言）参与。

2. 在线咨询：

留言需注明________________________（如：姓名、联系方式、具体问题）；

工作人员将在________________________（如：24 小时内）回复；

涉及个人隐私的问题建议________________（如：通过私信或加密邮件沟通）。

五、注意事项

调整期间，____________（如：驿站工作人员将减少，建议居民优先选择线上服务）；

领取资料时，需出示________________________（如：有效证件并登记信息）；

请居民保管好个人财物，勿轻信____________（如：非官方渠道的金融推销电话或短信）；

如遇特殊情况，请联系____________（如：社区服务中心，电话：010-××××××××）；

活动期间，________________________（如：驿站内禁止吸烟、大声喧哗）。

六、其他说明

活动结束后，将________（如：整理居民建议，优化服务流程）；

参与线上服务满______（如：3 次）的居民，可兑换________（如：精美礼品或优先服务权益）；

感谢居民的理解与支持，________（如：活动全程接受社区监督，监督电话：010-××××××××）。

落款：

________________________（发文单位，如：××社区居委会）

________________________（日期，如：202×年××月××日）

第三节 公报和通报的仿真实训

一、公报的仿真实训

（一）材料题目

关于××市 202×年上半年国民经济和社会发展计划执行情况的公报。

（二）材料背景

为全面反映××市 202×年上半年国民经济和社会发展计划的执行情况，市政府需发布正式公报，总结主要指标完成情况、重点工作进展、存在问题及下一步措施。公报需数据翔实、语言规范，体现政府工作的透明度和权威性。

（三）实训要求

（1）根据材料题目及背景信息，撰写一份符合行政公文规范的公报。

（2）需包含标题、正文、落款等要素，注意格式排版(公报通常无主送单位)。

（3）正文中需明确主要指标完成情况、重点工作进展、存在问题及下一步措施等关键内容。

（4）部分内容需以填空形式呈现(用下划线标注)，由学生补充完善。

（四）实训目的

通过填空练习，帮助学生掌握公报的规范格式与核心内容，强化数据整理与逻辑表达能力，同时结合政府工作实际提升信息归纳与权威表述能力，为未来从事行政管理或政策研究工作奠定基础。

（五）实训例文

××市 202×年上半年国民经济和社会发展计划执行情况的公报

202×年上半年，在市委、市政府的坚强领导下，全市上下深入贯彻落实____(如：国家“十四五”规划及省、市年度工作部署)，坚持稳中求进工作总基调，统筹推进疫情防控和经济社会发展。现将主要情况公报如下：

一、主要指标完成情况

1. 经济增长：

地区生产总值(GDP)完成____________(如：×××亿元)，同比增长____________(如：6.5%)，高于全省平均水平____________(如：0.3 个百分点)；

第一产业增加值____________(如：×××亿元)，增长____________(如：4.2%)；

第二产业增加值____________(如：×××亿元)，增长____________(如：7.1%)；

第三产业增加值____________(如：×××亿元)，增长____________(如：6.0%)。

2. 民生保障：

城镇新增就业__________(如：×万人)，完成年度目标的__________(如：58.3%)；

居民消费价格指数(CPI)同比上涨____________(如：1.2%)，物价总体平稳；

城乡居民人均可支配收入分别增长____________(如：5.8%、7.3%)。

二、重点工作进展

1. 产业升级：

高新技术产业产值占规模以上工业总产值比重达____________（如：42.5%），同比提高____________（如：2.1个百分点）；

数字经济核心产业增加值为____________（如：×亿元），占GDP比重达____________（如：9.6%）。

2. 项目建设：

省级重大项目开工率达____________（如：85.7%），完成投资____________（如：×××亿元）；

新引进亿元以上项目____________（如：××个），总投资____________（如：×××亿元）。

3. 民生实事：

新建、改扩建中小学、幼儿园____________（如：××所），新增学位____________（如：×万个）；

完成老旧小区改造____________（如：××个），惠及居民____________（如：×万户）。

三、存在问题

____（如：部分行业复苏动力不足，如餐饮、旅游业）；

____（如：企业用工成本上升，融资难问题仍需缓解）；

____（如：生态环境保护压力较大，部分区域空气质量未达标）。

四、下一步措施

1. 稳增长：

加大____（如：消费券发放、文旅活动推广）力度，促进消费回暖；

推动____（如：减税降费、融资担保）政策落地，支持实体经济发展。

2. 调结构：

加快____（如：战略性新兴产业、未来产业布局），培育新动能；

推进____（如：传统产业数字化改造、绿色低碳转型）。

3. 保民生：

落实____（如：就业优先政策、社会保障扩面），提升公共服务水平；

加强____（如：食品安全监管、医疗卫生体系建设）。

落款：

××市人民政府

202×年××月××日

二、通报的仿真实训

（一）材料题目

关于××市202×年度“营商环境优化”工作先进单位的通报。

（二）材料背景

为表彰在202×年度“营商环境优化”工作中表现突出的单位，树立典型、激励先进，市政府决定对相关单位进行通报表扬。通报需明确表彰对象、工作成效、表彰依据及后续要求，体现政府工作的导向性和权威性。

（三）实训要求

（1）根据材料题目及背景信息，撰写一份符合行政公文规范的通报。

（2）需包含标题、正文、落款等要素，注意格式排版（通报通常无主送单位）。

（3）正文中需明确表彰对象、工作成效、表彰依据、表彰决定及后续要求等关键内容。

（4）部分内容需以填空形式呈现（用下划线标注），由学生补充完善。

（四）实训目的

通过填空练习，帮助学生掌握通报的规范格式与核心内容，强化典型事例提炼与表彰逻辑表达能力，同时结合政府表彰工作实际提升信息归纳与权威表述能力，为未来从事行政管理或政策宣传工作奠定基础。

（五）实训例文

关于××市202×年度“营商环境优化”工作先进单位的通报

202×年，全市各单位深入贯彻落实____（如：市委、市政府关于优化营商环境的决策部署），以____（如：“放管服”改革、数字化政务服务）为抓手，扎实推进营商环境优化工作，取得显著成效。为表彰先进、树立典型，现对____（如：××区行政审批局、××市市场监管局等×家单位）予以通报表扬。

一、表彰对象及成效

1. ××区行政审批局：

创新推出____________（如：“一网通办”平台），实现____________（如：企业开办全流程1日办结）；

全年受理审批事项________（如：×万件），群众满意度达________（如：98.5%）。

2. ××市市场监管局：

建立________________________________（如：“双随机、一公开”监管机制），减少企业检查频次________（如：30%）；

查处侵权假冒案件________________________________（如：×××起），维护市场秩序成效显著。

3. 其他单位（可补充）：

（如：××区税务局）：推行________（如：“非接触式”办税），线上办税率提升至________（如：95%）；

（如：××市住建局）：压缩工程建设项目审批时限至______（如：60个工作日以内）。

二、表彰依据

根据________________________________（如：《××市营商环境优化考核办法（202×年修订）》），经综合考评、社会公示，上述单位在____（如：政务服务效能、监管创新、企业满意度）等方面表现突出，符合____（如：“营商环境优化先进单位”评选标准）。

三、表彰决定

授予________________________________（如：××区行政审批局等×家单位）“××市202×年度营商环境优化工作先进单位”称号；

对受表彰单位颁发奖牌，并________________________________（如：在全市年度考核中予以加分、优先推荐省级表彰）。

四、后续要求

受表彰单位要珍惜荣誉，________________________________（如：总结推广经验做法，持续深化改革创新）；

全市各单位要以先进为榜样，____（如：对标找差距，优化服务流程，提升工作质效）；

市政府将定期组织____（如：营商环境专项督查、经验交流会），推动全市营商环境持续优化。

落款：

××市人民政府

202×年××月××日

第四节 请示和批复的仿真实训

一、请示的仿真实训

（一）材料题目

关于申请××市202×年乡村小学教育信息化提升专项资金的请示。

（二）材料背景

为改善××市偏远乡村小学教育信息化条件，缩小城乡教育差距，××市教育局计划实施“乡村小学教育信息化202×”项目，涵盖多媒体教学设备更新、网络基础设施升级、教师信息化培训等内容。因地方财政紧张，需向市政府申请专项资金支持。请示需明确项目必要性、资金预算、实施计划及预期效益，确保内容翔实、逻辑清晰。

（三）实训要求

（1）根据材料题目及背景信息，撰写一份符合行政公文规范的请示。

（2）需包含标题、主送单位、正文、落款等要素，注意格式排版（请示需明确主送单位）。

（3）正文中需明确项目背景、资金需求、资金用途、实施步骤及请示事项等关键内容。

（4）部分内容需以填空形式呈现（用下划线标注），由学生补充完善。

（四）实训目的

通过填空练习，帮助学生掌握请示的规范格式与核心内容，强化教育项目申报逻辑与资金测算能力，同时结合乡村教育振兴背景提升信息整合与说服表达能力，为未来从事教育管理或项目策划工作奠定基础。

（五）实训例文

关于申请××市202×年乡村小学教育信息化提升专项资金的请示

××市人民政府：

为贯彻落实____（如：《××市乡村教育振兴三年行动计划》及《关于××××的指导意见》），切实改善乡村小学办学条件，现计划实施“乡村小学教育信息化202×”项目。具体请示如下：

一、项目背景

1. 现状问题：当前我市部分乡村小学存在____（如：多媒体教学设备陈旧、网络带宽不足、教师信息化教学能力薄弱）等问题，难以满足现代化教学需求；

2. 政策要求：根据____（如：教育部《教育信息化2.0行动计划》），需在202×年底前实现____（如：乡村小学多媒体教学设备覆盖率100%、网络带宽达标率90%）。

二、资金需求

总预算：项目总投资约________（如：800万元），具体构成如下：

1. 多媒体教学设备更新：________（如：300万元）；

2. 网络基础设施升级：________（如：200万元）；

3. 教师信息化培训：________（如：150万元）；

4. 设备运维及技术支持：________（如：150万元）。

资金缺口：目前已落实____（如：县级财政配套资金200万元、社会捐赠50万元），尚需申请市级专项资金________（如：550万元）。

三、资金用途

1. 多媒体教学设备更新：采购____（如：智能交互平板、电子白板、投影仪等）；

2. 网络基础设施升级：实现____（如：光纤入校、无线网络全覆盖、带宽提升至100Mbps）；

3. 教师信息化培训：开展____（如：线上线下结合的信息化教学技能培训，覆盖××所乡村小学××名教师）；

4. 设备运维及技术支持：提供____（如：三年免费运维服务、7×24小时技术支持）。

四、实施步骤

1. 筹备阶段（202×年×月—×月）：完成____（如：需求调研、设备选型、招标采购）；

2. 建设阶段（202×年×月—×月）：推进____（如：设备安装调试、网络升级、教师培训）；

3. 验收阶段（202×年×月）：组织____（如：第三方机构验收，确保设备达标、网络畅通、教师合格）。

五、预期效益

1. 教学提质：实现____（如：多媒体教学课程覆盖率提升至80%，学生课堂参与度提高40%）；

2. 资源共享：建成____（如：乡村小学优质教育资源共享平台，实现城乡学校资源互通）；

3. 教师发展：培养____（如：××名信息化教学骨干教师，带动乡村教师整体能力提升）。

六、请示事项

恳请市政府批准我区申请____（如：××市202×年乡村小学教育信息化提升专项资金550万元），并列入____（如：市级财政202×年度教育民生项目预算）。

落款：

××市教育局

202×年××月××日

二、批复的仿真实训

（一）材料题目

关于××市202×年乡村小学教育信息化提升专项资金的批复。

（二）材料背景

××市教育局向市政府提交了《关于申请××市 202×年乡村小学教育信息化提升专项资金的请示》，市政府经研究后同意拨付专项资金。批复需明确批复依据、资金安排、使用要求及后续监管措施，体现政府决策的权威性与规范性。

（三）实训要求

（1）根据材料题目及背景信息，撰写一份符合行政公文规范的批复。

（2）需包含标题、主送单位、正文、落款等要素，注意格式排版（批复需明确主送单位）。

（3）正文中需明确批复意见、资金安排、使用要求及监管措施等关键内容。

（4）部分内容需以填空形式呈现（用下划线标注），由学生补充完善。

（四）实训目的

通过填空练习，帮助学生掌握批复的规范格式与核心内容，强化资金批复逻辑与监管要求表达能力，同时结合教育民生项目背景提升政策执行与监督意识，为未来从事行政管理或项目监管工作奠定基础。

（五）实训例文

关于××市 202×年乡村小学教育信息化提升专项资金的批复

××市教育局：

你局《关于申请××市 202×年乡村小学教育信息化提升专项资金的请示》（×教〔202×〕××号）收悉。经市政府研究，现批复如下：

一、批复意见

同意你局实施“乡村小学教育信息化 202×”项目，并拨付专项资金____________（如：550 万元），专项用于____（如：多媒体教学设备更新、网络基础设施升级、教师信息化培训及运维支持）。

二、资金安排

1. 资金来源：市级财政 202×年度教育民生项目预算；

2. 拨付方式：____（如：分两次拨付，首笔 50%于批复后 10 个工作日内下达，剩余 50%根据项目验收结果拨付）。

三、使用要求

1. 专款专用：资金须严格按照____（如：《××市财政专项资金管理办法》）规定使用，不得截留、挪用；

2. 公开透明：项目实施单位需通过____（如：政府网站、学校公示栏）公开资金使用情况，接受社会监督；

3. 绩效目标：确保实现____（如：多媒体教学课程覆盖率提升至 80%、网络带宽达标率达 90%等量化指标）。

四、监管措施

1. 过程监管：市教育局需定期向市政府报送____（如：项目进度报告、资金使用情况表）；

2. 审计监督：市财政局、审计局将组织____（如：专项审计、绩效评价），确保资金使用合规有效；

3. 责任追究：对违规使用资金的行为，依法依规追究____（如：相关单位及责任人责任）。

五、其他要求

请于____（如：202×年××月××日）前

将项目实施方案报市政府备案；

项目完成后，需及时组织____（如：第三方验收并提交总结报告）。

落款：

××市人民政府

202×年××月××日

第五节 计划和总结的仿真实训

一、计划的仿真实训

（一）材料题目

××市202×年社区养老服务体系建设工作计划。

（二）材料背景

为应对人口老龄化趋势，提升社区养老服务水平，××市民政局拟制定《202×年社区养老服务体系建设工作计划》。计划需明确工作目标、重点任务、实施步骤及保障措施，确保养老服务设施覆盖率、服务内容标准化、资金使用透明度等核心指标达成。

（三）实训要求

（1）根据材料题目及背景信息，撰写一份符合行政公文规范的计划。

（2）需包含标题、正文、落款等要素，注意格式排版（计划可省略主送单位）。

（3）正文中需明确工作目标、重点任务、实施步骤、保障措施等关键内容。

（4）部分内容需以填空形式呈现（用下划线标注），由学生补充完善。

（四）实训目的

通过填空练习，帮助学生掌握计划的规范格式与核心内容，强化目标分解、任务安排与资源调配能力，同时结合养老服务体系建设背景提升政策执行与项目管理意识，为未来从事民政工作或公共服务工作奠定基础。

（五）实训例文

××市202×年社区养老服务体系建设
工作计划

为贯彻落实____（如：《××市"十四五"养老服务体系规划》及《关于推进社区居家养老××××的指导意见》），加快完善社区养老服务网络，现制定202×年工作计划如下：

一、工作目标

1. 设施覆盖：新建__________________________________（如：10个社区养老服务中心），实现___________________________________（如：主城区社区养老服务设施覆盖率达90%）；

2. 服务提升：新增________________（如：500张家庭养老床位），为________________（如：2000名失能老年人）提供上门服务；

3. 资金保障：统筹____________________________________(如：市级财政专项资金、福彩公益金)共计__________(如：1500万元)，确保项目落地。

二、重点任务

1. 设施建设：

新建/改扩建社区养老服务中心：________________________________(如：6个，配备日间照料、助餐助浴功能)；

适老化改造：完成____________________________________(如：300户老年人家庭无障碍设施改造)。

2. 服务优化：

推广“智慧养老”平台：覆盖__________(如：80%社区)，实现______________________________(如：在线预约、健康监测、紧急呼叫)；

培育专业队伍：培训____________________________________(如：200名养老护理员、50名社工)。

3. 资金监管：

设立专项账户：确保资金________________________________(如：专款专用、分账核算)；

公开透明：定期通过__________________________________(如：政府网站、社区公告栏)公示资金使用情况。

三、实施步骤

1. 筹备阶段(202×年1—3月)：

完成________________(如：需求调研、选址规划、资金预算)；

制定________________(如：《社区养老服务中心建设标准》)。

2. 建设阶段(202×年4—9月)：

推进________________(如：设施施工、设备采购、平台开发)；

开展________________(如：服务人员岗前培训)。

3. 验收阶段(202×年10—12月)：

组织________________(如：第三方机构验收，确保设施达标、服务落地)；

总结经验并形成________________(如：年度工作报告)。

四、保障措施

1. 组织保障：成立________________(如：市民政局牵头的工作专班)，明确__________________(如：各区、街道责任分工)；

2. 资金保障：建立________________(如：财政资金+社会资本+慈善捐赠)多元化投入机制；

3. 监督考核：将养老服务体系建设纳入________________(如：市政府民生实事考核)，实行________________(如：月度督查、季度通报)。

落款：

××市民政局

202×年××月××日

二、总结的仿真实训

(一) 材料题目

××市202×年“垃圾分类示范社区”创建工作总结。

(二) 材料背景

××市城管局于202×年启动“垃圾分类示范社区”创建工作，通过设施建设、宣传引导、机制创新等举措推动垃圾分类落地。现需对全年工作进行总结，分析成效、问题与改进方向，为后续推广提供经验。

（三）实训要求

（1）根据材料题目及背景信息，撰写一份符合行政公文规范的总结。

（2）需包含标题、正文、落款等要素，注意格式排版(总结可省略主送单位)。

（3）正文中需明确工作回顾、成效分析、问题反思及改进措施等关键内容。

（4）部分内容需以填空形式呈现(用下划线标注)，由学生补充完善。

（四）实训目的

通过填空练习，帮助学生掌握总结的规范格式与核心内容，强化数据归纳、成效提炼与问题分析能力，同时结合垃圾分类政策背景提升基层治理与公众参与意识，为未来从事城市管理或社区工作奠定基础。

（五）实训例文

××市202×年“垃圾分类示范社区”创建工作总结

202×年，××市城管局围绕____________________(如：《××市生活垃圾分类管理条例》)，在______________(如：10个社区)开展“垃圾分类示范社区”创建工作，现总结如下：

一、工作回顾

1. 目标完成情况

（1）设施建设：新建/改造垃圾分类投放点________(如：50个)，配备智能回收箱________(如：20台)；

（2）宣传覆盖：开展________________(如：30场主题宣传活动)，覆盖居民________(如：8000户)；

（3）机制创新：推行____________________(如：“定时定点+误时投放”模式)，建立__________________(如：积分兑换奖励制度)。

2. 重点任务进展

（1）分类准确率：示范社区垃圾分类准确率从________(如：40%)提升至________(如：75%)；

（2）资源回收量：可回收物月均回收量达________(如：5吨)，同比增长________(如：30%)。

二、主要成效

1. 环境改善显著

示范社区垃圾堆积点减少________(如：80%)，异味投诉下降________(如：60%)；

公共区域增设__________________________(如：垃圾分类主题景观小品)15处，提升居民认同感。

2. 参与意识提升

居民参与率从________(如：50%)提高至________(如：85%)，涌现出志愿者队伍________(如：10支，共200人)；

收到居民感谢信/建议________(如：30封)，形成______________________________(如：“垃圾分类达人”评选)等特色活动。

三、存在问题

1. 分类准确率波动：部分社区高峰期混投现象仍存，准确率低于________(如：70%)；

2. 设施维护不足：________(如：5个投放点)智能设备故障率高，影响使用体验；

3. 宣传深度不够：老年人群体对分类标准理解不清，需增加针对性强化____________________(如：图文/视频教程)。

四、改进措施

1. 强化监督管理

202×年计划引入________________(如：AI监控摄像头)，对投放点进行________

____________________(如：24 小时智能识别)；

建立__________________________(如："红黑榜"公示制度)，每月通报分类情况。

2. 优化设施服务

与______________________________(如：环保企业)合作，每季度开展设施巡检，故障响应时间缩短至____________(如：2 小时内)；

新增______________________________(如：语音提示功能)，辅助视障人士分类投放。

3. 深化宣传教育

联合社区开设________________________________(如："垃圾分类微课堂")，每月组织老年人专场培训；

制作______________________________(如：方言版分类指南短视频)，通过社区微信群传播。

五、下一步计划

(1) 启动______________________________(如：202×—2025 年垃圾分类提质行动)，重点打造__________________________________(如："无废社区"示范点)；

(2) 探索______________________________________(如："垃圾分类+资源再生"产业链)，推动__________________________________(如：低价值可回收物资源化利用)。

落款：

××市城管局

202×年××月××日

第六节 述职报告和会议记录的仿真实训

一、述职报告的仿真实训

(一) 材料题目

××中职学校学生会 202×年度"技能+活力"校园建设述职报告。

(二) 材料背景

××中职学校学生会主席需在年度述职会上汇报 202×年"技能+活力"校园建设工作，内容需涵盖技能竞赛、文体活动、生活服务等领域，突出中职学生"德技并修、青春飞扬"的特色，展现学生会在助力同学成长、丰富校园生活中的作用。

(三) 实训要求

(1) 根据材料题目及背景信息，撰写一份符合述职报告规范的文稿。

(2) 需包含标题、称谓、正文、落款等要素，语言需贴近中职学生群体，体现技能特色与青春活力。

(3) 正文中需明确履职概况、重点活动成效、存在问题与改进措施等关键内容。

(4) 部分内容需以填空形式呈现(用下划线标注)，由学生补充完善。

(四) 实训目的

通过填空练习，帮助学生掌握述职报告的撰写规范，强化活动策划总结、问题分析与改进能力，同时结合中职学生特点提升技能服务意识与团队协作能力，为未来从事技术岗位或学生管理工作奠定基础。

（五）实训例文

××中职学校学生会202×年度“技能+活力”校园建设述职报告

尊敬的各位老师、亲爱的同学们：

202×年，学生会围绕________________________（如：“锤炼技能，点燃青春”）目标，以________________________（如：“技能竞赛+文体活动+生活服务”）为抓手，扎实推进各项工作，现将履职情况汇报如下：

一、履职概况

岗位职责：统筹技能活动组织、文体赛事策划、生活服务保障，打造________________________（如：“技能突出、活力满满”）的校园氛围；

工作亮点：创新推出________________________（如：“技能擂台赛”“校园工匠节”）等品牌活动，覆盖________________________（如：90%以上在校生）。

二、重点活动成效

1. 技能竞赛突破

举办________________________（如：“电子焊接大赛”“汽修技能比武”），吸引____________（如：120名）同学参赛，获奖选手在________________________（如：市级技能竞赛）中斩获____________（如：3金5银）；

开设________________________（如：“技能大师工作坊”），邀请企业技师指导____________（如：20次），提升实操能力。

2. 文体活动丰富

组织____（如：“校园歌手大赛”“篮球联赛”），参与人数超____________（如：800人），抖音直播观看量达____________（如：5万次）；

成立____（如：街舞社、电竞社）新社团，丰富课余生活。

3. 生活服务升级

设立____（如：“校园服务驿站”），提供____（如：失物招领、工具借用）服务，解决同学实际需求____________（如：50余项）；

开展____（如：“食堂满意度调查”），推动菜品更新____________（如：10种），优化就餐环境。

三、存在问题

1. 技能活动参与度不均：部分专业同学参与技能竞赛积极性低，________________________（如：参赛率不足20%）；

2. 活动宣传效果不佳：海报、通知等传统宣传方式吸引力不足，________________________（如：30%同学表示未关注到活动信息）；

3. 服务反馈机制滞后：同学对生活服务的建议未及时跟进，________________________（如：2次维修需求未及时处理）。

四、改进措施

1. 扩大技能活动覆盖面

202×年计划推出________________________（如：“跨专业技能体验日”），让文科同学参与汽修、电工等技能体验；

增设________________________（如：“技能微课堂”），通过短视频讲解基础技能知识。

2. 创新宣传方式

与________________________(如：校园网红、短视频社团)合作，制作____________________________(如："活动预告短视频""技能达人访谈")；

利用____________________(如：班级群、校园 App)精准推送活动信息。

3. 优化服务反馈

开通______________________________(如："服务需求直通车"小程序)，实现一键报修、实时反馈；

每月公示____________________________________(如："服务问题解决清单")，提升同学信任度。

五、下一步计划

打造____________________________________(如："校园技能文化节")，融合技能展示、企业招聘、职业体验；

试点_____________________________________(如："技能积分制")，将技能竞赛、志愿服务纳入综合素质评价。

落款：

述职人：×××

202×年××月××日

二、会议记录的仿真实训

（一）材料题目

××中职学校"校园创业孵化基地"项目启动会议记录

（二）材料背景

××中职学校为响应国家"大众创业、万众创新"号召，计划建设"校园创业孵化基地"，扶持学生创业项目。本次会议由校团委牵头，邀请创业导师、学生创业团队代表、后勤部负责人等参会，讨论基地规划、资源支持及项目落地细节。

（三）实训要求

（1）根据会议背景信息，撰写一份符合规范的会议记录文稿。

（2）需包含会议基本信息(时间、地点、参会人员、主持人)、会议议程、会议内容、决议事项等要素。

（3）会议内容需体现中职学生创业特点(如：技能结合、低成本实践)，语言需简洁务实。

（4）部分内容需以填空形式呈现(用下划线标注)，由学生补充完善。

（四）实训目的

通过填空练习，帮助学生掌握会议记录的撰写规范，强化信息整合、需求分析与方案策划能力，同时结合中职学生创业场景提升创新思维与执行力，为未来自主创业或职场协作奠定基础。

（五）实训例文

××中职学校"校园创业孵化基地"项目启动会议记录

一、会议基本信息

时间：202×年××月××日 15：00—17：00

地点：学校____________________________________(如：创业实训中心)

参会人员：校团委老师、创业导师、学生创业团队代表(共________人)

主持人：校团委副书记×××

记录人：____________________________________(如：学生会创业部部

长×××)

二、会议议程

1. 基地规划与目标说明

2. 学生创业项目需求反馈

3. 资源支持与分工讨论

4. 决议事项与时间节点

三、会议内容

(一) 基地规划与目标说明

定位：打造______________________________(如：“技能+创新”型创业孵化平台)，重点扶持______________________________(如：电商服务、手工艺品制作、校园技术外包)等方向；

目标：202×年孵化____________(如：5~8个)学生创业项目，带动____________(如：50名以上)学生参与实践。

(二) 学生创业项目需求反馈

1. 项目类型

团队A(电商服务)：需______________________________(如：免费摄影棚、直播设备租赁)；

团队B(手工艺品)：需______________________________(如：原材料采购指导、线上销售渠道对接)；

团队C(技术外包)：需______________________________(如：企业合作资源、技术培训支持)。

2. 共性问题

资金短缺：____________(如：80%团队)希望获得启动资金或成本补贴；

经验不足：需创业导师提供______________________________(如：商业计划书撰写、法务咨询)培训。

(三) 资源支持与分工讨论

1. 校方支持

提供______________________________(如：200平方米场地)，免租金使用1年；

设立______________________________(如：“创业启航基金”)，首期拨款________(如：2万元)。

2. 导师职责

每月开展____________(如：2次)创业沙龙，分享经验；

为每个团队配备______________________________(如：1名企业导师+1名校内教师)双导师。

3. 后勤保障

后勤部负责______________________________(如：水电维修、网络接入)；

协调______________________________(如：合作企业)提供实习岗位或订单资源。

(四) 决议事项与时间节点

事项	负责人	完成时间	具体要求
1. 基地场地改造	后勤部主任	202×年4月	完成隔断、网络布线、安全设施检查
2. 创业基金申请流程	校团委老师	202×年3月	制定申报表、评审标准并公示
3. 导师匹配与培训	创业导师团队	202×年5月	完成团队对接并开展首次培训

四、会议总结

主持人强调：各方需紧密配合，确保基地6月前正式启用，首批项目9月入驻。学生团队需主动对接资源，定期提交进展报告。

记录人签字：______________________________

日期：202×年××月××日

第七节 广告文案和意向书的仿真实训

一、广告文案的仿真实训

（一）材料题目

“智护健康”智能手环 Pro 版广告文案设计。

（二）材料背景

某科技品牌推出“智护健康”智能手环 Pro 版，主打“24 小时健康管家”功能，集成心率监测、血氧检测、睡眠分析、压力预警、久坐提醒等模块，支持 App 数据同步与个性化健康建议。产品采用医疗级传感器，续航长达 15 天，适用于上班族、健身爱好者、中老年人等群体。需设计一份面向年轻职场人与健康关注者的广告文案，突出科技赋能健康、精准监测与便捷体验。

（三）实训要求

（1）根据材料背景，撰写一份符合广告文案规范的宣传文案。

（2）需包含标题、正文、口号、购买信息(如链接、价格)等要素，语言需贴近科技健康领域，体现“专业+人性化”风格。

（3）正文需突出产品核心卖点(如：医疗级传感器、多场景健康监测、长续航)，并融入用户痛点与解决方案。

（4）部分内容需以填空形式呈现(用下划线标注)，由学生补充完善。

（四）实训目的

通过填空练习，帮助学生掌握健康科技产品广告文案的撰写技巧，强化用户需求分析、科技功能场景化表达与情感共鸣能力，同时结合健康管理趋势提升社会责任感，为未来从事健康科技营销、产品运营等工作奠定基础。

（五）实训例文

标题：________________________(如：“智护健康”手环 Pro：你的 24 小时私人健康管家！)

熬夜加班心慌慌？健身数据不准？睡眠质量差？

“智护健康”智能手环 Pro 版——________________________(如：“把三甲医院监测室戴在手腕上”)，健康隐患，一网打尽！

三大核心优势，重新定义健康管理！

1. 医疗级精准监测，数据说话

心率、血氧、压力值、睡眠质量……________________________(如：“每秒 10 次动态采样，误差<1%！”)

通过________________________(如：国家二类医疗器械认证)，媲美专业设备！

2. 全场景健康守护，贴心预警

久坐 1 小时自动提醒，________________________(如：“拯救你的腰椎和颈椎！”)

压力值超标推送呼吸训练，________________________(如：“5 分钟缓解焦虑，打工人必备！”)

睡眠分析生成报告，______________________________（如：“深睡、浅睡、REM 期一目了然！”）

3. 超长续航+无感佩戴，体验升级

15 天超长续航，______________________________（如：“出差旅行不用带充电器！”）

仅重 18 克，______________________________（如：“睡觉翻身都无感，运动狂甩不掉！”）

场景化种草：

加班族：______________________________（如：“实时监测心率，加班再晚也安心！”）

健身党：______________________________（如：“血氧数据同步 App，训练强度科学把控！”）

中老年人：______________________________（如：“跌倒预警+紧急呼叫，子女远程守护！”）

口号：______________________________（如：“智护健康，让科技为生命护航！”）

购买信息：

□下单链接：______________________________（短链接或二维码位置）

□价格：______________________________［如：399 元（首发价直降 100 元！）］

□配送：______________________________（如：顺丰包邮，24 小时内发货）

□咨询：______________________________（健康顾问×××，电话/微信：××××××××××）

二、意向书的仿真实训

（一）材料题目

关于共建“产教融合实训基地”合作意向书撰写。

（二）材料背景

某中职学校计划联合本地企业（如某智能制造企业、新能源汽车服务公司、数字创意产业园）共建“产教融合实训基地”，基地将涵盖智能生产线实训区、新能源汽车维修车间、数字创意工作室等功能模块，提供学生实习实训、企业技术研发、技能竞赛承办等服务。学校需向合作企业提交合作意向书，说明基地建设目标、合作内容、预期效益及企业权益。项目旨在深化产教融合，提升学生实践能力，同时为企业提供人才储备、技术升级与品牌推广支持。

（三）实训要求

（1）根据材料背景，撰写一份符合意向书规范的合作意向书。

（2）需包含标题、称谓、正文（背景、目标、内容、效益、权益）、结语、落款等要素，语言需正式、务实，体现校企合作共赢理念。

（3）正文需突出基地核心功能（如：真实生产环境、技能竞赛承办、技术研发支持），并融入企业痛点与解决方案。

（4）部分内容需以填空形式呈现（用下划线标注），由学生补充完善。

（四）实训目的

通过填空练习，帮助学生掌握产“教融合实训基地”合作意向书的撰写技巧，强化企业需求分析、资源整合表达与权益保障设计能力，同时结合职业教育发展趋势提升社会责任感，为未来从事校企合作、实训基地运营等工作奠定基础。

（五）实训例文

关于共建“产教融合实训基地”合作意向书

尊敬的××公司负责人：

为深化产教融合，推动职业教育与产业需求精准对接，我校拟联合贵公司共建“产教融合实训基地”。现就合作事宜提出如下意向，供贵公司参考。

一、合作背景与目标

1. 背景：当前职业教育面临“实训设备滞后、企业参与不足、技能培养与岗位需求脱节”等痛点，急需通过校企合作打造真实生产环境的实训基地。

2. 目标：

建设______________________________(如：智能制造、新能源汽车、数字创意)领域产教融合实训基地，实现"教学-实训-就业"一体化；

为贵公司提供______________________________(如：技术研发测试、技能型人才储备、品牌推广平台)；

助力我校学生提升______________________________(如：设备操作能力、故障诊断技能、创新设计能力)，增强就业竞争力。

二、合作内容

1. 企业参与形式：

提供______________________________(如：智能生产线设备、新能源汽车维修工具、数字创意软件)；

派驻______________________________(如：技术骨干、工程师)参与实训基地课程开发与教学指导；

联合承办______________________________(如：市级技能竞赛、行业技术研讨会)。

2. 学校支持措施：

提供______________________________(如：实训场地、基础教学设施)；

组织______________________________(如：机电、汽修、数字媒体专业)学生参与实训；

协助贵公司开展______________________________(如：员工技能培训、技术项目研发)。

三、预期效益

1. 企业效益：

提前选拔并培养符合岗位需求的技能型人才，降低招聘成本；

利用基地资源开展______________________________(如：新产品测试、技术升级验证)；

通过实训基地品牌宣传，提升企业在本地职教领域的影响力。

2. 学校效益：

改善实训条件，实现______________________________(如：课程内容与企业标准对接)；

提升学生就业率与对口率，打造______________________________(如：智能制造人才培养示范校)；

增强与贵公司的长期合作，拓展______________________________(如：订单班、学徒制)培养模式。

四、企业权益保障

1. 品牌宣传：基地命名体现贵公司品牌(如：××智能制造实训基地)，宣传材料经贵公司审核；

2. 数据安全：学生实训数据及企业技术资料严格保密；

3. 合作灵活性：可根据贵公司需求调整______________________________(如：实训课程、设备投入、合作期限)。

我们期待与贵公司携手共建产教融合实训基地，实现资源共享、优势互补。若贵公司有意合作，请于______________________________(如：202×年××月××日)前回复本函，或联系学校负责人：______________________________(姓名+电话/邮箱)。

××中职学校

日期：202×年××月××日

第八节 经济合同和协议书的仿真实训

一、经济合同的仿真实训

(一) 材料题目

"校企合作共建实训基地设备采购"经济合同撰写。

（二）材料背景

××中职学校与某智能制造企业(如××自动化科技有限公司)合作共建“智能制造实训基地”，需采购一批工业机器人实训系统、自动化生产线控制模块及配套教学软件。学校作为采购方，企业作为供货方，双方需签订经济合同明确设备规格、价格、交付、验收及售后服务等条款。合同需体现校企合作特色，保障双方权益，确保实训基地建设顺利推进。

（三）实训要求

（1）根据材料背景，撰写一份符合经济合同规范的采购合同。

（2）需包含标题、合同双方信息、正文(设备明细、价格与付款、交付与验收、售后服务、违约责任)等要素，语言需严谨、规范，体现法律效力。

（3）正文需突出设备技术参数、交付时间节点、验收标准及售后保障等核心条款，并融入校企合作特殊需求(如技术培训、课程开发支持)。

（4）部分内容需以填空形式呈现(用下划线标注)，由学生补充完善。

（四）实训目的

通过填空练习，帮助学生掌握经济合同撰写技巧，强化条款设计、风险防控与权益保障能力，同时结合校企合作场景提升法律意识与职业素养，为未来从事合同管理、校企合作对接等工作奠定基础。

（五）实训例文

经济合同

合同编号：________________________

签订地点：________________________

签订日期：________________________

甲方(采购方)：××中职学校

地址：________________________

法定代表人：________________________

联系方式：________________________

乙方(供货方)：××自动化科技有限公司

地址：________________________

法定代表人：________________________

联系方式：________________________

第一条　合同标的

1.1　甲方采购乙方提供的智能制造实训基地设备，具体明细如下：

设备名称	型号规格	数量	单价(元)	总价(元)	技术参数
工业机器人实训系统	______	______	______	______	______
自动化生产线控制模块	______	______	______	______	______
配套教学软件	______	______	______	______	______

1.2　校企合作附加条款：

乙方需提供________________________(如：设备操作培训、课程开发技术支持)；

乙方承诺协助甲方申报________________________(如：省级产教融合示范项目)。

第二条　价格与付款

2.1　合同总金额为人民币________元(大写：________)。

2.2　付款方式：

预付款：合同签订后5个工作日内，甲方向乙方支付合同总金额的30%；

验收款：设备验收合格后10个工作日内，甲方向乙方支付剩余70%。

第三条　交付与验收

3.1　交付时间：乙方应于____________________________(如：202×年××月××日)前完成设备运输与安装调试。

3.2　交付地点：甲方指定实训基地(地址：____________________________)。

3.3　验收标准：

设备需符合____________________________(如：国家标准GB/T ×××××-××××、行业规范)；

乙方需提供____________________________(如：设备检测报告、操作手册)。

第四条　售后服务

4.1　质保期：自验收合格之日起____________(如：12个月)。

4.2　售后服务内容：

免费维修与更换故障部件；

每年提供____________________________(如：2次设备巡检、1次技术培训)。

第五条　违约责任

5.1　若乙方未按期交付或设备不符合验收标准，需向甲方支付合同总金额5%的违约金；

5.2　若甲方未按期付款，需向乙方支付逾期金额每日0.1%的滞纳金。

第六条　其他条款

6.1　本合同未尽事宜，双方可签订补充协议；

6.2　本合同一式两份，甲乙双方各执一份，自签字盖章之日起生效。

甲方(盖章)：

法定代表人(签字)：____________________________

日期：____________________________

乙方(盖章)：

法定代表人(签字)：____________________________

日期：____________________________

二、协议书的仿真实训

(一)材料题目

技术研发合作与知识产权共享协议书。

(二)材料背景

某新能源科技公司(甲方)与某智能装备制造企业(乙方)计划合作开发“新能源汽车智能充电桩”项目，双方需签订协议书明确合作内容、知识产权归属、保密义务及收益分配机制。协议需体现技术互补、风险共担、利益共享原则，保障合作研发成果合法合规应用。

(三)实训要求

(1)根据材料背景，撰写一份符合协议书规范的技术研发合作协议。

(2)需包含标题、协议双方信息、正文(合作内容、双方权利与义务、知识产权条款、保密条款、收益分配与风险承担、合作期限与终止条件、争议解决)等要素，语言需正式、严谨，体现法律效力。

(3)正文需突出技术研发分工(如：甲方提供电池管理系统技术、乙方提供充电桩硬件设计)、知识产权共享机制(如：联合申请专利、收益按比例分配)及保密责任(如：技术资料加密存储、禁止向第三方披露)。

(4)部分内容需以填空形式呈现(用下划线标注)，由学生补充完善。

（四）实训目的

通过填空练习，帮助学生掌握企业间技术研发合作协议的撰写技巧，强化条款设计、权益分配与风险防控能力，同时结合技术合作场景提升法律意识与职业素养，为未来从事技术研发管理、知识产权运营等工作奠定基础。

（五）实训例文

技术研发合作与知识产权共享协议书

协议编号：______________________

签订地点：______________________

签订日期：______________________

甲方（某新能源科技公司）

地址：______________________

法定代表人：______________________

联系方式：______________________

乙方（某智能装备制造企业）

地址：______________________

法定代表人：______________________

联系方式：______________________

第一条　合作内容

1.1　合作项目：共同研发"新能源汽车智能充电桩"，具体分工如下：

甲方负责：______________________（如：电池管理系统算法开发、充电协议标准制定）；

乙方负责：______________________（如：充电桩硬件设计、散热结构优化）。

1.2　研发计划：

研发周期：自______________________年__________月__________日起至______________________年__________月__________日止；

关键节点：______________________（如：202×年××月完成原型机测试、202×年××月实现量产）。

第二条　双方权利与义务

2.1　甲方权利与义务：

权利：使用乙方硬件设计成果进行系统集成；共享研发数据用于后续产品优化。

义务：按约定时间交付电池管理系统技术文档；承担______________________（如：算法优化费用）。

2.2　乙方权利与义务：

权利：使用甲方电池管理技术提升产品竞争力；申请与硬件设计相关的专利。

义务：保障硬件设计符合______________________（如：国家标准 GB/T ×××××-××××）；承担______________________（如：原型机制作成本）。

第三条　知识产权条款

3.1　合作研发成果的知识产权归双方共同所有，具体约定如下：

联合申请专利：专利申请权、专利权由双方共有，费用按比例分担；

技术秘密：双方对研发过程中形成的______________________（如：算法代码、设计图纸）承担保密义务。

3.2　收益分配：

专利许可收益按______________________（如：甲方 60%、乙方 40%）比例分配；

产品销售利润按______________________（如：甲方 50%、乙方 50%）比例分配。

第四条　保密条款

4.1　双方应对合作中知悉的对方商业秘密（包括但不限于技术资料、客户数据）采取______________

______________(如：加密存储、访问权限控制)措施。

4.2　保密期限：自本协议生效之日起______________________________(如：5年)。

第五条　收益分配与风险承担

5.1　收益分配：按第三条约定执行。

5.2　风险承担：

研发失败风险由双方按______________________________(如：50%：50%)比例分担；

因一方违约导致损失，违约方承担全部赔偿责任。

第六条　合作期限与终止

6.1　合作期限：自本协议生效之日起____________(如：3年)。

6.2　终止条件：

(1)一方破产或解散；

(2)双方协商一致解除协议；

(3)一方严重违约且未在____________(如：30日内)整改。

6.3　终止后处理：

(1)已完成研发成果按知识产权条款分配；

(2)未完成研发项目由双方协商决定是否继续或清算。

第七条　争议解决

双方因本协议产生争议，应协商解决；协商不成，可提交______________________________(如：××仲裁委员会仲裁/××人民法院诉讼)。

第八条　其他条款

8.1　本协议未尽事宜，双方可签订补充协议；

8.2　本协议一式四份，甲乙双方各执两份，自签字盖章之日起生效。

甲方(盖章)：

法定代表人(签字)：______________________________

日期：______________________________

乙方(盖章)：

法定代表人(签字)：______________________________

日期：______________________________

第九节　营销策划书和广告策划书的仿真实训

一、营销策划书的仿真实训

(一) 材料题目

××品牌全能型家用服务机器人新品上市营销策划书。

(二) 材料背景

某科技公司计划推出一款全能型家用服务机器人(具备清洁、烹饪辅助、安防监控、语音交互、老人/儿童看护等功能)，需制定一份完整的营销策划书，明确市场定位、推广策略、预算分配及效果评估方案。策划书需体现产品多功能集成与家庭场景适配性，结合线上线下渠道精准触达家庭用户，打造“未来家庭管家”形象。

（三）实训要求

（1）根据材料题目和背景信息，撰写一份符合营销策划书规范的方案。

（2）需包含标题、目录、正文(市场分析、营销目标、产品策略、价格策略、渠道策略、推广策略、预算分配、效果评估)等要素，语言需简洁、逻辑清晰，体现可操作性。

（3）正文需突出目标用户画像(如：多孩家庭、独居老人、科技爱好者)、核心卖点(如：多场景智能切换、AI 情感交互)、推广渠道组合(如：智能家居 KOL+社区地推)及数据化效果评估指标(如：用户日均使用时长、功能复用率)。

（4）部分内容需以填空形式呈现(用下划线标注)，由学生补充完善。

（四）实训目的

通过填空练习，帮助学生掌握营销策划书的撰写框架与核心要素，强化家庭场景深度运营、多功能产品推广、用户黏性提升及数据驱动决策能力，同时结合智能家居场景提升实战思维与职业素养，为未来从事家用机器人销售、IoT 领域市场策划工作奠定基础。

（五）实训例文

××品牌全能型家用服务机器人新品上市营销策划书

目录

市场分析

营销目标

产品策略

价格策略

渠道策略

推广策略

预算分配

效果评估

附录

第一章　市场分析

1.1　目标用户画像：

家庭结构：______________________________(如：多孩家庭、三代同堂)；

科技接受度：______________________________(如：愿意尝试智能家居产品)；

核心需求：______________________________(如：解放家务时间、提升家庭安全)。

1.2　竞争分析：

主要竞品：______________________________(如：科沃斯地宝+云鲸 J 系列、小米智能管家)；

差异化优势：______________________________(如：一机多用、AI 自主学习家庭习惯)。

第二章　营销目标

2.1　短期目标(3 个月内)：

实现销量____________(如：1.5 万台)；

激活家庭用户数____________(如：3 万户)。

2.2　长期目标(1 年内)：

占据家用服务机器人市场份额____________(如：10%)；

建立“家庭智能中枢”品牌认知。

第三章　产品策略

3.1　核心卖点包装：

功能卖点：______________________________(如：清洁+烹饪+安防三合一、老人跌倒自动报警)；

情感卖点：______________________________（如："让科技温暖每个家庭瞬间"）。

3.2　产品线规划：

基础版：____________（如：售价6999元，含基础清洁与安防功能）；

旗舰版：____________（如：售价9999元，增加AI烹饪辅助、儿童教育互动）。

第四章　价格策略

4.1　定价依据：

成本加成法：生产成本+________________________________（如：35%利润率，覆盖研发与多模块成本）；

竞品对标：低于科沃斯全能基站20%，高于普通扫地机器人50%。

4.2　促销定价：

首发优惠：______________________________（如：前2000名用户赠送价值1500元配件礼包）；

以旧换新：______________________________（如：旧扫地机器人折价1000元）。

第五章　渠道策略

5.1　线上渠道：

电商平台：______________________________（如：天猫、京东旗舰店，开设"未来家庭"专区）；

直播带货：______________________________（如：与智能家居博主"科技美学那岩"合作专场）。

5.2　线下渠道：

体验店：______________________________（如：在高端商场设家庭场景体验区，模拟机器人工作）；

合作伙伴：______________________________（如：与链家合作，在二手房交易中推荐产品）。

第六章　推广策略

6.1　预热期（上市前1个月）：

社交媒体：发布"机器人的一天"系列短视频，展示多场景功能；

KOL合作：______________________________（如：邀请育儿博主测评儿童看护功能）。

6.2　爆发期（上市首周）：

限时抢购：______________________________（如：前72小时下单赠家庭保险）；

口碑营销：鼓励用户发布"机器人解放双手"对比视频，点赞超100赠定制周边。

6.3　持续期（上市后1~3个月）：

内容营销：发布____________________________（如：《中国××××白皮书》）；

用户运营：建立会员社群，定期举办"家庭技能挑战赛"（如：机器人烹饪PK）。

第七章　预算分配

项目	预算金额（元）	占比
线上推广	________	55%
线下活动	________	25%
KOL合作	________	15%
应急储备金	________	5%

第八章　效果评估

8.1　评估指标：

用户日均使用时长：____________（如：≥2小时/天）；

ROI：______________________________（如：推广收益/推广成本，目标≥1∶3）。

8.2　调整机制：

每周分析用户反馈，若功能投诉率超过____________（如：2%），优化算法；

每月评估渠道效果，淘汰转化率低于____________（如：1%）的渠道。

第九章　附录

附录1：目标用户调研问卷样本

附录2：竞品功能对比表

附录3：推广排期表

策划团队：________________________

日期：________________________

二、广告策划书的仿真实训

（一）材料题目

××品牌便携式投影仪新品上市广告策划书。

（二）材料背景

某科技公司计划推出一款便携式投影仪（具备高清画质、超长续航、智能语音控制等功能），需制定一份完整的广告策划书，明确广告目标、创意策略、媒介组合、预算分配及效果评估方案。策划书需体现产品“影院级体验”与“户外娱乐自由”的核心卖点，结合线上线下渠道精准触达年轻旅行爱好者、露营群体及家庭影院用户，打造“随身巨幕，自由观影”的品牌形象。

（三）实训要求

（1）根据材料题目及背景信息，撰写一份符合广告策划书规范的方案。

（2）需包含标题、目录、正文（市场分析、广告目标、创意策略、媒介策略、预算分配、效果评估）等要素，语言需简洁、逻辑清晰，体现可操作性。

（3）正文需突出目标受众特征（如：25~40岁、热爱户外娱乐与家庭观影）、核心广告信息（如：“口袋里的IMAX影院，走到哪看到哪”）、媒介组合（如：露营KOL合作+短视频场景化种草）及数据化效果评估指标（如：广告互动率、产品预售转化率）。

（4）部分内容需以填空形式呈现（用下划线标注），由学生补充完善。

（四）实训目的

通过填空练习，帮助学生掌握广告策划书的撰写框架与核心要素，强化户外娱乐场景营销、科技产品情感化表达、跨圈层媒介传播及精准效果追踪能力，同时结合智能硬件场景提升实战思维与职业素养，为未来从事消费电子、户外生活领域广告策划工作奠定基础。

（五）实训例文

××品牌便携式投影仪新品上市广告策划书

目录

第一章　市场分析

1.1　目标受众特征：

年龄：____________（如：25~40岁）；

兴趣标签：________________________（如：露营、自驾游、家庭影院爱好者）；

核心痛点：________________________（如：户外娱乐缺乏大屏体验、传统投影仪笨重难携带）。

1.2　竞品广告分析：

主要竞品：____________________（如：极米 Play 系列、当贝便携款）；

广告策略：____________________（如：强调参数对比、家庭场景使用）；

差异化机会：____________________（如：结合户外露营场景、超长续航+轻量化设计）。

第二章　广告目标

2.1　短期目标（3 个月内）：

实现广告曝光量__________（如：8000 万次）；

带动产品预售量__________（如：2 万台）。

2.2　长期目标（1 年内）：

占据便携式投影仪市场份额__________（如：12%）；

建立“户外娱乐自由”品牌认知。

第三章　创意策略

3.1　核心广告信息：

主标语：____________________（如：“口袋里的 IMAX 影院，走到哪看到哪”）；

支撑点：____________________（如：3 小时续航、1080P 高清画质、一键语音操控）。

3.2　创意形式：

短视频广告：____________________（如：15 秒露营场景，展示投影仪在帐篷中播放电影）；

互动 H5：____________________（如：“测测你的户外观影指数”，生成个性化露营观影清单）。

第四章　媒介策略

4.1　线上媒介：

短视频平台：____________________（如：小红书、抖音，投放露营 KOL 实测视频）；

社交媒体：____________________（如：微博话题#户外影院自由#，联合旅行博主发起打卡活动）。

4.2　线下媒介：

户外场景合作：____________________（如：与露营地、自驾游俱乐部联合举办“星空影院”活动）；

快闪店体验：____________________（如：在商圈设置“移动影院”体验区，吸引家庭用户）。

第五章　预算分配

项目	预算金额（元）	占比
内容制作	________	35%
媒介投放	________	55%
应急储备金	________	10%

第六章　效果评估

6.1　评估指标：

广告互动率（点赞/评论/分享）：__________（如：≥5%）；

产品预售转化率：__________（如：≥3%）；

ROI：____________________（如：广告收益/广告成本，目标≥1∶3）。

6.2　优化机制：

每周分析用户反馈，若负面评论占比超过__________（如：1%），优化产品卖点表述；

每月评估媒介效果，淘汰转化率低于__________（如：0.8%）的渠道。

第七章　附录
附录1：目标受众调研问卷样本
附录2：竞品广告案例对比表
附录3：媒介排期表
策划团队：______________________
日期：______________________

第十节　授权委托书和市场调查报告的仿真实训

一、授权委托书的仿真实训

（一）材料题目

股权转让授权委托书。

（二）材料背景

某科技公司(甲方：××科技有限公司)股东拟将其持有的部分股权转让给第三方(受让方：××投资管理有限公司)，因股东事务繁忙，需委托一家律师事务所(乙方：××律师事务所)全权处理股权转让相关事宜，包括但不限于谈判、签署协议、办理工商变更登记等。为确保委托事项合法、权责清晰，需签订一份规范的《股权转让授权委托书》。

（三）实训要求

（1）根据材料题目及背景信息，撰写一份符合法律规范的《股权转让授权委托书》。

（2）需包含标题、委托方与受托方信息、委托事项、权限范围、委托期限、双方责任、签署条款等要素，语言需严谨、逻辑清晰，体现法律效力。

（3）部分内容需以填空形式呈现(用下划线标注)，由学生补充完善。

（4）需体现股权转让谈判、协议签署、工商变更、争议解决等关键授权点，并明确禁止转委托条款。

（四）实训目的

通过填空练习，帮助学生掌握股权转让授权委托书的撰写框架与核心要素，强化法律文本规范性、股权交易流程认知及风险防控意识，同时结合商业合作场景提升实战思维与职业素养，为未来从事法务、投融资工作奠定基础。

（五）实训例文

股权转让授权委托书

委托方(甲方)：××科技有限公司
统一社会信用代码：______________________
法定代表人：______________________
股东姓名/名称：(转让方)
身份证号/统一社会信用代码：
地址：______________________

受托方(乙方)：××律师事务所

统一社会信用代码：________________________

法定代表人：________________________

执业许可证号：________________________

地址：________________________

第一条　委托事项

甲方委托乙方全权处理以下股权转让事宜：

1. 谈判与协商：代表甲方与受让方(××投资管理有限公司)就股权转让价格、支付方式、交割条件等进行谈判；

2. 协议签署：起草、审核并签署《股权转让协议》及相关补充文件；

3. 工商变更：办理股权转让的工商登记变更手续，包括但不限于提交材料、领取新营业执照；

4. 其他事项：________________________(如：协助受让方完成尽职调查、处理税务申报)。

第二条　权限范围

1. 乙方有权在委托事项范围内以甲方名义开展活动，但不得超越以下权限：

未经甲方书面同意，不得擅自变更股权转让比例或价格；

未经甲方书面同意，不得将委托事项转委托给第三方。

2. 乙方需定期向甲方提交________________________(如：谈判进展报告、工商变更进度表)。

第三条　委托期限

本委托书自________________________(如：202×年××月××日)起生效，至________________________(如：股权转让工商变更完成之日)终止。

第四条　双方责任

1. 甲方责任：

(1) 提供真实、完整的股权信息及目标公司资料；

(2) 按约定支付乙方服务费用。

2. 乙方责任：

(1) 遵守法律法规，维护甲方合法权益；

(2) 对因乙方过失导致的损失承担赔偿责任。

第五条　争议解决

如双方发生争议，应协商解决；协商不成，可向乙方所在地人民法院提起诉讼。

第六条　签署条款

本委托书一式两份，甲乙双方各执一份，具有同等法律效力。

本委托书自双方签字盖章之日起生效。

甲方(盖章)：________________________

股东签字：________________________

日期：________________________

乙方(盖章)：________________________

负责人签字：________________________

日期：________________________

二、市场调查报告的仿真实训

(一) 材料题目

健康轻食外卖市场调查报告。

(二) 材料背景

某餐饮企业计划推出健康轻食外卖品牌，需对目标市场进行全面调研，分析市场规模、消费者需求、竞争格局及发展趋势，为品牌定位、产品设计和营销策略提供依据。学生需基于模拟数据或真实行业资料，撰写一份完整的市场调查报告。

（三）实训要求

（1）根据材料题目及背景信息，撰写一份符合规范的市场调查报告。

（2）需包含标题、摘要、目录、正文(调研背景、方法、结果、结论与建议)等要素，语言需简洁、逻辑清晰，体现数据支撑与结论推导。

（3）部分内容需以填空形式呈现(用下划线标注)，由学生补充完善。

（4）需涵盖市场规模、消费者画像、竞品分析、价格敏感度、配送偏好等核心模块，并附调研问卷样本或访谈提纲作为附录。

（四）实训目的

通过填空练习，帮助学生掌握市场调查报告的撰写框架与核心方法，强化数据收集与分析能力、消费者行为洞察及商业决策支持意识，同时结合餐饮外卖行业场景提升实战思维与职业素养，为未来从事市场调研、餐饮策划工作奠定基础。

（五）实训例文

健康轻食外卖市场调查报告

摘要

本报告基于________________________(如：线上问卷+外卖平台数据抓取)的调研方法，分析了健康轻食外卖市场的规模、消费者需求及竞争格局。结果显示，________________________(如：健身人群、白领上班族)是核心目标群体，________________________(如：低卡高蛋白、新鲜食材)是产品关键卖点。建议公司聚焦________________________(如：午晚餐时段+下午茶场景)，推出差异化产品组合。

目录

调研背景与目的

调研方法

调研结果

结论与建议

附录

第一章　调研背景与目的

1.1　背景：

健康饮食观念普及，轻食外卖市场快速增长，但同质化竞争激烈。

1.2　目的：

(1) 明确目标用户群体特征及核心需求；

(2) 分析竞品优劣势，挖掘市场空白点；

(3) 为品牌定位与营销策略提供数据支持。

第二章　调研方法

2.1　样本设计：

调研对象：________________________(如：18~45岁、有健身习惯或关注健康饮食者)；

样本量：________________________(如：有效问卷800份，外卖平台数据抓取1000条)。

2.2　数据收集：

线上问卷：通过________________________(如：美团、饿了么用户评价)投放；

平台数据：抓取________________________(如：销量TOP10轻食店铺的菜单、价格、评价)。

第三章　调研结果

3.1　市场规模与增长趋势：

202×年市场规模：____________(如：50亿元)；

预计 202×—202×年复合增长率：__________（如：20%）。

3.2　消费者画像与需求：

核心群体：______________________________（如：25~35 岁女性、月收入 8000 元以上）；

消费场景：______________________________（如：健身后加餐、工作日午餐）；

功能偏好：______________________________（如：低卡、高蛋白、无糖/低糖）。

3.3　竞品分析：

主要竞品：______________________________（如：薄荷健康、Keep 轻食）；

优劣势对比：

竞品名称	优势	劣势
薄荷健康	菜品丰富	配送范围有限
Keep 轻食	品牌关联健身	价格偏高

3.4　价格敏感度与配送偏好：

价格接受度：______________________________（如：70%用户接受 25~40 元/餐）；

配送需求：______________________________（如：60%用户要求 30 分钟内送达，80%用户偏好保温包装）。

第四章　结论与建议

4.1　结论：

健康轻食外卖市场增长潜力大，但消费者对______________________________（如：食材新鲜度、配送速度）敏感度高；

竞品主要集中在______________________________（如：一线城市），下沉市场空白；

健身场景与办公场景是核心需求来源。

4.2　建议：

（1）产品策略：推出______________________________（如：健身套餐、办公午餐组合）；

（2）营销策略：联合______________________________（如：健身房、写字楼物业）进行精准推广；

（3）配送策略：与______________________________（如：达达快送、顺丰同城）合作，保障 30 分钟送达。

第五章　附录

附录 1：调研问卷样本

附录 2：外卖平台数据抓取表

附录 3：竞品菜单与价格对比表

调研团队：______________________________

日期：______________________________

中共中央办公厅文件

中办发〔2012〕14 号

中共中央办公厅　国务院办公厅
关于印发《党政机关公文处理
工作条例》的通知

各省、自治区、直辖市党委和人民政府，中央和国家机关各部委，解放军各总部、各大单位，各人民团体：

《党政机关公文处理工作条例》已经党中央、国务院同意，现印发给你们，请遵照执行。

中共中央办公厅
国务院办公厅
2012 年 4 月 16 日

（此件发至县团级）

党政机关公文处理工作条例

第一章　总　　则

第一条　为了适应中国共产党机关和国家行政机关（以下简称党政机关）工作需要，推进党政机关公文处理工作科学化、制度化、规范化，制定本条例。

第二条　本条例适用于各级党政机关公文处理工作。

第三条　党政机关公文是党政机关实施领导、履行职能、处理公务的具有特定效力和规范体式的文书，是传达贯彻党和国家的方针政策，公布法规和规章，指导、布置和商洽工作，请示和答复问题，报告、通报和交流情况等的重要工具。

第四条　公文处理工作是指公文拟制、办理、管理等一系列相互关联、衔接有序的工作。

第五条　公文处理工作应当坚持实事求是、准确规范、精简高效、安全保密的原则。

第六条　各级党政机关应当高度重视公文处理工作，加强组织领导，强化队伍建设，设立文秘部门或者由专人负责公文处理工作。

第七条　各级党政机关办公厅（室）主管本机关的公文处理工作，并对下级机关的公文处理工作进行业务指导和督促检查。

第二章 公文种类

第八条 公文种类主要有：

（一）决议。适用于会议讨论通过的重大决策事项。

（二）决定。适用于对重要事项作出决策和部署、奖惩有关单位和人员、变更或者撤销下级机关不适当的决定事项。

（三）命令（令）。适用于公布行政法规和规章、宣布施行重大强制性措施、批准授予和晋升衔级、嘉奖有关单位和人员。

（四）公报。适用于公布重要决定或者重大事项。

（五）公告。适用于向国内外宣布重要事项或者法定事项。

（六）通告。适用于在一定范围内公布应当遵守或者周知的事项。

（七）意见。适用于对重要问题提出见解和处理办法。

（八）通知。适用于发布、传达要求下级机关执行和有关单位周知或者执行的事项，批转、转发公文。

（九）通报。适用于表彰先进、批评错误、传达重要精神和告知重要情况。

（十）报告。适用于向上级机关汇报工作、反映情况，回复上级机关的询问。

（十一）请示。适用于向上级机关请求指示、批准。

（十二）批复。适用于答复下级机关请示事项。

（十三）议案。适用于各级人民政府按照法律程序向同级人民代表大会或者人民代表大会常务委员会提请审议事项。

（十四）函。适用于不相隶属机关之间商洽工作、询问和答复问题、请求批准和答复审批事项。

（十五）纪要。适用于记载会议主要情况和议定事项。

第三章 公文格式

第九条 公文一般由份号、密级和保密期限、紧急程度、发文机关标志、发文字号、签发人、标题、主送机关、正文、附件说明、发文机关署名、成文日期、印章、附注、附件、抄送机关、印发机关和印发日期、页码等组成。

（一）份号。公文印制份数的顺序号。涉密公文应当标注份号。

（二）密级和保密期限。公文的秘密等级和保密的期限。涉密公文应当根据涉密程度分别标注“绝密”“机密”“秘密”和保密期限。

（三）紧急程度。公文送达和办理的时限要求。根据紧急程度，紧急公文应当分别标注“特急”“加急”，电报应当分别标注“特提”“特急”“加急”“平急”。

（四）发文机关标志。由发文机关全称或者规范化简称加“文件”二字组成，也可以使用发文机关全称或者规范化简称。联合行文时，发文机关标志可以并用联合发文机关名称，也可以单独用主办机关名称。

（五）发文字号。由发文机关代字、年份、发文顺序号组成。联合行文时，使用主办机关的发文字号。

（六）签发人。上行文应当标注签发人姓名。

（七）标题。由发文机关名称、事由和文种组成。

（八）主送机关。公文的主要受理机关，应当使用机关全称、规范化简称或者同类型机关统称。

（九）正文。公文的主体，用来表述公文的内容。

（十）附件说明。公文附件的顺序号和名称。

（十一）发文机关署名。署发文机关全称或者规范化简称。

（十二）成文日期。署会议通过或者发文机关负责人签发的日期。联合行文时，署最后签发机关负责人签发的日期。

（十三）印章。公文中有发文机关署名的，应当加盖发文机关印章，并与署名机关相符。有特定发文机关标志的普发性公文和电报可以不加盖印章。

（十四）附注。公文印发传达范围等需要说明的事项。

（十五）附件。公文正文的说明、补充或者参考资料。

（十六）抄送机关。除主送机关外需要执行或者知晓公文内容的其他机关，应当使用机关全称、规范化简称或者同类型机关统称。

（十七）印发机关和印发日期。公文的送印机关和送印日期。

（十八）页码。公文页数顺序号。

第十条 公文的版式按照《党政机关公文格式》国家标准执行。

第十一条 公文使用的汉字、数字、外文字符、计量单位和标点符号等，按照有关国家标准和规定执行。民族自治地方的公文，可以并用汉字和当地通用的少数民族文字。

第十二条 公文用纸幅面采用国际标准 A4 型。特殊形式的公文用纸幅面，根据实际需要确定。

第四章 行文规则

第十三条 行文应当确有必要，讲求实效，注重针对性和可操作性。

第十四条 行文关系根据隶属关系和职权范围确定。一般不得越级行文，特殊情况需要越级行文的，应当同时抄送被越过的机关。

第十五条 向上级机关行文，应当遵循以下规则：

（一）原则上主送一个上级机关，根据需要同时抄送相关上级机关和同级机关，不抄送下级机关。

（二）党委、政府的部门向上级主管部门请示、报告重大事项，应当经本级党委、政府同意或者授权；属于部门职权范围内的事项应当直接报送上级主管部门。

（三）下级机关的请示事项，如需以本机关名义向上级机关请示，应当提出倾向性意见后上报，不得原文转报上级机关。

（四）请示应当一文一事。不得在报告等非请示性公文中夹带请示事项。

（五）除上级机关负责人直接交办事项外，不得以本机关名义向上级机关负责人报送公文，不得以本机关负责人名义向上级机关报送公文。

（六）受双重领导的机关向一个上级机关行文，必要时抄送另一个上级机关。

第十六条 向下级机关行文，应当遵循以下规则：

（一）主送受理机关，根据需要抄送相关机关。重要行文应当同时抄送发文机关的直接上级机关。

（二）党委、政府的办公厅（室）根据本级党委、政府授权，可以向下级党委、政府行文，其他部门和单位不得向下级党委、政府发布指令性公文或者在公文中向下级党委、政府提出指令性要求。需经政府审批的具体事项，经政府同意后可以由政府职能部门行文，文中须注明已经政府同意。

（三）党委、政府的部门在各自职权范围内可以向下级党委、政府的相关部门行文。

（四）涉及多个部门职权范围内的事务，部门之间未协商一致的，不得向下行文；擅自行文的，上级机关应当责令其纠正或者撤销。

（五）上级机关向受双重领导的下级机关行文，必要时抄送该下级机关的另一个上级机关。

第十七条 同级党政机关、党政机关与其他同级机关必要时可以联合行文。属于党委、政府各自职权范围内的工作，不得联合行文。

党委、政府的部门依据职权可以相互行文。

部门内设机构除办公厅（室）外不得对外正式行文。

第五章 公文拟制

第十八条 公文拟制包括公文的起草、审核、签发等程序。

第十九条 公文起草应当做到：

（一）符合党的理论方针政策和国家法律法规，完整准确体现发文机关意图，并同现行有关公文相衔接。

（二）一切从实际出发，分析问题实事求是，所提政策措施和办法切实可行。

（三）内容简洁，主题突出，观点鲜明，结构严谨，表述准确，文字精练。

（四）文种正确，格式规范。

（五）深入调查研究，充分进行论证，广泛听取意见。

（六）公文涉及其他地区或者部门职权范围内的事项，起草单位必须征求相关地区或者部门意见，力求达成一致。

（七）机关负责人应当主持、指导重要公文起草工作。

第二十条 公文文稿签发前，应当由发文机关办公厅（室）进行审核。审核的重点是：

（一）行文理由是否充分，行文依据是否准确。

（二）内容是否符合党的理论方针政策和国家法律法规；是否完整准确体现发文机关意图；是否同现行有关公文相衔接；所提政策措施和办法是否切实可行。

（三）涉及有关地区或者部门职权范围内的事项是否经过充分协商并达成一致意见。

（四）文种是否正确，格式是否规范；人名、地名、时间、数字、段落顺序、引文等是否准确；文字、数字、计量单位和标点符号等用法是否规范。

（五）其他内容是否符合公文起草的有关要求。

需要发文机关审议的重要公文文稿，审议前由发文机关办公厅（室）进行初核。

第二十一条 经审核不宜发文的公文文稿，应当退回起草单位并说明理由；符合发文条件但内容需作进一步研究和修改的，由起草单位修改后重新报送。

第二十二条 公文应当经本机关负责人审批签发。重要公文和上行文由机关主要负责人签发。党委、政府的办公厅（室）根据党委、政府授权制发的公文，由受权机关主要负责人签发或者按照有关规定签发。签发人签发公文，应当签署意见、姓名和完整日期；圈阅或者签名的，视为同意。联合发文由所有联署机关的负责人会签。

第六章 公文办理

第二十三条 公文办理包括收文办理、发文办理和整理归档。

第二十四条 收文办理主要程序是：

（一）签收。对收到的公文应当逐件清点，核对无误后签字或者盖章，并注明签收时间。

（二）登记。对公文的主要信息和办理情况应当详细记载。

（三）初审。对收到的公文应当进行初审。初审的重点是：是否应当由本机关办理，是否符合行文规则，文种、格式是否符合要求，涉及其他地区或者部门职权范围内的事项是否已经协商、会签，是否符合公文起草的其他要求。经初审不符合规定的公文，应当及时退回来文单位并说明理由。

（四）承办。阅知性公文应当根据公文内容、要求和工作需要确定范围后分送。批办性公文应当提出拟办意见报本机关负责人批示或者转有关部门办理；需要两个以上部门办理的，应当明确主办部门。紧急公文应当明确办理时限。承办部门对交办的公文应当及时办理，有明确办理时限要求的应当在规定时限内办理完毕。

（五）传阅。根据领导批示和工作需要将公文及时送传阅对象阅知或者批示。办理公文传阅应当随时掌握公文去向，不得漏传、误传、延误。

（六）催办。及时了解掌握公文的办理进展情况，督促承办部门按期办结。紧急公文或者重要公文应当由专人负责催办。

（七）答复。公文的办理结果应当及时答复来文单位，并根据需要告知相关单位。

第二十五条 发文办理主要程序是：

（一）复核。已经发文机关负责人签批的公文，印发前应当对公文的审批手续、内容、文种、格式等进行复核；需作实质性修改的，应当报原签批人复审。

（二）登记。对复核后的公文，应当确定发文字号、分送范围和印制份数并详细记载。

（三）印制。公文印制必须确保质量和时效。涉密公文应当在符合保密要求的场所印制。

（四）核发。公文印制完毕，应当对公文的文字、格式和印刷质量进行检查后分发。

第二十六条 涉密公文应当通过机要交通、邮政机要通信、城市机要文件交换站或者收发件机关机要收发人员进行传递，通过密码电报或者符合国家保密规定的计算机信息系统进行传输。

第二十七条 需要归档的公文及有关材料，应当根据有关档案法律法规以及机关档案管理规定，及时收集齐全、整理归档。两个以上机关联合办理的公文，原件由主办机关归档，相关机关保存复制件。机关负责人兼任其他机关职务的，在履行所兼职务过程中形成的公文，由其兼职机关归档。

第七章 公文管理

第二十八条 各级党政机关应当建立健全本机关公文管理制度，确保管理严格规范，充分发挥公文效用。

第二十九条 党政机关公文由文秘部门或者专人统一管理。设立党委(党组)的县级以上单位应当建立机要保密室和机要阅文室，并按照有关保密规定配备工作人员和必要的安全保密设施设备。

第三十条 公文确定密级前，应当按照拟定的密级先行采取保密措施。确定密级后，应当按照所定密级严格管理。绝密级公文应当由专人管理。

公文的密级需要变更或者解除的，由原确定密级的机关或者其上级机关决定。

第三十一条 公文的印发传达范围应当按照发文机关的要求执行；需要变更的，应当经发文机关批准。

涉密公文公开发布前应当履行解密程序。公开发布的时间、形式和渠道，由发文机关确定。

经批准公开发布的公文，同发文机关正式印发的公文具有同等效力。

第三十二条 复制、汇编机密级、秘密级公文，应当符合有关规定并经本机关负责人批准。绝密级公文一般不得复制、汇编，确有工作需要的，应当经发文机关或者其上级机关批准。复制、汇编的公文视同原件管理。

复制件应当加盖复制机关戳记。翻印件应当注明翻印的机关名称、日期。汇编本的密级按照编入公文的最高密级标注。

第三十三条 公文的撤销和废止，由发文机关、上级机关或者权力机关根据职权范围和有关法律法规决定。公文被撤销的，视为自始无效；公文被废止的，视为自废止之日起失效。

第三十四条 涉密公文应当按照发文机关的要求和有关规定进行清退或者销毁。

第三十五条 不具备归档和保存价值的公文，经批准后可以销毁。销毁涉密公文必须严格按照有关规定履行审批登记手续，确保不丢失、不漏销。个人不得私自销毁、留存涉密公文。

第三十六条 机关合并时，全部公文应当随之合并管理；机关撤销时，需要归档的公文经整理后按照有关规定移交档案管理部门。

工作人员离岗离职时，所在机关应当督促其将暂存、借用的公文按照有关规定移交、清退。

第三十七条 新设立的机关应当向本级党委、政府的办公厅(室)提出发文立户申请。经审查符合条件的，列为发文单位，机关合并或者撤销时，相应进行调整。

第八章　附　　则

第三十八条 党政机关公文含电子公文。电子公文处理工作的具体办法另行制定。

第三十九条 法规、规章方面的公文，依照有关规定处理。外事方面的公文，依照外事主管部门的有关规定处理。

第四十条 其他机关和单位的公文处理工作，可以参照本条例执行。

第四十一条 本条例由中共中央办公厅、国务院办公厅负责解释。

第四十二条 本条例自 2012 年 7 月 1 日起施行。1996 年 5 月 3 日中共中央办公厅发布的《中国共产党机关公文处理条例》和 2000 年 8 月 24 日国务院发布的《国家行政机关公文处理办法》停止执行。

参 考 文 献

[1] 陈子典，胡欣育. 应用文写作[M]. 北京：北京师范大学出版社，2011.

[2] 杨文丰. 现代应用文书写作[M]. 4版. 北京：中国人民大学出版社，2011.

[3] 范瑞雪. 刘召明. 财经应用文写作[M]. 北京：经济科学出版社，2011.

[4] 马永飞. 应用文写作[M]. 北京：北京师范大学出版社，2010.

[5] 杨国春，张朝佐，阎伶. 公务员实用文书写作[M]. 北京：警官教育出版社，1993.

[6] 曾昭乐. 现代公文写作[M]. 5版. 广州：中山大学出版社，2025.

[7] 杨文丰. 高职应用写作[M]. 5版. 北京：高等教育出版社，2022.

[8] 张连举. 当代法律文书写作[M]. 广州：暨南大学出版社，2006.

[9] 高雅杰. 应用文写作[M]. 4版. 北京：清华大学出版社，北京交通大学出版社，2023.

[10] 王秋生，宁明媚，刘琰，郝建丽. 财经应用文写作[M]. 上海：同济大学出版社，2018.

[11] 方玲，万立群. 财经应用文写作[M]. 北京：人民邮电出版社，2020.

[12] 李彦. 财经应用文写作[M]. 2版. 苏州：苏州大学出版社，2022.